北京理工大学"双一流"建设精品出版工程

Financial Management
(3rd Edition)

财务管理学
（第3版）

刘宁悦　佟 岩　肖淑芳 ◎ 主　编
崔毓佳　田　晖 ◎ 副主编

北京理工大学出版社
BEIJING INSTITUTE OF TECHNOLOGY PRESS

图书在版编目（CIP）数据

财务管理学／刘宁悦，佟岩，肖淑芳主编．－－3版
．－－北京：北京理工大学出版社，2023.8
ISBN 978－7－5763－2736－6

Ⅰ．①财…　Ⅱ．①刘…　②佟…　③肖…　Ⅲ．①财务管
理－高等学校－教材　Ⅳ．①F275

中国国家版本馆 CIP 数据核字（2023）第 151652 号

责任编辑：申玉琴　　文案编辑：申玉琴
责任校对：周瑞红　　责任印制：李志强

出版发行／北京理工大学出版社有限责任公司
社　　址／北京市丰台区四合庄路6号
邮　　编／100070
电　　话／（010）68944439（学术售后服务热线）
网　　址／http：//www.bitpress.com.cn

版 印 次／2023 年 8 月第 3 版第 1 次印刷
印　　刷／保定市中画美凯印刷有限公司
开　　本／787 mm×1092 mm　1/16
印　　张／18
字　　数／421 千字
定　　价／58.00 元

图书出现印装质量问题，请拨打售后服务热线，负责调换

前 言

"财务管理学"是建立在经济学、管理学、会计学、统计学等课程基础之上的工商管理专业的主干课程，是以公司制企业为对象，研究企业投资、筹资、日常经营和收益分配等财务管理活动的基本理论和方法。通过本课程的学习，学员能够掌握财务管理的基本理论和基本分析方法，能够运用所学习的财务管理知识对处于资本市场环境下的公司的投资、筹资和日常经营管理中的财务活动进行恰当的分析和决策。

在本书编写过程中，笔者充分借鉴了国内外财务管理教学体系和经典教材，吸收了近年来国内外财务管理学科的最新研究成果，融入了多年积累的教学经验，在写作过程中力求做到理论性与实践性相结合、专业性与通俗性相结合，在内容上有难有易、简繁结合。本书例题丰富，叙述深入浅出；主要章的开篇都有企业财务管理实践案例引导；每章都有小结，概括抽象了各章的主要内容；各章之后附有大量的思考题和练习题，并配有计算分析题的参考答案，便于读者及时了解自己对所学知识的掌握情况。

本书自 2009 年第 1 版和 2018 年第 2 版出版以来，受到了高等院校师生及广大读者的认可，一些大学将其作为"财务管理学"课程的教材。在前两版内容体系的基础上，根据企业财务学科、财务管理实践和有关法律法规的变化，第 3 版进行了如下修订：

（1）对财务管理总论的内容进行了适当细化和补充；

（2）在财务报表的综合分析部分增加了财务比率综合评分法；

（3）对利率的相关内容进行了整合；

（4）在资产组合的预期收益与风险部分增加了对于多元化的讨论；

（5）在债券及其估值部分增加了对于债券违约和债券评级的讨论，在股票及其估值部分增加了对于市场类比法的介绍；

（6）在长期筹资方式部分增加了对于资金需求预测和永续债的介绍；

（7）在股利政策部分补充了股利政策的评价指标等内容；

（8）在营运资本管理部分增加了短期金融工具内容；

（9）补充和修改了有关法律法规；

（10）更新了部分例题，增删了部分思考题和计算分析题；

（11）通过增加二维码，引入视频资源，但由于视频更新仍在进行中，所以部分视频内容可能与修订后的教材内容不完全一致。

　　本书可作为普通高等院校财务会计类、经济类、管理类专业教材，还可作为从事实际工作的相关在职人员的培训教材。本书主要以财经、管理专业本科生为对象，专科生可以选择使用本书的部分内容。

　　本次修订由北京理工大学刘宁悦副教授、佟岩教授和肖淑芳教授担任主编，崔毓佳助理教授和田晖助理教授担任副主编。各章分工为：第 1 章、第 7 章、第 11 章由佟岩教授执笔；第 2 章由田晖助理教授执笔；第 3 章、第 4 章、第 5 章、第 6 章由刘宁悦副教授执笔；第 8 章、第 9 章由肖淑芳教授执笔；第 10 章由崔毓佳助理教授执笔。本书修订过程中得到了有关专家的指导和帮助，特别是得到了北京理工大学出版社的支持和帮助，在此表示衷心的感谢。由于修订时间仓促，水平有限，书中不妥在所难免，恳请广大读者提出批评和建议。

编　者

目　录
CONTENTS

第1章
财务管理总论

近年来，以奶茶为代表的饮品在年轻人的生活中占据了越来越重要的位置，各种奶茶店如雨后春笋一样层出不穷。李康工作几年之后准备跟几个大学同学一起创业，他们看好奶茶店的项目，给创业活动列了一个计划。如果在人流比较密集的商圈开店，预计需要总投入30万元，包括了租赁店铺场地、购买或租赁机器设备、招聘员工、购买制作奶茶的原料等各方面的投入，开店前期还需要做一些折扣活动来促销。他们估计开店后的前半年无法盈利，每天收到的现金流能够维持基本周转就已经很好了。如果经营情况不理想，自身创造的现金流不够维持周转，他们就到银行申请一些贷款，或者再联系一些同学作为合伙人加入。如果经营顺利，他们的店大概能在一年后逐渐产生利润。麻雀虽小，五脏俱全，他们的奶茶店的这些活动都与财务管理密切相关，并将对一个企业的长短期发展产生重要影响。

1.1 企业财务活动与财务管理的内容

价值创造是企业生存和发展的核心要务。作为企业的管理者，为了价值创造这一核心，需要解决的主要问题包括：企业如何选择长期投资的对象？企业如何获得投资所需的长期资金？企业如何分配投资活动产生的经营成果？企业如何管理日常经营活动中的短期资产和负债？这些问题所对应的财务活动分别是投资活动、筹资活动、利润分配活动和日常经营活动。财务活动引起了一系列的现金流入与现金流出，这成为财务管理的对象，因此财务管理就是对于投资、筹资、利润分配、日常经营等财务活动的管理。

财务活动、财务
内容、财务环境

1.1.1 投资引起的财务活动与投资管理

投资是指企业将资金用于购买固定资产、无形资产、其他企业的股票或债券等能够给企业带来收益的资产的行为，目的是该项投资能够增加企业的价值。企业将资金投资到资产上，如购买厂房、设备等固定资产，购买专利和商标等无形资产，表现为现金流出企业；通过对所投资资产的经营会形成产品销售收入、服务收入等，则表现为现金流入企业。这种因为企业投资而产生的现金流入流出就是投资引起的财务活动。

投资活动可以从不同角度进行分类。根据投资与企业的关系，可以将投资分为对内投资和对外投资。对内投资是指把资金投资于企业内部用于生产经营的资产，如购置设备、建造厂房、购买专利等，目的是获取营业利润；对外投资是指把资金投资于其他企业的股票或债券等金融资产以及投资于其他企业的股权，目的是获取股利、利息和价值增值。根据投资时间的长短，可以将投资分为长期投资和短期投资。长期投资是指将资金投资于变现时间超过一年的资产，如固定资产、无形资产等，又称为资本性投资；短期投资是指将资金投资于变现时间不超过一年的资产，如存货、应收账款等，又称为流动资产投资。投资管理主要关注的是对内的长期投资。

为了实现企业的价值创造，投资管理的基本原则是投资所产生的现金流入要大于所发生的现金流出，除了关注现金流量的大小，还要关注现金流量发生的时间和发生的可能性。

1.1.2 筹资引起的财务活动与筹资管理

筹资是指企业为投资活动筹集所需资金的行为，企业可以采取发行股票和债券、借款、租赁、内部积累等方式筹集资金。筹资的渠道、方式、时间、数额等都会对企业的价值创造产生影响。筹资活动过程中，企业通过发行股票和债券、向银行借款等方式筹集资金，表现为现金流入企业；企业支付股利和利息、偿还银行借款等，则表现为现金流出企业。这种因为资金筹集而产生的现金流入流出就是筹资引起的财务活动。

筹资活动可以从不同角度进行分类。按照资金属性可以将筹资分为权益性资本和债务性资本。权益性资本是指通过发行股票等方式向股东筹集的资金，它是一种永久性的资金来源；债务性资本是通过发行债券、银行借款等方式向债权人筹集的资金，它是要按期归还的资金来源。权益性资本和债务性资本的构成就是资本结构。权益性资本和债务性资本的筹资风险、筹资成本等均有所不同。按照偿还时间可以将筹资分为长期筹资和短期筹资。长期筹资是指企业可使用时间在一年以上的筹资，如权益资金、长期债券和长期银行借款等；短期筹资是指企业可使用时间在一年以内的筹资，如短期银行借款、应付账款等。长期筹资和短期筹资在筹资风险、筹资成本上有所不同。筹资管理主要关注的是长期筹资。

筹资管理的目标也是实现企业的价值创造，需要关注筹资规模、资金来源的构成（即资本结构）、资金来源的成本（即资本成本）等问题。

1.1.3 利润分配引起的财务活动与利润分配管理

利润分配是指对企业利润按照规定程序缴纳所得税、弥补亏损、提取盈余公积金后，剩余的部分如何在支付给股东和用于再投资之间的分配问题。企业的生产经营会产生利润，将利润支付给股东表现为现金流出企业，将利润用于再投资则可视为企业自身积累了资金；企业对外投资也可能分得利润，表现为现金流入企业。这种因为利润分配而产生的现金流入流出就是利润分配引起的财务活动。

利润分配管理的问题主要是股利支付率的高低、股利支付的方式等。股利支付率的高低和股利支付的方式受多种因素的影响，如公司未来的发展机会、所得税的规范、各种资金来源的风险与成本、公司本身的现金支付能力等；反过来，股利支付率的高低和股利支付的形式也会影响到企业的再投资能力、股价的表现等。

由此可见，利润分配管理与投资管理和筹资管理密切相关。利润分配管理应该以企业价值创造为目标，结合企业投资需求和不同筹资方式的风险与成本，决策股利支付率的高低和股利支付的方式。实际上，股利支付率的高低问题从另一个角度来看也就是利润留存比例的高低问题，而利润留存是企业的内源性融资。因此，广义来说，利润分配管理也属于筹资管理。

1.1.4　日常经营引起的财务活动与营运资本管理

对于筹集资金投资所形成的资产，必须通过日常的经营才能实现价值的增值。企业在日常经营过程中会有一系列的短期投资和短期融资问题需要通过财务管理来解决。企业在日常经营活动中，需要采购原材料或商品，进行产品生产和销售，支付工资等费用，必要时还要采取短期银行借款等方式筹集所需要的营运资金。以上活动都会产生相应的现金流入与流出。这种因为日常经营而产生的现金流入流出便是日常经营引起的财务活动。

短期投资主要包括现金、存货、应收账款等流动资产的投资；短期筹资主要包括短期借款、应付账款、应付票据等流动负债。流动资产称为营运资本，流动资产与流动负债的差额称为净营运资本。营运资本管理主要解决企业应持有多少现金与存货、是否应该赊销以及赊销的规模、采取何种方式进行短期筹资等问题。

1.2　财务管理的目标

财务管理是企业管理的有机组成部分，财务管理的目标应该服从于企业管理的目标。

1.2.1　企业的组织形式

财务管理的目标

企业有三种不同的组织形式，单一业主制、合伙制和公司制，三种组织形式各有优缺点。

（1）单一业主制企业

单一业主制企业是由一个人投资所形成的企业。单一业主制是企业组织形式中最简单、受到约束最少的形态，在我国通常称其为"个人独资企业"。2000 年开始实行的《中华人民共和国个人独资企业法》（以下简称《独资企业法》）第二条规定：个人独资企业，是指依照本法在中国境内设立，由一个自然人投资，财产为投资人个人所有，投资人以其个人财产对企业债务承担无限责任的经营实体。

单一业主制企业的优点主要包括：第一，开办手续最为简单，外部法律法规等对企业的经营管理、决策、进入与退出、设立与破产的制约最小。第二，企业资产所有权、控制权、经营权、收益权高度统一，企业的利润全部归单一的企业所有者所有，有利于业主个人创业精神的发扬。第三，企业业主自负盈亏和对企业的债务负无限责任成为强硬的预算约束，业主会尽心竭力地把企业经营好。第四，企业所得作为个人所得缴纳个人所得税。第五，没有信息披露的限制，有利于企业技术、财务等信息的保密。

单一业主制企业的缺点也比较明显，主要包括：第一，企业所有权和经营权高度统一的产权结构，使得企业的发展过分依赖于业主个人的知识和能力。第二，企业业主对企业的债务负无限责任，债权人不仅能从企业资产而且能从业主个人资产中索取偿付，使业主承担风险过大，从而限制了业主向风险较大的部门或领域进行投资。第三，企业可以筹集到的权益性资本限于业主个人财富的金额，以个人名义借贷难度也较大，因此资金来源的限制将会限制企业规模的扩大。第四，企业的所有权转让很困难，企业的寿命取决于业主个人的寿命或其是否继续经营的意愿。

（2）合伙制企业

合伙制企业是指由两个或两个以上的投资人订立合同协议，共同出资、合伙经营、共享收益、共担风险，并对合伙企业的债务承担无限连带责任的企业。合伙制也是一种较为古老的企业组织形式，由于它由更多的投资人所组成，使其成为继其后发展起来的公司制企业的原始形式。《中华人民共和国合伙企业法》（2006）（以下简称《合伙企业法》）第二条规定：合伙企业，是指自然人、法人和其他组织依照本法在中国境内设立的普通合伙企业和有限合伙企业。普通合伙企业由普通合伙人组成，合伙人对合伙企业债务承担无限连带责任；有限合伙企业由普通合伙人和有限合伙人组成，普通合伙人对合伙企业债务承担无限连带责任，有限合伙人以其认缴的出资额为限对合伙企业债务承担责任。第五十五条规定：以专业知识和专门技能为客户提供有偿服务的专业服务机构，可以设立为特殊的普通合伙企业。如律师事务所、会计师事务所等。第五十七条规定：一个合伙人或者数个合伙人在执业活动中因故意或者重大过失造成合伙企业债务的，应当承担无限责任或者无限连带责任，其他合伙人以其在合伙企业中的财产份额为限承担责任。合伙人在执业活动中非因故意或者重大过失造成的合伙企业债务以及合伙企业的其他债务，由全体合伙人承担无限连带责任。

合伙制企业在经营上具有的优点主要包括：第一，相对于公司制企业，其开办手续比较简单，外部法律法规等对其制约也比较小。第二，由于投资人数的增加，一定程度上突破了企业的发展受单一投资人个人知识、才能的限制，有助于企业经营管理水平的提高。第三，因为有多个投资人，可以筹集到的权益性资本增加，使企业从外部获得贷款的信用能力增强，扩大了企业的资金来源，有利于企业规模的扩大。第四，企业经营的风险分散在多个投资人身上，增强了企业的抗风险能力。第五，合伙人根据从合伙制企业分配的收入缴纳个人所得税。

相对于公司制企业，合伙制企业也存在与单一业主制企业类似的缺陷，主要包括：第一，合伙制企业的投资者人数比公司制企业的股东人数少得多，且不能向社会公众筹集权益性资本，因此其资金来源有限，限制了企业规模的扩大。第二，普通合伙人的无限连带责任，使得企业规模越大，每个普通合伙人承担的风险也越大，限制了合伙人进行高风险项目的投资。第三，每个合伙人都拥有决策权，随着合伙人数量的增加，一些有争议的问题很难及时做出决策，使得企业内部管理效率下降。第四，企业的所有权难以转让，企业的寿命有限，任何一个合伙人死亡或退出，都可能威胁到合伙制企业的生存。

（3）公司制企业

《中华人民共和国公司法》（2018）（以下简称《公司法》）第三条规定：公司是企业法人，有独立的法人财产，享有法人财产权。公司以其全部财产对公司的债务承担责任。有限责任公司的股东以其认缴的出资额为限对公司承担责任；股份有限公司的股东以其认购的股份为限对公司承担责任。

公司制企业有许多优点，主要包括：第一，股东承担有限责任。公司股东以其出资为限对公司承担责任，公司以其全部资产为限对公司债务承担责任，因此降低了投资人所面临的经营风险，也有利于吸引投资，扩大企业规模。第二，筹资渠道和方式多元化。股份有限公司可以向社会公众发行股票筹集权益性资本，增强了企业借入资金的能力；公司制企业也可以以发行债券等方式筹集资金，有利于扩大企业规模。第三，所有权与经营权分离，公司治理结构更加完善。公司所有权属于股东，经营权委托专业的经营者，实现了货币资本和人力资本的结合，提高了企业内部管理的效率。第四，企业的所有权容易转让，理论上具有无限的存续期。所有权与经营权分离使得所有权转让变得容易，因此企业寿命也不会受到限制，理论上公司制企业具有永续的存续期。

虽然公司制企业具有明显的优点，但也存在一些缺点，主要包括：第一，双重课税。公司作为独立法人，其利润必须缴纳企业所得税；企业利润分配给股东后，作为股东的个人所得还需要缴纳个人所得税。因此存在双重征税，税负较重。第二，存在委托代理问题。公司制企业的所有权与经营权分离，在提高企业内部管理效率的同时，由于所有者与经营者的目标不完全一致，作为代理人的经营者有可能为了自身利益而损害所有者的利益，存在委托代理问题。

一般来说，公司制企业分有限责任公司和股份有限公司两种。有限责任公司和股份有限公司的主要区别是：①股东数量不同。我国《公司法》规定，有限责任公司的股东人数为50 人以下；股份有限公司设立时的股东人数为 2 人以上、200 人以下。②成立条件和募集资金方式不同。有限责任公司的成立条件相对比较宽松，股份有限公司的成立条件比较严格；有限责任公司只能由发起人集资，不能向社会公开募集资金，股份有限公司可以向社会公开募集资金。③股权转让的限制条件不同。有限责任公司的股东向股东以外的人转让股权，应当经其他股东过半数同意，股份有限公司的股权可以依法自由转让。

据国家市场监督管理总局统计，至 2022 年 5 月底，全国登记在册的市场主体达到 1.59亿户，其中，企业 5 011.9 万户（包括合伙企业和公司制企业），个体工商户（单一业主制企业）1.07 亿户，农民专业合作社 222.7 万户。

外部投资人和债权人对大型公司的需求使公司制企业成为最佳的企业组织形式，特别是其中的股份有限公司。因此本书重点讨论股份有限公司的财务管理问题。但是各种组织形式的企业都需要财务管理，本书中讨论的大部分内容同样适用于其他组织形式的企业。

1.2.2　企业的目标

企业是营利性组织，营利性组织是以获取利润为目的的组织，利润的获取又是以生存、发展为前提的。因此，企业管理的目标可以概括为生存、发展和获利。

（1）生存

企业只有生存，才可能获利。企业一方面从市场取得资源，伴随着现金流出企业；另一方面为市场提供产品或服务，伴随着现金流入企业。而企业能够持续经营下去的前提就是流入企业的现金至少要等于流出企业的现金。因此，现金流入大于现金流出或者说以收抵支，是企业生存的第一个基本条件。

企业得以存续的另一个条件是能够到期偿付债务。由于企业现金流转的不平衡，即便是从长期来看是盈利的企业，也可能发生暂时的财务危机；对于亏损企业来说，到期偿付债务就更困难了。企业如果不能够偿付到期债务，按照相应的法规就可能被债权人接管或被法院判定破产。因此，企业生存的第二个基本条件是能够到期偿债，使得企业能够长期稳定地生存下去。

（2）发展

企业是在发展中求得生存的。从长期来看，企业要发展就需要扩大收入；收入的扩大需要通过规模的扩张、技术的更新换代等来实现；规模的扩张和技术的更新需要不断扩大固定资产的投入、研发的投入、人力资本的投入等；投入的增加就需要有资金来源。

（3）获利

企业是营利性组织，其基本特征就是追求盈利。企业虽然肩负着社会责任，如改善职工收入、提高产品质量、减少环境污染等，但不断盈利是企业追求的根本目标，而这一目标与股东的利益是一致的，并有助于其他目标的实现。

综上所述，企业的目标是生存、发展和获利，这些目标决定了财务管理的目标。从生存角度看，长期亏损和不能够偿付到期债务是威胁企业生存的内外部原因，保持企业以收抵支和偿还债务的能力，使企业能够稳定地生存下去，是企业管理对财务管理提出的第一个要求。从发展角度看，筹集企业发展所需要的资金是企业管理对财务管理提出的第二个要求。从获利角度看，盈利就是从资产中获得的回报超过对资产的投资。企业投入的每一项资产都需要资金来源，而资金来源都要付出成本，要使资产获得超过其投资的回报，就要合理有效地使用资金。因此，合理、有效地使用资金使企业获利，是企业管理对财务管理提出的第三个要求。

1.2.3　财务管理的目标

财务管理的目标从属于企业的目标。为了达到企业生存、发展、获利的目标，需要明确财务管理的目标。财务管理的目标包括总目标和具体目标。总目标是指整个企业财务管理要达到的目标；具体目标是在总目标制约下，某一项财务活动要达到的目标。关于财务管理的总目标有不同的观点，如利润最大化、股东财富最大化、公司价值最大化等。

（1）利润最大化

若企业的目标是生存、发展和获利，则很容易就想到财务管理的目标应该是利润最大化。为了利润最大化，企业提高生产效率，采取一定措施降本增效等，有一定合理性。但是利润最大化有以下缺陷：①没有考虑利润实现的时间，没有考虑资金时间价值。例如，今年的 1 000 万元利润和明年的 1 000 万元利润，在考虑资金时间价值的情况下，价值并不相等。②没有考虑获取利润所承担的风险。例如，同样投入 1 000 万元，实现利润 100 万元，一家企业的 100 万元利润已全部转化为现金状态，另一家企业的 100 万元利润还有 80 万元处于应收账款状态。应收账款存在收不回来现金的风险。在考虑风险的情况下，这两家企业的利润不能同等看待。③没有考虑利润的取得和资本投入的关系。例如，同样获得 1 000 万元利润，一家企业投入 5 000 万元，另一家企业投入 4 000 万元，在考虑资本投入的情况下，这两个企业的 1 000 万元利润代表的经济含义并不相同。④使企业的财务决策带有短期行为的倾向。例如，为了实现当期利润最大化，企业可能通过采取减少新产品开发、人员培训、研发投资支出等来提高当期利润，但是这些决策是不利于企业长远发展的。⑤利润是企业在一定时期内经营收入与经营费用的差额，是企业经营成果的会计度量。企业有可能利用会计政策选择和会计估计变更等措施来调节利润，这就有可能影响到企业经营成果的真实性。

（2）股东财富最大化

股东购买企业的股票是为了寻求股票的增值，因此好的财务决策就应该能够增加股票价值，这也是对财务管理的本质要求。股票价值的增加即意味着股东财富的增加，因此，财务管理的目标就是使股东财富最大化，也就是股票当前的价值最大化。一定程度上，股东财富最大化弥补了利润最大化的缺陷。因为以股东财富最大化作为目标，需要考虑股票的价值评估，即公司的未来现金流折现，这相当于考虑了资金时间价值和风险因素，克服了企业追求利润时的短期行为。

股东财富最大化目标也存在一些问题。例如，非上市公司的股东财富价值须通过资产评估方式确定，其中会涉及很多不确定因素；公司股票价值并非完全由公司的财务政策所决定，其价值波动会受到许多公司外部因素的影响。

对于股份有限公司来说，股东财富最大化的具体表现就是股票价值最大化；对于其他没有交易股票的企业，如有限责任公司、合伙制企业、单一业主制企业，股东财富最大化这一目标可以表述为"所有者权益最大化"，因为一家公司的股票总价值就等于所有者权益价值。

（3）公司价值最大化

企业社会责任（Corporate Social Responsibility，CSR）是社会文明发展到一定历史阶段的产物。公司所承担的社会责任包括保护消费者权益、向员工支付薪金、保护生态环境、支持社会文化教育和福利事业等。企业应在追求生存、发展和获利目标的同时，把对社会和环境的影响整合进来，不以增加社会成本为代价追求价值创造。企业的生存、发展和获利，总的来看也就是企业的价值最大化，这需要企业具有可持续发展的能力。企业的可持续发展，既取决于企业自身经营上的成本效益，也取决于企业经营派生的社会成本效益。由于社会责任的标准很难定义，因此，大多数社会责任都必须通过立法以强制的方式让每个公司平均负担，例如《消费者权益保护法》《公司法》《环境保护法》《合同法》等，即公司必须在各种法律法规约束下追求公司价值最大化。

近年来环境、社会和治理（Environment，Social，and Governance，ESG）逐渐成为评价企业可持续发展的分析框架。ESG 强调重视环境保护、践行社会责任、提升治理能力。为了可持续发展，企业在价值创造的过程中，需要充分考虑各利益相关者的利益和社会成本。

ESG 强调环境保护、社会责任和公司治理，反映了经济价值与社会价值的统一，契合了党的十九大提出的中国经济由高速增长阶段转向高质量发展阶段经济的重要论断。2020 年 9 月，习近平总书记在第七十五届联合国大会一般性辩论上庄严宣布，我国力争在 2030 年前实现碳达峰，在 2060 年前实现碳中和。随着 ESG 理念不断深入人心，越来越多的企业将承担环境和社会责任放在突出位置。党的二十大报告也进一步指出，高质量发展是全面建设社会主义现代化国家的首要任务。

可见，社会责任和 ESG 所追寻的终极目标一致，即企业可以实现可持续发展，为股东和社会创造价值。深交所和上交所分别在 2006 年和 2008 年发布了《深圳证券交易所上市公司社会责任指引》和《上海证券交易所上市公司环境信息披露指引》，敦促上市公司积极参与保护环境的实践，承担应有的环境保护责任和社会责任。中国香港联合交易所 2015 年起开始建议上市公司披露 ESG 信息，2020 年 7 月将"建议披露"改为"不遵循就解释"，进一步强化了 ESG 的信息披露要求。2018 年 6 月，证监会就修订《上市公司治理准则》公开征求意见，并于 9 月 30 日正式发布修订后的准则《上市公司治理准则（2018 修订）》，确立 ESG 信息披露的基本框架。根据上市公司协会的报告，2021 年有 1 366 家 A 股上市公司披露了 ESG 报告或 CSR 报告，约占全部上市公司的 29%。

股东是企业的最终剩余索取权人，即只有在支付了企业员工、供应商、客户、债权人、国家和地方政府等其他任何具有法定索取权人的应得之后，剩余的财产才属于股东。因此，当以股东财富最大化为目标时，能够兼顾企业员工、债权人等利益相关者，并且考虑了社会利益，也就是实现了公司价值最大化。

财务管理总目标不是无本之木，它的实现建立在完成各个具体目标基础之上。根据财务管理的内容，财务管理的具体目标主要包括：投资管理目标、筹资管理目标、利润分配管理目标、营运资本管理目标等。各个具体目标之间又有着相互作用、相互影响的关系，这些内容将在本书的后续章节中一一展开。

1.2.4 委托代理问题

公司制企业的所有者和经营者是分离的，作为企业投资人的股东（所有者）和债权人参与企业经营管理的方式和程度存在差异，因此股东（包括大股东和小股东）、经营者和债权人的目标一般并不一致，而且他们对于企业经营情况了解的程度也不同，即存在信息不对称。这种情况下就产生了委托代理问题。要想实现财务管理的目标，就需要解决好委托代理问题。

（1）股东与经营者之间的委托代理问题

现代公司中所有权与经营权相分离导致所有者与经营者的矛盾。股东（委托人）与经营者（代理人）之间是一种委托代理关系。股东的目标是股东财富最大化，经营者则优先考虑个人利益，会采取追求闲暇时间和高额报酬（包括物质和非物质的报酬）、避免风险，甚至投资净现值为负的项目等行为，降低企业价值。

为了防止经营者背离股东的目标，股东可以采取监督和激励的方式。监督是指股东可以采取各种方式获取更多有关公司经营的信息，对经营者进行监督，例如聘请注册会计师对企业的经营活动进行审计、有计划地检查经营者的额外津贴等。激励是指股东采取激励计划使经营者参与分享企业的剩余收益，鼓励他们采取符合股东财富最大化目标的行为，例如，采取股票期权、限制性股票等股权激励方式。无论监督还是激励，都会产生成本，而且并不能使经营者完全按照股东的意愿行动。

（2）股东与债权人之间的委托代理问题

广义来讲，股东和债权人都是企业的投资人，但他们对企业价值的索取权顺序不同，债权人的索取权排在股东前面。债权人没有参与企业经营决策的权力，对其投入企业的资金没有控制权。因此股东与债权人之间的利益不一致，股东追求股东财富最大化，而债权人追求债权的安全。股东有可能采取有损于债权人而有利于自己的投资策略，例如，过度投资、投资不足等，这些损人利己的行为最终会造成企业价值下降。

债权人为了防止其利益受损，可以与企业签订带有限制性条款的借款合同，如借款方不得发行新债，或限制新债发行的数额、限制股利分配、规定资金的用途等，还可以提高贷款利率弥补可能面临的风险。

（3）大股东与小股东之间的委托代理问题

大股东通常指控股股东，他们凭借持有的股份，拥有对企业的控制权。人数众多但持有股份数量很少的中小股东基本没有机会接触到企业的经营管理，尽管他们按照各自的持股比例对企业的利润具有索取权，但由于与大股东之间存在严重的信息不对称，因此他们的权利可能被大股东以各种形式侵害。

在这样的情况下，如何完善中小股东的利益保护成为亟待解决的问题。目前，我国主要有完善上市公司的治理结构、规范上市公司的信息披露制度等保护机制。

1.3　财务管理的环境

企业的财务活动和财务管理的内容一定程度上受到企业内外部条件的制约，如技术、市场、金融、税收等，这些内外部条件的总称为财务管理环境。下面重点介绍对企业财务管理影响较大的法律法规环境、金融市场环境、经济环境、技术环境。

1.3.1　法律法规环境

市场经济条件下，国家对企业行为的管理主要通过法律法规手段进行，包括各种法律、法规和规章，这些就构成了财务管理的法律法规环境。企业的财务活动，无论是投资、筹资，还是股利分配，都要符合相关的法律、法规和规章的要求。

（1）企业组织法律法规

企业的组织形式包括公司制、合伙制和单一业主制，无论哪一种形式的企业都应该依法成立，依法经营；但不同形式的企业所依据的法律法规有所不同，具体包括《公司法》《合伙企业法》《独资企业法》等。《公司法》对公司制企业的设立条件、设立程序、组织机构、股份发行与转让、合并、分立、增资、减资、解散和清算等都作了相应的规定，是公司制企业财务管理最重要的强制性规范。

（2）财务会计法律法规

财务会计法律法规主要包括《中华人民共和国会计法》（以下简称《会计法》）、《企业会计准则》《企业财务通则》等。

《会计法》于 1985 年 1 月 21 日由第六届全国人民代表大会常务委员会第九次会议通过，最近一次于 2017 年 11 月修正。《会计法》是财务会计法律法规中层次最高的法律规范，是制定其他会计法规的依据，也是指导会计工作的最高准则。

《企业会计准则》由财政部制定，于 2006 年 2 月发布，自 2007 年 1 月 1 日起施行。企业会计准则包括基本准则和具体准则，具体准则的制定应当遵循基本准则。2010 年 4 月，财政部发布了《中国企业会计准则与国际财务报告准则持续趋同路线图》，表达了我国与国际财务报告准则持续趋同的原则与立场。2014 年以来，结合经济形势和企业经营的变化，财政部陆续对基本准则和一些具体准则进行了修订。

2006 年 12 月，财政部颁发了《企业财务通则》，于 2007 年 1 月 1 日起施行。《企业财务通则》是为了加强企业财务管理、规范企业财务行为、保护企业及其相关方的合法权益、推进现代企业制度建设而制定的。

（3）税收法律规范

税法是国家制定的用以调整国家与纳税人之间在征纳税方面的权利及义务关系的法律规范总称。与公司制企业关系比较大的税法包括《中华人民共和国企业所得税法》（2018）

等。国家向企业征税具有强制性，企业向国家交税是法定的义务。向国家交税会使现金流出企业，减少企业价值。因此，财务管理应该在严格遵守税法的前提下，在进行投资决策、筹资决策、利润分配决策和营运资本决策的过程中进行税收筹划，实现企业价值最大化。

（4）金融市场法律规范

企业的资金筹集离不开金融市场，公司制企业与金融市场的联系尤为紧密，因此公司的经营活动和行为也要受到金融市场相关法律法规的约束。这些法律法规包括《中华人民共和国证券法》（以下简称《证券法》）（2019）、《上市公司证券发行注册管理办法》（2023）、《公司债券发行与交易管理办法》（2021）等。

1.3.2 金融市场环境

企业需要从金融市场筹集资金，可以购买金融市场的产品进行投资等。金融市场环境是企业最重要的环境因素之一。

（1）金融市场

金融市场是一种金融产品交易的场所。金融市场是由主体、客体等要素构成的。金融市场主体是指参与金融市场交易活动的各个经济单位或个人，如企事业单位、政府部门、城乡居民、金融机构等。金融市场主体可以分为资本需求者、资本供给者和中介机构。金融市场客体是指金融市场上交易的对象，如货币、企业或政府债券、企业股票、信用凭证等各种金融工具。金融工具一般具有流动性、风险性和收益性三个基本特征。流动性是指金融工具从非现金形态转变为现金的能力；收益性是指投资金融工具能够给投资人带来收益；风险性是指购买金融工具遭受损失的可能性。

（2）金融机构及其种类

资金供给者与资金需求者之间资金的转移需要中介机构。中介机构是指资金融通过程中，在资金供求者之间起媒介或桥梁作用的机构，包括银行业金融机构和非银行业金融机构。

银行业金融机构是指主要经营存款、贷款等金融业务，承担信用中介的金融机构。银行的主要职能是：充当信用中介和支付中介，提供投资和融资的信用工具，充当宏观经济调控的手段。我国银行业金融机构由中国人民银行、商业银行和政策性银行组成。

非银行业金融机构是指除银行业金融机构以外的所有金融机构。非银行业金融机构主要包括证券公司、保险公司、基金公司、财务公司等。

（3）金融市场的种类

按照交易期限的长短，可将金融市场分为短期金融市场和长期金融市场。短期金融市场是指期限不超过一年的资金交易的市场，又称为货币市场。长期金融市场是指期限在一年以上的资金交易的市场，交易工具主要是股票和债券等，又称为资本市场。

按照功能不同可将金融市场划分为一级市场和二级市场。一级市场是指新发行证券的市场，即企业或政府最初销售证券的市场，又称为发行市场或初级市场。二级市场是指证券发行后进行买卖的市场，又称为流通市场或次级市场。

除此之外，金融市场还可以按照交割时间不同分为现货市场和期货市场，按照直接交易对象不同分为国债市场、企业债市场、股票市场、金融期货市场、外汇市场、黄金市场，按照交易是否存在固定场所分为有形市场和无形市场，等等。

（4）金融市场与企业财务管理

金融市场是企业财务活动的主要场所。企业的投资、筹资、股利分配等财务活动所涉及的现金流入和流出通过金融市场来实现。企业要从金融市场筹集资金，即现金从金融市场流入企业；企业将筹集到的资金投资于固定资产和流动资产，并经营这些资产使其产生出现金；企业所产生的现金一部分要再投入到企业中，一部分可以用于投资金融市场中的金融产品，一部分则以股利的形式支付给股东，即流回到金融市场中。

金融市场为企业财务管理提供了丰富的信息。金融市场中的股票和债券等金融工具价格的变化反映了投资人对企业经营状况、发展前景的评价；金融市场的利率变化反映了资金供求的状况。这些都是企业投资决策和筹资决策的重要依据。

1.3.3　经济环境

企业作为市场经济中的一分子，其许多经营活动都受到企业外部因素的制约，其财务管理当然也就会受到经济环境的影响，如经济周期、利息率变动、宏观经济政策等。

（1）经济周期

经济周期又称商业周期，是指经济运行中周期性出现的经济扩张与经济紧缩交替更迭、循环往复的一种现象。经济的这种周期性波动一般同时会伴随着通货膨胀与通货紧缩。在扩张阶段，宏观经济环境和市场环境日益活跃，表现为市场需求旺盛、订货饱满、商品畅销、生产趋升、资金周转速度快；在收缩阶段，宏观经济环境和市场环境日趋紧缩，表现为市场需求疲软、订货不足、商品滞销、生产下降、资金周转速度慢。在经济周期的不同阶段，企业应采取不同的财务管理策略。在扩张阶段，企业应该采取扩大投资与融资规模的策略；而在收缩阶段企业应该采取缩减投资与融资规模的策略。

（2）利息率变动

利息率是指一定时期内利息额同借贷资本总额的比率，简称利率。利率是资本的价格，而资本的供给和需求决定利率的变化。利率是国家调控宏观经济的重要工具之一。当经济过热、通货膨胀上升时，便提高利率、收紧信贷；当经济低迷和通货紧缩时，便调低利率，放松信贷。因此，利率是重要的基本经济因素之一。利率的变动会牵动与其相关的金融工具（股票、债券等）价格的波动，进而影响到企业投资的收益率和筹资资本成本的变化。因此，利率变动是企业财务管理决策的重要依据。

（3）宏观经济政策

党的十九大报告中强调"坚持社会主义市场经济改革方向""加快完善社会主义市场经济体制"，党的二十大报告提出，"构建高水平社会主义市场经济体制""毫不动摇巩固和发展公有制经济，毫不动摇鼓励、支持、引导非公有制经济发展，充分发挥市场在资源配置中的决定性作用，更好发挥政府作用"。这些重要论述进一步深化了对社会主义市场经济规律的认识，进一步坚定了社会主义市场经济改革方向。总的来看，我国政府具有较强的调控宏观经济的职能，政府在国民经济发展规划、产业政策等方面发挥着重要作用。企业的财务决策应积极响应国家的宏观经济政策。

1.3.4　技术环境

以数字化、网络化、智能化为核心的新一轮工业革命，正在成为加快产业变革、促进经济增长和提升国际竞争力的关键变量。推动人工智能（Artificial Intelligence）、区块链（Blockchain）、云计算（Cloud Computing）、大数据（Big Data）加速创新突破，促进数字技术与实体经济的深度融合，已成为我国中长期重大发展战略。为打造数字经济新优势，"十四五"规划中特别设置了"加快数字化发展建设数字中国"独立篇章，提出要"充分发挥海量数据和丰富应用场景优势，促进数字技术与实体经济深度融合，赋能传统产业转型升级，催生新产业新业态新模式，壮大经济发展新引擎"。作为重要的微观经济主体，企业面对数字化转型的大趋势，需要认真思考如何抓住这一契机，理顺内部业务流程，做好各项投融资决策。

本章小结

财务管理是对于投资、筹资、利润分配、日常经营等财务活动的管理。财务活动引起了一系列的现金流入与现金流出，这成为财务管理的对象。无论是投资还是融资、长期还是短期，均是立足当下对于企业未来行为的选择，因此财务管理实际上是一系列决策问题，即投资管理决策、筹资管理决策、利润分配管理决策和营运资本管理决策，决策的目标是企业价值的增值。

企业管理的目标可以概括为生存、发展和获利。这些目标对财务管理提出了保持企业生存的偿债能力，筹集企业发展所需要的资金并有效使用资金使企业获利等要求。财务管理的目标包括总目标和具体目标。财务管理的总目标包括利润最大化、股东财富最大化、企业价值最大化；财务管理的具体目标主要包括投资管理目标、筹资管理目标、利润分配管理目标、营运资本管理目标等。财务管理目标的实现需要解决好各类委托代理问题，充分考虑企业社会责任和 ESG 的要求。

财务管理决策处于财务管理环境制约之下，企业在进行财务管理决策时必须了解和应对法律法规环境、金融市场环境、经济环境、技术环境等带来的影响。

思考与练习

1. 企业有哪些财务管理活动？
2. 财务管理的内容是什么？
3. 企业有哪三种组织形式？各有什么特点？
4. 为什么公司制是最主要的企业组织形式？
5. 有限责任公司与股份有限公司有什么不同？
6. 企业的目标是什么？企业财务管理目标与企业目标之间的关系如何？
7. 为什么说公司价值最大化是企业财务管理的总目标？
8. 实现财务管理目标要解决好的委托代理问题是什么？为什么？
9. 财务管理目标的实现与企业要承担的社会责任矛盾吗？为什么？
10. 为什么说企业财务管理需要考虑财务管理环境的影响？

第2章
财务报表分析

【引导案例】

黄明大学毕业后就职于当地的一家IT公司，从事游戏开发的业务。他个人技术过硬，同时工作刻苦努力，很快晋升为团队负责人。游戏开发工作虽然辛苦，但是薪酬很高。由于黄明个人也没有特别多的消费需求，于是他想将存款投资A股股票实现资产增值。然而，黄明没有任何金融学习背景和投资经验，于是他找到了大学好友刘鑫寻求投资建议。刘鑫曾经就职于大型投资公司，具有丰富的投资经历。他告诉黄明，想要投资一家公司的股票，不仅需要系统地学习经济和金融知识，还必须读懂公司的财务报表。财务报表是反映公司经营状况的晴雨表，通过对其中数据进行合理的分析，可以帮助投资人从不同角度了解该公司的财务状况，为投资决策提供关键依据。于是，黄明购买了相关学习教材，打开了介绍财务报表分析的这一章。

截至2022年10月28日，沪深两市共计上市公司总数为4 862家，这些上市公司广泛地分布在各个行业与各个地区。如果投资者想直接且较深入地了解这些上市公司，可以阅读和分析这些上市公司公开披露的财务报表。比如，美的电器、海信电器、青岛海尔都是国内知名的家电企业，你想了解它们的财务状况、发展趋势、获利水平，并从中选择恰当的投资标的，那么通过对比分析它们近年来的财务报表无疑是很好的选择。财务报表分析，也是企业内部高层管理者需要经常做的工作。它能够告诉企业高管，企业过去的表现是否让人满意，企业现在又遇到的问题的关键是什么，如何才能够改善、提高企业的经营业绩，企业下一步的工作重点应该聚焦在哪里。

本章将系统地介绍企业财务报表分析的思想、原则、方法和常用的财务比率，这将帮助初学者掌握财务报表分析这门技术。当然，如果想成为财务报表分析的专家，还需要有扎实的财务会计的基础，并具有丰富的行业经验。因此，在本章中，我们只重点探讨财务分析的基本知识、方法与逻辑。

2.1 财务报表分析概述

财务报表概论（上）

财务报表概论（下）

2.1.1　财务报表分析的意义

分析是把一个相对复杂的事物分解为若干个组成部分并加以考察的方法。财务报表分析，又称为公司财务分析，是通过对公司财务报表的有关数据进行汇总、计算和对比，并综合地分析和评价公司的财务状况和经营成果的工作。随着资本市场的建立和发展、公司组织形式的不断改变，以及公司内部管理的实际需求，财务报表分析的用途、内容和方法也在不断演进和完善之中。

财务报表分析可以追溯到19世纪末期。早期的财务报表分析的目的是为银行发放信贷提供服务。这是由于当时公司的主要融资渠道是向银行借贷。这一时期逐渐形成了对于公司偿债能力的分析等。

随着资本市场的蓬勃发展，财务报表分析由为贷款银行服务扩展到为各类投资者服务。这是因为，社会筹资的范围扩大后，各类非银行的债权人和股权投资人增加，社会公众也参与到资本市场中来。这时，各类投资人需要增进对公司的了解，于是逐步形成了对公司盈利能力、筹资结构、利润分配等新的分析内容，发展出比较完善的财务报表的外部分析体系。

现代公司组织发展起来后，职业经理人为了获得股东和债权人的信任，需要改善公司的盈利能力和偿债能力，这又逐步形成了公司财务报表内部分析的相关内容。内部分析不仅可以使用公开的财务报表中的数据，还可以利用企业内部的数据，比如预算、成本等方面的数据。内部分析的目的是找出公司管理行为和报表数据的联系，从而为改善公司内部管理、增进财务绩效提供决策支持。

由于财务报表提供的信息也越来越多，财务分析越来越复杂，许多报表的使用人感觉到从财务报表中提取深入而有价值的信息日益困难，于是他们就开始求助专业人士，并促使财务分析师发展成为一个专门的职业。专业财务分析师的出现，对于报表分析技术的发展又起到了极大的推动作用。

从微观意义上说，财务报表数据是一个企业财务状况、经营成果和现金流量等的反映，而财务报表分析是对其的评价和研判。但是，微观意义上的财务报表数据同时也是处理国家与企业之间的财务关系、分析企业发展趋势、制定宏观经济政策的基本依据。所以，国家有关部门，比如税收部门往往要求企业提供财务报表。我国有大量的中央国有企业和地方国有企业，它们也需要及时地向各级国有资产监督管理部门提供财务报表。

综上所述，财务报表分析经过上百年的发展，已经相对非常成熟。而财务报表分析的目的，主要可以归集为评价企业的经营业绩、分析公司财务状况和经营成果产生的原因，并预测公司未来的发展趋势。

2.1.2　财务报表的使用人

公开披露的财务报表，其形式上是根据所有使用人的要求确定的。因此，特定使用人必须根据自己的要求，选择相应的信息，并进行分析。根据利益相关者理论，公司财务报表的主要使用人包括股东、债权人、职业经理人、供应商、政府和其他使用人。

股东：为了决定是否投资或跟进投资，要分析公司的盈利能力和发展潜力；为了考察职业经理人的业绩，需要分析资产盈利水平、破产风险，并比对竞争对手的业绩；为了决策股利分配政策，需要分析筹资状况。

债权人：为了决定是否给公司贷款，并决定贷款利率，要分析贷款公司资金使用的报酬和风险，以及短期偿债能力和长期偿债能力。

职业经理人：为了改善管理水平、提升财务绩效，需要进行内容广泛的财务报表分析，内容几乎囊括所有外部使用人的需求。

供应商：为了决定是否建立长期合作关系，签订供货合约，并决定给予企业相应的信用政策，需要分析公司的盈利能力和偿债能力。

政府：政府的税收部门和宏观决策部门需要了解公司纳税情况、遵守政府法规和市场制度的情况，也需要获得和分析企业的财务报表。

其他使用人：财务报表的其他使用人主要包括注册会计师、财务分析师等，这些专业人士，通常对财务报表进行专业的分析，以出具专业的审计报告或研究报告。

2.1.3　财务报表分析的步骤

要做好财务报表的分析工作，取得有效的分析结论，需要经过以下几个步骤。

第一，确定财务报表分析的使用人和主要目的。

第二，收集相关信息，主要包括企业近期的财务报表及其附注，以及相关的经营信息等。

第三，评价财务报表信息的真实性。

第四，选取一定的财务分析方法对报表进行研究。

第五，根据分析目的，把财务报表分解为有机的组成部分，并给予适当的整合。

第六，进一步研究各个组成部分的联系和关系。

第七，分析和解释结果，提出支持管理决策的结论。比如，对于银行来说，可能需要做出相应的信贷决策，而投资者则要做出是否投资的决策。

2.1.4　财务报表分析的方法

财务报表分析的方法，主要有比较分析法和因素分析法。

（1）比较分析法

认识事物最直观的方法就是比较，在比较中寻找差异，这就是财务报表的比较分析法。比较分析的核心是选择比较的对象，也就是解决和谁比的问题。第一，可以选择与本公司的历史比，即不同时期的指标进行对比，也称为趋势分析；第二，可以选择与行业平均数或竞争对手比，也称为横向比较；第三，还可以选择与计划预算比，即实际指标和计划预算的指标比，也称为差异比较。

比较分析的另一个核心问题是比什么，即比较的内容。比较的内容主要包括：其一，会计要素的总量或规模的比较。比如，比较企业之间的总资产、销售收入、利润总额。总量比较可以帮助分析公司的相对的规模、发展和竞争地位。其二，会计报表的结构比较。比如，净利润占销售收入的百分比，流动资产占总资产的百分比，存货占流动资产的百分比。其三，财务比率的比较。财务比率可以反映报表之间的勾稽关系，而且财务比率通常是相对数，能够消除企业规模的影响，具有较好的可比性。我们将在本章的第二节重点探讨财务比率的计算及其分析。

（2）因素分析法

因素分析法是依据财务指标之间的有机联系，分析财务指标变化的驱动因素，定量地分析指标的影响程度的方法。分析财务指标变化的驱动因素，可以帮助我们抓住影响财务指标变化的主要矛盾，从而更加透彻地分析企业的财务状况和经营成果。

2.1.5 财务报表分析的原则

财务报表分析的原则主要包括：第一，要坚持从企业经营的实际情况出发，反对主观臆测、搞数字游戏。第二，要坚持全面地看待问题。因为企业经营活动是一个整体，反映企业经营活动的财务报表也是一个有机的整体，切记不能够孤立地分析财务报表，要有机地分析财务报表之间蕴涵的各种财务关系。第三，要坚持定量分析与定性分析相结合，透过数字看到财务报表背后的深层次的内容。

【例 2-1】根据表 2-1 所示财务信息，判断该公司的经营状况。

表 2-1 ABC 公司三年利润表的部分内容　　　　　　　　　单位：万元

项目	2019 年	2020 年	2021 年
营业收入	100	135	185
营业成本与各项期间费用	70	95	128
所得税费用	10	15	18
税后净利润	20	25	39

虽然目前我们还没有展开对财务报表分析的学习，而且也没有学习财务比率的计算。但是，根据常识，我们通过对 ABC 公司利润表的浏览，仍然可以发现，在过去的三年中，该企业营业收入的增长率，保持在 35% 左右；而且随着营业收入的增长，总成本、各项期间费用及所得税费用占营业收入的比率却保持不变，保持在 80% 左右。假定该公司处于一个竞争环境激烈的市场，每年保持如此快速的增长率，实在是难能可贵了。但是，进一步的问题是：营业收入和税后净利润的快速增长背后的原因是什么？

ABC 公司三年资产负债表的部分内容如表 2-2 所示。我们不难发现，该公司连续两年固定资产、流动资产和总资产都以超过 50% 的速度在增长。如果税后净利润是产出，而企业投入的总资产是投入，那么，该公司的投入产出比（确切地说应该称为“总资产净利率”）在不断地减少，也就是说企业营业收入和净利润的增长是以更高比例的各项资产的投入为代价的。

表 2-2 ABC 公司三年资产负债表的部分内容　　　　　　　　　单位：万元

项目	2019 年	2020 年	2021 年
固定资产	211	403	700
流动资产	23	67	150
总资产	234	470	850
税后净利润/总资产	8.5%	5.3%	4.6%

例 2-1 说明，如果单纯地看利润表，该公司可能是一个比较不错的公司；但是你需要

结合其资产负债表进行相关分析，这时候却发现该企业的经营绩效其实可能是在不断恶化的。这个例子告诉我们，我们在做财务分析时，不能够孤立地分析某一张财务报表，而是要将财务报表作为一个有机的整体进行分析，并且要特别关注财务报表之间的关联。

2.1.6　财务报表分析的局限性

在深入学习财务报表的分析技术之前，我们有必要先认识财务报表分析的局限性。财务报表分析的局限性，首先受制于财务报表本身的局限性。财务报表是公司会计系统的产品。会计系统本身会受到企业会计环境、会计战略的影响，从而往往使得会计报表不能够如实地反映公司的实际情况。并且财务报表不可能全面地反映公司的所有信息，财务报表只披露了公司部分的信息。而且已披露的信息，往往还受到企业执行的会计政策或进行的会计估计的影响。这也是在进行财务分析的时候，证券公司或基金公司的分析师，往往会选择同行业上市公司息税折旧以及摊销前利润（Earnings before Interest，Taxes，Depreciation and Amortization，EBITDA）进行比较，而不是直接比较其营业利润或净利润，从而剔除资本结构、会计政策或会计估计等的影响。其次，财务报表的可靠性也是一个重要的问题。一些财务报表形式上不规范、数据出现异常现象，这些都可能是财务报表可靠性存在问题的表象。而财务报表的可靠性的甄别一般也不太容易。财务报表的分析人士一般信赖会计师事务所为财务报表出具的审计意见，即假定财务报表是可靠的，并在此基础上再对财务报表进行分析。最后，财务报表分析的重要方法是比较分析法，而比较的基础和内容又包括历史数据、同行业数据和计划预算数据。但是历史数据通常只代表过去，因为企业的经营环境是不断变化的，现在和历史比往往不具有可比性；同业的数据往往也不能够用来直接比较，因为企业的经营环境不一样，会计政策不一样，有些公司实行多元化经营，没有明确的行业归属，这都使得直接比较同业数据往往难尽如人意。实际数据与计划预算的数据相比，也往往存在问题，因为两者的差异可能是计划预算的不合理，也可能是在实际执行中存在问题。总之，财务报表分析的比较基础和内容不同，也会制约财务报表分析的结论。另外，财务报表分析，一般专注于财务数据，而一些非财务数据往往也很重要。比如，一个私募股权基金公司在对企业进行调研时，财务报表分析无疑是必要的工作内容；同时，它也会关心一些非财务信息，如进行生产能力调查，关注企业的设计产能、实际产能与当期产量、销量之间的关系是否匹配，人工费用、运输费用、水费或电费等与产销量具有直接配比关系的项目是否发生异常波动等。

2.2　基本的财务比率分析

财务报表中蕴涵了大量的财务数据，这些财务数据虽然能够给我们一些直观的信息，比如公司的规模、公司获得的营收或利润水平等，但是如果想要得到更为深入的信息，还需要对财务报表中提供的数据进行深加工。而财务比率无疑是对财务数据进一步加工的产品，而且还很好地体现了财务报表之间的关联。这些财务比率主要可以划分为四大类，分别从四个方面反映了企业的能力，即短期偿债能力、长期偿债能力、营运能力和盈利能力。

为了在下文中能够比较便捷地说明财务比率的计算方法，在这里我们将一直使用 BIT 公司的财务数据。BIT 公司的财务报表如表 2 - 3、表 2 - 4 和表 2 - 5 所示。

表 2 - 3 BIT 公司资产负债表

2021 年 12 月 31 日   单位：万元

资产	年末余额	年初余额	负债及权益	年末余额	年初余额
流动资产：			流动负债：		
货币资金	60	35	短期借款	60	50
以公允价值计量且其变动计入当期损益的金融资产	16	22	以公允价值计量且其变动计入当期损益的金融负债	0	0
应收账款	500	350	应付票据	10	5
预付账款	50	40	应付账款	90	100
应收股利	20	15	预收款项	10	8
应收利息	5	5	应付职工薪酬	2	1
其他应收款	12	12	应交税费	5	3
存货	125	100	应付利息	10	2
划分为持有待售的资产	0	0	应付股利	25	10
一年内到期的非流动资产	35	20	其他应付款	15	10
其他流动资产	8	0	一年内到期的非流动负债	50	0
			其他流动负债	5	6
流动资产合计	831	599	流动负债合计	282	195
非流动资产：			非流动负债：		
可供出售金融资产	0	50	长期借款	500	260
持有至到期投资	0	0	应付债券	260	270
长期应收款	0	0	长期应付款	100	80
长期股权投资	30	20	递延所得税负债	0	0
固定资产	1 500	1 000	其他非流动负债	0	10
在建工程	20	30	非流动负债合计	860	620
无形资产	10	10	负债合计	1 142	815
长期待摊费用	5	15	股东权益：		
递延所得税资产	0	0	股本	300	300
其他非流动资产	5	2	资本公积	80	80
			盈余公积	60	50
			未分配利润	819	481
非流动资产合计	1 570	1 127	股东权益合计	1 259	911
资产总计	2 401	1 726	负债及权益合计	2 401	1 726

表 2 - 4　**BIT 公司利润表**

2021 年度　　　　　　　　　　　　　　　　　　　　　　单位：万元

项目	本年金额	上年金额
一、营业总收入	2 000	1 800
其中：营业收入	2 000	1 800
二、营业总成本		
其中：营业成本	1 200	1 000
税金及附加	40	30
销售费用	20	18
管理费用	30	27
财务费用	80	75
资产减值损失	0	0
加：公允价值变动收益	0	0
投资收益	5	1
三、营业利润	635	651
加：营业外收入	50	0
减：营业外支出	2	30
四、利润总额	683	621
减：所得税费用	60	58
五、净利润	623	563
六、其他综合收益的税后净额	0	0
（一）以后不能重分类进损益的其他综合收益	0	0
（二）以后将重分类进损益的其他综合收益	0	0
七、综合收益总额	623	563
八、每股收益		
（一）基本每股收益/（元·股$^{-1}$）	略	略
（二）稀释每股收益/（元·股$^{-1}$）	略	略

表 2 - 5　**BIT 公司现金流量表**

2021 年度　　　　　　　　　　　　　　　　　　　　　　单位：万元

项目	金额
一、经营活动产生的现金流量	
销售商品、提供劳务收到的现金	2 000
收到的税费返还	0

项目	金额
收到其他与经营活动有关的现金	10
经营活动现金流入小计	2 010
购买商品、接受劳务支付的现金	1 800
支付给职工以及为职工支付的现金	30
支付的各项税费	90
支付其他与经营活动有关的现金	20
经营活动现金流出小计	1 940
经营活动产生的现金流量净额	70
二、投资活动产生的现金流量	
收回投资收到的现金	5
取得投资收益收到的现金	7
处置固定资产、无形资产和其他长期资产收回的现金净额	13
收到其他与投资活动有关的现金	1
投资活动现金流入小计	26
购置固定资产、无形资产和其他长期资产支付的现金	400
投资支付的现金	50
投资活动现金流出小计	450
投资活动产生的现金流量净额	−424
三、筹资活动产生的现金流量	
吸收投资收到的现金	0
取得借款收到的现金	350
收到其他与筹资活动有关的现金	50
筹资活动现金流入小计	400
偿还债务支付的现金	5
分配股利、利润或偿付利息支付的现金	3
支付其他与筹资活动有关的现金	19
筹资活动现金流出小计	27
筹资活动产生的现金流量净额	373
四、现金及现金等价物增加额	19
加：期初现金及现金等价物余额	57
五、期末现金及现金等价物余额	76

2.2.1　短期偿债能力及其财务比率

偿债能力是指企业偿还到期各种债务的能力。根据偿还债务的紧迫性可以将债务划分为短期债务和长期债务。相应地，偿债能力分析也可以划分为短期偿债能力和长期偿债能力两部分。

短期偿债能力是企业偿还流动负债的能力。流动负债是企业在一年内必须偿还的债务，而用于偿还流动负债的资产主要是流动资产。衡量短期偿债能力的指标主要包括流动比率、速动比率和现金流动比率等。

短期偿债能力
分析及其财务比率

（1）流动比率

流动比率反映的是流动资产与流动负债之间的比率关系。如果流动资产超过流动负债，通常认为企业可以确保偿还相应的短期债务。当然，流动资产与流动负债的比较有两种方法：一种是差额比较，即两者相减的差额；另一种是比率比较，即两者相除的比率。

差额比较的计算公式为：

$$营运资本 = 流动资产 - 流动负债 \tag{2-1}$$

比率比较计算公式为：

$$流动比率 = 流动资产 \div 流动负债 \tag{2-2}$$

其中，营运资本是指流动资产超过流动负债的部分。

【例2-2】根据 BIT 公司的财务报表，则有：

$$2021 年营运资本 = 831 - 282 = 549（万元）$$
$$2021 年流动比率 = 831 \div 282 = 2.95$$

流动比率是衡量企业短期偿债能力的关键指标。如果流动资产与流动负债相等，则营运资本等于0，但这并不意味着企业足以偿还短期债务。这是因为短期债务往往需要直接用现金偿还，而流动资产一般不可能全部迅速同步转化为现金用于抵债。当然，企业也会面临营运资本为负的情况，也就是集团的流动资产小于流动负债，意味着企业不足以偿还短期债务。一般而言，当企业突然大量购入原材料、设备，或是进行股票投资后，企业会出现短期的负营运资本的情况；但如果企业持有长期的负的营运资本则不是一个良好的财务信号。所以，通常要求企业的流动资产超过流动负债，即营运资本越多，流动负债的偿还越有保障，短期偿债能力越强。通常来讲，流动比率的经验值是2。正如例2-2中 BIT 公司的营运资本为正且流动比率为2.95，说明该公司有较为充足的流动资产用于偿还流动负债。但是，流动比率也不能过大，这是因为流动性越强的资产通常收益性较差，所以持有过多的流动资产无疑会降低企业的收益水平。企业应当选择一个合理的流动比率，既确保一定的短期偿债能力，又不会让过多的资金闲置并积压在流动资产上。

（2）速动比率

速动比率，又名"酸性测试比率"，反映的是速动资产与流动负债之间的比率关系。速动资产是指在流动资产中减去一些流动性差的资产，比如存货、待摊费用、一年内到期的非流动资产及其他流动资产等。这是因为存货、一年内到期的非流动资产等变现能力较差。比如，存货的变现速度显然不及应收款项，一些存货可能是滞销的产品或已抵押给债权人，部分存货损失可能未做处理，可能存在着历史成本与市价之间的重大差异，这都制约了它的变现能力。

速动资产与流动负债的比值称为速动比率，其计算公式为：

$$速动比率 = 速动资产 \div 流动负债 \qquad (2-3)$$

【例 2-3】根据 BIT 公司的财务报表，则有：

$$2021 年速动比率 = (60 + 16 + 500 + 50 + 20 + 5 + 12) \div 282 = 2.35$$

对比流动比率和速动比率的公式，显然速动比率在考察企业的短期偿债能力时更加谨慎。通常来讲，速动比率的经验值为 1。

（3）现金流动比率

现金及现金等价物是企业流动资产中流动性最好的资产，它们可以直接用于短期债务的偿还。事实上，一个经营活动正常的企业也不可能通过变卖存货偿还债务，否则其正常的生产经营活动就不得不停滞了。因此，企业的短期偿债能力可以通过计算现金流动比率来反映。该指标是现金及其等价物与流动负债的比值。该比率越高，表明企业的实际偿债能力越强，其计算公式如下：

现金流动比率

$$= (货币资金 + 以公允价值计量且其变动计入当期损益的金融资产) \div 流动负债 \qquad (2-4)$$

【例 2-4】根据 BIT 公司的财务报表，则有：

$$2021 年现金流动比率 = (60 + 16) \div 282 = 0.27$$

有的时候，直接用经营活动产生的现金流量净额与流动负债的比率作为现金流动比率，这是因为经营活动产生的现金净额代表企业通过日常的经营活动产生现金的能力。

$$现金流动比率 = 经营活动产生的现金流量净额 \div 流动负债$$
$$= 70 \div 282 = 0.25 \qquad (2-5)$$

（4）影响短期偿债能力的其他因素

上述反映短期偿债能力的几个比率，都是根据财务报表中的数据计算得出的。正如我们在财务报表分析的原则中提到的，要对企业的短期偿债能力做出科学的评价，除了需要定量的计算，也需要结合影响短期偿债能力的其他因素进行定性分析。

第一，增强短期偿债能力的因素主要有：可动用的银行贷款指标、准备很快变现的非流动资产、偿债能力的声誉。这些因素都能够很好地增强企业的短期偿债能力。第二，降低短期偿债能力的因素主要有：与担保有关的或有负债、经营租赁合同中列示的偿付义务、建造合同或长期资产购置合同中的分阶段付款义务。这些因素通常也需要统筹考虑。

2.2.2 长期偿债能力及其财务比率

长期偿债能力衡量的是企业偿还长期负债的能力。企业的长期负债主要包括长期借款、应付长期债券和长期应付款等。通常，可以从偿还长期负债的本金和利息两个角度来衡量企业的长期偿债能力。反映长期偿债能力的指标主要包括资产负债率、产权比率、权益乘数、已获利息倍数等。其中，资产负债率、产权比率、权益乘数衡量的是企业还本的能力，已获利息倍数衡量的是企业支付利息的能力。

长期偿债能力
及其财务比率

（1）资产负债率

从长期来看，企业所有的负债都需要偿还。资产负债率是指负债总额与资产总额的比值，其计算公式如下：

$$资产负债率 = 负债 \div 资产 \qquad (2-6)$$

【例 2 - 5】根据 BIT 公司的资产负债表，则有：

2021 年资产负债率 = 1 142 ÷ 2 401 = 0.475 6 = 47.56%

资产负债率反映了企业募集的总资产中有多少是通过负债取得的，它可以衡量企业在清算时保护债权人利益的程度。通常，资产负债率越低，企业偿债能力越强，对于借款人来说也就越安全。

（2）产权比率和权益乘数

资产负债率的另外两种表现形式分别是产权比率和权益乘数，它们的计算公式如下：

$$产权比率 = 负债 \div 权益 \qquad (2-7)$$
$$权益乘数 = 资产 \div 权益 \qquad (2-8)$$

应该说，知道资产负债率、产权比率和权益乘数中的任何一个指标，其他两个指标也可以相应地计算出来。产权比率表示每一元权益借入的债务数额；权益乘数表示每一元权益拥有的总资产。

【例 2 - 6】根据 BIT 公司的财务报表，则有：

2021 年产权比率 = 1 142 ÷ 1 259 = 0.907 1 = 90.71%

2021 年权益乘数 = ((2 401 + 1 726)/2) ÷ ((1 259 + 911)/2) = 1.90

（3）已获利息倍数

已获利息倍数是指息税前利润（Earnings before Interest and Tax，EBIT）相对于利息费用的倍数，又称利息保障倍数，其计算公式如下：

$$已获利息倍数 = 息税前利润 \div 利息费用 \qquad (2-9)$$

式（2-9）中的息税前利润，是利润表中的未扣除利息费用和所得税费用之前的利润，可以用利润总额加财务费用来近似计算。需要指出的是，这里的利息费用是企业本期发生的全部应付利息，不仅包括财务费用中费用化的利息，还应当囊括计入固定资产或在建工程价值中资本化的利息。当然，从公开的财务报表中，财务报表的外部使用者通常无法直接从利润表中找到资本化的利息，可能需要结合财务报表附注等相关信息的披露获得。已获利息倍数反映了企业用所实现的利润偿还利息费用的能力。

【例 2 - 7】BIT 公司 2021 年的财务费用为 80 万元，假定其中的利息支出为 70 万元。该公司的在建工程项目中无资本化利息支出。那么 BIT 公司的已获利息倍数为：

已获利息倍数 = (683 + 70) ÷ 70 = 10.76

长期债务不需要每年都还本，却需要每年都支付利息。已获利息倍数反映了企业的息税前利润是利息的多少倍。已获利息的倍数越大，表明企业支付利息的能力越强；否则，支付利息的能力就差。

（4）现金流量利息保障倍数

有的时候，直接用经营活动产生的现金流量净额替换上述已获利息倍数计算公式中的息税前利润，这是因为经营活动产生的现金流量净额代表企业通过日常的经营活动产生现金的能力。现金流量利息保障倍数是指经营现金流量与利息费用的比率，其计算公式如下：

$$现金流量利息保障倍数 = 经营活动产生的现金流量净额 \div 利息费用 \qquad (2-10)$$

【例2－8】根据 BIT 公司的财务报表，则有：

$$2021 年现金流量利息保障倍数 = 70 \div 70 = 1$$

以经营活动产生的现金流量净额为基础的利息保障倍数表明，每一元的利息费用有多少倍的经营活动产生的现金流量净额可以做保障。由于公式中使用的是经营活动产生的现金流量净额，而不是会计上的收益，所以该指标比利息保障倍数更可靠。

（5）影响长期偿债能力的其他因素

上述衡量企业长期偿债能力的几个财务比率是根据财务报表中的数据计算的，还有一些影响长期偿债能力的因素也值得进行定性的分析。具体地说：

①未决诉讼。如果企业败诉，企业偿债能力可能受到极大影响。

②债务担保。应根据有关资料判断企业承诺的担保责任在未来可能带来的长期负债问题。

③长期经营租赁合同。企业的长期经营租赁合同往往不必在资产负债表中列示，而一项金额巨大、期限较长的长期租赁合同，往往需要企业在相当长的一段时间内经常性支付租金，这都会影响企业的长期偿债能力。

2.2.3 营运能力及其财务比率

营运能力衡量的是公司资产管理的效率，也被称为资产管理比率，比如存货的积压状况、应收账款的回收天数、资产中流动资产和固定资产的结构比例是否合理等。测量营运能力的财务比率主要包括：应收账款周转率、存货周转率、营业周期、流动资产周转率、固定资产周转率和总资产周转率等。

营运能力及其
财务比率

（1）应收账款周转率

应收账款周转率是指一定时期内赊销收入净额与平均应收账款的比率。该指标反映了应收账款收回的能力。其计算公式如下：

$$应收账款周转率 = 赊销收入净额 \div 平均应收账款 \tag{2－11}$$

其中，赊销收入净额 = 赊销收入总额 － 赊销折扣与折让；平均应收账款 =（期初应收账款 + 期末应收账款）÷2。

应收账款周转率也被称为应收账款周转次数。

上式中的赊销收入净额是赊销收入总额减去赊销部分销售折扣与折让后的余额；赊销收入是销售收入扣除现金销售以后的部分。通常，根据公开披露的财务报表，我们只能够得到销售收入的数据，却不能获得赊销收入的数据。所以，对于财务报表外部使用者来说，在应收账款周转率的计算公式中只能用销售收入来近似赊销收入净额。

另外一个与应收账款周转率紧密相关、反映应收账款收回能力的指标是应收账款周转天数。它们两者之间的关系如下：

$$应收账款周转天数 = 360 天 \div 应收账款周转率 \tag{2－12}$$

【例2－9】根据 BIT 公司的财务报表数据，则有：

$$2021 年应收账款周转率 = 2\,000 \div [(500 + 350) \div 2] = 4.71$$

$$2021 年应收账款周转天数 = 360 \div 4.71 = 76.43（天）$$

通常来说，应收账款周转率越高，平均收现时间越短，说明企业收回应收账款的能力越强。反之，则意味着企业将过多的营运资金积压在应收账款上，这样，既会影响企业营运资金的周转，又会造成资金浪费——因为应收账款不会产生任何投资收益，其实质是企业为下游的客户无偿垫付的资金。

（2）存货周转率

存货是企业保证生产、销售工作正常运转的各种储备。一般来说，在保证必要的存货后，企业希望尽可能地减少存货的数量，以减少企业流动资金的积压。存货的管理效率可以通过存货周转率（也被称为存货周转次数）和存货周转天数两个指标进行分析。它们的计算公式如下：

$$存货周转率 = 平均销售成本 \div 平均存货 \qquad (2-13)$$

$$存货周转天数 = 360 \div 存货周转率 \qquad (2-14)$$

【例 2-10】 根据 BIT 公司的财务数据，则有：

$$2021 年存货周转率 = 1\,200 \div [(125 + 100) \div 2] = 10.67$$

$$2021 年存货周转天数 = 360 \div 10.67 = 33.75 （天）$$

一般来说，存货周转率越高，存货周转天数越短，说明企业的存货转换为应收账款的速度（包括存货的生产速度及销售速度）越快；反之，存货的周转速度就越慢。

（3）营业周期

在存货周转天数和应收账款周转天数的基础上，产生了营业周期的概念。营业周期表示企业从取得存货开始到销售存货并收回现金为止的这段时间，其计算公式如下：

$$营业周期 = 存货周转天数 + 应收账款周转天数$$

营业周期的长短是决定公司流动资产需要量的重要因素，较短的营业周期表明对应收账款和存货的有效管理。

（4）流动资产周转率

流动资产周转率是销售收入与平均流动资产的比率，它反映企业用流动资产创造销售收入的能力。由于应收账款和存货是流动资产的主要组成部分，显然应收账款周转率和存货周转率对流动资产的周转率的影响十分重大。应收账款周转率和存货周转率越大，流动资产周转率也越大。流动资产周转率（也被称为流动资产周转次数）的计算公式如下：

$$流动资产周转率 = 销售收入 \div 平均流动资产 \qquad (2-15)$$

$$流动资产周转天数 = 360 \div 流动资产周转率 \qquad (2-16)$$

$$平均流动资产 = (期初流动资产 + 期末流动资产) \div 2$$

【例 2-11】 根据 BIT 公司的财务数据，则有：

$$2021 年流动资产周转率 = 2\,000 \div [(831 + 599) \div 2] = 2.80$$

$$2021 年流动资产周转天数 = 360 \div 2.80 = 129 （天）$$

流动资产周转天数表明流动资产周转一次所需要的时间；流动资产周转率表明每一元流动资产创造销售收入的能力。流动资产周转速度快，相应就会节约流动资产的占用；反之，流动资产周转慢，为了维持日常营运和一定的销售收入，就必须投入更多的流动资产。

（5）固定资产周转率

固定资产周转率是指销售收入与平均固定资产净值之间的比率，其计算公式为：

$$固定资产周转率 = 销售收入 \div 平均固定资产净值 \qquad (2-17)$$

其中，平均固定资产净值 = （期初固定资产净值 + 期末固定资产净值）÷2。

$$固定资产周转天数 = 360 \div 固定资产周转率 \qquad (2-18)$$

【例 2 - 12】根据 BIT 公司的财务数据，则有：

$$2021 年固定资产周转率 = 2\ 000 \div [(1\ 500 + 1\ 000) \div 2] = 1.6$$

$$2021 年固定资产周转天数 = 360 \div 1.6 = 225（天）$$

固定资产周转率反映了固定资产的周转速度，周转速度越快，表明企业投入同样的固定资产却创造了更多的销售收入。

（6）总资产周转率

总资产周转率是销售收入与平均总资产之间的比率。其计算公式如下：

$$总资产周转率 = 销售收入 \div 平均总资产 \qquad (2-19)$$

$$总资产周转天数 = 360 \div 总资产周转率 \qquad (2-20)$$

$$平均总资产 = (期初总资产 + 期末总资产) \div 2$$

【例 2 - 13】根据 BIT 公司的财务数据，则有：

$$2021 年总资产周转率 = 2\ 000 \div [(2\ 401 + 1\ 726) \div 2] = 0.97$$

$$2021 年总资产周转天数 = 360 \div 0.97 = 371（天）$$

总资产周转率用来反映企业管理总资产的能力和水平。通常，该指标越高，表明企业资产使用效率越好；反之，资产的利用效率差。显然，总资产周转率的驱动因素是各项资产的周转率。所以总资产周转率的大小取决于存货周转率、应收账款周转率、流动资产周转率和固定资产周转率的综合作用。在本章第三节财务报表的综合分析中，将就总资产周转率的驱动因素进行详细的分析和解释。

2.2.4 获利能力及其财务比率

反映企业获利能力的指标主要有销售净利率、总资产净利率和权益报酬率。

获利能力及其财务比率

（1）销售净利率

销售净利率是指净利润与销售收入的比值，反映了每一百元销售收入中净利润所占的比例。与销售净利率有关的两个比率是：销售毛利率和销售息税前利润率。其计算公式如下：

$$销售净利率 = 净利润 \div 销售收入 \qquad (2-21)$$

$$销售毛利率 = 毛利 \div 销售收入 \qquad (2-22)$$

$$销售息税前利润率 = 息税前利润 \div 销售收入 \qquad (2-23)$$

【例 2 - 14】以 BIT 公司财务报表为依据，则有：

$$2021 年销售净利率 = 623 \div 2\ 000 = 0.311\ 5 = 31.15\%$$

$$2021 年销售毛利率 = 800 \div 2\ 000 = 0.40 = 40\%$$

$$2021 年销售息税前利润率 = (683 + 70) \div 2\ 000 = 0.376\ 5 = 37.65\%$$

销售净利率与销售毛利率之间的差额取决于企业的各项费用，包括销售费用、管理费用和财务费用等。销售净利率、销售毛利率和销售息税前利润率越高，则意味着企业的盈利能力越强；反之，其盈利能力比较差。

（2）总资产净利率

总资产净利率是净利润与平均总资产的比值。另外一个相关的指标是总资产息税前利润率。它们反映了企业的总资产的盈利能力。其计算公式为：

$$总资产净利率 = 净利润 ÷ 平均总资产 \qquad (2-24)$$

$$总资产息税前利润率 = 息税前利润 ÷ 平均总资产 \qquad (2-25)$$

【例 2－15】以 BIT 公司财务报表为依据，则有：

2021 年总资产净利率 = 623 ÷ [(2 401 + 1 726) ÷ 2] = 0.301 9 = 30.19%

2021 年总资产息税前利润率 = (683 + 70) ÷ [(2 401 + 1 726) ÷ 2] = 0.364 9 = 36.49%

（3）权益报酬率

权益报酬率是指净利润与平均所有者权益的比值，也被称为权益净利率，其计算公式为：

$$权益报酬率 = 净利润 ÷ 平均所有者权益 \qquad (2-26)$$

其中，平均所有者权益 = （期初所有者权益 + 期末所有者权益）÷ 2。

【例 2－16】以 BIT 公司财务报表为依据，则有：

2021 年权益报酬率 = 623 ÷ [(1 259 + 911) ÷ 2] = 0.574 2 = 57.42%

权益报酬率是上述所有财务指标中综合性最强的指标，它反映了股东投入的权益的获利能力。该指标越高，表明企业权益资本使用的效益越高；反之，说明权益资本的使用效果不理想。权益报酬率的驱动因素包括总资产周转率、销售净利率和权益乘数。在本章第三节财务报表的综合分析中，将就权益报酬率的驱动因素进行详细的分析和解释。

2.2.5 上市公司需要重点披露的若干财务指标

根据我国上市公司信息披露的有关规定，需要披露的最重要的几个财务指标分别是每股收益、市盈率、每股股利、股利支付率、股利保障倍数、留存收益比率、股利收益率和每股净资产。

上市公司按规定需要
披露的若干指标

（1）每股收益

每股收益又名普通股股东每股收益，是企业净利润在扣除优先股股利后剩余部分与普通股股份的比率，其计算公式如下：

$$每股收益 = （净利润 - 优先股股利）÷ 年末加权普通股股数 \qquad (2-27)$$

其中，年末加权普通股股数为期间存续、新增及回购股票股数乘以相对应发行在外的月份数除以 12 个月。

（2）市盈率

市盈率是普通股每股市价与每股收益的比率，其计算公式如下：

$$市盈率 = 普通股每股市价 ÷ 普通股每股收益 \qquad (2-28)$$

市盈率相当于股东购买股票的投资回收期。如果股价为 100 元的股票，其每年的每股收益均为 10 元，其市盈率为 10 倍，则意味着如果不考虑货币的时间价值，持有该股票的股东需要等待 10 年才能收回初始的投资。所以，市盈率越低，意味着股票的投资价值越大。从我国近几年发行的新的股票来看，新股发行的市盈率基本上维持在 15 倍至 20 倍之间。

市场中经常出现的情况是，市盈率非常高的股票却受到投资者的追捧，也就是该股票价格有泡沫。但是，如果不是因为炒作的原因，那一定是因为投资者对该公司的未来非常有信心，也就是说，虽然目前该公司的盈利状况不佳，但是可能成长性很好，收益在未来会大幅度提升，可以预见将来该股票的市盈率会逐渐降低，所谓的股价泡沫也就会得到不断的释放。

（3）每股股利

每股股利是现金股利总额与年末普通股股数的比率，其计算公式如下：

$$每股股利 = 现金股利总额 \div 年末普通股股数 \qquad (2-29)$$

（4）股利支付率

股利支付率是指公司支付给普通股股东的每股股利与每股收益的比率。该指标反映了每股收益中有多大比例作为现金股利发放，通常取决于公司的股利政策。其计算公式如下：

$$股利支付率 = 每股股利 \div 每股收益 \qquad (2-30)$$

（5）股利保障倍数

股利保障倍数是每股收益与每股股利的比率，其计算公式如下：

$$股利保障倍数 = 每股收益 \div 每股股利 \qquad (2-31)$$

从计算公式上可以看出来，股利保障倍数其实是股利支付率的倒数，该指标反映了企业用每股收益派发股利的能力。

（6）留存收益比率

留存收益比率是企业留存收益与净利润的比值。留存收益是指企业实现的净利润扣除支付的全部股利后的余额。其计算公式如下：

$$留存收益比率 = (净利润 - 支付的全部股利) \div 净利润 \qquad (2-32)$$

该指标反映了公司的股利分配政策。如果股东要求获得较高的现金股利，公司就会降低留存收益比率；如果公司想保留更多的盈余，则会提高留存收益比率。

（7）股利收益率

股利收益率是指公司年度支付的股利与当前股票市价的比率，其计算公式如下：

$$股利收益率 = 每股股利 \div 每股股价 \qquad (2-33)$$

股利收益率相当于是股东购买股票当年的投资回报率。如果股东希望长期持有股票，而不是急于出售，那么每年的股利收益率将决定股东的回报水平。

（8）每股净资产

每股净资产是指年末股东权益与普通股股数的比值，也称每股账面价值，其计算公式如下：

$$每股净资产 = 年末股东权益 \div 年末加权普通股股数 \qquad (2-34)$$

2.3　财务报表的综合分析

在第二节中，我们分别从企业的短期偿债能力、长期偿债能力、营运能力和获利能力等四方面建立了许多不同的财务指标。但是，正如我们在财务报表分析的原则中所指出的，我们不能够孤立地看待和分析财务指标。事实上，各项财务指标之间也并不是孤立的，它们之间存在着密切的联系。所以，在这一节，我们将着重研究财务指标之间的关系，从而对财务报表进行全面、透彻的分析。在本节中，我们将介绍两种常见的财务综合分析方法——财务比率综合评分法和杜邦分析法，并在此基础上系统地建立财务比率的分析体系。

财务报表的综合分析

2.3.1　财务比率综合评分法

财务比率综合评分法又名沃尔评分法，是由亚历山大·沃尔提出的，它旨在通过赋予特定的多项财务比率特定的权重，计算出综合得分，并评估企业财务状况。20 世纪初，沃尔出版的《信用晴雨表研究》和《财务报表比率分析》两部著作提出了使用财务比率综合评分方法构建信用能力指数的概念。他使用流动比率、产权比率、固定资产比率、存货周转率、应收账款周转率、固定资产周转率和股权资本周转率 7 个维度的财务指标，在赋予这些指标不同权重后，以行业平均数为基础确定各项财务比率的标准值，并将财务比率的实际值与标准值进行比较，得出相应的关系比率，将此关系比率和各项财务比率的权重相乘得出评分。沃尔的这种方法在之后被不断进行改良，成为一种重要的评价企业信用状况的财务综合分析方法，一般的计算步骤如下所示。

①选定评价财务状况的财务比率。这里选定的财务比率应当具有代表性，可以反映出企业不同维度的财务特征。同时，选定的财务比率数值大小方向必须一致。当财务比率值增大，表示财务状况得到优化；反之，当财务比率值减小，表示财务状况恶化。

②确定财务比率标准评分值。根据不同财务比率的重要程度，确定其标准评分系数。注意各项评分之和为 100 分。

③确定财务比率评分的上下阈值。确定上下阈值的目的在于避免因某一财务比率严重异常而影响整体评分。

④确定财务比率的标准值。通常做法是将同行业平均水平作为财务比率的参考值。

⑤计算关系比率。关系比率 = 实际值 ÷ 标准值，它反映了企业某一财务指标偏离行业标准的程度。

⑥计算各项财务比率的实际得分。实际得分 = 评分值 × 关系比率。

根据上述步骤可以得出企业财务状况的综合得分。如果评分高于 100 分，说明企业财务状况十分理想；如果得分接近 100 分，说明企业财务状况较为良好，达到了预先设定的标准；如果得分远远低于 100 分，则说明企业财务状况较差，需要进行适当的措施优化财务状况。财务比率综合评分法可以有机地将财务指标进行结合并得出评分，但是在使用该方法时应当注意各个指标是否存在严重过高或者过低的情况。过高的单个指标会掩盖情况不良的指标，而过低的单个指标则会拉低企业整体的财务状况评分。因此，在使用财务比率综合评分法时不仅需要分析综合分数，更要关注单个指标得分。

2.3.2　杜邦分析法

通常，一个理性的经济人在进行决策的时候，最关心他获得的投入产出比。从企业股东的角度，他们应该最为关心的指标是权益报酬率，因为权益报酬率就相当于是股东的投入产出比。根据权益报酬率的计算公式，股东的投入其实是所有者权益，而他们的产出则是净利润。我们将权益报酬率的公式重新列示如下：

$$权益报酬率 = 净利润 ÷ 平均所有者权益$$

权益报酬率最大化无疑是股东追求的第一目标。那么，如何提高权益报酬率呢？比如，某公司 2021 年的权益报酬率为 20%，股东大会提出 2022 年要提升 5%，那么这个目标如何执行？如果从权益报酬率的公式来看，简单的数学常识告诉我们，应该尽可能地提高净利润，或降低所有者权益。但是，又如何提高净利润，如何降低所有者权益呢？仅仅从权益报酬率的计算公式中，我们似乎无法找到答案。正如一切目标的达成，我们需要把提高权益报酬率这一目标进行分解和落地。因此，我们首先应当找到权益报酬率的驱动因素，从权益报酬率的驱动因素入手，找到提升权益报酬率的具体途径。

非常幸运的是，我们可以将权益报酬率的公式进行分解，分解结果如下：

$$权益报酬率 = \frac{净利润}{销售收入} \times \frac{销售收入}{总资产} \times \frac{总资产}{股东权益}$$

$$= 销售净利率 \times 总资产周转率 \times 权益乘数 \qquad (2-35)$$

这就是杜邦分析式。从上式中可以看出，无论提高销售净利率、总资产周转率、权益乘数中的任何一个，权益报酬率都会提升，也就是说权益报酬率有三个驱动因素，即销售净利率、总资产周转率和权益乘数。

根据本章第二节中的学习内容，销售净利率代表企业的盈利能力，总资产周转率代表企业的营运能力，而权益乘数反映企业的资本结构及偿债能力。这样，权益报酬率综合反映了企业方方面面的能力。我们还注意到，计算公式中的一些会计要素，如净利润、销售收入来自利润表，而另一些会计要素，如总资产、股东权益则来源于资产负债表。因此，权益报酬率有效地将利润表和资产负债表中的信息有机地联系在一起。事实上，销售净利率、总资产周转率和权益乘数还可以进一步向下进行分解。我们以 BIT 公司为例，杜邦分析体系的工作过程如图 2-1 所示。

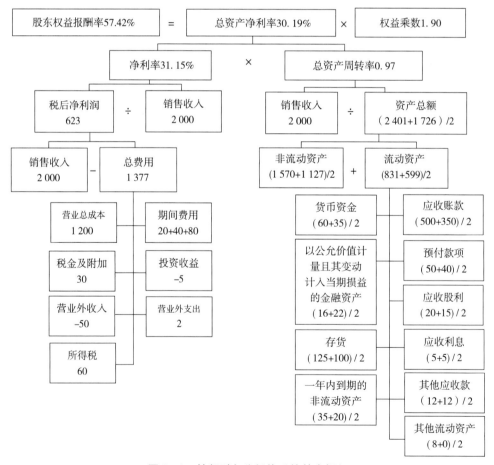

图 2-1　杜邦财务分析体系的基本框架

通过图 2-1，我们可以知道，杜邦财务分析体系是一个多层次的财务比率分解体系。在该体系中，股东权益报酬率是最综合的比率，处于整个体系的最高层。第一层次的分解，即将权益报酬率分解为销售净利率、总资产周转率和权益乘数，这三个比率在各企业之间可能存在显著的差异。通过对这三个比率差异的比较，可以洞察企业之间不同的经营战略和财务政策。

我们来对比分析 X 零售超市企业和 Y 碳酸饮料企业第一层财务指标。其中，Y 碳酸饮料企业是 X 零售超市企业的供应商。我们可以清晰地判断出 X 零售超市企业采取的是低盈利、高周转的经营战略；与之相反，Y 碳酸饮料企业采取的却是高盈利、低周转的经营战略。

【例 2-17】 X 零售超市企业和 Y 碳酸饮料企业的财务指标如表 2-6 所示。

表 2-6 X 零售超市和 Y 碳酸饮料企业的财务指标

企业	销售净利率/%	总资产周转率/%	权益乘数	权益净利率/%
X 零售超市企业	3	250	2.4	18
Y 碳酸饮料企业	20.7	77	1.9	30.3

接着可以在第一层次分解的基础上进行第二层次的指标分解，直到将指标分解到具体的会计要素。比如销售净利率，取决于产品成本率、营业费用率、管理费用率、财务费用率等，而这一系列的财务指标又取决于销售收入、销售成本、管理费用、销售费用和财务费用；总资产周转率取决于应收账款周转率、存货周转率、应付账款周转率等，而这一系列的财务指标又取决于销售收入、应收账款、存货、应付账款等。

从图 2-1 杜邦财务分析体系的基本框架，我们可以得出以下结论：①要提高股东权益报酬率，可以选择提高销售净利率、总资产周转率或权益乘数。②要提高销售净利率，就需要增加企业的销售收入或降低成本，降低期间费用，合理避税。③要提高总资产周转率就要减少资产的占用，包括流动资产、固定资产的占用，并提高资金的使用效率。在提高流动资产的使用效率方面，主要是加强对存货和应收账款的管理，加快存货周转率和应收账款周转率。④要提高权益乘数就是要合理地负债经营，充分发挥财务杠杆作用。权益乘数对资产利润率有着放大作用。

以 BIT 公司为例，2021 年的总资产净利率为 30.19%，而权益报酬率却达到了 57.42%，权益报酬率是总资产周转率的 1.90 倍，恰好为权益乘数。权益乘数衡量了财务杠杆的大小。但是，财务杠杆具有双刃剑的作用。这是因为在权益乘数增加的同时，资产负债率也在增长，当期应该归还的利息也在增长，甚至流动负债也在增长，增加了企业面临的财务风险。一旦销售收入下滑，企业将很被动。因此，权益乘数不宜过大。所以，我们在选择恰当的权益乘数的时候，往往同时控制利息保障倍数和速动比率这两个财务指标，以分别控制企业面临的长短期偿债风险。

本章小结

本章介绍了财务报表分析的方法。主要包括以下几个问题。

（1）财务报表分析概述。重点介绍了财务报表分析的方法、步骤、原则和局限性。

（2）基本的财务比率分析。重点从企业的短期偿债能力、长期偿债能力、营运能力和获利能力等四个方面介绍了相应的财务指标的计算公式和分析思路。重点的财务指标包括：流动比率、速动比率、现金流动比率、资产负债率、产权比率、权益乘数、已获利息倍数、现金流量利息保障倍数、应收账款周转率、存货周转率、流动资产周转率、固定资产周转率、总资产周转率、销售净利率、总资产净利率、权益报酬率。结合上市公司披露的财务比率，重点介绍了每股收益、市盈率、每股股利、股利支付率、股利保障倍数、留存收益比率、股利收益率、每股净资产。

（3）财务报表的综合分析。重点介绍了杜邦财务分析体系的思想、分解过程和基本框架。我们可以通过杜邦财务分析体系分析影响权益报酬率的因素。杜邦分析体系为：权益报酬率＝销售净利率×总资产周转率×权益乘数。

思考与练习

一、思考题

1. 财务报表分析有什么意义？

2. 财务报表的使用人有哪些？

3. 你能否创设一个新的财务指标，并给出其经济含义？

4. 财务报表分析有什么局限性？

5. 请比较流动比率和速动比率的差异。

6. 应该如何看待企业的权益乘数？请分别站在企业、投资人和债权人的角度谈谈你对企业权益乘数高低的认识。

7. 为什么说企业的存货周转天数和应收账款周转天数越短越好？

8. 上市公司为什么披露每股收益、市盈率、每股股利、股利支付率、股利保障倍数、留存收益比率、股利收益率和每股净资产等指标？它们分别反映了什么问题？

9. 财务报表的综合分析有什么意义？

10. 销售净利率、总资产周转率、权益乘数是如何影响权益报酬率的？

二、计算分析题

1. 假定某公司 2021 年的净利润为 50 万元，其发行在外的普通股股数为 80 万股，该公司用于股利分配的现金额为 30 万元，该股票目前的市价为 15 元。

要求：计算该公司每股收益、每股股利、市盈率。

2. 若企业的资产利润率为 12%，而且其产权比率为 2，计算该企业的权益报酬率。

3. 某企业上年度和本年度的流动资产平均占用额为 360 万元和 520 万元，流动资产周转率为 2.5 次和 4 次，计算本年度比上年度的销售收入的增加额。

4. 某公司税前收益为 280 万元，利息费用 70 万元，计算该公司的利息保障倍数。

5. 某公司拥有的资产为 800 万元，负债为 600 万元，计算该公司的权益乘数。

6. 已知甲公司的销售净利率为 12%，资产周转率为 1.5，资产负债率为 40%，计算该公司的股东权益报酬率。

7. 某公司 2021 年度营业收入净额为 8 000 万元。年初应收账款余额为 500 万元，年末应收账款余额为800万元，坏账准备按应收账款余额10%提取。每年按360天计算，计算应收账款的周转天数。

8. 某公司2021年年末的流动负债为100万元，流动比率为2.5，速动比率为1.8，销售收入为360万元，年初的存货为80万元。计算本年度存货周转次数。

9. 某公司的营运资本配置比率为0.2，请计算该公司的流动比率。

10. 某公司的每股净资产为3.5元，市净率为5，每股收益为0.7元，计算该公司的市盈率。

11. A公司年初的存货为5万元，年末流动比率为2.5∶1，速动比率为1.5∶1，存货周转率为6次，流动资产合计为8.6万元。要求：计算A公司本年销货成本。

12. 某企业上一年的主营业务收入净额为3 600万元，全部资产平均余额为2 400万元，流动资产平均余额为1 100万元。本年的主营业务净额为4 800万元，全部资产平均余额为2 600万元，流动资产平均余额为1 650万元。要求：计算上年与本年的全部资产周转率和流动资产周转率。

13. 已知某公司2021年会计报表的有关资料如表2-7所示。

表2-7　某公司2021年会计报表的有关资料　　　　单位：万元

项目	年初数	年末数
资产	5 500	8 000
负债	3 500	5 000
所有者权益	2 000	3 000
利润表项目	上年数	本年数
营业收入净额	（略）	18 000
净利润	（略）	300

要求：

（1）计算杜邦财务分析体系中的下列指标（凡计算指标涉及资产负债表项目数据的，均按平均数计算）。计算结果保留两位小数。

①净资产收益率；

②总资产净利率；

③净利率；

④总资产周转率；

⑤权益乘数。

（2）用文字列出权益报酬率与上述其他各项指标之间的关系式，并用本题数据加以验证。

14. B公司2021年的营业成本为60万元，存货周转次数为5次，年末流动比率为2，产权比率为0.7，期初存货与期末存货相等。其部分资产负债表数据如表2-8所示。

表 2 - 8　B 公司 2021 年 12 月 31 日资产负债表的部分资料　　　单位：元

资产	金额	负债及所有者权益	金额
货币资金	48 000	流动负债	
应收账款净额			
存货		长期负债	
固定资产净额	380 000	所有者权益	360 000
资产总计		负债及所有者权益合计	

要求：根据上述资料计算填列 B 公司 2021 年 12 月 31 日的资产负债表数据。

15. 根据 C 公司 2021 年的资产负债表、利润表进行财务分析。C 公司有关资料如表 2 - 9 和表 2 - 10 所示。

表 2 - 9　C 公司资产负债表

2021 年 12 月 31 日　　　　　　　　　　　　　　　　单位：万元

资产	年末余额	年初余额	负债及权益	年末余额	年初余额
流动资产：			流动负债：		
货币资金	80	50	短期借款	50	40
以公允价值计量且其变动计入当期损益的金融资产	20	25	以公允价值计量且其变动计入当期损益的金融负债	0	0
应收账款	700	550	应付票据	8	5
预付款项	30	20	应付账款	120	150
应收股利	25	10	预收账款	8	6
应收利息	6	6	应付职工薪酬	2	1
其他应收款	10	10	应交税费	8	5
存货	225	140	应付利息	8	3
			应付股利	27	15
一年内到期非流动资产	38	22	其他应付款	10	8
其他流动资产	10	0	一年内到期的非流动负债	70	0
			其他流动负债	6	7
流动资产合计	1 144	833	流动负债合计	317	240
非流动资产：			非流动负债：		
可供出售金融资产	0	7	长期借款	300	160
持有至到期投资	0	0	应付债券	220	250
长期股权投资	50	30	长期应付款	90	80
长期应收款	0	0	递延所得税负债	0	0

续表

资产	年末余额	年初余额	负债及权益	年末余额	年初余额
固定资产	1 800	1 200	其他非流动负债	0	10
在建工程	50	60	非流动负债合计	610	500
无形资产	20	20	负债合计	927	740
长期待摊费用	3	16	股东权益：		
递延所得税资产	0	0	股本	500	500
其他非流动资产	6	3	资本公积	80	80
			盈余公积	60	50
			未分配利润	1 506	799
非流动资产合计	1 929	1 336	股东权益合计	2 146	1 429
资产总计	3 073	2 169	负债及权益合计	3 073	2 169

表 2 - 10　C 公司利润表

2021 年度　　　　　　　　　　　　　　　　单位：万元

项目	本年金额	上年金额
一、营业收入	3 000	2 600
减：营业成本	1 800	1 500
税金及附加	50	50
销售费用	30	26
管理费用	50	45
财务费用	100	85
资产减值损失	0	0
加：公允价值变动收益	0	0
投资收益	7	3
二、营业利润	977	897
加：营业外收入	80	50
减：营业外支出	5	6
三、利润总额	1 052	941
减：所得税费用	80	78
四、净利润	972	863

假定该公司财务费用中利息支出为 80 万元，并且无资本化利息。

要求：

（1）根据以上资料计算 C 公司 2021 年度下列财务指标：流动比率、速动比率、资产负债率、已获利息倍数、存货周转天数、流动资产周转率、固定资产周转率、总资产周转率、销售毛利率、总资产净利率、权益净利率。

（2）根据以上资料计算某公司下列财务指标：每股收益、每股净资产。

第3章
资金时间价值

【引导案例】

纽约是美国最大的工商业城市，有"美国经济首都"的称号。但是在 1626 年 9 月 11 日，荷兰人彼得·米纽伊特（Peter Minuit）从印第安人那里用价值 24 美元的假珠宝便买下了曼哈顿岛。据说这是美国有史以来最合算的投资，超低风险，超高回报，而且所有的红利全部免税。

但是，如果换个角度来重新计算呢？如果当时的 24 美元没有用来购买曼哈顿，而是用来投资呢？我们假设每年有 8% 的投资收益，不考虑中间的各种战争、灾难、经济萧条等因素，这 24 美元到 2023 年会是多少呢？是 446 万亿美元多，这不但仍然能够购买曼哈顿，如果考虑到由于"9·11"事件后纽约房地产的贬值，这 24 美元的回报将会更大。这是一个惊人的数字，而这个数字之所以能够产生，主要是由于复利的"魔力"。

从这个故事中，我们认识到，原来钱随着时间的不同，其价值也是不断变化的。更确切地说，是购买力不断变化。这就是财务管理中的一个基本概念——资金时间价值。

3.1　资金时间价值概述

3.1.1　资金时间价值的概念

资金时间价值是指资金经过一定时间的投资和再投资所增加的价值，或者说是指一定量资金在不同时点上的价值量差额。资金时间价值来源于资金进入社会再生产过程后的价值增值。需要注意的是，在研究资金时间价值时，不考虑风险因素。在不考虑风险时，资金经过投资和再投资一定会增值，增值的部分即资金的时间价值。如将钱存入银行会取得存款利息，存款利息即存钱这一投资行为的时间价值；购买股票和债券时，会获得股利和利息，获得的股利和利息即购买股票和债券这一投资行为的时间价值。时间价值的大小取决于投资额的大小和投资时间的长短。也可以这样来理解资金的时间价值，即将资金闲置在手中，资金不会增值，只会贬值。因为考虑通货膨胀时，等额资金的货币购买力会下降。只有放弃现在使用资金的权利，使资金的所有权和使用权相分离，将资金投资和再投资出去，资金才能增值。资金增值的大小取决于现在放弃使用资金的多少和放弃时间的长短。

资金时间
价值概述

3.1.2 资金时间价值的表现

资金时间价值是在没有风险和没有通货膨胀条件下的社会平均资金利润率。由于竞争，市场经济中各部门投资的利润率趋于平均化。企业在投资某项目时，至少要取得社会平均的利润率，否则不如投资于另外的项目或另外的企业。因此资金时间价值成为估值的最基本的原则。

3.1.3 理解资金时间价值时应注意的问题

（1）不同时点的资金不能直接相加

资金是有时间价值的，因此不同时点上的资金不能简单直接相加，必须换算为同一时点才能相加。不同时点上的资金，如果投资出去，可获得不同的时间价值。时间价值的大小取决于投资额的多少和投资时间的长短。投资时间越长，时间价值越大；投资时间越短，时间价值越小。所以不同时点上的资金获得时间价值的能力不一样，也就是不同时点上的资金的效用不一样，故不同时点上的资金不能简单直接相加。如果非要相加，则必须将不同时点上的资金换算为同一时点，使其具有同样的获取时间价值的能力。

例如，某人每年年末均收到1万元钱，则5年共收到多少钱？

如果不考虑资金时间价值的话，5年共收到5万元钱。但是考虑资金时间价值时，第1年年末收到的1万元钱和第2年年末、第3年年末、第4年年末及第5年年末收到的1万元钱就具有不同的时间价值。其中第1年年末收到的1万元钱可获得的时间价值最大，第5年年末收到的1万元钱，可获得的时间价值最小。因为如果把第1年年末收到的1万元钱存入银行的话，则到第5年年末可收到的本利和肯定要大于1万元钱。考虑资金时间价值，计算5年共收到多少钱时，就必须将每年年末收到的钱换算为同一时点，比如都换算为第1年年初收到的钱，或都换算为第5年年末收到的钱，然后再相加。上述换算思路如图3-1和图3-2所示。

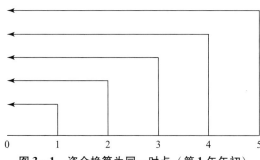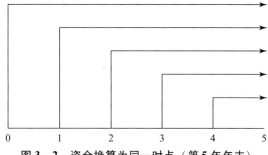

图3-1　资金换算为同一时点（第1年年初）　　图3-2　资金换算为同一时点（第5年年末）

（2）资金等值（等效）

资金等值也叫资金等效，是指不同时点上的资金虽然金额不等，但是其效用相同。例如，现在投入一定的本金，经过一定时间后获得一定的本利和。虽然现在投入的本金和将来获得的本利和金额不等，也处于不同的时点上，但其效用是相等的，故认为现在投入的本金和将来获得的本利和等值或等效。也正是因为二者等值、等效，所以投资人才可以在将来获得上述的本利和。再如，考虑资金时间价值时，现在的 1 元钱要和将来的 1 元多钱等值，和过去的不到 1 元钱等值。

3.2　复利的终值和现值

复利是计算资金时间价值的一种方法，它和单利相对应。单利是指只对本金计算利息，利息不再算利息。复利也叫"利生利""利滚利"，是指在计算资金时间价值时，不仅对本金计算利息，也要对利息计算利息。例如，将 100 元存入银行，年利率 6%，存期 3 年。如果按单利计算时间价值，第 1 年应获得的利息为 $100 \times 6\% = 6$ 元，第 2 年和第 3 年

复利的终值和现值

获得的利息均为 $100 \times 6\% = 6$ 元。期满应获得的本利和为 $100 + 3 \times 6 = 118$ 元。如果改按复利计算资金时间价值，则第 1 年应获得利息为 $100 \times 6\% = 6$ 元，第 2 年应获得的利息为 $(100 + 6) \times 6\% = 6.36$ 元，第 3 年应获得的利息为 $(100 + 6 + 6.36) \times 6\% = 6.74$ 元，期满应获得的本利和为 $100 + 6 + 6.36 + 6.74 = 119.1$ 元。按复利计息比按单利计息多获得利息 $6 + 6.36 + 6.74 - 6 \times 3 = 1.1$ 元。在进行财务决策时，一般用复利计算资金时间价值。

3.2.1　复利终值的计算

复利终值（Future Value，FV）是指现在某一特定的资金，如果投资出去，按复利计算时，将来可获得的价值。也就是说，如果现在投入一定的本金，则按复利计算将来可获得的本利和。

复利终值的计算公式为：

$$FV_n = PV(1 + i)^n \qquad (3-1)$$

式中　PV——现值；

　　　i——利率；

　　　n——计息期数。

复利终值的计算的推导过程为：

$$FV_1 = PV(1 + i)$$
$$FV_2 = FV_1(1 + i) = PV(1 + i)^2$$
$$\cdots$$
$$FV_n = PV(1 + i)^n$$

如果令 $PV = 1$，则 $FV_n = (1 + i)^n$，它表示现在投入 1 元本金，复利率为 i，期数为 n 的复利终值。即现在投入 1 元钱，经过复利 n 期后的本利和。复利终值的计算公式中 $(1 + i)^n$ 是复利终值系数（Future Value Interest Factor，$FVIF_{i,n}$），为了简化计算，可直接查复利终值系数表（见附表 1），来确定不同利率、不同期限的 1 元本金的复利终值。表中，第 1 行从左至右，表示利率；第 1 列从上至下，表示期数。例如，查复利终值系数表，可知，当 $i = 6\%$，$n = 8$ 和 10 时，复利终值系数分别为 1.594 和 1.791，另外，由于复利终值系数为 FV_n/PV，所以也可以将复利终值系数表示为 $(F/P, i, n)$，也有的教材将复利终值系数表示为 $(S/P, i, n)$。

【例 3-1】购买面值总额为 10 000 元的债券，期限 5 年，年利率 5%，则按复利计息，

到期能收回的本利和为：

$$10\ 000 \times (1 + 5\%)^5 = 10\ 000 \times \text{FVIF}_{5\%,5} = 10\ 000 \times 1.276\ 3 = 12\ 763\ （元）$$

事实上，我国对于债券一般是按单利计息的，如果按单利计息，则到期能收回的本利和为 $10\ 000 \times (1 + 5 \times 5\%) = 12\ 500$（元）。

【例 3 - 2】现有资金 50 万元，准备投资出去，以便能在 3 年后用本利和购买一栋厂房。已知 3 年后购买 1 栋厂房需 80 万元，问要达到此目的，投资报酬率应为多少？

设投资报酬率为 i，则：

$$80 = 50 \times (1 + i)^3 = 50 \times \text{FVIF}_{i,3}$$

则：$\text{FVIF}_{i,3} = 1.6$，查表知：$i \approx 17\%$。

3.2.2　复利现值的计算

复利现值是复利终值的对称概念，是指将来一定时间的特定资金，按复利计算的现在价值。或者说，为了在将来某一时间取得一定的本利和，按复利计算，现在需投入的本金。也可以将复利现值理解成将来某一金额的资金按复利计算相当于现在的多少资金，和现在的多少资金等效。

复利现值的计算公式可推导如下：

由于 $\text{FV}_n = \text{PV}(1 + i)^n$，因此可以整理出复利现值的计算公式为：

$$\text{PV} = \frac{\text{FV}_n}{(1 + i)^n} \tag{3 - 2}$$

上式中，如果令 $\text{FV}_n = 1$，则 $\text{PV} = \dfrac{1}{(1 + i)^n}$ 表示将来 1 元钱按照复利率 i，n 期折现的现值。式中 $\dfrac{1}{(1 + i)^n}$ 叫复利现值系数（Present Value Interest Factor，$\text{PVIF}_{i,n}$）。为了简化计算，可查复利现值系数表（见附表 2）。由于 $\dfrac{1}{(1 + i)^n} = \dfrac{\text{PV}}{\text{FV}_n}$，所以有的教材把复利现值系数表示为 $(P/F, i, n)$，也有的教材将复利现值系数表示为 $(P/S, i, n)$。

【例 3 - 3】某人希望在 8 年后，花 200 万元买一栋商品房。若某项目的投资报酬率为 15%，他现在应一次性投入该项目多少钱？

$$\text{PV} = 200 \times \text{PVIF}_{15\%,8} = 200 \times 0.326\ 9 = 65.4\ （万元）$$

【例 3 - 4】某人希望在大学毕业时，一次性还清贷款 2 万元。假设按复利计息，年复利率为 3%，学制 4 年，则他在刚入学时应一次性存入银行多少钱？

$$\text{PV} = 20\ 000 \times \text{PVIF}_{3\%,4} = 20\ 000 \times 0.888\ 5 = 17\ 770\ （元）$$

3.3　年金的终值和现值

3.3.1　年金的概念及分类

年金（Annuity，A）是指每隔相等的时间间隔收付等额的款项。例如，分期付款方式赊购商品；分期向保险公司交纳保费；按直线法提取折旧；购买或发行平时还息到期还本的债券后,按期收付的利息。年金的要点是定期、等额、系列收支。这三个要点必须同时具备,才能将其称为年金。例如,定期不等额的系列收支就不能叫做年金;同理,等额但不定期的系列收支也不能叫做年金。

年金按收付次数和支付时间不同可分为普通年金、预付年金、递延年金和永续年金。

①普通年金。普通年金是指每期期末收付的年金,又称为后付年金。

②预付年金。预付年金是指各期期初收付的年金,又称为先付年金或即付年金。

③递延年金。递延年金是指第一次定期、等额系列收支发生在第二期或第二期以后的年金。

④永续年金。永续年金是指无限期支付的年金,如永久性存本取息、永久性奖金、优先股股利等。

3.3.2 年金终值的计算

年金终值是指定期、等额、系列每次收支的复利终值之和。即先对每一次收支都计算复利终值,然后将这些复利终值加起来求和。

(1)普通年金终值的计算

①普通年金终值的计算公式。

普通年金终值的计算过程如图3-3所示。

年金终值

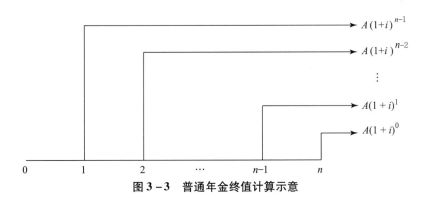

图3-3 普通年金终值计算示意

从图3-3可知,普通年金终值的计算公式为:

$$\begin{aligned}
\text{FVA}_n &= A(1+i)^{n-1} + A(1+i)^{n-2} + \cdots + A(1+i) + A \\
&= A\big[(1+i)^{n-1} + (1+i)^{n-2} + \cdots + (1+i) + 1\big] \\
&= A\sum_{t=1}^{n}(1+i)^{t-1} \\
&= A\frac{(1+i)^n - 1}{i}
\end{aligned} \tag{3-3}$$

式(3-3)中,如果令$A=1$,则:$\text{FVA}_n = \sum_{t=1}^{n}(1+i)^{t-1} = \big[(1+i)^n - 1\big]/i$,它表示1元年金,利率为$i$,$n$期的年金终值。式中,$\sum_{t=1}^{n}(1+i)^{t-1}$或$\big[(1+i)^n - 1\big]/i$是普通年金终值系数,通常用$\text{FVIFA}_{i,n}$表示。由于普通年金终值系数就是$\text{FVA}_n/A$,所以有的教材把该系

数记作（F/A，i，n），也有的教材将其记作（S/A，i，n）。为了简化计算，可查普通年金终值系数表（见附表3）。

【例3-5】某公司以30万元投资购入机器设备，预计每年年末可增加收入10万元，使用期限8年。假设年利率12%，那么8年后可增加收入的总和是多少？该方案可行否？

每年年末都增加收入10万元，8年后增加的收入总和为：

$$10 \times \text{FVIFA}_{12\%,8} = 10 \times 12.300 = 123 \text{（万元）}$$

8年后的123万元，相当于公司购买机器时的金额为：

$$123 \times \text{PVIF}_{12\%,8} = 123 \times 0.4039 = 49.680 \text{（万元）}$$

由于购买该机器所带来收入的现值49.680万元，大于该机器的买价30万元，因此该方案是可行的。

【例3-6】某人打算在5年后获得10万元钱，从现在起每年年末等额存入银行一笔款项。假设银行存款利率为3%，按复利计算利息，则该人每年年末应存入银行多少钱？

此题为已知普通年金终值，求年金。计算过程为：

$$A \times \text{FVIFA}_{3\%,5} = 10$$

$$A = 10/\text{FVIFA}_{3\%,5} = 10/5.3091 = 1.8836 \text{（万元）}$$

②偿债基金。

所谓偿债基金，是指为了保证债务人能在债务到期时按约偿还债务，债权人要求债务人每年年末提存相等的金额。提存的资金并不是简单累计起来，而是委托信托投资公司代其保管、投资，并获得固定的投资报酬率。由于每年年末均提存相等的金额，构成年金，所以也可以将偿债基金理解成：为了使年金终值达到既定金额F（需要偿还的债务），每年应支付的年金数额A。偿债基金的计算公式为：

$$A = F \frac{i}{(1+i)^n - 1} \tag{3-4}$$

式（3-4）中，$\dfrac{i}{(1+i)^n - 1}$称为偿债基金系数，其与普通年金终值系数$\dfrac{(1+i)^n - 1}{i}$互为倒数。

【例3-7】某企业5年后需要偿还债务100万元。该企业每年年末提存等额的偿债基金，并将其委托某信托投资公司保管、投资，已知可获得固定的投资报酬率6%。则该企业每年年末应提存多少偿债基金？

$$A \times \text{FVIFA}_{6\%,5} = 100$$

$$A = 100/\text{FVIFA}_{6\%,5} = 100/5.6371 = 17.7396 \text{（万元）}$$

（2）预付年金终值的计算

预付年金终值的计算方法有两种，两种方法都是以普通年金终值为基础而加以调整的。

①按普通年金终值计算。

假设，期初和期末均支付等额年金A，普通年金终值和预付年金终值的关系如图3-4所示。

将上述两图相比，可知：期初支付A的预付年金，其每期定额收支的复利终值均是期末支付A的普通年金每期定额收支复利终值的（$1+i$）倍。而年金终值是指每次定额收支的复利终值之和，故期初支付A的预付年金终值也就是期末支付A的普通年金终值的（$1+i$）

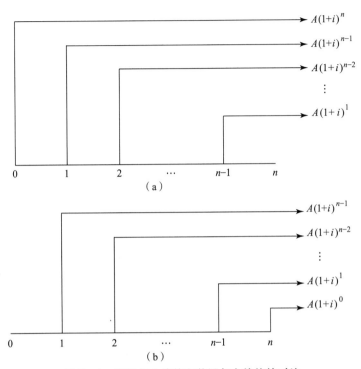

图 3 - 4　预付年金终值和普通年金终值的对比

（a）预付年金终值；（b）普通年金终值

倍。所以预付年金终值的计算公式为：

期初支付 A 的预付年金终值 = 期末支付 A 的普通年金终值 $\times (1+i)$　　（3-5）

上述公式也可以通过下列推理得出：期初支付 A 的预付年金可换算成期末支付 $A(1+i)$ 的普通年金，而期末支付 $A(1+i)$ 的普通年金的年金终值为：

$$A(1+i) \times \mathrm{FVIFA}_{i,n} = A \times \mathrm{FVIFA}_{i,n} \times (1+i)$$

它表示的是每期期末支付年金为 A 的普通年金终值的 $(1+i)$ 倍，它应该等于期初支付 A 的预付年金的终值。所以可得出结论：期初支付 A 的预付年金终值 = 期末支付 A 的普通年金终值 $\times (1+i)$。

【例3-8】某人计划在 5 年后获得 10 万元钱，从现在起每年年初存入银行一笔款项。假设银行存款利率3%，按复利计息，则该人每年年初应存入银行多少钱？

$$A \times \mathrm{FVIFA}_{3\%,5} \times (1+3\%) = 10（万元）$$

$$A = 10/[5.309\,1 \times (1+3\%)] = 1.828\,7（万元）$$

【例3-9】$A = 200$ 万元，$i = 6\%$，$n = 8$ 的预付年金终值是多少？

$$200 \times \mathrm{FVIFA}_{6\%,8} \times (1+6\%) = 200 \times 9.897\,5 \times (1+6\%) = 2\,098.27（万元）$$

②按普通年金终值系数计算。

由于预付年金终值的计算公式为：

$$\mathrm{FVA}_n = A(1+i) + A(1+i)^2 + \cdots + A(1+i)^n$$

$$= A\sum_{t=1}^{n}(1+i)^t = A\left[\frac{(1+i)^{n+1}-1}{i} - 1\right]　　（3-6）$$

上述计算公式中的 $\dfrac{(1+i)^{n+1}-1}{i}-1$ 叫预付年金终值系数，它和普通年金终值系数 $\dfrac{(1+i)^n-1}{i}$ 相比，期数加 1，而系数减 1。故可利用普通年金终值系数来计算预付年金终值系数。

现按预付年金终值系数来解答例 3-9，其预付年金终值为：

$$200 \times (\text{FVIFA}_{6\%,9} - 1) = 200 \times (11.4913 - 1) = 2\,098.26 \ （万元）$$

同样，按预付年金终值系数来解答例 3-8，设该人每年初应存入 A 万元，则：

$$A \times (\text{FVIFA}_{3\%,6} - 1) = 10 \ （万元）$$
$$A = 10 / (6.4684 - 1) = 1.8287 \ （万元）$$

（3）递延年金终值的计算

递延年金终值的计算同普通年金一样，没有特殊之处。

【例 3-10】某人计划三年后每年年末存入银行 10 000 元，则连续存 5 年后，应获得多少本利和？假设复利率为 8%，按复利计息。

$$10\,000 \times \text{FVIFA}_{8\%,5} = 10\,000 \times 5.8666 = 58\,666 \ （元）$$

（4）永续年金终值的计算

永续年金是无限期收付的年金，因此无终值问题。

3.3.3　年金现值的计算

年金现值是指定期、等额每次收支的复利现值之和。即先对每次定期、等额收支计算复利现值，然后再将这些复利现值加起来即为年金现值。

（1）普通年金现值的计算

①普通年金现值的计算公式。

普通年金现值的计算过程如图 3-5 所示。

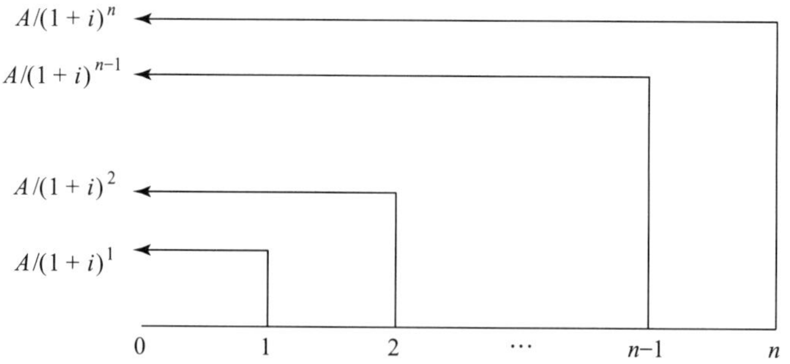

年金现值

图 3-5　普通年金现值计算示意

其计算公式为：

$$\text{PVA}_n = \frac{A}{(1+i)} + \frac{A}{(1+i)^2} + \cdots + \frac{A}{(1+i)^n}$$
$$= A \sum_{t=1}^{n} \frac{1}{(1+i)^t}$$

$$= A \frac{1 - (1 + i)^{-n}}{i} \tag{3-7}$$

上式中，如果令 $A = 1$，则 $PVA_n = \sum_{t=1}^{n} \frac{1}{(1+i)^t} = \frac{1-(1+i)^{-n}}{i}$，表示 1 元普通年金，利率为 i，经过 n 期的年金现值。式中，$\sum_{t=1}^{n} \frac{1}{(1+i)^t}$ 或 $\frac{1-(1+i)^{-n}}{i}$ 叫年金现值系数，通常表示为 $PVIFA_{i,n}$。由于年金现值系数为 PVA_n/A，所以有些教材也把年金现值系数记作 $(P/A, i, n)$。为了简化计算，可以查年金现值系数表（见附表 4）。

【例 3-11】 假设以 10% 的年利率借得 4 万元，投资于某个寿命为 10 年的项目，则每年年末至少要收回多少现金才是有利的？

此题为已知普通年金的现值，求年金，计算过程如下：

$$A \times PVIFA_{10\%,10} = 40\ 000\ （元）$$
$$A = 40\ 000/6.144\ 6 = 6\ 509.78\ （元）$$

【例 3-12】 某企业欲购置一台设备，一次性付款需 12 万元，可用 12 年。该设备投入使用后，每年年末可增加收入 2 万元。该企业打算从银行借款购买该设备，年利率为 8%，按复利计息。问该方案是否可行？

12 年共增加收入的现值之和为：

$$PVA_{12} = 2 \times PVIFA_{8\%,12} = 2 \times 7.536\ 1 = 15.072\ （万元）$$

由于 15.072 万元大于 12 万元，因此该方案是可行的。

② 年资本回收额的计算。

年资本回收额是指在约定年限内等额回收初始投入资本或清偿所欠债务的金额。年资本回收额的计算实际上是已知普通年金现值 P，求年金 A。年资本回收额的计算公式为：

$$A = P \frac{i}{1 - (1 + i)^{-n}} \tag{3-8}$$

公式中的 $\frac{i}{1-(1+i)^{-n}}$ 称为资本回收系数，其与普通年金现值系数互为倒数。

【例 3-13】 某公司从银行取得 1 000 万元的贷款，在 10 年内以年利率 12% 等额偿还，则每年年末应付的金额为多少？

$$A = 1\ 000 \times \frac{12\%}{1 - (1 + 12\%)^{-10}}$$
$$= 1\ 000 \times \frac{1}{PVIFA_{12\%,10}}$$
$$= 1\ 000 \times \frac{1}{5.650\ 2}$$
$$= 176.984\ 9\ （万元）$$

（2）预付年金现值的计算

预付年金现值的计算方法有两种，两种方法都要以普通年金现值的计算为基础。

① 按普通年金现值计算。

假设年金均为 A，复利率和期数均一样，则每期期初和期末支付等额款项（A）的年金现值在计算上的关系如图 3-6 所示。

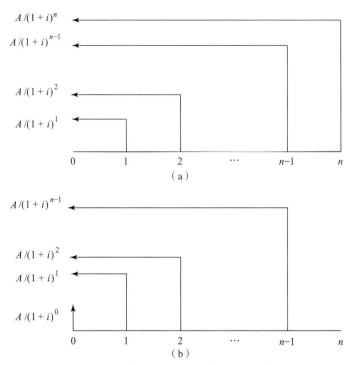

图 3 - 6　预付年金现值和普通年金现值的对比

（a）普通年金现值；（b）预付年金现值

由此可见，在年金相等（都是 A）的前提下，预付年金每期定额系列收支的复利现值均是普通年金每期定额收支的复利现值的 $(1+i)$ 倍。而年金现值是每期定额系列收支的复利现值之和，故在年金相等的前提下，预付年金的现值也就是普通年金现值的 $(1+i)$ 倍。计算公式为：

每期期初支付年金 A 的预付年金现值

$= $每期期末支付年金 A 的普通年金现值 $\times (1+i)$　　　　（3-9）

该公式成立的前提是年金和复利率、期数都相等，即期初和期末支付等额款项。

另外，该公式也可以通过下列的推理得出：每期期初支付年金 A，相当于每期期末支付年金 A $(1+i)$。这样可把每期期初支付金额为 A 的预付年金，换算成每期期末支付年金为 A $(1+i)$ 的普通年金。从普通年金现值的计算公式可知：年金为 A $(1+i)$，复利率为 i，期数为 n 的普通年金现值为：

$$A(1+i) \times \mathrm{PVIFA}_{i,n} = A \times \mathrm{PVIFA}_{i,n} \times (1+i)$$

它表示的是每期期末支付年金 A 的普通年金现值系数的 $(1+i)$ 倍。它应该等于年金为 A，复利率为 i，期数为 n 的预付年金的现值。因此，每期期初支付年金 A 的预付年金现值 $=$ 每期期末支付年金 A 的普通年金现值 $\times (1+i)$。这一结论成立的前提是每期期初和期末支付的年金相等。

【例 3-14】 $A = 200$ 万元，$i = 8\%$，$n = 6$ 的预付年金现值是多少？

$200 \times \mathrm{PVIFA}_{8\%,6} \times (1+8\%) = 200 \times 4.622\ 9 \times (1+8\%) = 998.546$（万元）

【例 3-15】 假设以 10% 的年利率借得 4 万元，投资于某个寿命为 10 年的项目，则每年年初至少要收回多少现金才是有利的？

此题为已知预付年金现值，求预付年金，计算过程为：
$$A \times \text{PVIFA}_{10\%,10} \times (1 + 10\%) = 40\,000 \text{（元）}$$
$$A = 40\,000/[6.144\,6 \times (1 + 10\%)] = 5\,917.98 \text{（元）}$$

【例 3 - 16】某企业欲购置一台设备，一次性付款需 12 万元，可用 12 年。该设备投入使用后，每年年初可增加收入 2 万元。该企业打算从银行借款购买该设备，年利率为 8%，按复利计息。问该方案是否可行？

12 年共增加收入的现值之和为：
$$2 \times \text{PVIFA}_{8\%,12} \times (1 + 8\%) = 2 \times 7.536\,1 \times (1 + 8\%) = 16.28 \text{（万元）}$$
由于 16.28 万元大于 12 万元，因此该方案是可行的。

②按普通年金现值系数计算。

由于预付年金现值的计算公式为：
$$\text{PVA}_n = A + \frac{A}{(1 + i)} + \frac{A}{(1 + i)^2} + \cdots + \frac{A}{(1 + i)^{n-1}}$$
$$= A\left[\frac{1 - (1 + i)^{-(n-1)}}{i} + 1\right] \tag{3-10}$$

上述计算公式中，$\dfrac{1 - (1 + i)^{-(n-1)}}{i} + 1$ 称为预付年金现值系数，它和普通年金现值系数 $\dfrac{1 - (1 + i)^{-n}}{i}$ 相比，期数减 1，而系数加 1。

现按预付年金现值系数来解答例 3 - 14，其预付年金现值为：
$$200 \times (\text{PVIFA}_{8\%,5} + 1) = 200 \times (3.992\,7 + 1) = 998.54 \text{（万元）}$$

同样，按预付年金现值系数来解答例 3 - 15，设每年年初至少要收回现金 A 元，则：
$$A \times (\text{PVIFA}_{10\%,9} + 1) = 40\,000 \text{（元）}$$
$$A = 40\,000/(5.759\,0 + 1) = 5\,918.04 \text{（元）}$$

按预付年金现值系数来解答例 3 - 16。

12 年共增加收入的现值之和为：
$$2 \times (\text{PVIFA}_{8\%,11} + 1) = 2 \times (7.139\,0 + 1) = 16.28 \text{（万元）}$$
由于 16.28 万元大于 12 万元，因此该方案是可行的。

（3）递延年金现值的计算

递延年金现值的计算方法有两种。

①在年金所属的时间段内，把递延年金当作普通年金来计算年金现值，然后再将计算出的年金现值折算为递延期期初的复利现值。上述思路的计算公式为：
$$\text{PV} = A \times \text{PVIFA}_{i,n} \times \text{PVIF}_{i,m} \tag{3-11}$$
式中 m——递延期；

n——年金所属的时间段。

【例 3 - 17】从现在起，计划 4 年后每年年末存入 10 000 元钱，存期 8 年，假设按复利计息，复利率为 6%。则到期获得的本利和相当于现在一次性得到多少钱？

4 年后连续存钱 8 年相当于第 4 年时，一次性存钱：
$$10\,000 \times \text{PVIFA}_{6\%,8} = 10\,000 \times 6.209\,8 = 62\,098 \text{（元）}$$

4 年时一次性存钱 62 098 元，相当于现在一次性存钱的金额为：

$$62\ 098 \times PVIF_{6\%,4} = 62\ 098 \times 0.792\ 1 = 49\ 187.8（元）$$

②把递延期也视作年金的发生期，先计算所有期间（包括递延期和年金所属的期间）的普通年金现值；然后再从中扣除视作年金（其实没有发生年金收付）的递延期内的普通年金现值。上述思路的计算公式为：

$$PV = A \times PVIFA_{i,m+n} - A \times PVIFA_{i,m} \tag{3-12}$$

下面按这种思路解答例 3-17。

$$10\ 000 \times PVIFA_{6\%,12} - 10\ 000 \times PVIFA_{6\%,4} = 10\ 000 \times 8.383\ 8 - 10\ 000 \times 3.465\ 1 = 49\ 187（元）$$

（4）永续年金现值的计算

由于普通年金现值的计算公式为 $A \sum\limits_{t=1}^{n} \dfrac{1}{(1+i)^t} = A \dfrac{1-(1+i)^{-n}}{i}$，永续年金是永远无限期支付的年金，永续年金的支付期数 $n \to \infty$。当 $n \to \infty$ 时，$(1+n)^{-n} \to 0$，则有 $PVA_n = \dfrac{A}{i}$。

故永续年金现值的计算公式为：

$$PVA_n = \frac{A}{i} \tag{3-13}$$

【例 3-18】有一股优先股，每年可分得股利 6 元/股，设年利率为 6%，则该优先股的价值是多少？

优先股的价值是优先股未来现金流入的现值。优先股未来的现金流入主要是每年分得的股利，优先股每年分得的股利是相等的，而且不允许收回本金。故优先股的股利是永续年金，优先股的价值是永续年金的现值。其价值为：

$$6/6\% = 100（元/股）$$

【例 3-19】打算建立一项永久性奖学金，每年计划发放 5 万元，若年利率为 5%，则现在应一次性存入多少钱？

$$5/5\% = 100（万元）$$

3.4 利　　率

3.4.1　利率的概念

为了说明利率，需要首先明确什么是利息。

利息是资金使用者为取得货币资金的使用权而支付给资金提供者的一定代价，或者说是货币所有者因暂时让渡货币资金使用权而从借款者手中获得的一定报酬。利息作为借入货币的代价或贷出货币的报酬，实际上，就是借贷资金的"价格"。

利息率简称"利率"，指在借贷期内所形成的利息额与所贷资金额的比率。由于利息是一个绝对数，其金额的大小受投资额的影响，投资额大则利息多，投资额小则利息少。故利息这一指标在不同企业间横向是不可比的，不宜用来考评资金时间价值的大小。而利率是一个相对指标，在企业间横向是可比的。

从资金流通的借贷关系来看，利率是一个特定时期运用资金这一资源的交易价格。利率过高，使投资者利润微薄，甚至无利可图，影响投资的积极性；利率过低，又会使资金盲目再分配，导致资金的浪费和不合理使用，还会影响货币资金的筹集和货币流通的稳定。因此，合理确定利率，对发挥信用和利息的作用有重要意义。与其他商品价格由供给和需求决定一样，利率作为资金的价格也是由供给和需求决定的。当供给和需求达到平衡时，该点的利率即为均衡利率。一旦供给或需求发生变化，或者两者同时发生变化，原有的均衡被打破，新的平衡出现，如此循环往复，形成利率水平的不断运动。但是，在现实的经济生活当中，除了供给和需求之外，还有许多其他因素在影响利率变动。

利率确定的客观依据应当包括：

①以平均利润率为最高界限。

②要考虑物价水平的变化。

③要考虑银行存贷利差的合理要求。

此外，国家的产业政策、货币政策、财政政策，以及经济周期、国际经济政治关系和金融市场的利率等，对利率制定均会产生不同程度的影响。

3.4.2 市场利率的决定因素

虽然影响未来利率水平的因素可以大致估计出来，但准确的未来利率水平测算依然非常困难。此时必须分析利率的构成。一般情况下，资金的利率由以下几部分组成：无风险利率、通货膨胀补偿、违约风险溢价、流动性风险溢价、到期风险溢价。这种关系可以表示如下：

$$r = r^* + \text{IP} + \text{DRP} + \text{LP} + \text{MRP} \tag{3-14}$$

（1）无风险利率（Risk Free Rate，r^*）

无风险利率是无风险证券在没有通胀预期下的利率。它可能等同于无通胀情形下的短期国债利率。真正的无风险利率并不是一成不变的，它随时间的推移而发生变化，这取决于经济环境，特别是：①企业和其他借款人期望在生产性资产上赚取的回报率；②人们对当前与未来消费的时间偏好。精确测量无风险利率非常困难，但大多数专家认为，r^*通常在1%~3%的范围内波动。这一利率主要体现了基本的资金供给和需求关系。

（2）通货膨胀补偿（Inflation Premium，IP）

通货膨胀是指一个经济体在一段时间内总体价格的持续上涨。通货膨胀是一种货币现象，是流通中的货币超过了产品和服务所需货币量，它造成的直接后果是购买力的下降。通货膨胀补偿是指当经济生活中存在通货膨胀时，资金提供者通常要求在纯利率之外增加一定份额，补偿由于通货膨胀引起的一定时间内物价上涨带来的损失。因为作为资金的提供者，要在约定期限后才能收回本金和利息，而由于通货膨胀的存在，当收回本金和利息时物价水平已经高于当初借出资金时的水平，如果不额外增加对通货膨胀的补偿，势必使资金提供者遭受购买力损失。需要注意的是，由于是测定未来的利率，所以通货膨胀补偿也是预计的未来可能的通货膨胀水平，而非历史的实际通货膨胀水平。当然在预测未来通货膨胀情况时还是要以历史为基础的。

（3）违约风险溢价（Default Risk Premium，DRP）

违约风险溢价是指债券因存在借款人无法按时偿还本金和利息而使资金提供方遭受损失的风险而给予债权人的补偿。违约风险反映了借款人按期支付本金、利息的信用程度。借款人如果常常不能按期还本付息，则其违约风险高，该借款人发行的债券必须提高利率来弥补违约风险，否则该债券将无法成功发行。与之相反，国债由政府发行，可以看作基本没有违约风险，因此通常利率较低。为了评价企业债券的违约风险，可以借鉴专业机构的信用评级资料。信用等级越高，违约风险越低，需要提供的违约风险溢价越低，债券的利率水平也越低。

（4）流动性风险溢价（Liquidity Premium，LP）

流动性资产可以以公允的市场价值迅速转换为现金。流动性风险溢价是指债券因存在不能在短期内以合理价格变现的风险而给予债权人的补偿。实物资产一般比金融资产流动性低，但不同的金融资产流动性不同。因为更偏好流动性高的资产，且存在债券不能在短期内以合理价格变现的风险，所以投资者会在不同债券上收取流动性溢价（LP）。虽然准确地衡量流动性风险溢价是困难的，但我们可以通过观察其交易量来量化资产的流动性。交易量较高的资产一般更容易出售，因此流动性更强。

国债、知名公司的债券等信用等级较高的债券一般来说可以在市场上比较容易转让给其他投资者，此类债券变现能力强，流动性风险小，因此利率水平也相对稍低。而一些小企业发行的债券，由于知名度较低、良好信用记录较少等原因，不容易在市场上转让，此类债券流动性风险较大。企业发行这样的债券时必须提供较高的利率报酬才能吸引到投资者来购买。

（5）到期风险溢价（Maturity Risk Premium，MRP）

到期风险溢价是指债券因面临持续期内各种不确定性而给予债权人的补偿。债券的期限越长，各种不确定性风险越大，投资者要求的报酬，即债券的利率也越高。反之，如果债券期限较短，短期内可预计的经济波动不大，意味着投资者到期收回本金和利息的可能性很大，因此债券的利率也相应较低。

3.4.3 利率的种类

依照不同的标准，可以将利率划分成不同类别。

（1）按利率之间的变动关系，利率可分为基准利率和套算利率

基准利率是指在多种利率并存的条件下起决定作用的利率，即该种利率变动时，其他利率也相应变动。西方国家一般以中央银行的再贴现率为基准利率；我国以中国人民银行对专业银行和其他金融机构规定的存贷款利率为基准利率。另外，在我国的利率政策中，一年期的存贷款利率具有基准利率的作用，其他存贷款利率在此基础上经过复利计算确定。

套算利率是指基准利率确定后，各金融机构根据基准利率和借贷款项的特点而换算出的利率。例如，假定一年期普通贷款的基准利率为4.35%，如果银行执行上浮10%的利率，则实际贷款利率为4.35%×（1+10%）=4.785%。4.785%就是套算利率。

（2）按借贷期内是否调整，利率可分为固定利率与浮动利率

固定利率是指在借贷期内固定不变的利率。如果存在通货膨胀，固定利率会使债权人的利益受到损害。

浮动利率是指在借贷期内可以调整的利率。采用浮动利率可以降低债权人的风险，但计算相对复杂，特别是在利率频繁变动的情况下更是如此。

（3）按利率变动与市场的关系，利率可分为市场利率和官定利率

市场利率是根据资金市场的供求关系自由确定的利率，随着市场波动而起伏变化。

官定利率是由政府金融主管部门或中央银行确定的利率，常作为国家宏观调控的一种手段。

3.4.4　利率与复利期限

利率与复利期限

（1）有效年利率和年度百分比利率

利息通常表示一年后能赚得的利息总额。计算资金时间价值时，给出的利率一般是每年复利一次的利率。但实际工作中，复利的计息期不一定总是每年复利一次，有可能每年复利多次，如每季复利一次或每月复利一次。当每年复利多次时，投资人实际获得的年利息要大于每年复利一次时的年利息。由此每年复利多次时，投资人所真正获得的年利率要大于所给出的每年复利一次时的年利率。

为了将二者相区别，将每年复利一次时的利率叫年度百分比利率（Annual Percentage Rate，APR），将每年复利多次时所真正获得的年利率叫有效年利率（Effective Annual Rate，EAR）。或者说，以"年"作为基本计息期，每年计算一次复利，这种情况下的年利率是年度百分比利率（APR）。如果按照短于一年的计息期计算复利，并将全年利息额除以年初的本金，此时得到的利率是有效年利率（EAR）。

【例 3－20】投入本金 10 000 元，年利率 6%，每年复利一次，投资期限 3 年。则到期可获得的本利和为：

$$10\ 000 \times (1 + 6\%)^3 = 10\ 000 \times \text{FVIF}_{6\%,3} = 10\ 000 \times 1.191\ 0 = 11\ 910 \ （元）$$

如果每年复利两次，即每半年复利一次时，到期可获得的本利和为：

$$\text{FV}_6 = 10\ 000 \times (1 + 3\%)^{2 \times 3} = 10\ 000 \times \text{FVIF}_{3\%,6} = 10\ 000 \times 1.194\ 1 = 11\ 941 \ （元）$$

例 3－20 中"年利率 6%"所指的就是年度百分比利率，可见，每年复利两次时所获得的利息要大于每年复利一次时所获得的利息，每年复利两次要比每年复利一次多获得利息 31 元（11 941 － 11 910 = 31）。由此所对应的有效年利率也要大于给出的每年复利一次时的年度百分比利率 6%。

设有效年利率为 i，则：

$$11\ 941 = 10\ 000 \times (1 + i)^3$$
$$(1 + i)^3 = 1.194\ 1$$

查复利终值系数表知：利率为 6%，3 年期的复利终值系数为 1.191；利率为 7%，3 年期的复利终值系数为 1.225。由此可判断出有效年利率应在 6% 和 7% 之间。

利用插值法可算出有效年利率为 6.088%，比年度百分比利率要大，其差额为 0.088%（6.088% － 6% = 0.088%）。插值法的具体计算过程为：

$$
\left.\begin{array}{l} 6\% \\ x \\ 7\% \end{array}\right\}\begin{array}{l} x - 6\% \\ \\ 7\% - 6\% \end{array}
\qquad
\left.\begin{array}{l} 1.191 \\ 1.194 \\ 1.225 \end{array}\right\}\begin{array}{l} 1.194 - 1.191 \\ \\ 1.225 - 1.191 \end{array}
$$

$$\frac{x\% - 6\%}{7\% - 6\%} = \frac{1.194 - 1.191}{1.225 - 1.191}$$

$$x\% = 6.088\%$$

（2）年度百分比利率和有效年利率的换算

设年度百分比利率为 r，有效年利率为 i，每年复利次数 M 次，投资期限 n 年，投入本金 PV。若按年度百分比利率计算，到期获得的本利和为：

$$FV_n = PV\left(1 + \frac{r}{M}\right)^{M \times n}$$

共复利 $M \times n$ 次，每次利率 $\frac{r}{M}$。

若按有效年利率计算，到期获得的本利和为 $FV_n = PV(1 + i)^n$。

二者从不同的角度来计算本金 PV 经过 n 期的复利终值，应该是相等的。故可得出下列等式：

$$PV\left(1 + \frac{r}{M}\right)^{M \times n} = PV(1 + i)^n，进而得出 \left(1 + \frac{r}{M}\right)^M = (1 + i)，经整理可得出有效年利率与$$

年度百分比利率的关系为：

$$i = \left(1 + \frac{r}{M}\right)^M - 1 \tag{3-15}$$

【例 3 – 21】投资 5 000 元，已知年度百分比利率为 8%，一年复利 4 次（每季复利一次），投资期限 5 年，则有效年利率为多少？到期可获得的本利和为多少？

有效年利率为：

$$\left(1 + \frac{8\%}{4}\right)^4 - 1 = 1.082\ 4 - 1 = 8.24\%$$

到期获得的本利和为：

$$FV_5 = 5\ 000 \times FVIF_{8.24\%,5} = 5\ 000 \times 1.486 = 7\ 430（元）$$

也可以按年度百分比利率进行如下计算：

$$FV_5 = 5\ 000 \times \left(1 + \frac{8\%}{4}\right)^{4 \times 5} = 5\ 000 \times FVIF_{2\%,20} = 5\ 000 \times 1.486 = 7\ 430（元）$$

（3）连续复利

在得出有效年利率和年度百分比利率的转换关系后，我们可以计算出相同年度百分比利率在不同的复利期限下的有效年利率。由于"利滚利"的效应，有效年利率随着复利频率的加大而提高。理论上，复利期限可以是每小时甚至是每秒，在极限情况下，可以做到连续复利（Continuous Compounding），连续复利的有效年利率计算公式为：

$$i = \lim_{M \to \infty}\left(1 + \frac{r}{M}\right)^M - 1 = e^r - 1 \tag{3-16}$$

具有不同复利期限，6% 的 APR 对应的有效年利率如表 3 – 1 所示。实际上，当复利期限超过每日复利时，对有限年利率的影响微乎其微。

表 3 – 1　APR 为 6%，不同复利期限对应的有效年利率

复利期限	有效年利率
每年	$\left(1 + \frac{0.06}{1}\right)^1 - 1 = 6\%$
半年	$\left(1 + \frac{0.06}{2}\right)^2 - 1 = 6.09\%$

复利期限	有效年利率
月	$\left(1+\dfrac{0.06}{12}\right)^{12}-1=6.167\,8\%$
日	$\left(1+\dfrac{0.06}{365}\right)^{365}-1=6.183\,1\%$
连续复利	$e^{0.06}-1=6.183\,6\%$

3.4.5 利率与通货膨胀

（1）通货膨胀及物价变动指数的概念

通货膨胀是指一个时期的物价普遍上涨，货币购买力下降，相同数量的货币只能购买比较少的商品。货币购买力的上升或下降要通过物价指数计量。物价指数是反映不同时期商品价格变动的动态相对数。按照计算时包括商品范围的不同，物价指数分为个别物价指数、类别物价指数和一般物价指数三种。而考察一般物价的水平变动是以全部商品价格为对象的，通常用消费品价格指数表示，在我国称为社会商品零售物价总指数。消费品价格指数是对城市居民消费商品、劳务，通过抽样调查取得数据计算形成的统计平均数。

（2）通货膨胀对企业财务活动的影响

①对财务信息资料的影响。通货膨胀必然导致物价变动，但会计核算一般维持历史成本计价原则，导致资产负债表所反映的资产价值低估，不能反映企业的真实财务状况。由于资产被低估，所以造成产品成本中原材料、折旧费等被低估，而收入又按现时价格计算，使企业收益状况不真实。由于固定资产价值被低估，因而造成提取折旧不足及实物资产生产力的减损。由于收入被高估，成本费用被低估，造成利润虚增、税负增加、资本流失。再加上资产不实，使投资者无法确认资本的保全情况。

②对企业成本的影响。由于通货膨胀使利率上升，所以企业使用资金的成本提高。另外，通货膨胀加剧会使物价水平全面提高，购置同样物资的资金需要量增加。由于价格上涨，材料成本和工资费用增加，同样会使成本加大。

除此之外，通货膨胀会使预测、决策及预算不实，将使财务控制失去意义。如果企业持有债券，则债券价格将随通货膨胀、市场利率的提高而下降，使企业遭受损失。

（3）实际利率与名义利率

在通货膨胀的情况下，没有剔除通货膨胀因素计算出来的利率是名义利率。而实际利率是指扣除通货膨胀补偿以后的利率，反映物价不变情况下的利率水平。一般情况下，物价上涨是较为普遍的趋势，所以名义利率常高于实际利率。

如果银行一年期存款利率为 1.75%，意味着储蓄者在今天存入 100 元钱，一年后将得到 101.75 元。这一关系看似简单，但如果把通货膨胀因素考虑进去，就变得复杂起来。假设当年通货膨胀率为 1%，并且它对所有商品的影响相同。该储蓄者今天买一个面包需要 2 元钱，通货膨胀所引起的物价上涨使得一年后买同样的面包需要 2.02 元。这名储蓄者可以选择今天买 50 个面包，也可以选择在一年后买 50.37（101.75/2.02）个面包。以此结果分析，如果储蓄者选择把钱存入银行，由于所有商品的价格都上涨了 1% ，所以实际增加的面包消费只有 0.74% （50.37/50 - 1），而不是看起来的 1.75% 的报酬。1.75% 就是上文所提到的名义利率，而 0.74% 是经过通货膨胀调整后的实际利率。

由于通货膨胀的存在，实际利率与名义利率间的精确关系可以表示为：

$$实际利率 = \frac{1 + 名义利率}{1 + 通货膨胀率} - 1 \tag{3-17}$$

刚才提到的那名储蓄者得到的实际利率根据此公式可计算为：

$$(1 + 1.75\%)/(1 + 1\%) - 1 = 0.74\%$$

将公式（3 - 17）进行整理可以得到：

$$1 + r = (1 + f)(1 + i) \tag{3-18}$$

式中，r 表示名义利率；f 表示通货膨胀率；i 表示实际利率。

也就是说，名义利率由三部分组成：首先是储蓄者实际得到的收益率；其次是弥补由于通货膨胀给最初的储蓄额带来的贬值部分；最后是弥补由于通货膨胀给储蓄得到的收益带来的贬值部分。第三部分通常较小，所以常被省略，得到：

$$实际利率 = 名义利率 - 通货膨胀补偿 \tag{3-19}$$

通过公式（3 - 19）可计算储蓄者得到的实际利率为 1.75% - 1% = 0.75% ，0.75% 与 0.74% 相差不大。所以可用简化公式来做近似计算。

【例 3 - 22】 某年我国商业银行一年期存款利率为 3% ，假设通货膨胀率为 2% ，则实际利率为多少？

$$1 + 3\% = (1 + 2\%)(1 + i)$$
$$i = 0.98\%$$

或者使用简化公式计算：3% - 2% = 1%

本章小结

本章主要讨论了资金时间价值的基本概念与计算方法。

（1）资金的时间价值的概念与表现形式。资金的时间价值是指资金经过一定时间的投资和再投资所增加的价值。资金时间价值表现的绝对形式是利息，相对形式是利率。理解资金时间价值时应注意：不同时点上的资金不能简单直接相加，必须换算为同一时点才能相加；不同时点上的资金虽然金额不等，但是其效用相同。

（2）资金时间价值的计算。资金时间价值的计算包括复利终值和现值的计算，以及年金终值和现值的计算。复利终值是指现在某一特定的资金，如果投资出去，按复利计算时将来可获得的价值。复利现值是复利终值的对称概念，是指将来一定时间的特定资金按复利计算的现在价值。可以根据复利终值和现值系数来计算复利终值和现值。年金是指每隔相等的时间间隔收付等额的款项。年金可以分成普通年金、预付年金、永续年金和递延年金。可以根据年金终值和现值系数来计算普通年金的终值和现值，可以在普通年金的终值和现值的基础上根据预付年金和普通年金的关系来计算预付年金的终值和现值。

（3）年度百分比利率和有效年利率。每年复利一次时的利率叫年度百分比利率；将每年复利多次时所真正获得的年利率叫有效年利率。有效年利率与年度百分比利率的关系为

$i = [1 + (r/M)]^M - 1$。

（4）名义利率和实际利率。在通货膨胀的情况下，没有剔除通货膨胀因素计算出来的利率是名义利率。名义利率包括通货膨胀率和实际利率两个部分，它们间的关系为：$1 + r = (1 + f)(1 + i)$。

思考与练习

一、思考题

1. 什么是资金时间价值？

2. 资金时间价值的表现形式是什么？

3. 金融市场上利率的决定因素是什么？

4. 什么叫资金等值？

5. 复利终值的概念及计算公式分别是什么？

6. 复利现值的概念及计算公式分别是什么？

7. 什么是名义利率和实际利率？如何将名义利率换算成实际利率？

8. 什么是年金？年金可分成几类？分别是什么？

9. 年金终值的概念及计算公式分别是什么？

10. 年金现值的概念及计算公式分别是什么？

11. 什么是偿债基金？如何计算偿债基金的数额？

二、计算分析题

1. 某人年初存入银行 1 万元，年利率 4%。

要求：

（1）每年复利一次，5 年后账户余额是多少？

（2）每季复利一次，5 年后账户余额是多少？

（3）如果该人分 5 年每年年末都存入相等金额，每年复利一次，则为达到本题第一问所得账户余额，每年年末应存多少钱？

（4）如果该人分 5 年每年年初都存入相等金额，每年复利一次，则为达到本题第一问所得账户余额，每年年初应存多少钱？

2. 某人现有资金 30 万元，若将其投资到报酬率为 12%、期限 6 年的项目上，那么 6 年后的本利和是多少？

3. 某人想在 5 年后有资金 100 万元，已知现在投资报酬率为 10%，那么他现在应投入多少钱？

4. 某人每年年末存入银行 6 000 元，已知复利率为 5%，那么他 10 年后能得到多少钱？

5. 某人想在 3 年后得到 5 000 元，已知复利率为 4%。

要求：

（1）如果他每年年末存钱，则他每年应存入多少元？

（2）如果他每年年初存钱，则他每年应存入多少元？

6. 某人分 10 年分期付款买房，每年付 5 万元，已知复利率为 6%。

要求：

（1）如果每年年末付款，房子的现价是多少？

（2）如果每年年初付款，房子的现价又是多少？

7. 如果建立一项永久性奖学金，计划每年发放6万元，已知复利率为6%，那么现在应存入多少钱？

8. 李先生现年50岁，他正在考虑为自己买一份退休养老保险。该保险可以保证他从60岁（退休）开始在有生之年获得相同的养老金。为了得到这份养老金，他可以现在一次交纳所有保费，也可以分年支付保费。根据精算表，他的预期寿命还有30年（但这只是保险公司计算出的期限，并不是他的实际寿命）。

要求：

（1）若保险公司将年利率定为5%，为了在退休后每年得到30 000元（假定在每年年末支付）的养老金，李先生现在应该一次支付多少保费？

（2）若保险公司将年利率提高到6%，李先生现在应该一次支付多少保费？

（3）在年利率6%的情况下，李先生为了在退休后每年得到30 000元（假定在每年年末支付）的养老金，他从现在开始直到退休每年年末应支付多少保费？

9. 某夫妇的女儿现在满17岁，一年以后上大学。假设在读大学本科、硕士研究生、博士研究生的10年间每年费用是20 000元（假设学费等均在每年年初支付）。

要求：

（1）假设利率为5%，该夫妇的女儿10年求学期间总费用的现值是多少？

（2）假设利率提高到8%，该夫妇的女儿10年求学期间总费用的现值又是多少？

（3）假设该夫妇现在能为其女儿一次性地储蓄20万元，在利率6%的情况下，他们的女儿在10年求学期间每年平均可使用的费用是多少？

第4章

收益与风险

【引导案例】

假设我们要投资种植两个品种的农作物：一种是优质的水稻，结出的水稻价格高，但是种植难度高，容易死，而且生长周期特别长；另一种是普通的小麦，它非常容易活，长速快，但是市面上小麦供给充足，小麦价格很低。那么到底是种优质水稻还是种普通的小麦呢？如果全部种水稻，有可能赚很多，但也有可能全部死掉，最后颗粒无收；如果全种小麦，虽然不容易死，但是赚很少。

也会有人说能不能两样都种？那会有四种情况出现：第一种情况，水稻活了，小麦也活了，这时候水稻和小麦都能给我们带来收益，赚得最多。第二种情况，水稻活了，小麦死了，赚得多的品种活了，赚得少的品种死了，这样也是赚钱的，只是会比第一种少赚点。第三种情况，水稻死了，小麦活了。这时候不敢说一定会赚钱，但是损失不会特别大，如果种植的小麦比例够大，就不会亏本。第四种情况，水稻死了，小麦也死了，是一种不可控的因素，这种情况只有用农业保险来解决。

通过上面的例子我们会发现，单独种植一样作物不如去分散种植两样，虽然赚到的钱可能少了一些，但亏本的风险被大大降低了。同样金融产品中风险高和风险低的品种也可以这样购买，其实这就是一种最简单的风险和收益的配置。

4.1 收益与风险概述

4.1.1 资产的收益

从历史上看，收益这个概念最早出现在经济学中。亚当·斯密（Adam Smith）在《国富论》中，把收益看作是财富的增加。后来，大多数经济学家都继承并发展了这一观点。1890年，阿尔弗雷德·马歇尔（Alfred Marshall）在其《经济学原理》中，把亚当·斯密的"财富的增加"这一收益观引入企业，提出区分实体资本和增值收益的经济学收益思想。

资产的收益是指资产的价值在一定时期的增值。收益，为投资者提供了一种恰当的描述投资项目财务业绩的方式。常用收益额、收益率两种方式来表述资产的增值。

（1）收益额

收益额是以金额表示的资产的增值量。该增值量来源于两部分：一是期限内资产的现金净收入；二是期末资产的价值（或市场价格）相对于期初价值（或市场价格）的升值。前者多为利息、红利或股息收益，后者为资本利得。假设投资于股票，收益额就是股利收入和资本利得之和。计算公式为：

$$收益额 = D_t + (P_t - P_{t-1}) \tag{4-1}$$

式中 D_t——第 t 期的股利收入；

$(P_t - P_{t-1})$——第 t 期的资本利得。

（2）收益率

收益率是资产增值量（收益额）与期初资产价值（格）的比值。该收益率也包括两部分：一是利（股）息的收益率；二是资本利得的收益率。计算公式为：

$$
\begin{aligned}
收益率 &= \frac{D_t + (P_t - P_{t-1})}{P_{t-1}} \\
&= \frac{D_t}{P_{t-1}} + \frac{(P_t - P_{t-1})}{P_{t-1}} \\
&= 股利收益率 + 资本利得收益率
\end{aligned}
\tag{4-2}
$$

（3）平均收益

平均收益是从复杂的历史数据中提炼出表达特定市场收益最简练精确的方法。将市场各年的收益（R_i）加总并除以总年数（T）就能得到特定市场给定年限的平均收益，公式是计算算数平均数的一般公式：

$$平均收益 = \bar{R} = \frac{(R_1 + R_2 + \cdots + R_T)}{T} \tag{4-3}$$

我国 A 股各大指数和 10 年期国债 2017—2022 年的收益率如表 4-1 所示。

表 4-1 A 股及国债的各年收益率和平均收益

系列	2017	2018	2019	2020	2021	2022	平均收益
A 股	4.93%	-28.25%	33.02%	25.62%	4.80%	-15.13%	4.17%
沪深 300	21.78%	-25.31%	36.07%	23.45%	-5.20%	-21.63%	4.86%
中证 500	-0.20%	-33.32%	26.38%	22.59%	15.58%	-20.13	1.82%
创业板	-10.67%	-28.65%	43.79%	51.92%	12.02%	-29.37%	6.51%
10 年国债	3.58%	3.62%	3.18%	2.94%	3.06%	2.78%	3.19%

数据来源：Wind 数据库，中国银保监会。

4.1.2 资产的风险

通过对比可以看出国债的平均收益会比 A 股和其他市场收益低很多，这是否证明，投资于其他板块的收益优于国债？

纵观历史数据，国债收益几乎不受市场波动和经济周期的影响，国债的收益率可以被认作市场的无风险收益。而其他股票市场的波动很大，相比于国债的超额收益被称为"风险资产的超额收益"，这是承担风险的额外收益。值得注意的是，某个市场的超额收益在某一年可能是正的或者负的。因此，在进行资产投资时，必须要考虑到资产的风险。

资产的风险是指预期收益的不确定性，或者说指遭受损失的可能性。事实上，投资人进行投资时，是要冒风险的。投资后可能获利，也可能亏损；可能获利或亏损很多，也可能获利或亏损很少。一般来说，风险和收益（报酬）存在对等关系，等额风险带来等额收益

（报酬），风险越大，投资人要求的报酬率越高。高风险必须有高报酬，否则就没人进行风险投资。

4.2 单一投资的预期收益与风险

4.2.1 单一投资的预期收益

单一投资的预期收益率也称为期望收益率，是指在不确定的条件下，预测的某资产未来可能实现的收益率。预期收益率的计算公式是：

$$E(R) = \sum P_i \times R_i \tag{4-4}$$

式中　$E(R)$——预期收益率；

　　　P_i——第 i 种情况可能出现的概率；

　　　R_i——情况 i 出现时的收益率。

4.2.2 单一投资的风险

单一投资的风险是资产收益率的不确定性，其大小可以用资产收益率的离散程度来衡量。离散程度是指资产收益率的各种可能结果与预期收益率的偏差。衡量风险的指标主要有收益率的方差、标准差和标准离差率。

（1）收益率的方差

收益率的方差是用来表示某资产收益率的各种可能结果与其期望值之间的离散程度的一个指标，其计算公式为：

$$\sigma^2 = \sum_{i=1}^{n} [R_i - E(R)]^2 \times P_i \tag{4-5}$$

式中　σ^2——收益率的方差；

　　　$E(R)$——预期收益率；

　　　P_i——第 i 种情况可能出现的概率；

　　　R_i——情况 i 出现时的收益率。

（2）收益率的标准差

收益率的标准差是用来表示某资产收益率的各种可能结果与其期望值之间的离散程度的一个指标。它等于方差的开方。其计算公式为：

$$\sigma = \sqrt{\sum_{i=1}^{n} [R_i - E(R)]^2 \times P_i} \tag{4-6}$$

式中　σ——收益率的标准差。

其余符号的含义同公式（4-5）。

标准差和方差都是以绝对数衡量某资产的全部风险。在预期收益率相同的情况下，标准差或方差越大，风险越大；相反，在预期收益率相同的情况下，标准差或方差越小，风险越小。但是标准差和方差本身是一个绝对指标，不适合不同方案之间风险的比较。

（3）收益率的标准离差率

标准离差率也叫标准差率，是收益率的标准差与期望值之比，其计算公式为：

$$V = \frac{\sigma}{E(R)} \qquad (4-7)$$

式中　V——收益率的标准离差率。

标准离差率以相对指标衡量资产的全部风险的大小，它表示每单位预期收益率所包含的风险。一般情况下，标准离差率越大，风险越大；相反，标准离差率越小，资产的相对风险越小。标准离差率可以用来比较不同预期收益率的资产的风险。

4.2.3　单一投资的风险报酬

（1）风险报酬率模型

由于进行投资需要冒风险，所以投资人就需要在不冒风险所得报酬的基础上得到一定程度的补偿，这种补偿就叫投资的风险价值。投资的风险价值也叫投资的风险收益或风险报酬、风险溢价，是指投资者由于冒风险进行投资，而获得的超过资金时间价值的额外收益。

风险报酬率模型认为，风险报酬率的大小取决于两个因素——风险程度和风险报酬斜率。其中，风险报酬斜率表示单位程度的风险获得的风险报酬率。一般认为，当风险报酬斜率固定时，风险程度越大，风险报酬率越大；当风险程度固定时，风险报酬斜率越大，风险报酬率越大。风险报酬率模型具体的计算公式为：

风险报酬率 = 风险报酬斜率 × 风险程度

如果用 R_R（Return of Risk）表示风险报酬率，用 b 表示风险报酬斜率，用 V 表示风险程度的话，则该模型可用符号表示为：

$$R_R = b \times V \qquad (4-8)$$

风险报酬率模型如图 4-1 所示。

风险报酬率模型的一个重要因素——风险程度 V，可用标准离差率来计量。风险报酬率模型的另一个因素——风险报酬斜率，可通过统计方法来测定。事

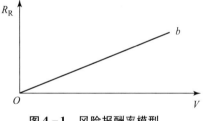

图 4-1　风险报酬率模型

实上，它是一个经验数字。b 的计算可采用统计回归方法对历史数据进行分析得出估计值，也可结合管理人员的经验分析判断而得出。专家可通过下面的公式来测定风险报酬斜率的大小：

b =（含有风险的最低报酬率 − 无风险的最低报酬率）/ 标准离差率

式中，标准离差率即风险程度。

【例 4-1】某投资人拟投资 100 000 元，现有 A，B 两方案可供选择，已知两方案在投资第 3 年开始有现金流入，两方案的风险报酬斜率分别为 $b_A = 0.05$，$b_B = 0.1$，第 3 年的现金流入及其概率分布如表 4-2 所示。

表 4-2　A，B 两方案的现金流量

A 方案		B 方案	
现金流入/元	概率	现金流入/元	概率
15 000	0.3	25 000	0.3
20 000	0.2	30 000	0.1
25 000	0.5	10 000	0.6

问：A，B 两方案第 3 年现金流入的预期收益率、风险程度和风险报酬率分别是多少？

$E(R_A) = 15\,000/100\,000 \times 0.3 + 20\,000/100\,000 \times 0.2 + 25\,000/100\,000 \times 0.5 = 0.21$

$E(R_B) = 25\,000/100\,000 \times 0.3 + 30\,000/100\,000 \times 0.1 + 10\,000/100\,000 \times 0.6 = 0.165$

$$\sigma_A = \sqrt{(0.15 - 0.21)^2 \times 0.3 + (0.2 - 0.21)^2 \times 0.2 + (0.25 - 0.21)^2 \times 0.5}$$
$$= 0.043\,6$$

$$V_A = \sigma_A/E(R_A) = 0.043\,6/0.21 = 0.207\,6 = 20.76\%$$

$$R_{R_A} = 0.05 \times 20.76\% = 1.04\%$$

$$\sigma_B = \sqrt{(0.25 - 0.165)^2 \times 0.3 + (0.3 - 0.165)^2 \times 0.1 + (0.1 - 0.165)^2 \times 0.6}$$
$$= 0.080\,8$$

$$V_B = \sigma_B/E(R_B) = 0.080\,8/0.165 = 0.489\,7 = 48.97\%$$

$$R_{R_B} = 0.1 \times 48.97\% = 4.897\%$$

（2）总期望报酬率的计算

风险投资是指投资人冒风险进行的投资。投资人进行风险投资时，所要求的报酬率可分成两部分：一部分是不考虑风险时要求的无风险报酬率，即资金时间价值；另一部分是由于冒风险而要求在无风险报酬率基础上得到的补偿，即风险报酬率。

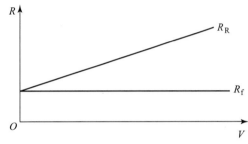

如果用 R 表示投资人要求的总期望报酬率，用 R_f 表示无风险报酬率，用 R_R 表示风险报酬率。则总期望报酬率的计算可表示如下：

$$R = R_f + R_R$$
$$= R_f + bV \qquad (4-9)$$

该计算公式表示的含义如图 4-2 所示。

图 4-2　风险与报酬关系

在不考虑通货膨胀时，国库券的利率可视作投资人要求的无风险报酬率。

【例 4-2】如果 $R_f = 2\%$，$b = 0.1$，$V = 30\%$，则总期望报酬率等于多少？

总期望报酬率为：$R = R_f + R_R = R_f + bV = 2\% + 0.1 \times 30\% = 5\%$

4.3　资产组合的预期收益与风险

资产组合的预期
收益与风险

4.3.1　资产组合的收益与风险

两个或两个以上资产所构成的集合，称为资产组合。如果资产组合中的资产均为有价证券，则该资产组合也可称为证券组合。

（1）资产组合的预期收益率

资产组合的预期收益率就是组成资产组合的各种资产的预期收益率的加权平均数，其权数等于各种资产在组合中所占的价值比例。计算公式为：

$$E(R_P) = \sum W_i \times E(R_i) \qquad (4-10)$$

式中　$E(R_P)$——资产组合的预期收益率；

　　　$E(R_i)$——第 i 项资产的预期收益率；

W_i——第 i 项资产在整个组合中所占的价值比例。

（2）资产组合的风险

①两项资产组合的风险。

两项资产组合的风险也是由方差和标准差来反映的。计算公式为：

$$\sigma_P^2 = W_A^2 \sigma_A^2 + W_B^2 \sigma_B^2 + 2W_A W_B \sigma_{AB}$$
$$= W_A^2 \sigma_A^2 + W_B^2 \sigma_B^2 + 2W_A W_B \rho_{AB} \sigma_A \sigma_B \qquad (4-11)$$
$$\sigma = \sqrt{\sigma_P^2} \qquad (4-12)$$

式中 σ_P^2——资产组合预期收益率的方差；

σ——资产组合预期收益率的标准差；

W_A 和 W_B——资产 A 和 B 在资产组合中所占的比重；

σ_A^2 和 σ_B^2——资产 A 和 B 各自预期收益率的方差；

σ_A 和 σ_B——资产 A 和 B 各自预期收益率的标准差；

σ_{AB}——资产 A 和 B 预期收益率的协方差；

ρ_{AB}——资产 A 和 B 预期收益率的相关系数。

协方差是两个变量之间的一般变动关系的度量指标。协方差为正，说明两个变量同方向变动；协方差为负，说明两个变量反方向变动；协方差为零，说明两个变量不一起变动。协方差的计算公式为：

$$COV(R_A, R_B) = \sigma_{AB} = \sum \left[R_{Ai} - E(R_A) \right] \times \left[R_{Bi} - E(R_B) \right] \times P_i \qquad (4-13)$$

相关系数是反映两种资产收益率之间相关程度的相对数，它是协方差与标准差积的比值，即标准化的协方差。计算公式为：

$$\rho_{AB} = \frac{\sigma_{AB}}{\sigma_A \times \sigma_B} \qquad (4-14)$$

当相关系数 ρ_{AB} 为 1 时，表明两项资产的收益率具有完全正相关的关系，它们的收益率变化方向和变化幅度完全相同。此时，$\sigma_P^2 = (W_A \sigma_A + W_B \sigma_B)^2$ 达到最大，资产组合的风险等于组合中两项资产风险的加权平均值。也就是说，当两项资产的收益率完全正相关时，两项资产的风险完全不能互相抵消，这样的组合不能降低任何风险。

当相关系数 ρ_{AB} 为 -1 时，表明两项资产的收益率具有完全负相关的关系，它们的收益率变化方向和变化幅度完全相反。此时，$\sigma_P^2 = (W_A \sigma_A + W_B \sigma_B)^2$ 达到最小，资产组合的风险甚至可能是零。也就是说，当两项资产的收益率完全负相关时，两项资产的风险完全可以互相抵消，这样的组合可以最大限度地降低风险。

事实上，两项资产的收益率不可能完全正相关，也不可能完全负相关。绝大多数资产两两之间的相关系数在 -1 和 1 之间，此时 $0 < \sigma_P < (W_A \sigma_A + W_B \sigma_B)$，即资产组合的标准差小于组合中各资产标准差的加权平均。所以说，进行资产组合可以降低风险，但不可能完全消除风险。

②多项资产组合的风险。

多项资产组合的方差为：

$$\sigma_P^2 = \sum W_i^2 \sigma_i^2 + 2 \sum \sum W_i W_j \rho_{ij} \sigma_i \sigma_j \qquad (4-15)$$
$$(i, j = 1, 2, 3, \cdots, n \quad i \neq j)$$

公式中，$\sum W_i^2 \sigma_i^2$ 是单项资产的方差，反映单项资产的非系统、可分散风险。$2 \sum \sum W_i W_j \rho_{ij} \sigma_i \sigma_j$ 是两项资产之间的协方差，反映资产之间的系统、不可分散风险。当 n 项资产组合时，组合的方差由 n^2 个项目组成，即 n 个方差和 $n(n-1)$ 个协方差。例如，当三项资产进行组合时，组合的方差由 9 个项目组成，即 3 个方差和 6 个协方差。

4.3.2 系统风险和非系统风险

（1）系统风险

系统风险也叫市场风险或不可分散风险，是影响所有资产的、不能通过风险分散而消除的风险，或者说是由于某些因素给市场上所有证券都带来经济损失的可能性。它产生于公司外部的各种经济政策因素，如利率、税率、汇率的变动，新股发行方式和配股政策的变动，金融危机，战争，通货膨胀，世界能源状况的改变等。所有公司、股票都要受市场风险的影响，只是不同公司、不同股票所受影响程度不同，故这种风险不可通过多元化投资来分散、降低，只有通过提高报酬率（风险价值）来补偿。不同公司、不同股票所受市场风险影响程度的不同，意味着不同公司的市场风险大小不一样，即不同公司、不同股票的市场风险不同。可用 β 系数来表示个别公司市场风险的高低。

①单项资产的系统风险系数。

β 系数表示个别公司的市场风险是整个市场风险的多少倍，由于风险与收益相对称，故 β 系数也可表示个别公司的收益是整个市场收益的多少倍。准确而言，单项资产的 β 系数是指可以反映单项资产收益率与市场平均收益率之间变动关系的一个量化指标，它表示单项资产收益率的变动受市场平均收益率变动的影响程度。例如，某资产 β 系数等于 1 时，说明该资产的收益率与市场平均收益率呈同方向、同比例的变化，即如果市场平均收益率增加或减少 1%，那么该资产的收益率也相应地增加或减少 1%，也就是说，该资产所含的系统风险与市场组合的风险一致；某资产 β 系数小于 1 时，说明该资产收益率的变动幅度小于市场平均收益率的变动幅度，即该资产所含的系统风险小于市场组合的风险。某资产 β 系数大于 1 时，说明该资产收益率的变动幅度大于市场平均收益率的变动幅度，即该资产所含的系统风险大于市场组合的风险。β 系数的计算公式为：

$$\beta_i = \frac{\text{COV}(R_i, R_m)}{\sigma_m^2} = \frac{\rho_{i,m} \sigma_i \sigma_m}{\sigma_m^2} \qquad (4-16)$$

式中 β_i ——第 i 项资产的贝塔系数；

$\rho_{i,m}$ ——第 i 项资产的收益率与市场组合收益率的相关系数；

σ_i ——第 i 项资产收益率的标准差，表示该资产的风险大小；

σ_m ——市场组合收益率的标准差，表示市场组合的风险；

$\text{COV}(R_i, R_m)$ ——第 i 项资产收益率与市场组合收益率的协方差。

根据公式可看出，一种股票的 β 系数取决于：该股票与整个股票市场的相关性；它自身的标准差；整个市场的标准差。

β 系数的计算方法有两种：一种是使用回归直线法。根据数理统计的线性回归原理，β 系数可以通过同一时期内的资产收益率和市场组合收益率的历史数据，使用线性回归方程预测出来。β 系数就是该线性回归方程的回归系数。另一种方法是按照定义，根据证券与股票指数收益率的相关系数、股票指数的标准差和股票收益率的标准差直接计算。

在实际工作中，要想利用定义去计算 β 系数是非常困难的。β 系数的计算常利用收益率的历史数据，采用线性回归的方法取得。事实上，在实务中，并不需要企业财务人员或投资者自己去计算证券的 β 系数，一些证券咨询机构会定期公布大量交易过的证券的 β 系数。我国资本市场现在主要包括上证/深证主板、创业板、科创板，同时还包括 2021 年新成立的北交所。不同市场的公司上市条件和特征不同，风险总体有差异。主板由于是我国资本市场第一批上市的企业，多数为行业龙头和传统国企，总体风险小一些；而为激励中小企业科技创新，完善市场体系而成立的创业板和科创板，企业总体风险大一些。

2021 年和 2022 年我国不同板块的几家公司的 β 系数如表 4 - 3 所示。

表 4 - 3　某些公司的 β 系数

股票市场	公司名称	2021 年	2022 年
上证主板	浦发银行	0.557	0.547
深证主板	格力电器	0.563	0.471
创业板	宁德时代	1.355	1.260
科创板	大全能源	1.663	1.147
北交所	恒合股份	2.547	1.138

（数据来源：CSMAR 数据库）

从表 4 - 3 可以看出，不同公司的 β 系数有所不同，即便是同一家公司在不同时期，其 β 系数也会发生变化。

②资产组合的系统风险系数。

资产组合的系统风险系数是所有单项资产 β 系数的加权平均数，权数为各种资产在资产组合中所占的价值比例。计算公式为：

$$\beta_P = \sum W_i \times \beta_i \tag{4 - 17}$$

式中　β_P——资产组合的系统风险系数；

　　　W_i——第 i 项资产在组合中所占的价值比重；

　　　β_i——第 i 项资产的 β 系数。

【例 4 - 3】某投资人对 A，B 和 C 三只股票进行证券组合，已知三只股票的 β 系数分别为 0.5，1.2 和 1.5，三只股票的市价总额分别为 7 万元、2 万元和 1 万元。

则三只股票所占的价值比例为：

A 股票：$7/(7 + 2 + 1) = 70\%$

B 股票：$2/(7 + 2 + 1) = 20\%$

C 股票：$1/(7 + 2 + 1) = 10\%$

证券组合的 β 系数为：

$$0.5 \times 70\% + 1.2 \times 20\% + 1.5 \times 10\% = 0.74$$

（2）非系统风险

非系统风险也叫特有风险或可分散风险，它是可以通过资产组合而分散掉的风险，也是不同公司、不同个股特有的风险。公司特有风险产生于公司内部商业、财务活动，如工人罢工、新产品开发失败、没有争取到重要合同、诉讼失败等。不同公司、不同个股的特有风险是不一样的，所以可通过分散化投资来分散。因此公司特有风险不是研究风险价值要考虑的对象。对于特定企业而言，公司特有风险可以进一步分为经营风险和财务风险。经营风险是指由于经营上的原因导致企业的息税前收益发生波动的可能性，例如由于原材料价格波动、生产组织不合理、销售决策失误等带来的供应、生产、销售方面的风险等。财务风险是指由于举债经营而使投资人收益水平发生波动的可能性。

4.3.3　多元化

2021 年，上证 50 跌幅 10%，而上证 50 包含的 50 只股票中，中国石油上涨 23%，长江电力上涨 22%，海天味业和中金公司分别下跌了 31% 和 34%。从中可以看出：股票市场的变化幅度比个股的波动程度要小很多。这说明股票市场的总体风险比单个资产的风险要小，多项资产组合在一起可以减少个股带来的波动性，这就是多元化的基本思想。

对于任何一项资产，其收益率都可以用以下公式表示：

$$R = \bar{R} + U$$
$$= \bar{R} + m + \varepsilon \qquad (4-18)$$

其中，R 代表资产的实际收益，$\bar{R}$ 代表资产的预期收益，U 是未预期的部分。根据前文所讲，U 可以进一步分为系统性风险 m 和非系统性风险 ε。一项资产的非系统性风险和大多数其他公司的非系统性风险是不相关的，因为它是这个公司特有的。比如，贵州茅台股票的非系统性风险和宁德时代股票的非系统性风险是不相关的。

如果将上述两只股票组合在一起，因为两只股票的非系统性风险 ε 是不相关的，所以 ε 对一只股票可能是正的，对另一只股票可能是负的，这说明 ε 可以相互抵消，那么资产组合的非系统性风险将会低于两只股票中任何一个非系统性风险。根据这样的思想，如果在资产组合中加入更多只股票，多元化的效应将延续，如果将无限多的资产组合在一起，组合的非系统性风险将消失。

现在考虑由两只股票组成的资产组合的系统性风险会发生什么变化。比如，假设通货膨胀比原先预期的更高，或者国民生产总值结果比预期的更低。两只股票的收益率很可能都会下降，这意味着组合的收益率下降，对于 3 个证券、4 个证券或者更多证券，都将得到相同的结果。假设组合里面有无限多的资产，经济状况的坏消息将对所有资产的收益率产生负面影响，这意味着系统风险对组合收益率的影响是负面的。和非系统性风险不一样，系统性风险不可以被分散掉。

综合而言，多元化的效应可以通过资产组合的标准差和组合里面的资产数量来表示。通常把标准差当作组合的总风险，如图 4-3 所示，组合的总风险会随着多元化程度而降低，但是组合的风险并不会降为 0，因为只有非系统性风险可以被分散。

需要说明的是，在资产组合中，资产数目较低时，增加资产的个数，分散风险的效应比较明显。当资产数目增加到一定程度时，风险分散的效应就会逐渐减弱。此时，如果继续增加资产数目，对分散风险的意义不大，还会增加管理成本。

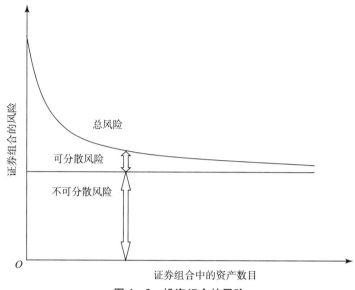

图 4 - 3　投资组合的风险

4.3.4　资产组合的机会集和有效集

（1）两项资产组合的机会集和有效集

两项资产可以按照不同的比例进行无限数目的资产组合，不同的组合具有不同的相关系数，不同的相关系数对应着不同的期望收益率和标准差。两种资产无数种组合的期望收益率和标准差的对应关系（机会集）如图 4 - 4 所示。

资产组合的机会
集和有效集

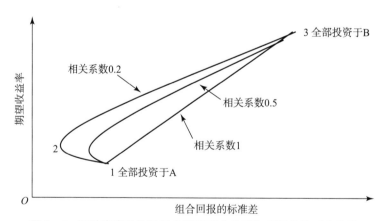

图 4 - 4　两种资产无数种组合的期望收益率和标准差的对应关系

从图 4 - 4 可知，两种资产无数种组合的期望收益率和标准差的对应关系是一组圆滑的曲线组，它反映的是两种资产进行组合的所有可能结果。这些曲线的弯曲程度随着相关系数的变化而变化：相关系数越小，曲线的弯曲程度越大。具体而言：

①它揭示了风险分散化效应。只要组合中两种资产收益的相关系数小于 1，组合就可以

降低风险。相关系数越小，组合降低风险的作用就越大，机会集曲线就越弯曲。相关系数越大，组合降低风险的作用就越小，机会集曲线就越近似于直线。

②它表达了最小方差组合。曲线最左端的 2 点的组合被称作最小方差组合，它在持有证券的各种组合中有最小的标准差。

③它表达了投资的有效集合。在只有两种证券的情况下，投资者的所有投资机会只能出现在机会集曲线上，而不会出现在该曲线上方或下方。改变投资组合比例只会改变组合在机会集曲线上的位置。最小方差组合以下的组合（1～2 部分）是无效的，它们与最小方差组合比，不但标准差（风险）大，而且报酬率低。有效集是从最小方差组合点到最高预期报酬率组合点（2～3 部分）的那段曲线。

（2）多项资产组合的机会集和有效集

如上所述，两种资产组合的机会集是一组圆滑的曲线。两种以上资产的机会集是一个平面，如图 4－5 所示。

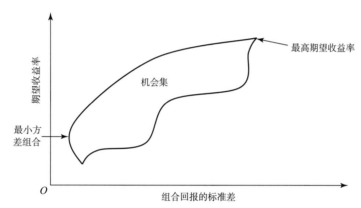

图 4－5　多种资产无数种组合的期望收益率和标准差的对应关系

需要说明的是，虽然多种资产进行组合的机会集是一个平面，但理性的投资者会选择机会集顶部从最小方差组合点起到最高期望收益率点为止的部分进行投资组合，该区域叫多项资产组合的有效集或有效边界。有效集以外的投资组合与有效边界上的组合相比，有三种情况：相同的标准差和较低的期望收益率；相同的期望收益率和较高的标准差；较低的期望收益率和较高的标准差。这些投资组合都是无效的。如果投资组合是无效的，可以通过改变投资比例转换到有效边界上的某个组合，以达到提高期望收益率而不增加风险，或者降低风险而不降低期望收益率，或者得到一个既提高期望收益率又降低风险的组合。

（3）无风险借贷和资本市场线

处于资产组合有效集内的资产都是有风险的，从另一个角度，投资者可以将一个风险投资和无风险投资（如国债）组合起来。资产与无风险借贷的组合是一条直线，上面的点根据资金占比而移动。

如图 4－6 所示，从无风险资产的收益率（y 轴的 R_f）开始，做有效边界的切线，切点为 M，该直线被称为资本市场线（Capital Market Line，CML）。

资本市场线的函数表达式为：

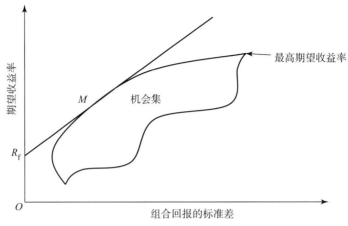

图 4 - 6　资本市场线

$$R_P = R_f + \frac{(R_m - R_f)}{\sigma_m}\sigma_P \qquad\qquad (4-19)$$

式中　R_P——投资组合的收益率；

　　　R_f——无风险收益率；

　　　R_m——市场组合的收益率；

　　　σ_P——投资组合的标准差；

　　　σ_m——市场组合的标准差；

　　　$\dfrac{(R_m - R_f)}{\sigma_m}$——资本市场线的斜率。

资本市场线表明有效投资组合的期望收益率由两部分组成：无风险收益率 R_f 和风险收益率 $\dfrac{(R_m - R_f)}{\sigma_m}\sigma_P$。$(R_m - R_f)$ 是资本市场组合的风险报酬率。切点 M 是市场均衡点，它代表唯一最有效的风险资产组合，它是所有证券以各自的总市场价值为权数的加权平均组合。

4.4　收益与风险关系模型

4.4.1　资本资产定价模型

资本资产是相对于现金、银行存款等实物资产而言的，是指企业持有股票、债券，进行证券投资所产生的资产。相对于实物资产而言，资本资产具有风险大，而一旦获利，获取的收益也大的特点。企业持有资本资产的本身，意味着进行风险投资。而进行风险投资就需要获得风险报酬率，并在此

收益与风险
关系模型

基础上获得总的期望报酬率。所谓资本资产定价，是指对持有的资本资产在考虑风险的前提下确定最低的投资报酬率。

（1）资本资产定价模型的计算公式

资本资产定价模型（Capital Asset Pricing Model，CAPM）是由哈里·马科维茨（Harry

Markowitz）和威廉·夏普（William F. Sharpe）于 1964 年提出来的，后来他们由于在此方面做出的贡献而获得了 1990 年度的诺贝尔经济学奖。资本资产定价模型是进行股票投资时，考虑投资人所冒的市场风险，确定投资人所要求的必要报酬率的计算模型。这一模型清晰地描述了股票投资的风险与收益率之间的关系，指明资本资产的收益率是无风险收益率与风险报酬率（风险溢价）两者之和。其表达公式为：

$$R_i = R_f + \beta_i(R_m - R_f) \tag{4-20}$$

式中　R_i——个股的总的期望报酬率；

　　　R_m——整个市场（所有股票）的平均报酬率；

　　　β_i——个股的市场风险程度；

　　　$(R_m - R_f)$——整个市场（所有股票）的风险报酬率；

　　　$\beta_i(R_m - R_f)$——个股的风险报酬率。

该模型清晰地描述了个股所冒的市场风险与风险报酬率（收益率）之间的关系，指明投资人要求的资本资产的最低报酬率（收益率）是无风险报酬率（收益率）与风险报酬率（风险溢价）两者之和。该模型自产生以来，一直被证券界人士认为是一个概念简单、贴近现实的反映资本资产风险和收益关系的好方式。当前多数投资人都会熟练运用 β 系数和该模型进行股票投资的风险和收益分析，进而进行股票投资决策。

【例 4-4】购买某股票，若已知该股票的 $\beta_i = 1.8$，$R_f = 6\%$，$R_m = 14\%$，请问该股票的最低投资报酬率应为多少才是合适的？

$$\begin{aligned} R_i &= R_f + \beta_i(R_m - R_f) \\ &= 6\% + 1.8 \times (14\% - 6\%) \\ &= 6\% + 14.4\% \\ &= 20.4\% \end{aligned}$$

（2）资本资产定价模型的图示

资本资产定价模型如图 4-7 所示。

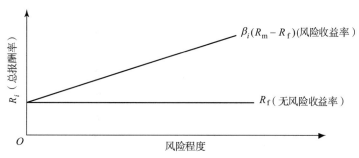

图 4-7　资本资产定价和证券市场线

图中的斜线连同在纵轴上的截距一起，叫证券市场线（Security Market Line，SML）。它表示投资人进行证券投资、持有资本资产时，考虑所冒的市场风险所要求获得的总的投资报酬率。从图中可知，高风险要求高收益率，低风险要求低收益率，中等风险要求中等收益率。不同的投资人愿冒的投资风险和要求的投资报酬率不一样：有的想冒高风险获得高的投资报酬率，有的想冒低风险获得低的投资报酬率，有的则想冒中等风险获得中等投资报酬率。投资人运用证券市场线（SML）可直观判断出冒不同投资风险所要求的最低报酬率和风险报酬率，从而进行合理的证券投资决策。具体来说，投资人可从有关的证券报刊中，获得个股的 β 系数，进而确定个股的必要收益率应为多少。另外需要说明的是，个股的 β 系数也会随时间推移而发生变动。资本资产定价模型认为，SML 是一条市场均衡线，市场在均衡的状态下，所有资产的预期收益率都应该落在这条线上。如果某资产的预期收益率高于证券市场线，将造成市场参与者对这一资产的青睐，从而使该资产的价格升高，价格升高的结果会使预期未来的收益率下降，一直降到证券市场线上来，使得预期收益率等于必要收益率。相反，如果某资产的预期收益率低于证券市场线，将会使得该资产无人问津，从而使该资产的价格降低，价格降低的结果会使预期未来的收益率上升，一直升到证券市场线上来，使得预期收益率等于必要收益率。

（3）资本资产定价模型的假设及局限性

资本资产定价模型建立在如下基本假设之上：

①所有投资者均追求单期财富的期望效用最大化，并以各备选组合的期望收益和标准差为基础进行组合选择。

②所有投资者均可以无风险利率无限制地借入或贷出资金。

③所有投资者拥有同样预期，即对所有资产收益的均值、方差和协方差等，投资者均有完全相同的主观估计。

④所有的资产均可被完全细分，拥有充分的流动性且没有交易成本。

⑤没有税金。

⑥所有投资者均为价格接受者。即任何一个投资者的买卖行为都不会对股票价格产生影响。

⑦所有资产的数量是给定的和固定不变的。

尽管资本资产定价模型得到了广泛的认可，但在实际运用中，仍然存在一些明显的局限性，主要表现在：

①某些资产或企业的 β 值难以估计，特别是对一些缺乏历史数据的新兴行业。

②由于经济环境的不确定性和不断变化，使得依据历史数据估算出的 β 值对未来的指导作用必然大打折扣。

③CAPM 是建立在一系列假设之上的，其中一些假设与实际情况有较大的偏差，使得CAPM 的有效性受到质疑。

由于以上局限性的存在，资本资产定价模型只能大体描述出证券市场运动的基本状况，而不能完全揭示证券市场的一切。在运用这一模型时，应更注重它所揭示的规律，而不是它所给出的具体数字。

4.4.2　套利定价模型

套利定价理论（Arbitrage Pricing Theory，APT）是由美国经济学家史蒂芬·罗斯（Stephen Ross）于 1976 年首次提出的。这一理论也是讨论资产的收益率如何受风险因素的影响。不同的是，套利定价理论认为资产的预期收益率并不是只受单一风险因素的影响，而是受若干个相互独立的风险因素如通货膨胀率、利率、石油价格、国民经济的增长指标等的影响，是一个多因素的模型，是对资本资产定价模型的重大改善和发展。

（1）套利定价理论的假设

套利定价理论也是建立在一定的基本假设之上的，主要有：投资者有相同的理念；投资者是回避风险的，而且还是实现效用最大化；市场是完全的，因此对交易成本等因素都不作考虑；投资回报率与一组指数线性相关，这组指数代表着形成投资回报率的一些基本因素。

（2）套利定价模型的计算公式

套利定价模型的基本形式为：

$$E(R) = R_f + b_1\lambda_1 + b_2\lambda_2 + \cdots + b_n\lambda_n \tag{4-21}$$

式中 $E(R)$ ——某资产的预期收益率；

R_f ——不包括通货膨胀因素的无风险收益率，即纯粹利率；

b_i ——风险因素 i 对该资产的影响程度；

λ_i ——风险因素 i 的预期额外收益率。

多因素模型认为证券的收益率对多种因素或指数具有敏感性，而不仅仅对市场整体变动敏感。由于多因素模型考虑更多的风险因素，因此它的解释作用就强于单因素模型，例如资本资产定价模型。尽管运用套利定价理论计算收益率比较复杂，但它的基本思想比资本资产定价理论更接近实际，对资产的交易更具指导意义。它同时考虑了产业方面和市场方面的多种因素对资产收益的影响，比资本资产定价理论更清楚地指明了风险来自哪一方面。投资者可以根据自己的风险偏好和抗风险能力来选择资产或资产组合，回避那些不愿意承担的风险。

本章小结

本章主要讨论了收益与风险的关系。

（1）单一投资的预期收益与风险。资产的收益是指资产的价值在一定时期的增值，可以用收益额或收益率来表示。单一投资的预期收益率，是指在不确定的条件下预测的某资产未来可能实现的收益率。单一投资的风险是资产收益率的不确定性，其大小可以用资产收益率的方差、标准差和标准离差率来表示。

（2）资产组合的预期收益与风险。资产组合的预期收益率就是组成资产组合的各种资产的预期收益率的加权平均数，其权数等于各种资产在组合中所占的价值比例。股票投资的风险包括系统风险和非系统风险，可以通过资本资产定价模型来计算投资人购买证券资产时所要求的最低投资报酬率，计算公式为 $R_i = R_f + \beta_i(R_m - R_f)$。风险与收益存在对称性，回避风险就意味着回避收益，在理财时应将风险控制在合理的水平上。

思考与练习

一、思考题

1. 资产的收益及表述方法是什么？

2. 什么是单一投资的预期收益和风险？如何表示单一投资的预期收益和风险？

3. 什么是资产组合的预期收益和风险？如何表示资产组合的预期收益和风险？

4. 分析多项资产组合风险的计算公式（4-15），解释为什么多项资产组合的风险主要是由资产之间的协方差所决定的。

5. 系统性风险与非系统性风险有什么不同？为什么说多项资产组合的风险主要是系统性风险？

6. 解释 β 系数的含义，并说明为什么这个指标能够反映系统性风险大小。

7. 什么是资产组合的有效集和可行集？

8. 资本资产定价模型的概念及公式是什么？

9. 资本资产定价模型的假设及局限性是什么？

10. 理财时对待风险的态度及风险控制对策是什么？

二、计算分析题

1. 某方案第 1 年投资 2 400 元，第 5 年开始回收现金，已知第 5 年的现金流量及其概率分布如表 4-4 所示。

表 4-4　某方案的第 5 年的现金流量及其概率分布

现金流量/元	概率
2 000	0.4
2 500	0.3
3 000	0.3

另外已知无风险报酬率 R_f 为 6%，中等风险程度所对应的风险报酬斜率 b 为 0.1。

要求：

（1）计算该方案第 5 年的风险程度。

（2）计算该方案第 5 年的风险报酬率。

（3）计算该方案第 5 年的总的投资报酬率。

2. 某投资人拟投资 24 000 元，现有 A，B 两方案可供选择，已知两方案在投资第 3 年开始有现金流入，两方案的风险报酬斜率分别为 $b_A = 0.04$，$b_B = 0.09$，第 3 年的现金流入及其概率如表 4-5 所示。

表 4-5　A，B 两方案的现金流量

A 方案		B 方案	
现金流入/元	概率	现金流入/元	概率
36 000	0.3	60 000	0.3
48 000	0.2	72 000	0.1
60 000	0.5	24 000	0.6

要求：计算 A，B 两方案第 3 年现金流入的风险程度、各自的风险报酬率。

3. 投资于甲、乙两方案的投资报酬率及其概率分布情况如表 4-6 所示。

表 4 – 6　甲、乙两方案的投资报酬率及其概率分布

经济情况	发生的概率	报酬率/%	
		甲方案	乙方案
繁荣	0.4	30	48
一般	0.2	18	18
衰退	0.4	0	−24

另外，已知 $b_甲 = 0.08$，$b_乙 = 0.3$。

要求：计算甲、乙两方案的风险程度及各自的风险报酬率。

4. 购买某股票，已知该股票的 $\beta = 1.5$，整个资本市场的无风险报酬率 $R_f = 4\%$，整个资本市场的平均报酬率 $R_m = 10\%$。

要求：计算投资人购买该股票时要求的最低投资报酬率。

5. 某投资人对 A，B，C 和 D 四只股票进行证券组合，已知四只股票的 β 系数分别为 0.3，1.2，0.5 和 2.4，四只股票的市价总额分别为 4 万元、5 万元、10 万元和 6 万元。

要求：计算证券组合的 β 系数。

6. 假设市场投资组合的收益率和方差分别为 12% 和 0.073，国库券收益率为 4%，A 股票的收益率的方差为 0.04，与市场投资组合报酬率的相关系数为 0.4。

要求：计算 A 股票的必要报酬率。

第5章

证券估值

【引导案例】

　　大家都喜欢炒股，都希望自己像"股神"巴菲特一样投资的股票都能获得极高的收益。然而现实往往是残酷的，"一买就跌，一卖就涨"的情况时常发生，最重要的问题在于你不清楚手里的股票值多少钱，这就需要合理的估值方式去分析手里的股票价值是多少。

　　估值最直接的方法就是去找可参照物确定价值。举个简单的例子，小时候家长总喜欢拿我们和"别人家的孩子"比较，小明考试考了100分，小明又当上了班长，而你只考了80分，很显然你比小明差。但如果你也考了100分，跟小明的人缘都差不多，说明你也有当班长的潜质。放在股票市场上，"考试成绩"有很多种，比如市盈率、市净率等。估值的核心就是要把同类公司放在一起比较，比如有两家差不多的公司，一家市盈率30倍，而你买入的只有15倍，就说明你投资的公司被低估了。

　　除了市盈率，还有很多种股票估值方法。本章将介绍债券和股票的估值原理与常用估值模型，这些模型可以从理论上对债券和股票进行基本评价。当然，依靠这些模型并不能保证得到高额回报，现实中的市场比模型更加复杂多变。

5.1　证券估值的基本原理

证券估值的
基本原理

5.1.1　价值的有关概念

　　进行证券估值之前，必须明确有关价值的几个基本概念。

　　（1）账面价值

　　账面价值因其主体不同可分为两个层面。

　　①资产的账面价值。

　　资产的账面价值是指资产类科目的账面余额减去相关备抵项目后的净额。如固定资产账面余额减去相应的累计折旧后的净额为账面价值。

　　②公司的账面价值。

　　公司的账面价值是指总资产减去总负债与优先股之后剩余的部分，即净资产。

　　在经济波动从而引起资产价格不断变动的情况下，账面价值通常无法反映资产的实际经济价值，无法反映资产在未来期间能够为企业取得的资源流入。

　　（2）市场价值

市场价值指的是资产在市场上的交易价格。如果这一交易是在公开竞争市场上的公平交易，并且买卖双方信息完全、行动慎重、不受强迫，则市场价值可以成为公允价值的一种度量方式。根据我国 2014 年开始实行的《企业会计准则——基本准则》，在公允价值计量下，资产和负债按照市场参与者在计量日发生的有序交易中，出售资产所能收到或者转移负债所需支付的价格计量。

（3）内在价值

内在价值通常是指在考虑了影响价值的所有因素后的应有价值。

因其主体不同也可以分为两个层面。

①证券的内在价值。

证券的内在价值是指证券未来现金流入的现值。它是证券的真实价值，也是理论价值。本章的证券估值主要是评价证券的内在价值。

②公司的内在价值。

公司的内在价值是公司资产未来预期现金流的现值。

（4）清算价值

清算价值是指一项资产或一组资产（一个公司）从正在运营的组织中分离出来单独出售所能获得的货币额。

（5）持续经营价值

持续经营价值指的是公司作为一个正在持续运营的组织出售时所能获得的货币额。本章所讨论的证券估值模型一般都假设：公司是持续经营的公司，能为证券投资者提供正的现金流量。

5.1.2　有效市场假说

（1）有效市场假说的起源

有效市场假说起源于 20 世纪初，这个假说的奠基人是法国数学家路易斯·巴舍利耶（Louis Bachelier），他在 1900 年的博士论文中将统计分析方法应用到股票报酬率的分析，发现股票价格波动的数学期望值总是为零。巴舍利耶的论文是一项具有远见的开拓性工作，远远超前于他的时代。其贡献中的一项就是认识到随机游走过程是布朗运动[①]。此后坎德奥（Kendall）与罗勃兹（Roberts）分别于 1953 年和 1959 年继续对这一问题进行了研究。1964年，奥斯本（Osborne）在有关布朗运动的论文中将股票价格遵循随机游走的主张形式化。奥斯本提出了一个过程，在这个过程中，股票市场价格变化可以等价于一个粒子在一个流体中的运动。在此基础上，才进一步由萨缪尔森（Samuelson）提出股票价格变化的"鞅（Martingale）"模型[②]，法玛（Fama）提出有效市场假说。

（2）有效市场假说的含义

有效市场假说由尤金·法玛（Eugene Fama）于 1970 年首先提出。

有效市场假说详细阐述了关于有效资本市场的统计和概念上的定义，其中有效性是由速度和完整性定义的。在信息有效市场中，证券价格包含了所有关于公司产品、利润、管理质

---

① 悬浮在液体或气体中的微粒所做的永不休止的、无秩序的运动。

② 简单来说，鞅指的是根据目前所得的信息对未来某个资产价格的最好预期就是资产的当前价格。

量和前景的公众可知的信息，而且如果关于公司的重要新信息公布了，价格会即刻改变，以完全反映这个新数据的影响。

有效市场假说包含以下两个要点：

第一，在市场上的每个人都是理性的经济人，他们能够利用基本的分析方法确定每种证券的准确价格，并据此做出最佳的交易决策。

第二，信息能够在证券价格中快速、完全地得到反映，而这些信息所引起的价格调整也是恰当的，即"信息有效"。不论是好消息还是坏消息，总是刚刚出现就开始引起股价波动，当投资者都了解到这一消息时，价格也已经调整到适当位置。

当然，有效市场假说只是一种理论假说，实际上，并非每个人总是理性的，也并非在每一时点上信息都是有效的。

（3）有效市场假说的三种形态

法玛提供了三个等级的有效性，即弱式有效、半强式有效和强式有效。在弱式有效市场中，证券价格包括了所有相关的历史信息，任何投资者都不能依靠研究证券价格的历史趋势获得超额报酬。在半强式有效市场，证券价格反映所有相关的、公众可知的信息，它比弱式有效性更强一些，因为它预计证券价格总是能反映相关历史信息，并会在新信息向公众媒体公开时，做出迅速、完全的反应。任何投资者都不能依靠对公开信息的分析获得超额报酬，如果拥有外部并不知晓的公司内部信息，则有可能获得超额回报。在强式有效市场中，证券价格已经反映了所有公开和非公开信息，投资者不可能获得超额报酬。

尽管强式有效市场在实际生活中并不存在，但是有效市场假说使人们对金融市场运转方式的看法有了革命性的巨变。因为交易人之间的竞争确保证券价格精确反映所有相关信息，市场价格可以"信任"。

现实中不少例外现象对这一假说提出了挑战，理由大多是现实状态对理想状态的偏离，不过这些挑战并没有从根本上否定有效市场假说。当然，如果想要正确运用市场有效性进行深度研究，并作为决策参考或投资策略选择的依据时，需要放宽假说的一些前提假设，更加客观地面对现实市场。

5.2 债券及其估值

5.2.1 债券的概念

债券是法律允许的组织机构①向投资者发行，并承诺按约定利率支付利息及按约定条件偿还本金的债权债务凭证。债券一经发行出售，即在有效期内在购买者与发行者之间形成债权债务关系，债券发行人为债务人，投资者（或债券持有人）为债权人。

不同企业的债券往往在发行的时候做了不同的规定。例如，有的债券可以在约定条件下提前偿付，有的债券可以在约定时限内转换成普通股。这些不同的规定会使债券价格、风险以及到期收益各不相同。为了对债券的估值理解更为深刻，首先必须明确债券的基本构成要素。

---

① 这些组织机构可能包括政府、金融机构、企业单位等，本章内容如无特殊说明均指公司债券。

（1）债券面值

债券面值是债券的票面金额。债券面值代表发行人向债券的购买者借入并且承诺于未来特定日期偿还的金额。

（2）票面利率

债券的票面利率是债券发行者向投资者支付的利息与面值之间的比率，通常表现为年利率。

债券的票面利率是债券发行时就已经规定了的，债券发行人将按这个利率与面值的乘积计算应支付给债券持有人的利息。多数债券的票面利率在债券持有期间不会改变。但也有一些债券在发行时不明确规定票面利率，而是规定利率水平按某一标准（如政府债券利率或银行存款利率）的变化而进行调整。在经济环境不断变化的情况下，债券的票面利率往往与市场上的实际利率不相等。

债券利息的支付时间也表现为多种形式，有的债券每半年或一年支付一次利息，而有的债券则到期一次偿还本金和利息，并且不按复利计算利息。

（3）到期日

债券的到期日是指债券发行人向投资者偿还本金的日期。

债券通常要规定一个到期日，以便偿还本金。债券的存续时间越长，出现不确定性情况的可能性越大，所以债券的风险也越高。基于风险与报酬均衡的原则，期限越长的债券其票面利率也越高。

（4）债券价格

债券的价格是指其在市场上的交易价格。理论上，债券的面值就是它的价格。但实际上，由于发行者的种种考虑或资金市场上供求关系、利息率的变化，债券的市场价格常常脱离它的面值，有时高于面值，有时低于面值。也就是说，债券的面值是固定的，但它的价格却是经常变化的。发行者计息还本，是以债券的面值为依据，而不是以其价格为依据的。债券价格主要指的是投资者在二级市场转让债券的成交价。

（5）债券价值

投资者投资于债券通常是为了在未来能够获得一定的现金流入。债券的价值即是指其预期的未来现金流入的现值。这种现金流入包括两部分：每期将要获得的利息以及债券到期时得到的本金。

5.2.2　债券的估值方法

由于多方面因素的影响，债券的真实价值常常不等于其票面价格。准备进行债券投资的企业和个人，必须知道债券价值的计算方法，以便与其售价和面值对比，做出是否投资的决策。下面介绍几个最常见的债券估值模型。

债券估值模型

（1）一般情况下的债券估值模型

一般情况下的债券估值模型是指分期付息、一次还本且按复利方式计算的债券估值公式。其计算公式为：

$$P = \sum_{t=1}^{n} \frac{i \times F}{(1 + R)^t} + \frac{F}{(1 + R)^n}$$

$$P = \sum_{t=1}^{n} \frac{I}{(1+R)^t} + \frac{F}{(1+R)^n}$$

$$= I \times \mathrm{PVIFA}_{R,n} + F \times \mathrm{PVIF}_{R,n} \qquad (5-1)$$

式中，P 代表债券价值；i 代表债券票面利率；F 代表债券面值；I 代表每年利息；R 代表市场利率或投资人要求的必要报酬率；n 代表付息总期数。

【例 5 - 1】启明公司发行一批五年期债券，每张债券面值为 800 元，票面利率为 5%。该批债券的潜在投资者运通公司的战略要求每项投资至少要达到 8% 的报酬率，那么启明公司这批债券价格为多少时运通公司才能进行投资？

根据上述计算公式可知：

$$P = 800 \times 5\% \times \mathrm{PVIFA}_{8\%,5} + 800 \times \mathrm{PVIF}_{8\%,5}$$

$$= 800 \times 5\% \times 3.992\ 7 + 800 \times 0.680\ 6$$

$$= 704.19（元）$$

即这批债券价值为 704.19 元，那么从运通公司的角度来看，每张债券价格必须低于 704.19 元时，公司才能购买，否则将得不到 8% 的报酬率。

（2）一次还本付息且不计复利的债券估值模型

其计算公式为：

$$P = \frac{F + F \times i \times n}{(1+R)^n}$$

$$= (F + F \times i \times n) \times \mathrm{PVIF}_{R,n} \qquad (5-2)$$

公式中符号含义同前式。

【例 5 - 2】丰达公司拟购买启明公司发行的利随本清的公司债券，该债券每张面值为 1 000 元，期限 5 年，票面利率为 8%，不计复利，当前市场利率为 5%，该债券发行价格为多少时，丰达公司才能购买？

虽然债券在向投资者支付利息时是不考虑复利的，但丰达公司作为投资方，在衡量债券的价值时，需要以复利的形式进行判断，才能做出是否投资的正确判断，因此，由上述公式可知：

$$P = (1\ 000 + 1\ 000 \times 8\% \times 5) \times \mathrm{PVIF}_{5\%,5} = 1\ 400 \times 0.783\ 5 = 1\ 096.9（元）$$

即由于票面利率高于市场利率，债券价值也高于其面值，该批债券每张价值为 1 096.9 元，丰达公司如果想从投资中获利，则债券价格必须低于 1 096.9 元时，公司才能购买。

（3）贴现发行时的债券估值模型

有些债券以贴现方式发行，没有票面利率，到期按面值偿还。这些债券的估值模型为：

$$P = \frac{F}{(1+R)^n} = F \times \mathrm{PVIF}_{R,n} \qquad (5-3)$$

公式中的符号含义同前式。

【例 5 - 3】启明公司发行一批五年期债券，每张面值为 1 000 元，以贴现方式发行，期内不计利息，到期按面值偿还，当时市场利率为 5%。其价格为多少时，潜在的投资者才会愿意购买？

不管债券的发行方式如何，投资者只有在有利可图的情况下才会投资，其判断标准就是债券的真实价值，因此，由上述公式得：

$$P = 1\ 000 \times \text{PVIF}_{5\%,5} = 1\ 000 \times 0.783\ 5 = 783.5\ （元）$$

该债券每张价值为 783.5 元，则其定价只有低于 783.5 元时，才会有投资者愿意购买。

5.2.3 债券价值的影响因素

上述三种基本的债券估值模型中出现了几个影响债券价格的重要因素，下面对这几个因素再进行详细分析。

债券价格的
影响因素

（1）付息频率

在一次还本付息和贴现发行的情况下，不涉及付息频率的问题。如果是分期付息、一次还本的债券，利息可以是每年发放，如例 5 - 1；利息发放期也可能短于一年，此时与每年付息相比，债券价值会产生变化。

【例 5 - 4】启明公司发行一批五年期债券，每张债券面值为 800 元，票面利率为 5%，每半年支付一次利息。该批债券的潜在投资者运通公司的战略要求每项投资至少要达到 8% 的报酬率，那么启明公司这批债券价格为多少时运通公司才能进行投资？

按惯例，票面利率通常为年利率，每半年计息时按年利率的一半计算，报酬率的表达也要相应调整为半年期，付息期数依此类推，应为 10 期。

根据基本公式可知：

$$P = 800 \times 5\% \times \frac{1}{2} \times \text{PVIFA}_{4\%,10} + 800 \times \text{PVIF}_{4\%,10}$$

$$= 800 \times 5\% \times \frac{1}{2} \times 8.110\ 9 + 800 \times 0.675\ 6$$

$$= 702.70\ （元）$$

与例 5 - 1 相比，启明公司的债券基本条件相同，只有付息期缩短为半年，结果债券价值降低了一些。债券付息期越短价值越低的情况只出现在债券折价发行的时候；如果债券溢价出售，则付息期缩短会使债券价值提高。

【例 5 - 5】启明公司发行一批五年期债券，每张债券面值为 800 元，票面利率为 5%，每年支付一次利息。该批债券的潜在投资者运通公司的战略要求每项投资至少要达到 4% 的报酬率，那么启明公司这批债券价格为多少时运通公司才能进行投资？

$$P = 800 \times 5\% \times \text{PVIFA}_{4\%,5} + 800 \times \text{PVIF}_{4\%,5}$$

$$= 800 \times 5\% \times 4.451\ 8 + 800 \times 0.821\ 9$$

$$= 835.59\ （元）$$

则运通公司在债券价格低于 835.59 元时才会投资。

如果该批债券每半年支付一次利息，其价格为多少时运通公司才能投资？

$$P = 800 \times 5\% \times \frac{1}{2} \times \text{PVIFA}_{2\%,10} + 800 \times PVIF_{2\%,10}$$

$$= 800 \times 5\% \times \frac{1}{2} \times 8.982\ 6 + 800 \times 0.820\ 3$$

$$= 835.89\ （元）$$

则运通公司在债券价格低于 835.89 元时可以投资。与每年付息一次相比，半年付息一次使债券价值略有提高。

（2）市场报酬率

债券价格与市场报酬率的关系十分密切。债券定价的基本原则是：票面利率等于市场报酬率，债券价格等于其面值；票面利率大于市场报酬率，债券价格高于其面值；票面利率小于市场报酬率，债券价格低于其面值。

【例 5 – 6】 启明公司发行面值为 1 000 元，票面利率为 10%，期限为 10 年的债券，每年年末付息，到期还本。发行时启明公司根据市场报酬率确定债券价格，可以分为三种情况：

市场报酬率为 10% 时，票面利率等于市场报酬率，债券价格等于其面值。

$$P = \sum_{t=1}^{10} \frac{100}{(1 + 10\%)^t} + \frac{1\ 000}{(1 + 10\%)^{10}} = 1\ 000 \text{（元）}$$

市场报酬率为 8% 时，票面利率大于市场报酬率，债券价格高于其面值。

$$P = \sum_{t=1}^{10} \frac{100}{(1 + 8\%)^t} + \frac{1\ 000}{(1 + 8\%)^{10}} = 1\ 134 \text{（元）}$$

市场报酬率为 12% 时，票面利率小于市场报酬率，债券价格小于其面值。

$$P = \sum_{t=1}^{10} \frac{100}{(1 + 12\%)^t} + \frac{1\ 000}{(1 + 12\%)^{10}} = 887 \text{（元）}$$

（3）债券期限

当市场报酬率稳定至债券到期日不变时，随着债券到期时间的临近，债券的价格也越趋向于面值。

如果市场报酬率在债券发行后发生变动，债券价格也会随之而变化。当给定市场报酬率的波动幅度时，债券的期限越长，其受市场报酬率波动的影响也越大。

【例 5 – 7】 启明公司发行一批五年期债券，每张债券面值为 800 元，票面利率为 5%。发行前市场报酬率为 8%，公司测算的发行价格为：

$$P = 800 \times 5\% \times \text{PVIFA}_{8\%,5} + 800 \times \text{PVIF}_{8\%,5}$$
$$= 800 \times 5\% \times 3.992\ 7 + 800 \times 0.680\ 6$$
$$= 704.19 \text{（元）}$$

正式发行时，市场报酬率上升到 10%，则发行价格调整为：

$$P = 800 \times 5\% \times \text{PVIFA}_{10\%,5} + 800 \times \text{PVIF}_{10\%,5}$$
$$= 800 \times 5\% \times 3.790\ 8 + 800 \times 0.620\ 9$$
$$= 648.35 \text{（元）}$$

价格下降了 7.93%。

如果启明公司发行两年期债券，其他条件均不变，则市场报酬率为 8% 时价格为：

$$P = 800 \times 5\% \times \text{PVIFA}_{8\%,2} + 800 \times \text{PVIF}_{8\%,2}$$
$$= 800 \times 5\% \times 1.783\ 3 + 800 \times 0.857\ 3$$
$$= 757.17 \text{（元）}$$

市场报酬率为 10% 时价格为：

$$P = 800 \times 5\% \times \text{PVIFA}_{10\%,2} + 800 \times \text{PVIF}_{10\%,2}$$
$$= 800 \times 5\% \times 1.735\ 5 + 800 \times 0.826\ 4$$
$$= 730.54 \text{（元）}$$

价格下降了 3.52%。

可见，期限长的债券对特定市场报酬率的变动更敏感。

5.2.4　债券到期报酬率

债券的投资收益率

债券到期报酬率是指购买债券后，一直持有该债券至到期日所获得的报酬率。它是按复利计算的报酬率，是能使未来现金流入现值等于债券买入价格的折现率，即：

$$P = I \times \mathrm{PVIFA}_{R,n} + F \times \mathrm{PVIF}_{R,n}$$

这一公式与前面一般情况下的债券估值公式完全一样，但现在我们关注的不是左侧的债券价值 P，而是右侧的折现率 R。

【例 5-8】远方公司 2022 年 10 月 1 日以 800 元购买了一张面值为 1 000 元的债券，票面利率为 6%，每年的 10 月 1 日计算并支付一次利息，并于 5 年后的 2027 年 9 月 30 日到期。该公司已持有该债券至到期日。公司的到期报酬率是多少？

根据上文公式，可以将已知因素代入如下：

$$800 = 1\,000 \times 6\% \times \mathrm{PVIFA}_{R,5} + 1\,000 \times \mathrm{PVIF}_{R,5}$$

要求方程中的 R，需要用试算法。

由于远方公司的购买价格低于债券面值，根据债券价值的计算公式我们可以初步推断公司的到期报酬率高于票面利率。

用 $R = 10\%$ 试算：

$$1\,000 \times 6\% \times \mathrm{PVIFA}_{10\%,5} + 1\,000 \times \mathrm{PVIF}_{10\%,5}$$
$$= 60 \times 3.790\,8 + 1\,000 \times 0.620\,9$$
$$= 848.35\ （元）$$

由于折现结果大于 800 元，还要进一步提高折现率试算，用 $R = 12\%$ 试算：

$$1\,000 \times 6\% \times \mathrm{PVIFA}_{12\%,5} + 1\,000 \times \mathrm{PVIF}_{12\%,5}$$
$$= 60 \times 3.604\,8 + 1\,000 \times 0.567\,4$$
$$= 783.69\ （元）$$

由于其结果低于 800 元，因此可以判断到期报酬率应在 10% 和 12% 之间，用学习货币时间价值时掌握的插值法，求 R 得：

$$R = 10\% + \frac{848.35 - 800}{848.35 - 783.69} \times （12\% - 10\%） = 11.50\%$$

5.2.5　债券违约和债券评级

（1）债券的违约风险

在之前的计算中，默认债券的违约风险为 0，即发债人会按时缴纳利息并到期归还本金。然而在现实中只有国债是基本不存在违约风险的，债券的违约风险造成了债券的期望收益率和承诺收益率之间的差异。例题 5-9 中解释了违约风险如何影响债券估值及其收益率。

【例 5-9】启明公司发行一批一年期债券，其面值为 1 000 元，票面利率为 8%，市场上相似风险的债券的折现率为 9%，进一步分析，该债券的违约概率为 10%，若债券违约，债权人将获得 800 元的补偿。

如果不考虑违约风险，那么债券到期收益为：$1\,000 + 1\,000 \times 8\% = 1\,080$ 元

由于债券完全偿清的概率为90%，而违约概率为10%，因此该债券到期的预期收益为：

$$90\% \times (1\,000 + 1\,000 \times 8\%) + 10\% \times 800 = 1\,052\ 元$$

题目中给定相似风险的债券折现率为9%，那么债券的发行价格为：

$$P = 1\,000 \times 8\% \times PVIFA_{9\%,1} + 1\,000 \times PVIF_{9\%,1}$$
$$= 1\,000 \times 8\% \times 0.917\,4 + 1\,000 \times 0.9174$$
$$= 990.79\ 元$$

该债券的承诺收益率就等于题目中的折现率9%，这是不考虑违约风险的期望收益率。

但考虑到债券违约的概率，以债券的预期收益计算，该债券的期望收益率为：

$$990.79 = \frac{1052}{1+y}\quad y = 6.18\%$$

启明公司债券的承诺收益率9%，高于期望收益率6.18%，这说明承诺收益率忽略了债券违约的风险，只有当债券不违约时，债权人才会得到承诺收益。某些债券有很高的承诺收益，但其伴随着高违约率，普通投资者很难发现这一点，导致债券的实际收益低于无风险的国债。

（2）债券评级

在之前的计算中，默认债券的违约风险为0，即发债人会按时缴纳利息并到期归还本金。然而在现实中只有国债是不存在违约风险的，债券的违约风险造成了债券的期望收益率和承诺收益率之间的差异。

由于存在债券违约的风险，金融机构通常会采取一定方法对公司债券进行评级。目前市场上的债券通常以债券评级的两家领头企业穆迪公司和标准普尔公司的评级作为标准。信用度的评级基于公司违约的可能性和违约后债权人所受到的保护。

穆迪和标准普尔的债券评级标准以及相关信息如表5-1所示。

表5-1　穆迪和标准普尔的债券评级标准

投资等级的债券评级	穆迪	标准普尔	评级注释
高等级	Aaa	AAA	评级为Aaa或是AAA的债券拥有最高评级，其支付利息和偿付本金的能力特别强
	Aa	AA	评级为Aa或是AA的债券支付利息与偿付本金的能力非常强，处于这个等级的债券与最高评级债券共同构成了高等级债券类别
中等级	A	A	评级为A的债券支付利息与偿付本金的能力较强，相比于高等级债券而言，处于这一等级的债券更容易受到环境或经济状况的负面影响
	Baa	BBB	评级为Baa或是BBB的债券拥有足够的能力支付利息和偿付本金。尽管该类债券通常的保护性条款足够充分，但相比于评级较高的债券类别而言，较差的经济状况以及环境的变化更容易导致其支付利息与偿付本金的能力变弱。这些债券处于中间等级

续表

投资等级的债券评级	穆迪	标准普尔	评级注释
低等级、投机性或垃圾债券	Ba；B	BB；B	根据债券支付利息与偿付本金的能力，而且综合考虑契约的条款，处于本评级类别的债券通常被认为主要是投机性的债券。BB 或是 Ba 意味着相应债券的投机性最弱，而 Ca，CC 以及 C 的评级对应的则是投机性最强的债券。
	Caa	CCC	
	Ca	CC	尽管此类债券可能会有一些保护性条款，但这些都不足以弥补不利情况下产生的高不确定性以及所需承担的主要风险。穆迪评级中的 C 级通常都会发生违约
	C	C	
	／	D	评级为 D 级的债券发生了违约，同时利息的支付或是本金的偿付都可能变成欠款

5.2.6　债券投资的优缺点

（1）债券投资的优点

公司进行债券投资的优点主要表现在以下三个方面。

①本金安全性高。与股票相比，债券投资风险比较小。政府发行的债券有国家财力作后盾，其本金的安全性非常高，通常视为无风险证券。公司债券的持有者拥有优先求偿权，即当公司破产时，优先于股东分得公司资产，因此，其本金损失的可能性相对较小。

②收入稳定。债券票面一般都标有固定利息率，债券的发行人有按时支付利息的法定义务，因此，在正常情况下，投资于债券都能获得比较稳定的收入。

③流动性高。政府及大公司发行的债券一般都可在金融市场上迅速出售，流动性很好。

（2）债券投资的缺点

公司进行债券投资的缺点主要表现在以下两个方面。

①购买力风险比较大。债券的面值和利息率在发行时就已确定，如果投资期间的通货膨胀率比较高，则本金和利息的购买力将不同程度地受到侵蚀，在通货膨胀率非常高时，投资者虽然名义上有收益，但实际上有损失。

②没有经营管理权。投资于债券只是获得收益的一种手段，债券持有人无权对债券发行单位施以影响和控制。

5.3　股票及其估值

5.3.1　股票的概念

股票是公司签发的证明股东所持股份的凭证。根据《公司法》，股份有限公司的资本划分为股份，每一股的金额相等，这些股份采取股票的形式①。股票持有人为公司的股东。股东作为投资人，依法享有资产收益、参与重大决策和选择管理者等权利；同时，股东以其认

---

① 详见《公司法》第五章第一百二十五条。

购的股份对有限公司承担责任。

与投资于债券相似，投资者在做出是否投资于某种股票的决策之前，也要分析股票的内在价值，并将之与股票价格进行对比。此项决策的过程中，投资者经常接触到的要素有如下几项。

（1）股票价值

投资者投资于股票通常是为了在未来能够获得一定的现金流入。股票的价值即是指其预期的未来现金流入的现值①。这种现金流入包括两部分：每期将要获得的股利以及出售股票时得到的收入。

（2）股票价格

股票的价格是指其在市场上的交易价格。由于股票市场可分为发行市场和流通市场，因此，股票价格也有发行价格和流通价格之分。股票发行价格的确定有多种方式，但通常高于面值，并且发行成功后发行价格即完成历史使命，不再存在。从这个意义上讲，股票在流通市场上的价格，才是真正意义上的股票的市场价格，只要股票没有退出流通，就一直存在流通价格。股票的估值也通常是指股票进入流通市场后的价格判断。股票的流通价格又可细分为开盘价、收盘价、最高价和最低价等。这些价格会因受到各种因素的影响而出现波动。

（3）股利

股利是股息和红利的总称，是股东所有权在分配上的体现，是公司从税后利润中分配给股东的一种报酬。但是股利并不同于债券利息，它不是一种有强制性的收益权，只有当公司最高权力机构同意进行股利分配时，股东才有可能获得股利。

（4）股票的种类

进行股票投资时，投资者往往需要在不同种类的股票之间进行取舍，最为常见的股票分类是按照股东享有权利和承担义务的不同，将股票分为普通股和优先股。

普通股是股份有限公司发行的无特别权利的股份，也是最基本、标准的股份。持有普通股票的股东，依据法定条件具有参与公司经营管理的权利以及剩余收益分配权、股票转让权、优先认股权、剩余财产要求权等权利。

优先股是一种混合性质的证券，在某些方面类似于普通股，另外一些方面又类似于债券。一般情况下，优先股股东可以优先于普通股股东享受固定股利，而且当公司解散时，优先股股东将先于普通股股东清偿公司剩余财产。但优先股股东通常不享有公司经营管理的权利，也不具有表决权，或者即使有表决权其权利的行使也受到限制。

可见，优先股与普通股相比较，虽然收益和决策参与权有限，但风险较小。公司投资于普通股，股利收入忽高忽低，股票价格波动较大。因而，投资于普通股的风险较大，但投资于普通股，一般能获得较高收益。

除了普通股和优先股这种最基本的分类之外，按照股票票面有无记名，可以将股票分为记名股票和无记名股票；按照股票票面上有无金额，可把股票分为有面值股票和无面值股票；按照投资主体，可以把股票分为国家股、法人股、个人股和外资股；按照上市地区的不同，可以分为 A 股、B 股、H 股、N 股、S 股等。

---

① 有时为了把股票价值与价格相区别，把股票的价值也称作"股票内在价值"。

5.3.2　股票的估值方法

股票估值模型

当面对市场上五花八门的股票，该怎样做出投资选择？虽然股票价格会受到宏观、微观等多重因素的影响，但掌握基本的股票估值方法，可以大致判断股票价格是否合理，为评价与投资股票作参考。当然，这些理论化的估值模型还不能够作为买卖股票的绝对标准。

常见的股票估值模型有基本模型、股利增长估值模型。

（1）基本模型

根据股票价值的概念，股票投资者获得的现金流入是决定股票价值的重要因素。投资者购入某一股票后，未来可获得的现金流入包括两部分：股利收入和出售股票时的售价。因此，股票价值通常等于各期股利收入的现值与出售股票时售价的现值之和。其基本公式为：

$$V = \sum_{t=1}^{n} \frac{D_t}{(1+R)^t} + \frac{V_n}{(1+R)^n} \qquad (5-4)$$

式中　V——股票现在的价格；

V_n——未来出售时预计的股票价格；

R——投资人要求的必要报酬率；

D_t——第 t 期的预期股利；

n——预计持有股票的期数。

如果投资者准备长期持有该股票，则公式可表示为：

$$V = \sum_{t=1}^{n} \frac{D_t}{(1+R)^t} \qquad (5-5)$$

（2）股利增长估值模型

上述基本公式要求必须掌握股票未来 n 期发放的股利才能计算股票价值，而准确预测不断波动变化的股利非常困难。为了简化股票估值的方法，可用已经掌握的历史股利为基础，假定未来股利的变动。又因为投资者购买股票总是预期未来能够获利，所以通常假定未来股利具有增长的基本趋势。根据未来股利的不同增长状态，可将股票的股利增长估值模型进一步分为三种。

①固定增长模型。

设上年股利为 D_0，每年股利比上年增长率为 g，投资者要求的报酬率为 R，则其基本表达式为：

$$V = \frac{D_0(1+g)}{(1+R)} + \frac{D_0(1+g)^2}{(1+R)^2} + \cdots + \frac{D_0(1+g)^n}{(1+R)^n} \qquad (5-6)$$

该公式可通过以下过程进行简化。

假设 $R>g$，把公式（5-6）两边同乘以 $(1+R)/(1+g)$，再减公式（5-6）得：

$$\frac{V(1+R)}{(1+g)} - V = D_0 - \frac{D_0(1+g)^n}{(1+R)^n}$$

由于 $R>g$，当 $n \to \infty$ 时，则有 $D_0(1+g)^n/(1+R)^n$ 趋近于 0，进而可得：

$$\frac{V(1+R)}{(1+g)} - V = D_0$$

$$\frac{V(R-g)}{(1+g)} = D_0$$

这样，可以得到固定增长股利的股票估值简化模型为：

$$V = \frac{D_0(1+g)}{R-g} = \frac{D_1}{R-g} \qquad (5-7)$$

式中，D_1 代表第 1 年的股利。

【例 5-10】中大公司准备投资购买美宁股份有限公司的股票，美宁公司股票去年每股股利为 1 元，预计以后每年以 3% 的增长率增长，中大公司经分析后，认为必须得到 8% 的报酬率，才能购买美宁股份有限公司的股票，则根据公式（5-7）可得该种股票的价值：

$$V = \frac{1 \times (1+3\%)}{8\% - 3\%} = 20.6 \,(元)$$

美宁公司股票的市场价格只有低于这一数值，中大公司购买之后才能得到其要求的报酬率。如果美宁公司股票的市场价格高于 20.6 元，其他条件都不变化，则只有降低中大公司要求的报酬率，这将不符合中大公司的投资预期。

②零增长模型。

通常优先股的股利表现为一个事先约定的数值，不随企业经营业绩的增长而变化，此时每期相等的股利可看作一个永续年金。如果普通股股票的股利也每期不变，即零增长，也可将其视为永续年金。此时股票的价值可用永续年金的现值形式表达，即：

$$V = \frac{D}{R} \qquad (5-8)$$

式中，V 代表股票现在的价值；D 代表每年固定股利；R 代表投资人要求的报酬率。

③阶段性增长模型。

在现实生活中，公司的股利通常既不会零增长，也不会保持固定增长。如果每期股利都不相同，可根据基本公式计算。如果股利增长情况可以划分成不同阶段，在一段时间内高速增长，在另一段时间内固定增长或保持不变，那么可以分阶段计算，再综合确定股票价值。

首先，高速增长阶段由于每期股利都不相同，需要每期分别计算股利现值。

$$V = \sum_{t=1}^{n} \frac{D_0 \times (1+g_1)^t}{(1+R)^t} \qquad (5-9)$$

其中，g_1 代表高速增长阶段的年增长率，其他符号定义同前。

高速增长后进入了固定增长阶段，可借用固定增长股利模型，但需要注意的是，在固定增长股利模型的基础上，要乘以 n 期的复利现值系数进行折现。公式如下：

$$V = \frac{D_{t+1}}{R-g_2} \times \frac{1}{(1+R)^n} \qquad (5-10)$$

式中，g_2 为固定增长阶段的固定增长率，其他符号定义同前。

之所以进行这一调整，是因为此时 $\dfrac{D_{t+1}}{R-g_2}$ 只代表固定增长阶段的股票价值，它所反映的时间点为 n 期的高速增长结束之后，固定增长阶段开始之初，此时尚未与高速增长阶段的股利现值处于同一时间点。它们之间的关系如图 5-1 所示。

最后，将高速增长阶段的股利现值与固定增长阶段的股利现值加总，即可得到分阶段增长情况下的股票价值。

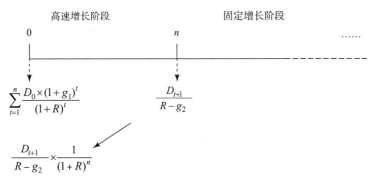

图 5-1　分阶段模型示意

$$V = \sum_{t=1}^{n} \frac{D_0 \times (1 + g_1)^t}{(1 + R)^t} + \frac{D_{t+1}}{R - g_2} \times \frac{1}{(1 + R)^n} \qquad (5-11)$$

【例 5-11】小王持有五峰公司的股票，小王要求投资收益率为 15%，预计五峰公司未来 3 年的股利将高速增长，成长率为 20%。在此后转为正常增长，增长率为 8%。公司最近支付的每股股利为 2 元。五峰公司股票现在的价值是多少？

首先计算高速增长期的股票价值：

$2 \times (1 + 20\%) \times \mathrm{PVIF}_{15\%,1} + 2 \times (1 + 20\%)2 \times \mathrm{PVIF}_{15\%,2} + 2 \times (1 + 20\%)3 \times \mathrm{PVIF}_{15\%,3}$
$= 6.54$（元）

然后计算固定增长期的股票价值：

$$\frac{2 \times (1 + 20\%)^3 \times (1 + 8\%)}{15\% - 8\%} \times \mathrm{PVIF}_{15\%,3} = 53.32 \times 0.6575 = 35.06 \text{（元）}$$

最后，可以得到五峰公司股票当前的价值：

$$6.54 + 35.06 = 41.6 \text{（元）}$$

5.3.3　增长率的确定

增长率的确定

在评估股票价值时，往往都给定了增长率，而实际生活中常表现为未知，或至少是不够精确的，需要模型的使用者加以分析判断。

随着经济环境和企业本身情况的变化，企业的未来增长隐含着较大的不确定性。因此未来增长率的确定也建立在一些假设的基础之上。

如果公司当期盈利全部作为股利发放，且其他条件在未来年度保持不变，则说明公司没有新增投资，可以预计公司明年的盈利与目前的盈利相当。如果公司没有将本期盈余全部作为股利发放，而是将其中一部分进行投资，则可以预计明年的盈利为：

今年的盈利 + 明年的盈利增长 = 今年的盈利 + 今年的留存收益 × 留存收益的回报率

两边同除以今年的盈利，可得：

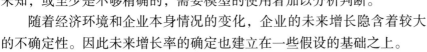

即：

1 + 盈利增长率 = 1 + 留存收益比率 × 留存收益的回报率

可知盈利增长率为：

$$g = 留存收益比率 \times 留存收益的回报率 \qquad (5-12)$$

其中，留存收益的回报率应该采用预期的未来回报计算，无疑这是非常困难的，比较可行的办法是用历史的净资产收益率来估计当期留存收益的预期回报率。净资产收益率体现了公司全部权益资本投入所取得回报的总体水平，当期的留存收益作为权益资本的新增部分，可以合理预测也应获得相当于历史净资产收益率的回报率。

5.3.4 普通股的期望收益率

上文在估计股票价值时，投资者明确知道自己的必要投资报酬率，用股票价值与价格相比较，判断是否进行股票投资。如果假定股票价格是公平的市场价格，证券市场处于均衡状态，则股票的期望报酬率等于其必要报酬率。

根据式（5-7），从 $V = \dfrac{D_1}{R-g}$ 可得到：

$$R = \frac{D_1}{V} + g \qquad (5-13)$$

从式（5-13）可以观察到，股票的总报酬率可以分为两部分：股利收益率和股利增长率。股利收益率由预测期第一期的股利除以股票价格（此时已假定股票价格就是公平的市场价值）得出。股利增长率就是 5.3.3 中公司的可持续增长率。

【例 5-12】大名公司当前的股票价格为 10 元，预计下一期股利是 1 元，并且将以 5% 的速度持续增长，则该公司的股票期望收益率为：

$$R = 1/10 + 5\% = 15\%$$

如果用 15% 作为投资者的必要报酬率，则一年后大名公司的股价为：

$$P_1 = 1 \times (1 + 5\%)/(15\% - 5\%) = 10.5（元）$$

如果投资者现在以每股 10 元的价格买入大名公司股票，则一年后可以得到 1 元股利，并且得到 0.5 元的资本利得（10.5 元 - 10 元 = 0.5 元），投资者的总回报率为：

$$1/10 + 0.5/10 = 15\%$$

可见股票期望收益率模型正确，可以用来计算股东要求的必要报酬率。

5.3.5 市场类比法

在实际中，股利的增长率和市场的回报率受到多种因素影响难以测算，除了通过股票的市场价格以及派发的股利对股票的价值进行测算，也可通过对比市场中同种类型的股票来确定股票的价值。

（1）无股利公司

纵观股票市场，有很多公司选择不派发股利，根据股利折现模型，这些无股利公司的股价为什么不为 0？拥有许多增长机会的公司经常会面临着一个两难境地：公司将利润分配给股东支付股利，也可以不支付股利而用于再投资，以便在将来产生更多的股利。例如大部分的网络公司，像亚马逊、谷歌、eBay 和 Facebook 等公司就都不支付股利，这是因为理性的投资者相信公司将来的股价会持续攀升，股东会在某个时候抛售股票取得收益。当然，对这种不支付股利的公司实际运用股利折现模型是困难的，需要通过市场类比的方法确定股票的价值。

（2）市盈率

市盈率为股票的价格与其每股盈利（Earning Per Share，EPS）之比。市盈率对比法假设相似的公司拥有相似的市盈率。例如，假设所有公开上市的专业零售公司平均市盈率为 12，而其中一家公司的盈利为 1 000 万元。如果这家公司被认为与同行业内其他公司相类似的话，那么可以估计该公司的价值约为 1.2 亿元（ = 12×1 000 万元）。

影响市盈率的因素主要有三项。

①增长机会。高科技公司具有较高的增长机会，有更高的市盈率。

②风险。其他条件相同的情况下，风险较低的股票有更高的市盈率。

③会计方法。采用保守会计方法的公司有更高的市盈率。

市盈率可以用来给股票估值，但是有些地方还是需要注意的。相同行业里的公司可能因为拥有不同的投资机会、风险水平和会计处理方法而拥有不同的市盈率。计算行业平均市盈率的方法不能在所有行业中都直接对所有公司进行计算。平均比率乘数的计算只能够在同一行业中的那些具有相同特征的公司中进行。

（3）公司价值比率

市盈率是仅限于权益的比率，分子是每单位股票的价格，而分母是每单位股票的盈利。在实务中，人们不仅使用权益比率，也使用同时涉及负债和权益的比率。公司价值比率是公司价值（Enterprise Value，EV）与息税折旧及摊销前利润（Earning Before Interest Taxes，Depreciation and Amortization，EBITDA）的比率。公司价值指的是公司权益的市场价值加上负债的市场价值减去现金。EBITDA 指的是利息、税收、折旧和摊销末扣除前的盈利。

正如市盈率一样，相似的公司也拥有相似的公司价值比率（EV/EBITDA）。例如，假设一个行业里的平均 EV/EBITDA 为 6，该行业中某公司 EBITDA 为 5 000 万元，可以认为该公司与同行业里剩余的其他公司相类似，那么它的公司价值大概为 3 亿元（6×5 000 万元）。

（4）自由现金流

自由现金流模型确定所有投资者——股东和债权人的公司总价值，先估计企业价值，再对股票进行估值。如同通过计算项目的自由现金流的 NPV 确定项目价值一样，可以通过计算公司的自由现金流的现值来估计企业的当前价值。

总体来说，股利折现模型、市场类比法和自由现金流模型都可以用来对股票价值进行估值。在实务中，当公司持续稳定地支付股利时，股利折现模型是最有用的；当公司面临很多的投资机会时，市场类比法是较为有效的；而公司现金流模型对于有外部融资需求且不支付股利的公司是适用的。

5.3.6　股票投资的优缺点

（1）股票投资的优点

股票投资是一种最具有挑战性的投资，其收益和风险都比较高。股票投资的优点主要有[①]：

①能获得比较高的报酬。一般情况下股票的价格虽然变动频繁，但从长期看，优质股票的价格总是上涨的居多，只要选择得当，都能取得优厚的投资收益。

---

① 由于市场上可供投资的股票一般为普通股，此处的优缺点分析也集中考虑普通股投资的情况。

②能适当降低购买力风险。普通股的股利不固定，在通货膨胀率比较高时，由于物价普遍上涨，股份公司盈利增加，股利的支付也随之增加，因此，与固定收益证券相比，普通股能有效地降低购买力风险。

③拥有一定的经营控制权。普通股股东属于股份公司的所有者，有权监督和控制公司的生产经营情况，因此，如果想要控制一家公司，应收购这家公司的股票。

（2）股票投资的缺点

股票投资的缺点主要是风险大，这是因为：

①普通股对公司资产和盈利的求偿权均居于最后。公司破产时，依照法律规定，需要优先以破产财产偿还拖欠职工工资、税款、债务、破产费用等，如有剩余才可按比例向各股东支付。而对于一个破产企业来讲，破产财产往往所余不多，因此，股东原来的投资可能得不到全数补偿，甚至一无所有。

②普通股的价格受众多因素影响，很不稳定。政治因素、经济因素、投资人心理因素、企业的盈利情况、风险情况，都会影响股票价格，这也使股票投资具有较高的风险。

③普通股的收入不稳定。普通股股利的多少，视企业经营状况和财务状况而定，其有无、多寡均无法律上的保证，其收入的风险也远远大于固定收益证券。

本章小结

本章主要讨论了证券估值方面的内容。

（1）基本概念。在证券估值中，需要明确账面价值、市场价值、内在价值、清算价值、持续经营价值等基本概念。证券估值的前提是市场有效。一个有效的市场是指稀缺资源被最优分配，市场交易者达到最大满足的市场。有效市场假说有三种不同的形态：弱式有效、半强式有效和强式有效。

（2）债券及其估值。债券的估值方法有三种基本模型。一般情况下的债券估值模型，是分期付息、一次还本且按复利方式计算的债券的估值模型，表示为：

$$P = \sum_{t=1}^{n} \frac{I}{(1+R)^t} + \frac{F}{(1+R)^n}$$

一次还本付息且不计复利的债券估值模型为：

$$P = \frac{F + F \times i \times n}{(1+R)^n}$$

贴现发行时债券的估值模型为：

$$P = \frac{F}{(1+R)^n} = F \times \text{PVIF}_{R,n}$$

债券到期报酬率是指购买债券后，一直持有该债券至到期日所获得的报酬率。

（3）股票及其估值。股票估值的基本模型为：股票价值等于各期股利收入的现值与出售股票时售价的现值之和。其基本公式为：

$$V = \sum_{t=1}^{n} \frac{D_t}{(1+R)^t} + \frac{V_n}{(1+R)^n}$$

股利增长估值模型可分为三种：固定增长模型、零增长模型、阶段性增长模型。其估值公式分别为：

$$V = \frac{D_0(1+g)}{R-g} = \frac{D_1}{R-g}$$

$$V = \frac{D}{R}$$

$$V = \sum_{t=1}^{n} \frac{D_0 \times (1+g_1)^t}{(1+R)^t} + \frac{D_{t+1}}{(R-g_2)} \times \frac{1}{(1+R)^n}$$

思考与练习

一、思考题

1. 简述有效资本市场的三种形态。

2. 债券基本构成要素有哪些？它们是怎样影响债券价值的？

3. 债券到期报酬率的含义是什么？

4. 常见的股票估值模型有哪些？简要说明。

5. 股票估值模型中的增长率、必要报酬率可以如何确定？

6. 对比债券投资与股票投资的优缺点。

二、计算分析题

1. 永安公司在 2022 年 1 月 1 日发行五年期债券，面值 1 000 元，票面利率 10%，每年 12 月 31 日付息，到期时一次还本。如果 2022 年 1 月 1 日的市场利率是 8%，该债券的发行价应定为多少？

2. 永安公司拟购买前程公司发行的利随本清的公司债券，该债券每张面值为 1 000 元，期限 5 年，票面利率为 10%，不计复利。当前市场利率为 9%，该债券发行价格为多少时，永安公司才能购买？

3. 永安公司发行一批五年期债券，每张面值为 1 000 元，以贴现方式发行，期内不计利息，到期按面值偿还，当前市场利率为 8%。永安公司应给这批债券定价多少？

4. 永安公司发行一批五年期债券，每张债券面值为 1 000 元，票面利率为 6%，每年支付一次利息，市场利率为 4%，该批债券价格应为多少？如果每半年支付一次利息，则价格应为多少？

5. 2022 年 1 月 1 日永安公司发行的债券面值 100 元，期限 5 年，票面利率 8%，每年付息一次。张明以 97 元购入该债券，试问他持有该债券的到期收益率是多少？

6. 永安公司准备投资购买前程股份有限公司的股票，前程公司股票预计明年每股股利为 0.8 元，预计从明年开始以后每年以 5% 的增长率增长，永安公司的必要报酬率为 9%，则前程公司股价为多少时永安公司可以购买？

7. 小王持有永安公司的股票，小王要求投资收益率为 10%，预计永安公司未来 3 年的股利将高速增长，成长率为 15%。在此后转为正常增长，增长率为 5%。公司最近支付的每股股利为 2 元。永安公司股票的现值为多少？

第 6 章
长 期 投 资 决 策

【引导案例】

　　爱课堂公司是一家面向大学生的职业技能培训机构。该公司近年来发展迅速，已经积累了大量客户，在周一到周五的晚上和周六、日开设了英语、编程、财会、Office、数据分析等课程。为了进一步发展，公司目前准备引入一套新的 App 服务系统，方便客户选课、缴费等，也方便公司采集各种信息，为后台分析、决策提供数据支持。这套系统预计开发完成并上线需要投入 20 万元，每年维护还需要投入 5 万元。同时由于可以减少前台接待人员设置、电话线路等，每年可以节约支出 6 万元。如果同时辅以一定宣传，App 的自动推送等功能还可能开发出客户的潜在需求，增加客户在公司的课程购买，而且预计系统上线后可以避免由于人工处理问题带来的记录错误、顾客投诉等问题。公司几位管理者对这一系统都持乐观态度，但出于慎重考虑，还是给财务负责人提出了测算该系统成本收益的要求。这应该从何入手呢？

　　本章将介绍如何开展长期投资决策，怎样运用有关决策方法做出正确的决策。这些知识可以帮助我们站在更专业的角度看待长期投资的有关问题。

6.1　长期投资概述

长期投资概述

6.1.1　投资的基本分类

　　企业的投资决策是财务管理活动中非常重要的一个环节，是指公司对现在所持有资金的一种运用，如购建厂房等固定资产或购买金融资产（或者是取得控制这些资产的权利）。企业所做的投资决策都预期在未来一定时期内获得至少大于所投入资本的收益，但并非所有的投资决策都能实现这一目标。如何正确认识企业的投资决策并使用适当方法对投资决策进行分析评价，无疑对企业的生存和发展十分重要。

　　（1）直接投资与间接投资

　　按投资与企业生产经营的关系，投资可分为直接投资和间接投资两类。在非金融性企业中，直接投资所占比重很大。间接投资又称证券投资，是指把资金投入证券等金融资产，以便取得利息、股利或资本利得收入的投资。

　　（2）长期投资与短期投资

　　按照投资回收时间的长短，企业的投资可以分为长期投资和短期投资。短期投资又称流动资产投资，是指能够并且也准备在一年以内收回的投资，主要指对现金、应收账款、存货、以公允价值计量且其变动计入当期损益的金融资产等的投资，长期证券如能随时变现亦可作为短期投资。长期投资则是指一年以上才能收回的投资，主要指对厂房、机器设备等固定资产的投资，也包括对无形资产和长期有价证券的投资。长期投资由于投资数额巨大，对企业影响深远而更受到重视。而且，由于固定资产投资具有更大的普遍性，长期投资决策通常指固定资产的投资决策，本章的内容也主要围绕固定资产投资决策展开。

（3）对内投资和对外投资

根据投资的方向，投资可分为对内投资和对外投资两类。对内投资是指把资金投在公司内部，购置各种生产经营用资产的投资。对外投资是指公司以现金、实物、无形资产等方式或者以购买股票、债券等有价证券方式向其他单位的投资。对内投资都是直接投资，对外投资主要是间接投资，也可以是直接投资。

（4）初创投资和后续投资

根据投资在生产过程中的作用，投资可分为初创投资和后续投资。初创投资是在建立新企业时所进行的各种投资。它的特点是投入的资金通过建设形成企业的原始资产，为企业的生产、经营创造必要的条件。后续投资则是指为巩固和发展企业再生产所进行的各种投资，主要包括为维持企业简单再生产所进行的更新性投资，为实现扩大再生产所进行的追加性投资，为调整生产经营方向所进行的转移性投资等。

（5）独立项目投资、互斥项目投资和相关项目投资

根据不同投资项目之间的相互关系，可以将投资分为独立项目投资、互斥项目投资和相关项目投资。

独立项目是能够不受其他项目的影响而进行选择的项目。独立项目的选择既不要求也不排斥其他的投资项目。对独立项目是否进行投资的决策通常称为采纳与否决策。

互斥项目是指在决策时涉及的多个相互排斥、不能同时并存的项目。若接受某一个项目就不能投资于另一个项目，并且反过来也这样，则这些项目之间就是互斥的。在多个互斥项目中选择一个项目进行投资的决策通常称为互斥选择决策。

如果某一项目的实施依赖于其他项目的接受，这些项目就是相关项目。如要想增加一条生产线就必须新盖一栋厂房来安置生产线，则生产线的投资与厂房的投资就属于相关项目投资。

（6）常规项目投资与非常规项目投资

根据投资项目现金流入与流出的时间，可以将投资分为常规项目投资和非常规项目投资。所谓的常规项目是指只有一期初始现金净流出，随后是一期或多期现金净流入的项目。非常规项目的现金流量形式与常规项目有所不同，如现金净流出不发生在期初或者期初和以后各期有多次现金净流出等。

以上介绍的投资基本分类中的很多内容都将在本章中陆续出现，这些基本概念对进行正确的投资决策具有重要作用。

6.1.2　长期投资管理的步骤

长期投资管理是一项具体而复杂的系统工程，按时间顺序大体可以将投资过程分为事前、事中和事后三个阶段。事前阶段也称为投资决策阶段，主要工作包括投资方案的提出、评价与决策；事中阶段的主要工作是实施投资方案并对其进行监督与控制；事后阶段的主要工作为在投资项目结束后对投资效果进行的事后审计与评价。

（1）投资项目的决策

投资决策阶段是整个投资过程的开始阶段，也是最重要的阶段，此阶段决定了投资项目的性质、资金的流向和投资项目未来的收益能力。这也是本章的核心内容。

①投资项目的提出。

成功的投资可以产生巨大的未来收益，可是一旦投资失误，又有可能使企业丧失大量的投资成本并错失最佳投资机会。在这种情况下，管理者常常面临两难选择：投资，则会给企业带来较为沉重的财务负担；不投资，企业将无法提高效率、抓住发展机会。所以，提出投资项目时必须慎之又慎，一定要紧紧围绕企业的战略方向，避免漫无目的的投资。

②投资项目的评价。

投资项目的评价主要包括以下几部分：将提出的投资项目进行分类，为分析评价做好准备；估计各个项目每一期的现金流量状况；按照某一个评价指标，对各个投资项目进行分析，并根据某一标准排序；考虑资本限额等约束因素，编写评价报告，并做出相应的投资预算，报请审批。

③投资项目的决策。

投资项目经过评价后，要由公司的决策层做出最后决策。决策一般分为以下三种情况：接受这个投资项目；拒绝这个项目，不进行投资；发还给项目的提出部门，重新调查和修改后再做处理。

（2）投资项目的实施与监控

一旦决定接受某一个或某一组投资项目后，就要积极地实施并进行有效的监督与控制。具体地说，要做好以下工作：①为投资方案筹集资金。②按照拟定的投资方案有计划、分步骤地实施投资项目。③实施过程中的控制与监督。在项目的实施过程中，要对项目的实施进度、工程质量、施工成本等进行控制和监督，以便使投资按照预算规定如期完成。④投资项目的后续分析。

在项目的实施过程中，要定期进行后续分析。把实际的现金流量和收益与预期的现金流量和收益进行对比，找出差异，分析差异存在的原因，并根据不同情况做出不同的处理，这实际上就是投资过程中的选择权问题。

①延迟投资。如果因为投资时机不恰当（如出现了突发事件），使得当前新出现的经济形势不适合投资此项目，但在可预见的将来该项目仍有投资价值，则可以考虑延迟投资。有时延迟投资是为了获取更多的信息，等待最佳投资时机。

②放弃投资。在项目的实施过程中，如果发现某项目的现金流动情况与预期的相差甚远，以至于继续投资会产生负的净现值，给公司带来巨大的投资损失，或者此时放弃投资所获得的收益大于继续执行投资项目带来的收益，公司就应该及时放弃该投资项目，而不是恶性增资①。

③扩充投资与缩减投资。如果某投资项目的实际情况优于预期值，则可以考虑为该项目提供额外的发展资源。例如，某项目的实际收益高出预期值50%，那么公司应该设法提高

---

① 由于投资项目投资额巨大、建设期长，项目建设期常被分成若干时段。因此，企业有时会出现如下情况：前期已投入大量资源，但当前已有亏损迹象或当前信息表明继续项目不会带来公司价值增加，此时是否继续下一期投资？面对这种情况，决策者常常会做出继续甚至加大投资的决策，这种现象被称为恶性增资。

该项目的生产能力，并增加营运资金，以适应其高速增长。

（3）投资项目的事后审计与评价

投资项目的事后审计是指对已经完成的投资项目的投资效果进行的审计。投资项目的事后审计主要由公司内部审计机构完成，将投资项目的实际表现与原来的预期相对比，通过对其差额的分析可以更深入地了解某些关键性的问题。例如发现预测技术上存在的偏差，分析原有的资本预算的执行情况和预算的精确度，查找项目执行过程中存在的漏洞，找出影响投资效果的敏感因素，总结成功的经验等。

依此审计结果还可以对投资管理部门进行绩效评价，并据此建立相应的激励制度，以持续提高投资管理效率。

6.2　长期投资决策方法

6.2.1　非折现决策方法

非折现决策方法不考虑货币时间价值，把不同时点上的现金收支视同等效，因此非折现决策方法在决策时只作为辅助和参考，此类指标主要有投资回收期和平均会计收益率。

非折现决策方法

（1）投资回收期

投资回收期是指投资引起的现金净流入累计达到与投资额相等时所需要的时间。投资回收期代表了收回投资所需的年限。一般情况下，可以认为回收期越短，方案越有利。

①投资回收期的计算。

在初始投资一次支出，且每年的净现金流量（Net Cash Flow，NCF）相等时，投资回收期可按下式计算：

$$投资回收期 = \frac{初始投资额}{每年\ NCF} \tag{6-1}$$

如果每年净现金流量不相等，或者初始投资是分几年投入的，计算回收期要根据每年年末尚未收回的投资额加以确定。

$$投资回收期 = 完全收回投资前的年数 + \frac{完全收回投资当年年初剩余未收回的投资}{完全收回投资当年的现金流}$$

$$\tag{6-2}$$

【例 6-1】丰达公司准备进行一项投资，有甲、乙两个方案可供选择，如表 6-1 所示。计算两方案的投资回收期。

表 6-1　甲、乙两方案的年净现金流量　　　　　　　　　　单位：元

年份	甲方案年净现金流量	乙方案年净现金流量
0	(20 000)	(20 000)
1	7 000	9 000
2	7 000	8 000
3	7 000	7 000

$$甲方案回收期 = \frac{初始投资额}{每年\ NCF}$$

$$= \frac{20\ 000}{7\ 000}$$

$$= 2.86\ （年）$$

乙方案每年现金流量不等，所以先计算其各年尚未回收的投资额，如表 6 – 2 所示。

表 6 – 2　乙方案投资回收期的计算　　　　　　　　　单位：元

年份	每年净现金流量	年末尚未回收的投资额
0	– 20 000	20 000
1	9 000	11 000
2	8 000	3 000
3	7 000	0

根据表 6 – 2，可知完全收回投资在第 3 年，则完全收回投资之前经过了两年，同时第 3 年年初未收回的投资为 3 000 元，第 3 年的现金流为 7 000 元，则根据式（6 – 2）计算如下：

$$乙方案的回收期 = 2 + 3\ 000 \div 7\ 000 = 2.43\ （年）$$

②投资回收期法的决策规则。

使用投资回收期法时，如果计算出的回收期少于某个预先确定的年数，那么此方案就是可以接受的，反之则拒绝。

假如例 6 – 1 中公司设定的投资回收期标准为 2.5 年，则应选择乙方案；如果设定的标准为 3 年，则两方案都可入选。

③对投资回收期法的评价。

投资回收期法的概念容易理解，计算也比较简便，但这一指标的缺点在于不仅忽视了货币时间价值，而且没有考虑回收期内现金流量的时间序列以及初始投资回收完毕后项目的现金流量状况。事实上，这两个因素都非常重要。在回收期内，如果大额现金发生在较早期间则会比发生在较晚期间对企业更有利。回收期后，现金流量的差异也影响项目的实际价值，很多长期投资往往早期收益较低，而中后期收益较高。回收期法易导致优先考虑急功近利的项目。另外，投资回收期法没有一个较为客观合理的标准进行判断，预先确定的回收期标准主要依靠决策者的经验判断，有可能造成主观臆断。因此该方法主要作为辅助方法使用，用来测定投资方案的流动性而非盈利性。

现以例 6 – 2 说明投资回收期法对于投资回收之后情况的忽略。

【例 6 – 2】假设有两个方案的预计现金流量如表 6 – 3 所示，试计算回收期，比较优劣。

表 6 – 3　两个方案的预计现金流量　　　　　　　　　单位：元

T	0	1	2	3	4	5
A 方案现金流量	– 8 000	3 000	5 000	5 000	5 000	5 000
B 方案现金流量	– 8 000	5 000	3 000	2 000	2 000	2 000

A，B 两个方案的回收期相同，都是两年，如果用投资回收期进行评价，两者无差别；但实际上 A 方案明显优于 B 方案。当投资完全收回后，A 方案仍可每年有较高的现金流，而 B 方案相比之下则低得多。

（2）平均会计收益率（Average Accounting Return，AAR）

平均会计收益率指的是项目有效期内的平均报酬率。该指标中的收益可以使用利润、现金流量等数据。

①平均会计收益率的计算。

平均会计收益率的计算公式为：

$$平均会计收益率 = \frac{年均净利润}{原始投资额} \times 100\% \qquad (6-3)$$

【例 6-3】假设例 6-1 中，丰达公司甲、乙两个方案的年净利润如表 6-4 所示。

表 6-4　两个方案的年净利润　　　　　　　　　　单位：元

	第 1 年	第 2 年	第 3 年
A 方案净利润	1 800	2 000	2 400
B 方案净利润	3 000	2 000	1 000

则两方案的平均会计收益率分别为：

$$AAR_甲 = \frac{(1\,800 + 2\,000 + 2\,400) \div 3}{20\,000} \times 100\% = 10.33\%$$

$$AAR_乙 = \frac{(3\,000 + 2\,000 + 1\,000) \div 3}{20\,000} \times 100\% = 10\%$$

在具体使用该指标时，也可以用平均投资额而非原始投资额作为分母，平均投资额为原始投资额的一半。此时会使方案的平均会计收益率提高，但不改变方案的优先次序。

②平均会计收益率法的决策规则。

使用平均会计收益率法进行决策时，如果项目的平均会计收益率超过了公司预先设定的目标平均会计收益率，则接受该项目，反之则拒绝该项目。如果有多个项目备选，则选择超过设定的目标平均会计收益率最多的项目。

假设丰达公司预先设定的目标平均会计收益率为 10%，则两方案都可入选。

③对平均会计收益率法的评价。

平均会计收益率计算简单，所需数据通常比较容易得到，但是没有考虑货币时间价值。而且与投资回收期法类似，平均会计收益率法也主要依靠决策者的经验判断确定目标值，没有一个公认的客观标准。

6.2.2　折现决策方法

折现决策方法指的是把未来现金流量折现，使用现金流量的现值计算各种指标，并据以进行决策。此类方法体现了对货币时间价值的考虑，主要指标有净现值、内含报酬率、获利指数等。

折现决策方法

（1）净现值（Net Present Value，NPV）

净现值是特定方案未来各期净现金流量的现值之和减去初始投资以后的余额。

①净现值的计算。

根据净现值的定义可知，净现值 = 未来现金流量的总现值 – 初始投资额，其计算公式为：

$$NPV = \left[\frac{NCF_1}{(1+R)^1} + \frac{NCF_2}{(1+R)^2} + \cdots + \frac{NCF_n}{(1+R)^n} \right] - C$$

$$= \sum_{t=1}^{n} \frac{NCF_t}{(1+R)^t} - C \qquad (6-4)$$

式中，NPV 代表净现值；NCF_t 代表第 t 年的净现金流量；R 代表折现率（资本成本率①或公司要求的报酬率）；n 代表项目预计使用年限；C 代表初始投资额。

在实际计算中，如果每年净现金流量相等，可视作年金计算现值；如果每年净现金流量不等，则需每期分别按复利折现。

如果将初始投资看作是零时点上的现金流出，净现值还可以有另外一种表述，即特定方案未来现金流入的现值与未来现金流出的现值之间的差额。其计算公式为：

$$NPV = \sum_{t=0}^{n} \frac{I_t}{(1+R)^t} - \sum_{t=0}^{n} \frac{O_t}{(1+R)^t} \qquad (6-5)$$

式中，n 代表开始投资至项目寿命终结时的期数，第一期投资发生在 $t=0$ 的时刻；I_t 代表 t 期的现金流入量；O_t 代表 t 期的现金流出量；其他符号定义同前。

【例 6 – 4】根据例 6 – 1，假定该公司资本成本率为 10% 。计算两方案的净现值。

甲方案每年净现金流量相等，可按年金计算。

甲方案净现值 = 7 000 × PVIFA$_{10\%,3}$ – 20 000 = 7 000 × 2.486 9 – 20 000 = – 2 591.7（元）

乙方案每年净现金流量不相等，计算过程如表 6 – 5 所示。

表 6 – 5　乙方案的净现值计算

年份 t	各年的 NCF/元	复利现值系数	现值/元
1	9 000	0.909 1	8 181.9
2	8 000	0.826 4	6 611.2
3	7 000	0.751 3	5 259.1
未来现金流量的总现值/元 减：初始投资/元 　　净现值/元			20 052.2 – 20 000 NPV = 52.2

②净现值法的决策规则。

净现值法的决策规则是：对独立项目进行评价时，项目净现值为正者则采纳，净现值为负者不采纳。在有多个备选方案的互斥项目选择决策中，应选用净现值是正值中的最大者。

这是因为，如果某备选方案的净现值为正，说明该方案未来现金流入的总现值大于现金流出的总现值。作为理性的决策者，面对一个方案时会选择现金流入总现值超过现金流出总现值的方案，面对多个方案时则会采纳现金流入总现值超过现金流出总现值最大的方案。

---

① 如无特别说明，资本成本、资本成本率含义相同。

根据例 6 - 4 的结果，甲方案的净现值小于零，而乙方案的净现值大于零，所以丰达公司应选用乙方案。

③对净现值法的评价。

净现值法的优点是考虑了货币时间价值，能够反映各种投资方案的净收益。因此净现值法具有广泛的适用性，在理论上也比其他方法更完善。但是，净现值法并不能揭示各个投资方案本身可能达到实际报酬率的具体数值，而内含报酬率则弥补了这一缺陷。

（2）内含报酬率（Internal Rate of Return，IRR）

内含报酬率又称内部收益率，是使投资项目的净现值等于零的折现率。

①内含报酬率的计算。

内含报酬率实际上反映了投资项目的真实报酬，其计算公式为：

$$\sum_{t=1}^{n} \frac{\text{NCF}_t}{(1+R)^t} - C = 0 \qquad (6-6)$$

式中各符号定义同前。

式（6 - 6）与式（6 - 5）形式相似，只是这里给定了 NPV 为 0，倒求 R 值。在计算过程中可分两种情况：

第一，如果每年的 NCF 相等，则先用初始投资额除以每年净现金流量计算年金现值系数，然后查年金现值系数表，在相同的期数内，找出与上述年金现值系数相邻近的较大和较小的两个折现率，采用插值法计算出该投资方案的内含报酬率。

第二，如果每年的 NCF 不相等，则需要先预估一个折现率，并按此折现率计算净现值。如果计算出的净现值为正数，则表示预估的折现率小于该项目的实际内含报酬率，应提高折现率，再进行测算；如果计算出的净现值为负数，则表明预估的折现率大于该方案的实际内含报酬率，应降低折现率，再进行测算。经过如此反复测算，找到净现值由正到负并且比较接近于零的两个折现率。最后用插值法计算出方案的实际内含报酬率。

【例 6 - 5】根据例 6 - 1、例 6 - 4 的资料，由于甲方案的每年 NCF 相等，因此视作年金，先计算年金现值系数：

$$\text{年金现值系数} = \frac{\text{初始投资额}}{\text{每年 NCF}} = \frac{20\ 000}{7\ 000} = 2.857\ 1$$

查年金现值系数表，$\text{PVIFA}_{2\%,3} = 2.883\ 9$，$\text{PVIFA}_{3\%,3} = 2.828\ 6$，所以甲方案的内含报酬率应该在 2% 和 3% 之间，现用插值法计算如下：

$$
\begin{array}{cc}
\text{贴现率} & \text{年金现值系数} \\
\left.\begin{array}{c} 2\% \\ ?\% \\ 3\% \end{array}\right\}x\%\Big\}1\% &
\left.\begin{array}{c} 2.883\ 9 \\ 2.857\ 1 \\ 2.828\ 6 \end{array}\right\}0.026\ 8\Big\}0.055\ 3
\end{array}
$$

$$\frac{x}{1} = \frac{0.026\ 8}{0.055\ 3}$$

$$x = 0.48$$

甲方案的内含报酬率 = 2% + 0.48% = 2.48%

乙方案的每年 NCF 不相等，因而，必须逐次进行测算。在例 6 - 4 的计算中已经知道按 10% 的折现率计算乙方案净现值大于零，说明乙方案实际报酬率高于 10%，应提高折现率进行测算。以12%的折现率测算乙方案净现值如表6-6所示。

表6-6　乙方案内含报酬率的测算

时间 t	NCF_t/元	测试12%	
		复利现值系数 $PVIF_{12\%,t}$	现值/元
0	-20 000	1.000 0	-20 000
1	9 000	0.892 9	8 036.1
2	8 000	0.797 2	6 377.6
3	7 000	0.711 8	4 982.6
NPV	/	/	-603.7

在表6-6中，以12%的折现率折现得到乙方案净现值为负，说明该项目的内含报酬率一定在10%和12%之间。

现用插值法计算如下：

贴现率　　　　　　　　净现值

10% ⎫
$?\%$ ⎬ $x\%$ ⎫ 2%　　　52.2 ⎫
0 ⎬ 52.2 ⎫ 655.9
12% ⎭　　　　　　　-603.7

$$\frac{x}{2} = \frac{52.2}{655.9}$$

$$x = 0.16$$

乙方案的内含报酬率 = 10% + 0.16% = 10.16%

②内含报酬率法的决策规则。

采用内含报酬率法的决策规则是：在独立项目的采纳与否决策中，如果计算出的内含报酬率大于或等于公司的资本成本率或必要报酬率就采纳；反之，则拒绝。在有多个备选方案的互斥选择决策中，选用内含报酬率超过资本成本率或必要报酬率最多的投资项目。

在评价方案时需要注意的一个问题是：内含报酬率法是根据相对数来评价方案，而不是像净现值一样按照绝对数来评价方案，有时候会出现相对比率高但绝对额不一定大的情况。当两种判断标准得到的结论一样时，这个问题并不明显，但当两种判断标准得到的结论不一样时，问题就较为复杂。我们将在本节第三部分中进一步讨论这一问题。

从以上两个方案内含报酬率的计算可以看出，乙方案的内含报酬率比公司的资本成本率高，而甲方案的内含报酬率低于公司的资本成本率，所以要选择乙方案。

③对内含报酬率法的评价。

内含报酬率法反映了投资项目的真实报酬率，概念也易于理解。但如果不借助电脑、计算器等工具，这种方法的计算比较复杂，特别是对于每年NCF不相等的投资项目，一般要经过多次测算才能算出。

（3）获利指数（Profitability of Index，PI）

获利指数又称利润指数或现值指数，是投资项目的所有未来现金流量的总现值与初始投资额的现值之比。

①获利指数的计算。

获利指数的计算公式为：

$$PI = \frac{\dfrac{NCF_1}{(1+R)^1} + \dfrac{NCF_2}{(1+R)^2} + \cdots + \dfrac{NCF_n}{(1+R)^n}}{C} \qquad (6-7)$$

式中各符号定义同前。

【例 6-6】 根据例 6-1、例 6-4，计算甲、乙方案的获利指数如下：

$$甲方案的获利指数 = \frac{7\,000 \times 2.486\,9}{20\,000} = 0.87$$

$$乙方案的获利指数 = \frac{20\,052.2}{20\,000} = 1.00$$

②获利指数法的决策规则。

获利指数法的决策规则是：在独立项目的采纳与否决策中，获利指数大于或等于 1，则采纳，否则就拒绝。在有多个方案的互斥选择决策中，应采用获利指数超过 1 最多的投资项目。这是因为，获利指数大于或等于 1 说明方案的未来现金流入现值大于或等于投资现值，方案可以采纳。而获利指数超过 1 越多，说明方案的未来现金流入现值超过投资现值越多。

在本例题中，甲方案的获利指数小于 1，故甲方案不可进行投资，乙方案的获利指数等于 1，可以投资。

③对获利指数法的评价。

获利指数可以看成是 1 元的原始投资可以获得的现值净收益。与内含报酬率相同，获利指数也属于相对数指标，反映投资的效率，而净现值作为绝对数指标反映投资的效益。由于获利指数是用相对数来表示，所以有利于对比初始投资额不同的投资方案。但是，由于获利指数只代表获得收益的能力而不代表实际可能获得的财富，忽略了互斥项目之间投资规模上的差异，所以在多个互斥项目的选择中，可能会得到错误的答案。

6.2.3　不同方法的比较

（1）折现与非折现决策方法的比较

各种折现和非折现决策方法各有其优缺点，虽然折现决策方法相对更加客观合理，但在历史上非折现决策方法也曾经起过主导作用。以美国的有关调查资料为例，在 20 世纪 50 年代回收期法曾是企业的首选决策方法，到 20 世纪六七十年代，净现值法或内含报酬率法则成为首选方法，如表 6-7 所示。

不同投资决策
方法的比较

表 6-7　不同决策方法作为首选方法的历史比较　　　　　　单位:%

决策方法	1959	1964	1970	1975	1977	1979	1981
净现值法	—	—	—	26	10	14	16.5
内含报酬率法	19	38	57	37	54	60	65.3
回收期法	34	24	12	15	9	10	5
平均会计收益率法	34	30	26	10	25	14	10.7

总体来看，到 20 世纪 80 年代，更偏好首选折现决策方法的企业占到 80% 以上（16.5% + 65.3%）。这种趋势到 20 世纪末至 21 世纪初更为明显。2001 年美国杜克大学的约翰·格雷厄姆（John Graham）和坎贝尔·哈维（Campbell Havey）教授调查了 392 家公司的财务主管，其中 74.9% 的公司在投资决策时使用 NPV 指标，75.7% 的公司使用 IRR 指标，56.7% 的公司同时使用投资回收期指标。同时他调查发现，年销售额大于 10 亿美元的公司更多地依赖于 NPV 或 IRR 指标，而年销售额小于 10 亿美元的公司则更多地依赖于投资回收期等非折现的指标。

通过这些历史资料可以看到，20 世纪 50 年代以来，在资金时间价值原理基础上建立起来的折现决策方法逐渐发展并得到广泛使用。从 20 世纪 70 年代开始，折现决策方法已经占主导地位，并形成了以折现决策方法为主，以投资回收期、平均会计收益率等非折现决策方法为辅的多种指标并存的评价体系。而最近的调查更是表明了许多公司在进行决策时会同时使用两种决策方法中的不同指标，并且规模较大的公司倾向于使用折现的决策方法，而规模相对较小的公司则更多地依赖于非折现方法。

为什么折现决策方法会取代非折现决策方法成为占主导地位的决策方法？主要有如下原因。

①折现决策方法考虑了资金时间价值。

非折现决策方法把不同时间点上的现金收入和支出当作毫无差别的资金进行对比，忽略了资金时间价值因素。而折现决策方法则把不同时间点的现金收支按照统一的折现率折算到同一时间点上，使不同时期的现金具有可比性，这样才能做出正确的投资决策。

②折现决策方法可以找到客观标准。

在运用投资回收期和平均会计收益率方法时，目标回收期和目标平均会计收益率是方案取舍的标准，但这一事先确定的目标一般都是以经验或主观判断为基础来确定的，缺乏客观依据。而折现决策方法中的净现值以零为决策分界线，内含报酬率等指标则通常以企业的资本成本率为取舍依据（任何企业的资本成本率都可以通过计算得到），因此，这些标准更符合客观实际。

③折现决策方法能够反映投资的真实报酬水平。

投资回收期等非折现指标对寿命不同、资金投入的时间和提供收益的时间不同的投资方案缺乏鉴别能力。而折现决策方法中的收益率是以预计的现金流量为基础，考虑了货币时间价值以后计算出的真实收益率。

④人员素质和技术手段的进步促进了折现决策方法的使用。

在 20 世纪五六十年代，只有少数企业的财务人员能真正了解折现现金流量指标的经济含义，而今天，几乎所有大企业的高级财务人员都明白这一方法的科学性和正确性。电子计算机的广泛应用使折现指标中的复杂计算变得非常容易，从而也加速了折现现金流量指标的推广。

（2）折现决策方法中的具体对比

通过对折现决策方法和非折现决策方法的对比可以发现，折现决策方法相比之下更为科学合理。但是，折现决策方法中的不同方法是不是也存在优劣之分呢？

①净现值和内含报酬率的比较。

如果项目的现金流量符合常规（即初始投资为负而项目投入使用后的各期现金净流量

都为正），同时该项目为独立项目，此时使用净现值法和内含报酬率法会得到相同的结论。但当这两个条件中的任意一个无法得到满足，净现值和内含报酬率就会出现矛盾结论。

1）非常规项目。

非常规项目的现金流量形式在某些方面与常规项目有所不同，如项目投资的现金流出不发生在期初或者期初和以后各期有多次现金净流出等。非常规项目可能会导致净现值决策规则和内含报酬率决策规则产生的结论不一致。例如，矿产采掘企业付出一笔初始投资开掘矿藏后，后续几年会获得正的现金净流量，但在矿产采掘进行到一定阶段时，必须再付出追加投资进行环境清理等，这很可能形成一期或若干期负的现金净流量，当这些事项完成之后正常的矿藏挖掘又会形成正的现金净流量。当某一项目不同年度的未来现金净流量有正有负时就会出现多重收益率（多个内含报酬率）的问题。

【例6-7】丰达公司准备投资于一个项目，该项目的初始投资成本为20 000元，预计第1年年末的现金流入量为100 000元，第2年年末的现金流入量为50 000元，但同时需要发生150 000元的追加投资保护环境，这样该项目就成为一个非常规项目，如表6-8所示。

表6-8 丰达公司投资项目的现金净流量

现金净流量/元		
第0年年末	第1年年末	第2年年末
-20 000	100 000	-100 000

根据内含报酬率的求解公式有：$NPV = -20\ 000 + \dfrac{100\ 000}{(1+IRR)^1} - \dfrac{100\ 000}{(1+IRR)^2} = 0$

解这个方程，则 $IRR_1 = 38.2\%$，$IRR_2 = 261.8\%$

即该项目有两个内含报酬率：38.2%和261.8%。也就是说，能使净现值为零的折现率有两个[①]。当资本成本率大于或小于这两个内含报酬率时，该项目的净现值会发生什么变化呢？如表6-9所示。

表6-9 丰达公司投资项目的现金净流量随折现率的变化

折现率/%	净现值/元
0	-20 000
20	-6 111.11
40	408.16
60	3 437.5
100	5 000
200	2 222.22
300	-1 250

① 一般来说，对于具有多重收益率的投资项目，内含报酬率的个数不会多于项目各期现金流量中正负号变化的次数。常规项目只有一个内含报酬率，因为各期期望现金流量中正负号只变换了一次，即一笔负的流量后面跟着若干笔正流量。

表6-9显示，折现率从0%上升到100%时，随着折现率的上升，NPV由负变正并越来越大，两者之间的正比关系并不符合内含报酬率法中体现的基本规律（即随着折现率的提高净现值应降低）。当折现率超过100%时，净现值开始逐渐变小，并直到为负，如图6-1所示。

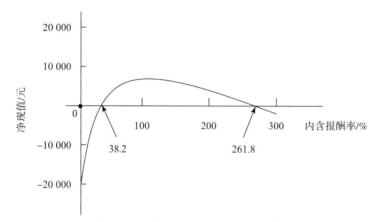

图6-1　非常规项目的多个内含报酬率

假定公司要求的资本成本率是10%，此项目的两个内含报酬率均大于10%，则根据内含报酬率法应该接受该项目。然而从图6-1中可见，在折现率小于38.2%时，项目的净现值为负，不能给企业带来价值提升，所以应该拒绝该项目。

可见，在面对多重收益率问题时，内含报酬率法完全失去了作用。如果盲目地使用内含报酬率决策规则，就会出现严重的错误。那么在面对非常规项目时，究竟应该如何决策呢？答案是应采用净现值法。当资本成本率为10%时，净现值为-1.17万元，因此投资方案会被拒绝。而如果资本成本率在38.2%与261.8%之间时，净现值为正。

2）互斥项目。

对于常规的独立项目，净现值法和内含报酬率法的结论是完全一致的，但对于互斥项目，有时就会不一致。不一致的原因主要有两个：投资规模不同；现金流量发生的时间不同。

情况之一，投资规模不同。

当一个项目的投资规模大于另一个项目时，规模较小的项目的内含报酬率可能较大，但净现值可能较小。我们是应该选择更高的内含报酬率还是应该选择更多的净现值？

【例6-8】丰达公司要进行一个新项目投资，财务部经理认为应选择小预算的项目A来规避风险，财务总监认为应选择大投资项目B来抓住市场机会。公司的必要报酬率为10%，两人规划的项目具体情况如表6-10所示。

表6-10　不同预算的有关数据指标

项目	0	1	2	3	内含报酬率/%	净现值/元
A项目年现金净流量/元	-10 000	2 000	4 000	15 000	33.75	6 393.3
B项目年现金净流量/元	-20 000	6 000	15 000	13 000	28.13%	7 618.3

在这两个项目之间进行选择，实际上就是在更多的财富和更高的内含报酬率之间的选择。虽然财务部经理的提议可以获得 33.75% 的内含报酬率，但由于投资规模较小，只能给公司带来 6 393.3 元的新增价值。很显然，如果公司有 20 万元的资金，公司应选择财务总监提出的方案，该方案可以给公司带来更多的财富。所以，当互斥项目投资规模不同并且资金可以满足投资规模时，净现值决策规则优于内含报酬率决策规则。

情况之二，现金流量发生的时间不同。

有的项目早期现金流入量比较大，而有的项目早期现金流入量比较小。之所以现金流量发生时间会使依据净现值和内含报酬率进行的决策结果出现差异，是因为"再投资率假设"。即两种方法假定投资项目使用过程中产生的现金流量进行再投资时，会产生不同的报酬率。净现值法假定产生的现金流入量重新投资会产生相当于企业资本成本的利润率，而内含报酬率法却假定现金流入量重新投资产生的利润率与此项目的特定的内含报酬率相同。下面我们举例说明。

【例 6 - 9】沿用例 6 - 8 中的资料，假设丰达公司有两个互斥的备选投资项目 A 和 C，它们的详细情况如表 6 - 11 所示。

表 6 - 11　项目 A 和 C 的相关数据

指标	年	项目 A	项目 C
初始投资/元	0	10 000	10 000
营业现金流量/元	1	2 000	8 000
	2	4 000	6 000
	3	15 000	3 000
NPV/元		6 393.3	4 485.1
IRR/%		33.75	38.8
资本成本率/%		10	10

从表 6 - 11 中可以看出，如果按内含报酬率法应拒绝项目 A 而采纳项目 C，如果应用净现值法则应采纳项目 A 而拒绝项目 C。产生上述差异的根本原因是，内含报酬率法假定收回的现金流量可以按照内含报酬率再投资。如项目 A 第一期间产生的 2 000 元若进行再投资，则会产生与 33.75% 相等的报酬率，而项目 C 第一期产生的 8 000 元若进行再投资则得到 38.8% 的报酬率。项目 C 的大额现金流量收回后可以再投入而获得 38.8% 的报酬率，自然优于第一期间只收回 2 000 元现金且报酬率只有 33.75% 的 A 项目。与这一假定不同，净现值法假定收回的现金流量若进行再投资可以取得等于资本成本率的报酬率，即 10%。所以 C 项目尽管前期可以收回较多现金，但其再投资报酬率与 A 项目相同。如果资本成本率较低，则折现率较低，再投资率假设对净现值的影响不大，即能在第三期获得大额现金流量的项目 A 净现值较大；如果资本成本率较高，影响将越来越明显，项目 A 的净现值下降速度比项目 C 更快。

由于未来的投资通常具有较大的不确定性，因此设定的再投资率应尽量谨慎，即以资本成本率作为再投资率较为合理。

更进一步分析，我们通过表 6 - 12 计算不同折现率水平下两个项目的净现值。

表 6 - 12　不同的折现率下两个项目的净现值

折现率/%	项目 A 的净现值/元	项目 C 的净现值/元
0	11 000	7 000
10	6 393.3	4 485.1
20	3 124.7	2 568.9
30	733.2	1 069.4
40	- 1 064.6	- 131.2
50	- 2 444.5	- 1 111.1

将表 6 - 12 绘成图 6 - 2，资本成本率等于 25.73% 时，两个项目的净现值相等，这一点可称为净现值分界点。如果资本成本率小于 25.73%，项目 A 的净现值要大于项目 C，即项目 A 优于项目 C；如果资本成本率大于 25.73%，项目 C 的净现值大于项目 A，即项目 C 优于项目 A。因此，在资本成本率为 10% 时，项目 A 可为企业带来较多的财富，是较优的项目。虽然此时项目 C 的内含报酬率较高，但其假设的再投资率具有较大风险。而当资本成本率大于 25.73% 时，不论用净现值法还是用内含报酬率法，都会得出项目 C 优于项目 A 的结论。

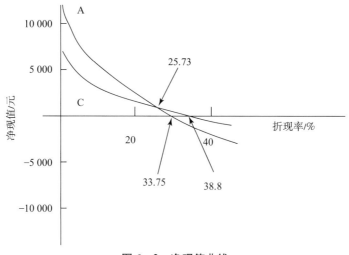

图 6 - 2　净现值曲线

因此，利用净现值曲线，我们只要知道企业资本成本率是高于、等于还是低于 25.73%，就可以正确地做出选择。从图 6 - 2 中还可以看出，A 项目的净现值曲线比 C 项目的净现值曲线要陡峭，这是因为越晚发生的未来现金流量对资本成本率越敏感。由此可见，净现值会受到资本成本率的影响，内含报酬率则与资本成本率无关。这是内含报酬率得到广泛应用的一个重要原因，因为采用内含报酬率可以避开资本成本率的计算。但是与此同时，这也是内含报酬率的一个重大缺陷，因为在互斥项目的取舍决策中，资本成本率的高低有着重大的影响，内含报酬率却忽略了这一因素。净现值曲线是投资决策中一个非常重要的工具，不论是独立项目的采纳与否还是互斥项目的取舍都可以利用这个工具来帮助分析。

②净现值和获利指数的比较。

由于净现值和获利指数使用的是相同的信息，在评价投资项目的优劣时，如果是独立项目，则两者得到的结论一致；如果是互斥项目，会因投资规模不同带来的结论不同。

【例6-10】我们继续使用例6-8的资料，补充两种方案的获利指数如表6-13所示。

表6-13 不同预算的有关数据指标

项目	0	1	2	3	内含报酬率/%	净现值/元	PI
项目A各年现金净流量/元	-10 000	2 000	4 000	15 000	33.75	6 393.3	1.64
项目B各年现金净流量/元	-20 000	6 000	15 000	13 000	28.13	7 618.3	1.38

公司的资本成本率为10%，项目A有净现值6 393.3元，获利指数为1.64。项目B有净现值7 618.3元，获利指数为1.38。如果用净现值法，则应选用项目B，如果利用获利指数，则应选用项目A。

由于净现值是用各期现金流量现值减初始投资，是一个绝对数，代表投资的效益或者说是给公司带来的财富，而获利指数是用各期现金流量现值除以初始投资，是一个相对数，代表投资的效率，因而，评价的结果可能会产生不一致。

最高的净现值符合企业的最大利益，也就是说，净现值越高，企业的收益越大；而获利指数只反映投资回收的程度，而不反映投资回收的多少。在没有资金限量情况下的互斥选择决策中，应选用净现值较大的投资项目。也就是说，当获利指数与净现值做出不同结论时，应以净现值为准。

③获利指数与内含报酬率的比较。

由上文的分析可知：当净现值为正时，获利指数大于1，内含报酬率高于资本成本率或必要报酬率；当净现值为负时，获利指数小于1，内含报酬率低于资本成本率或必要报酬率。因此，在独立项目的采纳与否决策中，获利指数与内含报酬率也会与净现值得出相同的结论。在多个备选方案的互斥选择决策中，获利指数与内含报酬率则有可能出现差异。获利指数和内含报酬率都是相对值指标，因而投资规模对二者的结论没有影响。所以，二者的结论可能出现差异的情况就只有一种，即现金流量发生的时间不一致，原因同样是由于二者对再投资报酬率的假定不同。

【例6-11】沿用例6-9的资料，计算A和C两个投资项目的获利指数。相关数据如表6-14所示。

表6-14 项目A和C的相关数据

指标	年	项目A	项目C
初始投资/元	0	10 000	10 000
营业现金流量/元	1	2 000	8 000
	2	4 000	6 000
	3	15 000	3 000
NPV/元		6 393.3	4 485.1

续表

指标	年	项目 A	项目 C
IRR/%		33.75	38.8
PI		1.64	1.45
资本成本率/%		10	10

根据表 6 - 14，如果采用获利指数，项目 A 优于项目 C，如果采用内含报酬率，则项目 C 优于项目 A。此时我们仍应以净现值为决策依据。

（3）折现现金流量指标的选择

由上面的对比分析可知，在独立项目的采纳与否决策中，净现值、获利指数和内含报酬率总会得出相同的结论，因此采用哪个指标都可以。但是，在多个备选方案的互斥项目选择决策中，三个指标则可能做出不同的判断，此时就存在一个指标选用的问题。

首先来看投资规模的问题。如果项目的投资规模不同，则净现值这个绝对值指标和获利指数、内含报酬率这两个相对值指标就可能得出不同的结论。如果资金是无限量的，也就是说企业总有足够的资金或能筹集到足够的资金用于所有有利的投资机会，那么投资项目只要能给企业带来更多的净现值，就能增加企业的价值，而不用考虑其相对的收益程度。因此，在资金无限量的情况下，不同投资规模的互斥投资项目的选择应以净现值指标为依据。至于资金有限量情况下如何进行投资决策的问题，将在 6.4.2 中详细阐述。

其次来看现金流入时间不一致的问题。当不同投资项目现金流入的时间不一致时，净现值和获利指数对再投资报酬率的假定与内含报酬率不同。在实际的经济活动中，投资项目带来的现金流入进行再投资所能获得的报酬率要受到经济形势、市场状况等诸多因素的影响，因而不可能是一成不变的，既不可能总是等于资本成本率和必要报酬率，也不可能总是等于投资项目的内含报酬率。因此，这两种假定都不够客观。此外，假定再投资报酬率等于项目的内含报酬率，将会导致对不同的投资项目赋予不同的再投资报酬率：内含报酬率高，则再投资报酬率也高；内含报酬率低，则再投资报酬率也低。这显然是不符合实际情况的。因为不管是哪个投资项目，只要是在同一时间带来的现金流入，进行再投资时所面临的投资环境和投资机会都应该是一样的，并不会出现截然不同的再投资报酬率。而假定再投资报酬率等于资本成本率或必要报酬率，就一定程度上克服了这一主观性，因为它假定的再投资报酬率对每个投资项目都相同，而不会人为地对不同的项目赋予不同的再投资报酬率。因此，虽然再投资报酬率也并不一定完全与资本成本率相符，但相比较而言，净现值和获利指数的假定相对要合理一些。

总之，在没有资金限制的情况下，利用净现值法在所有的投资评价中都能做出正确的决策。利用内含报酬率和获利指数在采纳与否决策中也能做出正确的决策，但在互斥选择决策或非常规项目中有时会得到错误的结论。因而，在这三种评价方法中，净现值仍然是最好的评价方法。

6.3　长期投资项目现金流量的估计

6.3.1　现金流量估计的基本原则

在投资决策方法的学习中，我们简化了现金流量的计算，直接给出了某一期间的现金净流量，而实际上这一金额的确定需要做大量工作，会涉及很多变量，并且可能需要企业多个部门的参与。为了正确计算投资方案的现金流量，需要正确判断公司现在和未来总体现金流量的变化，并判断它们是否增加了公司的价值。因此，在估算现金流量时，须遵循如下基本原则。

现金流量估计的
基本原则

（1）相关现金流量原则

相关现金流量指的是由于接受某投资方案而给公司未来的总体现金流量带来的变化量。由于相关现金流量被定义为公司现有现金流量的改变或者增量部分，所以常称之为与投资方案相关的增量现金流量。因此，用来对投资方案进行评价的增量现金流量包括由于接受方案而直接导致的公司未来现金流量所出现的所有变化。

为了进一步说明如何判断项目的相关增量现金流量，有必要明确几个基本的概念。

①沉没成本。

沉没成本指的是已经支付的成本，该成本不会因当前是否接受某一方案的决策而改变。可见，沉没成本不是相关成本，与之有关的现金流量也不属于投资方案的增量现金流量。

例如，丰达公司曾在2019年打算新建一间厂房，当时请咨询公司做了可行性分析，支付了咨询费10万元，后来由于资金问题决定不投资该项目。2021年公司准备重新启动该项目，2019年支付的这笔咨询费是否应作为相关成本呢？无论2021年公司如何决策，这笔咨询费都已经支付，不会受到当前决策的影响，与公司未来的现金流量无关，属于非相关成本。

②机会成本。

机会成本是指由于选择本方案而必须放弃的其他方案所能获得的收益，这种收益就是选择本方案的机会成本。机会成本的特性与沉没成本刚好相反：沉没成本涉及现实的现金流出，但是属于决策的非相关成本；机会成本不涉及现实的现金流出，但属于决策的相关成本。

仍以丰达公司新建厂房的投资方案为例。假设该方案需要使用公司拥有使用权的一块土地，这块土地如果出租，可以每年取得租金收入20万元，一旦在上面建设厂房，将失去每年20万元的租金收入。所以在进行新建厂房的投资分析时，这20万元的租金收入就是新建厂房的一项机会成本，在计算营业现金流量的时候，需要将其视作现金流出。因此机会成本不是我们通常意义上的支出，而是一种潜在的收益。机会成本总是针对具体方案的，离开被放弃的方案就无从计量。

（2）税后现金流量原则

在进行投资方案评价时，对现金流量的估计都要考虑所得税的影响，即公司实际流入和流出的现金都是缴纳所得税之后的数额。所得税的大小取决于利润和税率，而利润大小受折旧方法影响，因此，税后现金流量原则的贯彻要求将折旧与所得税都考虑在内。

【例6-12】丰达公司正在进行一项项目，该项目目前的收入为5万元，成本为1万元。丰达公司在项目开始时请咨询公司做了可行性分析，支付了咨询费1万元。除此之外，该项目占用了公司拥有使用权的一块土地，如果土地出租，可以每年获得租金1万元。相关数据如表6-15所示。企业所得税税率为25%，该项目的相关成本和收入是多少？

表6-15　丰达公司相关现金流量　　　　　　　　单位：元

项目	金额
收入	50 000
成本	10 000
租金损失	10 000
咨询费	10 000
税前利润	30 000
所得税（25%）	7 500
税后利润	22 500
相关收入	50 000
相关成本	27 500

除了项目成本和收入外，由于该项目占用的土地可以带来1万元的租金收益，这项1万元租金就是该项目的机会成本，需要计入相关现金流量。然而1万元的咨询费无论项目是否开展都已经发生，与项目未来发生的现金流量无关，属于沉没成本，无须计入相关成本中。最后，在计算相关现金流量时不能忽略税收的影响，在计算完项目的税前利润后，项目发生的所得税7 500元（30 000×25%）也应计入相关成本。

①税后成本与税后收入①

成本虽然是企业资源的减少，但成本作为收入的减项，可以减少所得税的缴纳，因此成本减少的企业资源并不是其直接表现出来的数值，还要考虑其对所得税的影响。所谓税后成本就是扣除了所得税影响后的费用净额。这一净额体现了公司资源的真实减少。同理，收入作为企业资源的增加，同时也会带来所得税的缴纳义务，即收入当中有一部分并不会真实增加企业价值，而是作为税款流出企业。因此税后收入是扣除所得税影响后的收入净额，体现了公司资源的真实增加。

【例6-13】丰达公司正在考虑对员工开展一次新业务培训，需花费10 000元培训费，所得税税率为25%，该培训费的税后成本是多少？相关数据如表6-16所示。

---

① 有些投资方案也可能会涉及流转税的问题，但影响现金流量的主要因素来自所得税，因此本章中如无特别说明，"税后"均指"所得税后"。

表 6-16　丰达公司损益表　　　　　　　　　单位：元

项目	目前（不培训）	培训方案
销售收入	50 000	50 000
成本和费用	20 000	20 000
新增培训费	0	10 000
税前利润	30 000	20 000
所得税（25%）	7 500	5 000
税后利润	22 500	15 000

从表 6-16 中可以看出，两个方案的成本差别是 10 000 元，然而由于成本可以减少所得税的缴纳，因此培训方案对净利润的影响只有 7 500 元。10 000 元的成本并未全部减少净利润，其中的 10 000×（1-25%）才是真实成本。由此可知，税后成本和税后收入的计算公式为：

$$税后成本 = 实际支付 × （1-税率） \tag{6-8}$$
$$税后收入 = 应税收入 × （1-税率） \tag{6-9}$$

其中应税收入是指根据税法需要纳税的收入。在投资决策中，应纳所得税收入不包括项目结束时收回的垫支的流动资金等现金流入。投资过程中取得的营业收入及固定资产变价收入都需要依法律规定交纳所得税。

②折旧的抵税作用。

固定资产的折旧会根据其用途计到有关的费用、成本中，可以在所得税前扣除，因此可以起到抵减所得税的作用，这种作用称为"折旧抵税"或"税盾"。也就是说，折旧也应该以税后成本的思路进行分析。

【例 6-14】沿用例 6-12 丰达公司的相关数据。丰达公司现在有一项可以计提折旧的资产，每年的折旧额相同，该资产的折旧如何影响丰达公司的税后成本？

折旧对税负的影响如表 6-17 所示。

表 6-17　折旧对税负的影响　　　　　　　　　单位：元

项目	目前（不含折旧）	包含折旧
销售收入	50 000	50 000
成本和费用：		
付现成本	20 000	20 000
折旧	0	10 000
合计	20 000	30 000
税前利润	30 000	20 000
所得税（25%）	7 500	5 000
税后利润	22 500	15 000
营业现金净流量		

项目	目前（不含折旧）	包含折旧
折旧	0	10 000
合计	22 500	25 000
资产折旧导致多出的现金	2 500	

注：营业现金流量的具体计算公式在 6.3.2 中详细阐述。

在包含资产折旧后，丰达公司的税后利润虽然比原项目少 7 500 元，但现金净流量却多出 2 500 元，其原因在于有 10 000 元的折旧计入成本，合计应税收入减少 10 000 元，从而少纳税 2 500 元（10 000×25%）。从增量分析的角度来看，由于增加了一笔 10 000 元的折旧，使企业获得了 2 500 元的现金流入。折旧对税负的影响可按下式计算：

$$折旧抵税 = 折旧 \times 税率$$
$$= 10\ 000 \times 25\%$$
$$= 2\ 500（元）$$

6.3.2　现金流量的构成

现金流量是指与投资决策有关的现金流入、流出的数量。

折现与非折现决策方法中涉及的指标除平均会计收益率之外，其他都需要以投资项目的现金流量为基础。因此，现金流量是评价投资方案是否可行时必须事先计算的一个基础性数据。在上文决策方法的讲述中不同方案的现金流量是直接给定的，而实际上这些现金流量都需要分析计算。

按照现金流动的方向，可以将投资活动的现金流量分为现金流入量、现金流出量[①]和净现金流量。一个方案的现金流入量是指该方案引起的企业现金收入的增加额；现金流出量是指该方案引起的企业现金收入的减少额；净现金流量是指一定时间内现金流入量与现金流出量的差额。流入量大于流出量，净流量为正值；反之，净流量为负值。

按照现金流量的发生时间，投资活动的现金流量又可以分为初始现金流量、营业现金流量和终结现金流量。因为使用这种分类方法计算现金流量比较方便，所以下面详细分析这三种现金流量包括的主要内容。

（1）初始现金流量

初始现金流量是指开始投资时发生的现金流量。初始现金流量一般包括如下几个部分。

①固定资产上的投资，包括固定资产的购入或建造成本、运输成本和安装成本等。例如企业增加一条生产线，其采购、安装、测试等都构成生产线的投资成本。

②垫支的流动资金，是指投资项目开始时净营运资金的变动，包括流动资产和流动负债的变动。例如新投资的生产线扩大了企业的生产能力，会引起对流动资产需求的增加。这样，企业需要追加的流动资金，是由于投资该生产线引起的，应列入该方案的现金流出量。只有在营业终了或出售（报废）该生产线时才能收回这些垫支的资金。

---

① 在计算过程中，现金流入用正号表示，现金流出用负号表示。

③其他投资费用，包括与投资项目有关的职工培训费、注册费用等。

④原有固定资产的变价收入。变价收入主要是指固定资产更新时原有固定资产的变卖所得的现金收入。需要注意的是，如果原有固定资产出售价格与账面价值不同，则会出现出售损益，给企业带来所得税方面的影响，变价收入中需要扣除税收影响。

（2）营业现金流量

营业现金流量是指投资项目投入使用后，在其寿命周期内由于生产经营所带来的现金流入和流出的数量。

营业现金流量一般以年为单位进行计算。现金流入一般是指由于投资项目投入使用而产生的营业现金流入。现金流出是指相应的营业现金支出和交纳的税金。如果一个投资项目每年的销售收入等于营业现金收入，付现成本（指不包括折旧的成本）等于营业现金支出，那么，年营业净现金流量可用下列公式计算：

$$年营业净现金流量 = 年营业收入 - 年付现成本 - 所得税 \qquad (6-10)$$

通常项目当年的营业成本由折旧和付现成本构成，因此式（6-10）可改写为：

$$
\begin{aligned}
年营业净现金流量 &= 年营业收入 - 年付现成本 - 所得税\\
&= 年营业收入 - (年营业成本 - 折旧) - 所得税\\
&= 年营业利润 + 折旧 - 所得税\\
&= 税后净利润 + 折旧 \qquad (6-11)
\end{aligned}
$$

如果将税率考虑进来，把所得税表示成税前利润与税率乘积的形式，则式（6-11）又可改写为：

$$
\begin{aligned}
&年营业净现金流量\\
&= 年营业收入 - 年付现成本 - 所得税\\
&= 年营业收入 - 年付现成本 - [年营业收入 - (年付现成本 + 折旧)] \times 税率\\
&= 年营业收入 \times (1 - 税率) - 年付现成本 \times (1 - 税率) + 折旧 \times 税率 \qquad (6-12)
\end{aligned}
$$

（3）终结现金流量

终结现金流量是指投资项目完结时所发生的现金流量。主要包括：

①固定资产的残值收入或变价收入（指扣除了所需要上缴的税金等支出后的净收入）。

②原有垫支在各种流动资产上的资金的收回。

③停止使用的土地的变价收入等。

6.3.3　现金流量的计算

（1）现金流量计算的前提假设

现实生活中的现金流动情况非常复杂，项目资金的投入可能持续若干个期间，也有可能在项目没有建设完成时就已经开始有现金收入，还有可能项目开始运行若干期间后又发生追加投资，等等。这些特殊情况需要在做具体方案选择时加以考虑。但是不管有什么特殊情况，都必须首先具备一个一般模型和方法作为基础。为了描述现金流量的基本计算思路，我们设置如下假设条件。

①各期投资在期初进行。

②营业现金流量均发生在各期期末。

③初始现金流量中的垫支流动资金于项目终结时一次收回。

现金流量的
构成与计算

（2）现金流量计算举例

【例 6 - 15】丰达公司准备购入一台设备增加生产能力。现有甲、乙两个方案可供选择，各方案的基本情况如表 6 - 18 所示。

表 6 - 18　丰达公司购置设备的两个方案　　　　　　　　　　　单位：元

项目	甲方案	乙方案
设备投资额	15 000	20 000
垫支营运资金（最后一年收回）	0	6 000
使用年限	5	5
期末残值	0	5 000
每年折旧（直线折旧法）	15 000 ÷ 5 = 3 000	（20 000 - 5 000）÷ 5 = 3 000
年销售收入	8 000	10 000
年付现成本	3 000	第 1 年 3 000，以后每年增加 500
所得税税率	25%	25%

下面根据式（6 - 10）计算两个方案的营业现金流量，如表 6 - 19 所示。然后，再结合初始现金流量和终结现金流量编制两个方案的全部现金流量表，如表 6 - 20 所示。

表 6 - 19　投资项目的营业现金流量　　　　　　　　　　　　单位：元

	1	2	3	4	5
甲方案：					
销售收入	8 000	8 000	8 000	8 000	8 000
付现成本	3 000	3 000	3 000	3 000	3 000
折旧	3 000	3 000	3 000	3 000	3 000
税前利润 = 销售收入 - 付现成本 - 折旧	2 000	2 000	2 000	2 000	2 000
所得税 = 税前利润 × 25%	500	500	500	500	500
净利润 = 税前利润 - 所得税	1 500	1 500	1 500	1 500	1 500
营业现金流量 = 销售收入 - 付现成本 - 所得税	4 500	4 500	4 500	4 500	4 500
乙方案：					
销售收入	10 000	10 000	10 000	10 000	10 000
付现成本	3 000	3 500	4 000	4 500	5 000
折旧	3 000	3 000	3 000	3 000	3 000
税前利润 = 销售收入 - 付现成本 - 折旧	4 000	3 500	3 000	2 500	2 000
所得税 = 税前利润 × 25%	1 000	875	750	625	500
净利润 = 税前利润 - 所得税	3 000	2 625	2 250	1 875	1 500
营业现金流量 = 销售收入 - 付现成本 - 所得税	6 000	5 625	5 250	4 875	4 500

表 6 - 20　投资项目的现金流量　　　　　　　　　单位：元

	0	1	2	3	4	5
甲方案：						
固定资产投资	- 15 000					
营业现金流量		4 500	4 500	4 500	4 500	4 500
现金流量合计	- 15 000	4 500	4 500	4 500	4 500	4 500
乙方案：						
固定资产投资	- 20 000					
营运资金垫支	- 6 000					
营业现金流量		6 000	5 625	5 250	4 875	4 500
固定资产残值						5 000
营运资金收回						6 000
现金流量合计	- 26 000	6 000	5 625	5 250	4 875	15 500

根据现金流量计算的假设前提，在表 6 - 19 和表 6 - 20 中，0 代表第 1 年年初，1 代表第 1 年年末，2 代表第 2 年年末……

6.4　投资项目的分析与评估

6.4.1　固定资产更新决策

随着科学技术的发展，机器设备的更新换代日益加快。因此，在旧设备还能继续使用的情况下，企业也可能考虑更新设备，这就会涉及固定资产的更新决策。所谓固定资产更新决策也就是决定是继续使用旧设备还是更换新设备。这种决策的基本思路为：将继续使用旧设备视为一种方案，将购置新设备视为另一种方案，对比两种方案，选择最优方案。对比两种方案时，既可以分别计算其净现值、内含报酬率、获利指数，并按照各方法的决策原则进行比较做出决策，也可以使用差量分析法。差量分析法考虑两方案的差量现金流量（新设备现金流量 - 旧设备现金流量），进而计算差量净现值、差量内含报酬率或差量获利指数。如果差量净现值为正、差量内含报酬率高于企业资本成本率，或差量获利指数大于 1，则更新设备；反之则继续使用旧设备。使用差量分析法的关键是准确确定两种方案的差量现金流量。其中，差量营业现金流量和差量终结现金流量比较简单，差量初始现金流量相对复杂，它既要考虑新设备的购置成本，又要考虑当前旧设备的出售收入，还要考虑旧设备出售可能带来的税负影响。

（1）新旧设备使用寿命相同的情况

如果新设备的使用寿命与旧设备尚可使用的年限相同，可直接比较两方案的各项折现指标或者使用差量分析法。

【例 6 - 16】丰达公司考虑用一台效率更高的新设备来替换旧设备，以提高生产能力并降低成本。新旧设备的详细资料如表 6 - 21 所示，两设备均采用直线法折旧。公司所得税税率为 25% ，资本成本率为 10% 。试分析丰达公司是否更新设备的决策。

表 6 - 21　两种方案的现金流量　　　　　　　　　　　　单位：元

项目	旧设备	新设备
原价	155 000	160 000
可用年限	10	6
已用年限	4	0
尚可使用年限	6	6
净残值	5 000	10 000
目前变现价值	120 000	160 000
每年可获得的收入	50 000	58 000
每年付现成本	20 000	10 000

①直接计算两方案的各项指标。

方案一：继续使用旧设备。

$$年折旧额 = (155\ 000 - 5\ 000) \div 10 = 15\ 000（元）$$

如果继续使用旧设备，意味着不能得到旧设备的变价收入，所以将其视为机会成本，作为继续使用旧设备的初始现金流出。

$$旧设备当前账面余额 = 155\ 000 - (155\ 000 - 5\ 000) \div 10 \times 4 = 95\ 000（元）$$

$$变现旧设备应交税 = (120\ 000 - 95\ 000) \times 25\% = 6\ 250（元）$$

$$初始现金流量（即旧设备的变价收入）= 120\ 000 - 6\ 250 = 113\ 750（元）$$

$$营业现金流量 = (50\ 000 - 20\ 000 - 15\ 000) \times (1 - 25\%) + 15\ 000 = 26\ 250（元）$$

$$终结现金流量 = 5\ 000（元）$$

方案二：使用新设备。

$$年折旧额 = (160\ 000 - 10\ 000) \div 6 = 25\ 000（元）$$

$$初始现金流量 = 160\ 000（元）$$

$$营业现金流量 = (58\ 000 - 10\ 000 - 25\ 000) \times (1 - 25\%) + 25\ 000 = 42\ 250（元）$$

$$终结现金流量 = 10\ 000（元）$$

根据以上资料可计算继续使用旧设备或使用新设备的有关决策指标。

净现值：

$$NPV_{旧} = 26\ 250 \times PVIFA_{10\%,6} + 5\ 000 \times PVIF_{10\%,6} - 113\ 750$$
$$= 26\ 250 \times 4.355\ 3 + 5\ 000 \times 0.564\ 5 - 113\ 750 = 3\ 399.13（元）$$

$$NPV_{新} = 42\ 250 \times PVIFA_{10\%,6} + 10\ 000 \times PVIF_{10\%,6} - 160\ 000$$
$$= 42\ 250 \times 4.355\ 3 + 10\ 000 \times 0.564\ 5 - 160\ 000 = 29\ 656.43（元）$$

内含报酬率：

由净现值的计算可见，10% 的折现率使得使用旧设备的净现值为正，需要提高折现率进行测算，测算折现率为 12% ，净现值为 - 3 292.75 元。利用插值法计算：

$$
\begin{array}{cc}
\text{折现率} & \text{净现值} \\
\left.\begin{array}{l}10\% \\ ?\% \\ 12\%\end{array}\right\}x\%\Big\}2\% & \left.\begin{array}{l}3\ 399.13 \\ 0 \\ -3\ 292.75\end{array}\right\}3\ 399.13\Big\}6\ 691.88
\end{array}
$$

$$
\frac{x}{2}=\frac{3\ 399.13}{6\ 691.88}
$$

$$
x=1.02
$$

$$
\text{IRR}_{\text{旧}}=10\%+1.02\%=11.02\%
$$

10% 的折现率使得使用新设备的净现值为正，需要提高折现率进行测算，测算折现率为 12%，净现值为 18 772.65 元，再提高折现率至 14%，计算净现值为 8 853.58 元，折现率为 16% 时，净现值为 -217.43 元。利用插值法计算：

$$
\begin{array}{cc}
\text{折现率} & \text{净现值} \\
\left.\begin{array}{l}14\% \\ ?\% \\ 16\%\end{array}\right\}x\%\Big\}2\% & \left.\begin{array}{l}8\ 853.58 \\ 0 \\ -217.43\end{array}\right\}8\ 853.58\Big\}9\ 071.01
\end{array}
$$

$$
\frac{x}{2}=\frac{8\ 853.58}{9\ 071.01}
$$

$$
x=1.95
$$

$$
\text{IRR}_{\text{新}}=14\%+1.95\%=15.95\%
$$

获利指数：

$$
\text{PI}_{\text{旧}}=\frac{26\ 250\times\text{PVIFA}_{10\%,6}+5\ 000\times\text{PVIF}_{10\%,6}}{113\ 750}=1.03
$$

$$
\text{PI}_{\text{新}}=\frac{42\ 250\times\text{PVIFA}_{10\%,6}+10\ 000\times\text{PVIF}_{10\%,6}}{160\ 000}=1.19
$$

从各项指标的对比来看，均应使用新设备。

②使用差量现金流量计算。

使用差量现金流量时，一般可以用使用新设备的有关现金流量减去继续使用旧设备的有关现金流量。

第一步，计算差量初始现金流量。

新设备购置成本	160 000 元
减：旧设备出售净收入	113 750 元
差量初始现金流量	46 250 元

第二步，计算差量营业现金流量。

$$
\text{差量营业收入}=58\ 000-50\ 000=8\ 000\ （元）
$$

$$
\text{差量付现成本}=10\ 000-20\ 000=-10\ 000\ （元）
$$

$$
\text{差量折旧额}=25\ 000-15\ 000=10\ 000\ （元）
$$

$$
\text{差量营业现金流量}=(8\ 000-(-10\ 000)-10\ 000)\times(1-25\%)+10\ 000=16\ 000\ （元）
$$

第三步，计算差量终结现金流量。

$$
\text{差量终结现金流量}=10\ 000-5\ 000=5\ 000\ （元）
$$

第四步，计算差量净现值。

$$16\ 000 \times PVIFA_{10\%,6} + 5\ 000 \times PVIF_{10\%,6} - 46\ 250$$
$$= 16\ 000 \times 4.355\ 3 + 5\ 000 \times 0.564\ 5 - 46\ 250 = 26\ 257.3\ （元）$$

可见，使用新设备与继续使用旧设备相比，可多获得 26 257.3 元的净现值，因此应当进行设备更新。

需要说明的是，在有些情况下，设备更新并不改变企业的生产能力，因此不会增加企业的现金流入，即使有少量的残值变价收入，也属于支出抵减，而非实质上的流入增加。并且原有资产也较难确定恰当的现金流收入。这种情况下可以比较两方案的现金流出总现值。

（2）新旧设备使用寿命不同的情况

如果新设备的使用寿命与旧设备尚可使用的年限不相同，各种决策方法的直接对比就失去了效力。

【例 6-17】 沿用例 6-16 的有关资料，假设新设备的使用寿命为 12 年，每年可获得收入 37 500 元，其他条件不变，计算其净现值。

$$年折旧额 = (160\ 000 - 10\ 000) \div 12 = 12\ 500\ （元）$$
$$初始现金流量 = 160\ 000\ （元）$$
$$营业现金流量 = (37\ 500 - 10\ 000 - 12\ 500) \times (1 - 25\%) + 12\ 500 = 23\ 750\ （元）$$
$$终结现金流量 = 10\ 000\ 元$$

净现值：

$$23\ 750 \times PVIFA_{10\%,12} + 10\ 000 \times PVIF_{10\%,12} - 160\ 000$$
$$= 23\ 750 \times 6.813\ 7 + 10\ 000 \times 0.318\ 6 - 160\ 000 = 5\ 011.38\ （元）$$

此净现值大于旧设备的净现值 3 399.13 元，所以可做出选用新设备的决策。然而，这一结论并不正确，因为旧设备 3 399.13 元的净现值是 6 年时间产生的，而新设备的 5 011.38 元净现值是 12 年产生的，不能直接比较。如果需要采用净现值等方法进行比较，则必须消除寿命不等的因素，可以考虑以下两种方法。

① 项目复制法。

项目复制法又称为最小公倍寿命法。它将两个方案各自复制多次，直到使复制之后的两个方案的寿命周期一致，即假设两个方案在最小公倍寿命区间内进行多次重复投资，然后对比两个方案的净现值做出决策。

【例 6-18】 沿用例 6-16 和例 6-17 的有关资料，新旧设备使用寿命的最小公倍数是 12 年，在这个共同期间内，继续使用旧设备的投资方案可以进行两次，使用新设备的投资方案可以进行一次。

因为继续使用旧设备的投资方案可以进行两次，相当于 6 年后按照现在的变现价值重新购置一台同样的旧设备进行第二次投资，获得与当前继续使用旧设备同样的净现值，所以旧设备的现值应如图 6-3 所示。

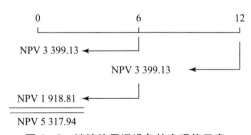

图 6-3 继续使用旧设备的净现值示意

即 12 年内，继续使用旧设备的净现值为：

$$NPV_{旧} = 3\ 399.13 + 3\ 399.13 \times PVIF_{10\%,6} = 3\ 399.13 + 3\ 399.13 \times 0.564\ 5$$
$$= 5\ 317.94\ （元）$$

若使用新设备，根据前面的计算结果，净现值为：
$$NPV_{新} = 5\,011.38\,（元）$$

通过比较可以得出结论：继续使用旧设备的净现值比使用新设备的净现值高，所以目前不应该更新。

项目复制法的优点是易于理解，缺点是有时计算比较麻烦，比如一个投资项目的寿命是9年，另一个投资项目的寿命是11年，那么最小公倍寿命就是99年，需要将第一个项目重复11次，将第二个项目重复9次，计算非常复杂。而且，项目复制隐含的前提假设是项目到期时可以找到一个完全一样的项目重复一次或多次，这种情况在现实的经济生活中很难实现。考虑到这些问题，可以使用年均净现值法来比较使用寿命不同的两个项目方案。

②年均净现值法。

年均净现值法可以直接用投资项目净现值除以投资项目寿命，但是这种简单的平均没能充分考虑资金时间价值，另一种更为合理的方法是利用年均现值系数（Annualized Net Present Value，ANPV）实现的，其计算公式为：

$$ANPV = \frac{NPV}{PVIFA_{i,n}} \tag{6-13}$$

式中，ANPV 代表投资项目的年均净现值；i 代表企业资本成本率；n 代表项目寿命。

这个公式的思路是：项目寿命不等的方案，由于其寿命不等，比较净现值的总额不能反映不同方案的优劣，因此可以将它们替换为与它们等价的方案后再进行比较。假设另外有每年现金流量相等的投资方案，其净现值和项目寿命与已知方案相同，因此可以认为它们是等价的，可以相互替换。这些替换方案的净现值等于每年现金流量乘以年金现值系数，因此每年现金流量就等于净现值除以年金现值系数。这样，通过比较替换方案的每年现金流量，就能够对原本的方案平均每年创造现金流量的能力进行比较，进而做出判断和选择。

【例 6-19】仍以例 6-17、例 6-18 为例。

$$ANPV_{旧} = \frac{NPV_{旧}}{PVIFA_{10\%,6}} = \frac{3\,399.13}{4.355\,3} = 780.46\,（元）$$

$$ANPV_{新} = \frac{NPV_{新}}{PVIFA_{10\%,12}} = \frac{5\,011.38}{6.813\,7} = 735.49\,（元）$$

虽然使用新设备的净现值大于继续使用旧设备的净现值，但是新设备的使用寿命较长，年均化以后，其年均净现值低于继续使用旧设备的年均净现值，因此，应该选择继续使用旧设备。

如果使用新旧设备的未来收益相同，或准确数字不好估计时，由年均净现值法的原理可以推导出年均成本法，比较两方案的年均成本，并选取年均成本最小的项目。年均成本是把项目的总现金流出转化为每年的平均现金流出值。

年均成本的计算公式为：

$$AC = \frac{C}{PVIFA_{i,n}} \tag{6-14}$$

式中，AC 代表年均成本；C 代表项目的总成本的现值；其他符号定义同前。

6.4.2 资金限量决策

前述决策都不受资金数量的限制，即不管是独立项目还是互斥项目，都假定公司拥有足够多的资金投资于某一个项目，而事实上企业的资金常常是有限的。所谓的资金限量指的是企业可筹集的资金是有限的，不能满足所有有利的投资项目的需要。此时企业所面临的就不再只是独立项目的采纳与否或互斥投资项目的取舍问题，而是要将有限的资金做最好的分配，给企业带来最大的利益。资金限量决策就是在资金有限的情况下，对所有备选投资项目进行筛选、组合，选择一组使得净现值最大的投资项目。资金限量决策的基本步骤为：

①计算所有备选投资项目的净现值，净现值为正或零的投资项目为可接受的投资项目。

②对可接受的投资项目进行各种可能的组合，对投资总额在资金限量内的投资组合计算净现值总额，选择其中净现值总额最大的投资组合。

【例6-20】丰达公司有六个备选投资项目，每个项目的寿命均为5年，其中B和C是互斥项目，D，E和F是互斥项目。公司资金的最大限量为10万元，资本成本率为10%。各个备选投资项目的现金流量如表6-22所示。试做出恰当的投资决策。

表6-22　六个备选项目的现金流量　　　　　　　　　　单位：元

	初始现金流量	每年的营业现金流量	终结现金流量
A	-25 000	8 000	5 000
B	-30 000	8 000	6 000
C	-50 000	13 000	8 000
D	-25 000	5 000	5 000
E	-40 000	10 000	5 500
F	-20 000	5 000	3 000

第一步，计算各个投资项目的净现值。

$$NPV_A = 8\ 000 \times PVIFA_{10\%,5} + 5\ 000 \times PVIF_{10\%,5} - 25\ 000 = 8\ 430.9 （元）$$

$$NPV_B = 8\ 000 \times PVIFA_{10\%,5} + 6\ 000 \times PVIF_{10\%,5} - 30\ 000 = 4\ 051.8 （元）$$

$$NPV_C = 13\ 000 \times PVIFA_{10\%,5} + 8\ 000 \times PVIF_{10\%,5} - 50\ 000 = 4\ 247.6 （元）$$

$$NPV_D = 5\ 000 \times PVIFA_{10\%,5} + 5\ 000 \times PVIF_{10\%,5} - 25\ 000 = -2\ 941.5 （元）$$

$$NPV_E = 10\ 000 \times PVIFA_{10\%,5} + 5\ 500 \times PVIF_{10\%,5} - 40\ 000 = 1\ 322.95 （元）$$

$$NPV_F = 5\ 000 \times PVIFA_{10\%,5} + 3\ 000 \times PVIF_{10\%,5} - 20\ 000 = 816.7 （元）$$

由于项目D的净现值小于零，因此可接受的投资项目为A，B，C，E和F。此时按净现值大小排序为A，C，B，E，F。那么是否可以认为应按净现值排序选择投资顺序，即投资于A，C，F（C与B互斥，且如果选择A，C，E则超过资本限量）呢？投资于A，C，F可获得净现值总计13 495.2元，资金闲置5 000元。如果投资于A，B，E，可获得净现值总计13 805.65元，资金闲置也为5 000元。因此不能仅凭单个项目的净现值大小选择投资顺序，而要看投资组合的净现值总和。

第二步，列出所有投资组合。

五个可接受的投资项目的所有可能的投资组合包括：A，B，C，E，F；AB，AC，AE，AF，BE，BF，CE，CF；ABE，ABF，ACF。它们的初始投资总额和净现值总额如表6-23所示。

表 6-23　六个备选项目的组合情况　　　　　　单位：元

投资组合	初始投资总额	净现值总额
A	25 000	8 430.9
B	30 000	4 051.8
C	50 000	4 247.6
E	40 000	1 322.95
F	20 000	816.7
AB	55 000	12 482.7
AC	75 000	12 678.5
AE	65 000	9 753.85
AF	45 000	9 247.6
BE	70 000	5 374.75
BF	50 000	4 868.5
CE	90 000	5 570.55
CF	70 000	5 064.3
ABE	95 000	13 805.65
ABF	75 000	13 299.4
ACF	95 000	13 495.2

由表 6-23 可知，初始投资总额在 10 万元以内的投资组合中，净现值总额最高的是 ABE，其净现值为 13 805.65 元。因此，公司应选择 A、B、E 三个投资项目进行投资。

6.4.3　投资时机选择决策

投资时机指的是投资的具体时间。即使是同样的项目方案，由于开始投资的时间不同，也会产生完全不一样的投资效果。投资时机选择决策可以使决策者确定开始投资的最佳时期。例如，某公司准备开发一片林地加工木材，公司管理者必须决定何时进行开发能够为公司获取最大的收益。这类决策既会产生一定的效益，又会伴随相应的成本。在等待最佳时机的过程中，公司能够得到更为充分的市场信息或更高的产品价格，或者有时间继续提高产品的性能。但是这些决策优势也会带来因为等待而引起的时间价值的损失，以及竞争者提前进入市场的危险，另外成本也可能会随着时间的延长而增加。如果等待时机的利益超过伴随而来的成本，那么公司应该采取等待时机的策略。

投资时机选择的标准仍然是净现值最大化。但是由于开发的时间不同，不能将计算出来的净现值进行简单对比，而应该折合成同一个时点的现值再进行比较。

【例 6-21】丰达公司开发出一种新型产品准备出售，随着时间的推移，消费者对该产品的了解增加，市场需求将逐渐增大。根据预测，每年该产品的销售收入将提高 15%，但是付现成本（主要是工人工资）也将每年增加 10%。按照公司的计划安排，可以现在投入市场或者 3 年后再投入市场，无论哪种方案，该产品都将在投入市场 3 年后被其他产品所替代。两种方案需要购置的生产设备的初始成本都为 300 万元，直线法折旧，无残值，项目开始时均需垫支营运资金 10 万元，项目结束后收回。计划每年销售 10 000 件产品，当前每件产品可获得销售收入 200 元，每件产品的付现成本为 10 元。

因此，公司要做出的决策，是现在将产品投入市场还是 3 年以后再投入，有关资料如表 6 - 24 所示。

表 6 - 24　公司产品投入市场的有关数据

投资与回收		收入与成本	
固定资产投资/万元	300	年销售量/件	10 000
营运资金垫支/万元	10	当前每件产品销售收入/元	200
固定资产残值/万元	0	当前每件产品付现成本/元	10
固定资产直线折旧/年	3	所得税税率/%	25
资本成本率/%	10		

（1）计算现在投入市场的净现值

首先计算现在将产品投入市场的营业现金流量，如表 6 - 25 所示。

表 6 - 25　现在投入市场的营业现金流量　　　　单位：万元

项目	第 1 年	第 2 年	第 3 年
销售收入（1）	200	230	264.5
付现成本（2）	10	11	12.1
折旧（3）	100	100	100
税前利润（4）	90	119	152.4
所得税（5）	22.5	29.75	38.1
税后利润（6）	67.5	89.25	114.3
营业现金流量（7） =（1）-（2）-（5） =（3）+（6）	167.5	189.25	214.3

然后根据初始投资、营业现金流量和终结现金流量编制现金流量表，如表 6 - 26 所示。

表 6 - 26　现金流量表　　　　单位：万元

项目	第 0 年	第 1 年	第 2 年	第 3 年
固定资产投资	-300			
营运资金垫支	-10			
营业现金流量		167.5	189.25	214.3
营运资金回收				10
现金流量	-310	167.5	189.25	224.3

根据表 6 – 26 可计算现在投入市场的净现值为：

$$NPV = 167.5 \times PVIF_{10\%,1} + 189.25 \times PVIF_{10\%,2} + 224.3 \times PVIF_{10\%,3} - 310$$
$$= 167.5 \times 0.9091 + 189.25 \times 0.8264 + 224.3 \times 0.7513 - 310$$
$$= 167.19 \text{（万元）}$$

（2）计算 3 年后投入市场的净现值

首先计算 3 年后投入市场的营业现金流量（以第 4 年年初为起点），如表 6 – 27 所示。

表 6 – 27　3 年后投入市场的营业现金流量　　　　　　　　　　单位：万元

项目	第 4 年	第 5 年	第 6 年
销售收入（1）	304.18	349.8	402.27
付现成本（2）	13.31	14.64	16.11
折旧（3）	100	100	100
税前利润（4）	190.87	235.16	286.16
所得税（5）	47.72	58.79	71.54
税后利润（6）	143.15	176.37	214.62
营业现金流量（7） =（1）-（2）-（5） =（3）+（6）	243.15	276.37	314.62

然后根据初始投资、营业现金流量和终结现金流量编制现金流量表，如表 6 – 28 所示。

表 6 – 28　现金流量表　　　　　　　　　　单位：万元

项目	第 4 年年初	第 4 年	第 5 年	第 6 年
固定资产投资	-300			
营运资金垫支	-10			
营业现金流量		243.15	276.37	314.62
营运资金回收				10
现金流量	-310	243.15	276.37	324.62

根据表 6 – 28 可计算 3 年后投入市场的净现值为：

$$NPV = 243.15 \times PVIF_{10\%,4} + 276.37 \times PVIF_{10\%,5} + 324.62 \times PVIF_{10\%,6} - 310 \times PVIF_{10\%,3}$$
$$= 243.15 \times 0.6830 + 276.37 \times 0.6209 + 324.62 \times 0.5645 - 310 \times 0.7513$$
$$= 288.01 \text{（万元）}$$

除了将每期现金流量均直接折现至第 1 期期初外，还可以将第 4 年年初作为新的投资起点来计算净现值，该净现值再折现至第 1 期期初。

则第 4 年年初的净现值为：

$$NPV = 243.15 \times PVIF_{10\%,1} + 276.37 \times PVIF_{10\%,2} + 324.62 \times PVIF_{10\%,3} - 310$$
$$= 243.15 \times 0.9091 + 276.37 \times 0.8264 + 324.62 \times 0.7513 - 310$$
$$= 383.33 \text{（万元）}$$

再将第 4 年年初的净现值折合为当前的净现值：

$$NPV = 383.33 \times PVIF_{10\%,3} = 383.33 \times 0.751\,3 = 288（万元）$$

不管采用什么方法，我们都可以发现，由于 3 年后将新产品投入市场的净现值大于现在投入市场的净现值，所以应该在 3 年后再将新产品投入市场。

6.4.4 投资期选择决策

前述决策都假定投资在期初一次完成，在当期期末已经产生营业现金流量，而现实生活中一些较大项目的投资可能需要一段时间才能完成并投入使用，营业现金流量在投资全部完成后的某个期间才开始产生。这种情况下就需要考虑投资所耗时间，即投资期。

投资期是指从投资项目开始施工到投资项目建成投产所需的时间。投资项目往往有一个正常的投资期，即按照正常的人力、物力投放速度所需的投资项目建设时间。有时候，企业可以通过增加人员、加班加点或外包工程等措施来缩短投资期，从而使投资项目早竣工、早投产、早产生现金流入，但是以上措施往往需要增加投资额。因此，企业应认真分析，判明得失，选择最有利的投资期。

投资期决策中，可以将正常投资期和缩短投资期视为两个投资方案，考虑后者与前者的净现值差异。另外，也可以采用两方案的差量现金流量，计算差量净现值、差量内含报酬率或差量获利指数。如果差量现金流量大于零，差量内含报酬率高于企业资本成本率，或差量获利指数大于 1，就选择缩短投资期，反之则选择正常投资期。

【例 6-22】丰达公司投资一个大型项目，正常投资期为 3 年，每年投资 300 万元，项目投产后可使用 15 年，每年营业现金流量 200 万元，项目终结时净残值为 90 万元。如果将投资期缩短为两年，则每年需投入 500 万元，项目投产后的使用年限、每年营业现金流量和项目终结时的净残值均不变。公司资本成本率为 10%。试判断公司是否应该缩短投资期。

首先分别计算两方案的净现值。

两方案的现金流量如表 6-29 所示。

表 6-29　不同投资期的现金流量　　　　　　　单位：万元

年份	0	1	2	3	4-16	17	18
缩短投资期的现金流量	-500	-500	0	200	200	290	0
正常投资期的现金流量	-300	-300	-300	0	200	200	290

$$
\begin{aligned}
NPV_{缩短} &= -500 - 500 \times PVIF_{10\%,1} + 200 \times PVIF_{10\%,3} + 200 \times PVIFA_{10\%,13} \times PVIF_{10\%,3} + \\
&\quad 290 \times PVIF_{10\%,17} \\
&= -500 - 500 \times 0.909\,1 + 200 \times 0.751\,3 + 200 \times 7.103\,4 \times 0.751\,3 + 290 \times 0.197\,8 \\
&= 320.43（万元）
\end{aligned}
$$

$$
\begin{aligned}
NPV_{正常} &= -300 - 300 \times PVIF_{10\%,1} - 300 \times PVIF_{10\%,2} + 200 \times PVIFA_{10\%,13} \times PVIF_{10\%,3} + \\
&\quad 200 \times PVIF_{10\%,17} + 290 \times PVIF_{10\%,18} \\
&= -300 - 300 \times 0.909\,1 - 300 \times 0.826\,4 + 200 \times 7.103\,4 \times 0.751\,3 + 200 \times \\
&\quad 0.197\,8 + 290 \times 0.179\,9 \\
&= 338.44（万元）
\end{aligned}
$$

结果显示，正常投资期的净现值大于缩短投资期的净现值，所以应按正常投资期展开项目。

采用差量分析法是不是会得到同样的结论呢？缩短投资期与正常投资期相比的差量现金流量的计算如表 6 - 30 所示。

表 6 - 30　不同投资期的差量现金流量　　　　　　单位：万元

年份	0	1	2	3	4 - 16	17	18
缩短投资期的现金流量	- 500	- 500	0	200	200	290	0
正常投资期的现金流量	- 300	- 300	- 300	0	200	200	290
差量现金流量	- 200	- 200	300	200	0	90	- 290

根据表 6 - 30 可计算差量净现值如下：

$$NPV = -200 - 200 \times PVIF_{10\%,1} + 300 \times PVIF_{10\%,2} + 200 \times PVIF_{10\%,3} + 90 \times PVIF_{10\%,17} - 290 \times PVIF_{10\%,18}$$

$$= -200 - 200 \times 0.909\,1 + 300 \times 0.826\,4 + 200 \times 0.751\,3 + 90 \times 0.197\,8 - 290 \times 0.179\,9$$

$$= -18.01 （万元）$$

由于缩短投资期与正常投资期相比的差量现金流量为负，因此公司应按正常投资期即 3 年进行投资。

6.4.5　风险因素调整

长期投资决策一般都涉及较长时间，时间越长，宏观和微观环境的变化也就可能越大，即未来的不确定性增大。因而决策者对未来收益和成本都很难进行准确预测，或者说，有不同程度的不确定性或风险性。在前面几节的讨论中，虽然根据时间价值原理进行折现已经涉及一些风险因素，但主要讨论的是未来情况比较确定的投资决策问题。在本节我们将专门讨论未来现金流量和折现率存在不确定性时的投资决策问题。

风险投资决策的分析方法很多，概括起来主要有两类——调整折现率和调整现金流量。以净现值为例，调整折现率是通过调整净现值公式的分母来体现风险程度，调整现金流量则是通过调整净现值公式的分子来体现风险程度。

（1）按风险调整折现率

所谓按风险调整折现率，就是将与特定投资项目相关的风险报酬，加入企业资本成本率或必要报酬率中，以此作为该投资项目的折现率，据以进行投资决策分析。

常用的方法是按投资项目的风险等级调整折现率，这种方法的基本步骤是：首先对影响投资项目风险的各项因素进行评分，然后根据总评分确定投资项目的风险等级，最后根据风险等级确定投资项目的折现率。

【例 6 - 23】丰达公司准备对公司拟进行的投资项目进行折现率测算，聘请了一家咨询公司设计风险评估方案。依据该方案，可能影响公司风险的因素被分成四项，每项的评分原则是风险越低分值越低，则加总后总分越低折现率越低，具体情况如表 6 - 31 所示。

表 6 – 31　丰达公司投资项目的风险分析

相关因素	投资项目的风险状况及得分									
	A 项目		B 项目		C 项目		D 项目		E 项目	
	状况	评分/分	状况	评分/分	状况	评分/分	状况	评分/分	状况	评分/分
市场竞争	无	1	较弱	3	一般	5	较强	8	很强	12
战略上的协调	很好	1	较好	3	一般	5	较差	8	很差	12
投资回收期/年	1.5	4	1	1	2.5	7	3	10	4	15
资源供应	一般	8	很好	1	较好	5	很差	12	较差	10
总评分	—	14	—	8	—	22	—	38	—	49

总评分/分	风险等级	调整后的折现率/%
0 ~ 8	很低	7
8 ~ 16	较低	9
16 ~ 24	一般	12
24 ~ 32	较高	15
32 ~ 40	很高	17
40 以上	最高	20 以上

$R_A = 9\%$　　$R_B = 7\%$　　$R_C = 12\%$　　$R_D = 17\%$　　$R_E \geqslant 20\%$

表 6 – 31 中的相关因素的具体选择、不同状况下的评分原则、风险等级和折现率都可根据实际情况重新设定。具体操作除了可以借助企业外部力量，还可以依靠销售、生产、技术、财务等部门组成专家小组共同进行工作。在实际工作中，影响风险的因素可能会更多，风险状况也可能会更加复杂，但原理是一致的。

（2）按风险调整现金流量

所谓按风险调整现金流量，就是根据投资项目的风险大小，对各年不确定的现金流量进行调整，以调整后的现金流量进行投资决策分析。将投资项目有风险的现金流量进行调整的具体办法很多，这里介绍最常用的概率法。

概率法是指通过发生概率来调整各期的现金流量，并计算投资项目的年期望现金流量和期望净现值，进而对风险投资做出评价的一种方法。概率法适用于各期的现金流量相互独立的投资项目。所谓各期的现金流量相互独立，是指前后各期的现金流量互不相关。

运用概率法时，各年的期望现金流量计算公式为：

$$\overline{NCF_t} = \sum_{i=1}^{n} NCF_{ti} \times P_{ti} \tag{6-15}$$

式中，$\overline{NCF_t}$ 代表第 t 年的期望净现金流量；NCF_{ti} 代表第 t 年的第 i 种结果的净现金流量；P_{ti} 代表第 t 年的第 i 种结果的发生概率；n 代表第 t 年可能结果的数量。

投资的期望净现值可以按下式计算：

$$\overline{NPV} = \sum_{t=0}^{m} \overline{NCF_t} \times PVIF_{R,t} \tag{6-16}$$

式中，$\overline{\mathrm{NPV}}$代表投资项目的期望净现值；$\mathrm{PVIF}_{R,t}$代表折现率为 R，t 年的复利现值系数；m 代表未来现金流量的期数。

【例 6 – 24】丰达公司的一个投资项目各年的现金流量及其发生概率情况如表 6 – 32 所示，公司的资本成本率为 10% 。试判断此项目是否可行。

表 6 – 32　丰达公司投资项目的现金流量及概率情况　　　　单位：元

第 0 年		第 1 年		第 2 年		第 3 年	
概率	NCF_0	概率	NCF_1	概率	NCF_2	概率	NCF_3
1.00	– 50 000	0.3	15 000	0.2	20 000	0.4	15 000
		0.4	20 000	0.5	30 000	0.4	25 000
		0.3	25 000	0.3	10 000	0.2	35 000

各年的期望净现金流量计算过程如下：

$$\overline{\mathrm{NCF}_0} = -50\ 000 \times 1.00 = -50\ 000\ （元）$$

$$\overline{\mathrm{NCF}_1} = 15\ 000 \times 0.3 + 20\ 000 \times 0.4 + 25\ 000 \times 0.3 = 20\ 000\ （元）$$

$$\overline{\mathrm{NCF}_2} = 20\ 000 \times 0.2 + 30\ 000 \times 0.5 + 10\ 000 \times 0.3 = 22\ 000\ （元）$$

$$\overline{\mathrm{NCF}_3} = 15\ 000 \times 0.4 + 25\ 000 \times 0.4 + 35\ 000 \times 0.2 = 23\ 000\ （元）$$

再计算投资的期望净现值：

$$\begin{aligned}
\overline{\mathrm{NPV}} &= \overline{\mathrm{NCF}_1} \times \mathrm{PVIF}_{10\%,1} + \overline{\mathrm{NCF}_2} \times \mathrm{PVIF}_{10\%,2} + \overline{\mathrm{NCF}_3} \times \mathrm{PVIF}_{10\%,3} + \overline{\mathrm{NCF}_0} \\
&= 20\ 000 \times 0.909\ 1 + 22\ 000 \times 0.826\ 4 + 23\ 000 \times 0.751\ 3 - 50\ 000 \\
&= 3\ 642.7\ （元）
\end{aligned}$$

因为计算出来的期望净现值大于零，所以可以进行投资。

本章小结

本章介绍了长期投资决策的有关问题。

(1) 决策方法。决策方法主要分为非折现决策方法和折现决策方法。非折现决策方法包括投资回收期和平均会计收益率等。折现决策方法包括净现值、内含报酬率、获利指数等。

投资回收期的计算公式为：

$$投资回收期 = \frac{初始投资额}{每年\ \mathrm{NCF}}$$

或

$$投资回收期 = 完全收回投资前的年数 + \frac{完全收回投资当年年初剩余未收回的投资}{完全收回投资当年的现金流}$$

平均会计收益率的公式为：

$$平均会计收益率 = \frac{年均净利润}{原始投资额} \times 100\%$$

净现值的计算公式为：

$$NPV = \left[\frac{NCF_1}{(1+R)^1} + \frac{NCF_2}{(1+R)^2} + \cdots + \frac{NCF_n}{(1+R)^n} \right] - C$$

$$= \sum_{t=1}^{n} \frac{NCF_t}{(1+R)^t} - C$$

内含报酬率的计算公式为：

$$\sum_{t=1}^{n} \frac{NCF_t}{(1+R)^t} - C = 0$$

获利指数的计算公式为：

$$PI = \frac{\dfrac{NCF_1}{(1+R)^1} + \dfrac{NCF_2}{(1+R)^2} + \cdots + \dfrac{NCF_n}{(1+R)^n}}{C}$$

各种折现和非折现决策方法各有其优缺点，总的来看，折现决策方法更为客观，非折现决策方法主要作为对折现决策方法的辅助工具。在没有资金限制的情况下，利用净现值法在所有的投资评价中都能做出正确的决策。而利用内含报酬率和获利指数在采纳与否决策中也能做出正确的决策，但在互斥选择决策或非常规项目中有时会得到错误的结论。

（2）现金流量的估计。在估算现金流量时，须遵循相关现金流量原则、税后现金流量原则。按照现金流量的发生时间，投资活动的现金流量可以分为初始现金流量、营业现金流量和终结现金流量。其中营业净现金流量可通过以下方法计算：

年营业净现金流量＝年营业收入－年付现成本－所得税

＝税后净利润＋折旧

＝年营业收入×（1－税率）－年付现成本×（1－税率）＋折旧×税率

（3）投资项目的分析与评估。利用各决策方法和现金流量估算的基本知识，对固定资产更新决策、资金限量决策、投资时机选择、投资期决策等进行分析和评估；通过调整折现率和调整现金流量两种基本方法对风险因素加以调整。

思考与练习

一、思考题

1. 简述投资的基本分类。

2. 投资回收期有什么优缺点？

3. 简述折现现金流量指标的含义及基本模型。

4. 折现现金流量指标得到广泛使用的原因是什么？

5. 折现现金流量各指标进行决策时出现矛盾的原因有哪些？出现矛盾时应如何处理？

6. 现金流量估计的基本原则是什么？

7. 简述现金流量的构成。

8. 简述按时间划分的现金流量分类。

9. 简述固定资产更新决策、资金限量决策、投资时机选择、投资期决策。

10. 按风险调整折现率和按风险调整现金流量有什么异同？

二、计算分析题

1. 星庆公司准备投资一个新项目，初始投资3 000万元，项目可运作4年，第1年净现金流量 1 500 万元，第 2 年 1 200 万元，第 3 年 800 万元，第 4 年 300 万元，公司的资本成本率为 10%，用净现值、内含报酬率、获利指数分别判断公司是否应该进行该项投资。

2. 星庆公司调整了投资方向，选择了一个新的项目，初始投资 2 000 万元，第 1 年净现金流量 800 万元，第 2 年 700 万元，第 3 年 600 万元，第 4 年 300 万元。公司财务经理认为不应只依靠折现现金流量指标，需要结合非折现现金流量指标。如果公司可接受的投资回收期为 3 年，试用投资回收期判断公司是否应该进行该项投资。

3. 星庆公司准备购买一台新设备，可以给公司每年带来营业收入 50 000 元，采用直线法计提折旧。公司所得税税率为 25%，资本成本率为 10%。其他资料如表 6 – 33 所示。

表 6 – 33 星庆公司购置新设备的资料　　　　　　单位：元

项目	新设备
原价	160 000
净残值	10 000
使用年限	6
已使用年限	0
尚可使用年限	6
每年付现成本	15 000
目前变价收入	—

要求：

（1）确定使用新设备的各年净利润。

（2）确定使用新设备的各年现金净流量。

（3）采用净现值法为公司做出决策。

（4）采用内含报酬率法为公司做出决策。

4. 星庆公司有一旧设备，正考虑用市场上的一种新设备对其进行替换。两种设备的年生产能力相同，每年的营业收入均为 40 000 元，均采用直线法计提折旧。公司所得税税率为 25%，资本成本率为 10%。其他资料如表 6 – 34 所示。

表 6 – 34 星庆公司使用旧设备与使用新设备的资料对比　　　　单位：元

项目	旧设备	新设备
原价	150 000	140 000
净残值	0	20 000
使用年限	10	5
已使用年限	5	0
尚可使用年限	5	5
每年付现成本	15 000	10 000
目前变价收入	80 000	—

要求：

（1）确定使用新设备的各年营业现金流量。

（2）计算旧设备变现的有关现金流量。

（3）计算继续使用旧设备的各年营业现金净流量。

（4）计算两种方案各自的净现值，判断公司应否更新设备。

（5）用差量分析法判断公司应否更新设备。

5. 星庆公司准备拓展新业务，设计了六个投资方案，每个方案的寿命周期均为5年，其中A，B，C为互斥项目，公司最多能够承担20万元的资金，资本成本率为8%，根据表6-35的资料做出投资决策。

表6-35　六个备选项目的现金流量　　　　　　　　　　　　单位：元

	初始现金流量	每年的营业现金流量	终结现金流量
A	-80 000	20 000	5 000
B	-85 000	22 000	3 000
C	-91 000	25 000	5 000
D	-100 000	28 000	2 000
E	-50 000	10 000	1 000
F	-20 000	8 000	3 000

6. 星庆公司现有一个投资方案，有关资料如表6-36所示，公司的资本成本率为10%。

表6-36　星庆公司某投资方案的现金流量　　　　　　　　　单位：万元

年份	0		1		2		3	
项目	现金流量	概率	现金流量	概率	现金流量	概率	现金流量	概率
好	-100	1.00	80	0.30	60	0.25	90	0.30
一般			40	0.50	30	0.60	50	0.40
差			20	0.20	10	0.15	30	0.30

要求：

（1）计算第1-3年各年现金流量的期望值。

（2）判断是否应投资该项目。

7. 星庆公司投资一个大型项目，正常投资期为两年，每年年初投资500万元，项目投产后可使用10年，每年年末营业现金流量200万元，项目终结时净残值为80万元。如果将投资期缩短为一年，则需年初投入1 300万元，项目投产后的使用年限、每年营业现金流量和项目终结时的净残值均不变。公司资本成本率为10%。试判断公司是否应该缩短投资期。

第 7 章

长期筹资方式

【引导案例】

张总是一家小型科技公司的董事长兼总经理。公司已经创办了 5 年，主要产品是语音识别软件。公司创办初期由四位合伙人共同投资，每人占四分之一份额。近几年语音识别领域技术竞争激烈，公司需要不断升级现有产品并考虑开发新的领域，这就需要持续不断的资金投入。公司去年刚引入了一位新的合伙人，出资 500 万元，占有公司 20% 的权益。公司也向银行申请了支持中小企业发展的专项借款 500 万元。公司今年的销售收入预计可以达到5 000 万元。为了公司的可持续发展，张总在与几位合伙人开会时提出，公司可以考虑进行股份制改革，然后先在新三板市场挂牌，争取吸引到更多的权益性资本。未来如果发展顺利，还可以考虑转到创业板或者科创板进行首次公开发行（IPO），成为上市公司。张总公司的历史、现在和未来涉及多种资金筹集方式，这些源头活水将为公司的发展提供源源不断的动力。

7.1 长期筹资方式概述

7.1.1 长期筹资的概念与动机

企业的任何一项投资都需要有一定的资金来源，特别是固定资产、无形资产、长期股权投资等长期资产的投资。本章重点对公司长期资产投资所需资金的筹资方式进行讨论。

长期筹资方式概述

长期筹资是指企业根据其生产经营、对外投资和调整资本结构等需要，通过金融市场等筹资渠道，运用一定的筹资方式，经济有效地筹措和集中资金的活动。筹集资金是企业的基本财务活动，是资金运动的起点，是决定资产规模和生产经营发展程度的重要环节。

企业长期筹资的根本目的是自身的生存与发展，但具体来讲也有一些其他不同的动机。这些具体的筹资动机有时是单一的，有时是相互结合的，归纳起来有三种基本类型，即扩张性筹资动机、调整性筹资动机和混合性筹资动机。

（1）扩张性筹资动机

扩张性筹资动机是指企业因扩大生产经营规模或增加对外投资而产生的追加筹资的行为。处于成长期、具有良好发展前景的企业通常会产生这种筹资动机。扩张性筹资动机所产生的直接后果，是企业资产总额和资本总额的增加，若追加投资的净现值是正的，就会增加企业的价值。

（2）调整性筹资动机

调整性筹资动机是企业因调整现有资本结构的需要而产生的筹资动机。资本结构是指企业以不同的筹资方式筹集的资金所形成的组合。当企业认为现有资本结构不合理时，可以通过不同的筹资方式对其进行调整。如果能够使资本结构调整优化，则可以在不增加资产总额的情况下，降低资本成本，增加企业价值。

（3）混合性筹资动机

同时出于多种目的而产生的筹资动机称为混合性筹资动机。这种筹资动机中兼容了扩张性筹资和调整性筹资两种筹资动机。在这种混合性筹资动机的驱使下，企业通过筹资，既扩大了资产的规模，又调整了资本结构。若扩大投资规模部分的净现值为正，或通过筹资使资本结构更加合理化，都会增加企业价值。

7.1.2　长期筹资的渠道与方式

企业的筹资方式与筹资渠道有着密切的关系。同一渠道的资金往往可以采取不同的方式取得，而同一筹资方式又往往适用于不同的筹资渠道。因此，企业筹集资金时，必须实现两者的合理配合。

（1）长期筹资渠道

企业的长期筹资渠道是指企业筹集资本来源的方向与通道，体现资本的来源与流量，体现了资本的供给者。目前，我国企业的长期筹资渠道主要包括政府财政资本、银行（包括商业银行和政策性银行）信贷资本、非银行金融机构（包括保险公司、信托投资公司、证券公司、企业集团的财务公司、租赁公司等）资本、其他法人资本、民间资本、企业内部资本、国外和我国港澳台地区资本等。

（2）长期筹资方式

企业的长期筹资方式是指企业筹措资金所采取的具体形式，体现着资本的属性。常用的长期筹资方式主要有投入资本、普通股、优先股、长期债券、长期借款、融资租赁、可转换债券、永续债和留存收益等。

筹资方式按资金来源于公司内部和外部可以划分为内部筹资和外部筹资，上述方式中的前八种属于外部筹资方式，留存收益属于内部筹资方式。外部筹资大多需要花费筹资费用，如发行股票和债券需要支付发行费用，银行借款和融资租赁需要支付手续费等。

筹资方式按照是否借助于银行等金融机构可以划分为直接筹资和间接筹资。直接筹资是指不借助银行等金融机构，直接向资本所有者筹资的行为，包括投入资本、普通股、优先股、长期债券、留存收益等；间接筹资是指借助银行等金融机构筹集资本的活动，包括长期借款、融资租赁等。直接筹资和间接筹资的主要区别是筹资机制不同、筹资范围不同、筹资效率和筹资费用不同等。

筹资方式按所筹集资本属性的不同可以划分为权益性筹资、债务性筹资和混合性筹资。权益性筹资是指形成企业股权资本的筹资，企业可以依法永久持有并运用该资本，因而被视为"永久性资本"，包括投入资本、普通股、留存收益等。债务性筹资是指形成企业债务资本的筹资，企业依法取得所筹集的资本并按照约定运用、按期偿还，包括长期借款、长期债券、融资租赁等。混合性筹资是指兼具权益性和债务性的双重属性的筹资方式，主要包括优先股和可转换债券。优先股属于股权性资本，但是优先股股利与债券票面利息类似，通常都是固定的；可转换债券在其持有者将其转换为股票之前属于债务性筹资，转换之后属于股权性筹资。

7.2　资金需求预测

企业筹集资金之前需要做出科学合理的需求预测。资金需求预测主要有营业百分比法和回归分析法。

7.2.1　营业百分比法

（1）营业百分比法的原理

营业百分比法根据营业收入与利润表和资产负债表项目之间的比率关系来预测资金需要量。

营业百分比法的原理是建立在一定假设基础之上的：在一定期间内，利润表项目以及大多数资产负债表项目的金额与营业收入的比率保持不变。通常情况下，这种假设是合理的。例如，如果营业收入增加 10%，则利润表中大部分项目大约也增加 10%，如营业成本等。资产负债表项目与利润表项目有所不同。在资产负债表中，有些项目与营业收入之间基本存在固定不变的百分比关系，但有些项目与营业收入之间不存在非常直接的关系，前者称为敏感项目，后者称为非敏感项目。对于不同的企业而言，敏感项目和非敏感项目不一定相同，具体要根据企业的实际情况进行分析。

因此，可以根据近期实际利润表、资产负债表中各项目金额与营业收入的百分比确定预计利润表和预计资产负债表中各项目与营业收入的百分比，据此编制预计利润表和预计资产负债表，并确定外部融资需要量。

（2）营业百分比法的基本步骤

营业百分比法的基本步骤可分为三步：第一，预计利润表；第二，预测留存收益增加额；第三，预计资产负债表，并预测外部资金需要量。

①预计利润表。

预计利润表可用来预测留存收益，并为预计资产负债表、预测外部资金需要量提供依据。有关人员在了解基期利润表各项目与营业收入的关系之后（更准确的分析方法往往要分析过去 5 年的数据），需要取得预测年度营业收入预计数，并编制预测年度的预计利润表。

【例 7-1】飞驰公司预计 2023 年度公司营业收入可达到 6 000 万元，根据 2022 年利润表各项目的营业百分比，可计算并编制 2023 年度预计利润表，如表 7-1 所示。

表 7-1　飞驰公司 2023 年度预计利润表

项目	2022 年度金额/万元	营业收入百分比/%	2023 年度预计金额/万元
营业收入	4 000	100.0	6 000
减：营业成本	2 500	62.5	3 750
销售费用	20	0.5	30

项目	2022 年度金额/万元	营业收入百分比/%	2023 年度预计金额/万元
营业税金及附加	240	6.0	360
营业利润	1 240	*	1 860
减：管理费用	600	15.0	900
财务费用	40	1.0	60
利润总额	600	*	900
减：所得税（25%）	150	/	225
净利润	450	*	675

注："/"代表变动幅度与营业收入变动幅度不成比例的项目；" * "代表根据其他项目推算出来的项目。

②预测留存收益增加额。

留存收益是公司内部的资金来源，它可以满足或部分满足公司的资金需要。如果公司有盈利并且不是全部支付股利，则留存收益会使股东权益自动增长。表 7 – 1 显示，2023 年飞驰公司的预计净利润为 675 万元。若预计 2023 年的股利支付率为 40%，则 2023 年的留存收益增加额为：

$$675 \times (1 - 40\%) = 405（万元）$$

即公司内部可以解决 405 万元的资金需要。

③预计资产负债表，并预测外部资金需要量。

预计资产负债表的基本步骤有：

第一，收集基期资产负债表资料，计算敏感项目与营业收入的百分比；

第二，根据预测年度营业收入预计数与第一步计算出来的敏感项目的营收百分比，计算出该项目在预测年度的预计数，而非敏感项目预测金额则按照基期金额填写；

第三，预计年度资产负债表中的留存收益为基期留存收益余额和预测年度留存收益增加额之和；

第四，计算外部融资需要量。

接例 7 – 1，飞驰公司 2023 年度预计资产负债表如表 7 – 2 所示。

表 7 – 2　飞驰公司 2023 年度预计资产负债表

项目	2022 年实际金额/万元	营业收入百分比/%	2023 年预计金额/万元
资产：			
货币资金	60	1.5	90
应收账款	800	20.0	1 200
存货	1 000	25.0	1 500
预付账款	20	——	20
长期股权投资	100	——	100
固定资产净值	200	5.0	300

续表

项目	2022 年实际金额/万元	营业收入百分比/%	2023 年预计金额/万元
资产总额	2 180	—	3 210
负债及所有者权益：			
短期借款	340	—	340
应付账款	440	11.0	660
应付职工薪酬	100	2.5	150
长期借款	300	—	300
负债合计	1 180	—	1 450
股本	500		500
留存收益	500	/	905ᵃ
所有者权益合计	1 000	—	1 405
外部资金需要额	—	*	355ᵇ
负债及所有者权益总额	2 180	—	3 210

注："—"代表非敏感项目；"/"代表变动幅度与营业收入变动幅度不成比例的项目；"＊"代表根据其他项目推算出来的项目。

ᵃ根据预计利润表计算出来的 2023 年的留存收益增加额为 405 万元，则 2023 年预计资产负债表中的留存收益总额应为 500 + 405 = 905（万元）。

ᵇ外部资金需要量 = 预计总资产 − 预计总负债 − 预计股东权益总额 = 3 210 − 1 450 − 1 405 = 355（万元）。

以上的计算过程表明，飞驰公司 2023 年为了完成 6 000 万元的营业收入，需要增加资金 1 030（3 210 − 2 180）万元，其中，负债的自然增加提供 270（1 450 − 1 180）万元，留存收益提供 405 万元，本年应该再筹集资金 355 万元。

（3）营业百分比法的简易方法

营业百分比法可以根据其基本原理加以简化，得到简易的营业百分比法，来预测外部资金需要量。公式如下：

外部资金需要量 = 资产增加额 − 负债自然增加额 − 留存收益增加额

= （敏感资产营业百分比 × 新增销售额）− （敏感负债营业百分比 × 新增销售额）− [计划销售净利率 × 计划销售额 × （1 − 股利支付率）]

$$(7-1)$$

如果采用简化的营业百分比法来计算，则飞驰公司 2023 年度的外部资金需要量可以计算如下：

新增销售额 = 6 000 − 4 000 = 2 000（万元）

销售净利率 = 450/4 000 = 11.25%

敏感资产营业百分比 = 1.5% + 20% + 25% + 5% = 51.5%

敏感负债营业百分比 = 11% + 2.5% = 13.5%

外部资金需要量 = 2 000 × 51.5% − 2 000 × 13.5% − 6 000 × 11.25% × （1 − 40%）

= 355（万元）

明确外部资金需要量后，公司理财人员必须考虑公司的目标资本结构、债务和权益市场状况、现有负债的限制性条件等多种因素，决定通过何种方式筹集所需资金。

7.2.2 回归分析法

（1）回归分析法的原理

回归分析法是建立资金需要量和相关因素之间的数学模型，根据回归分析的原理预测未来资金需要量的一种方法。模型中最为常见的相关因素是营业业务量，比如商品的产销量。模型建立的依据是资金需要量与相关因素过去的发展趋势，因为对未来的预测要依据过去的趋势，因此也称为趋势预测法。

（2）回归分析法的基本步骤

①建立反映资金需要量与相关因素之间关系的模型。一般为线性模型 $y = a + bx$。其中 a 代表固定资金需要量，是指在一定营业规模内不随相关因素变动的资金需要量，如固定资产占用资金、存货保险储备占用资金等。b 代表变动资金需要量，是随着相关因素变动而成比例变动的资金需要量，如应收账款占用资金等。

②利用历史数据进行回归分析，确定模型中的参数。

③根据相关因素的预测值预测未来的资金需要量。

【例 7 - 2】飞驰公司近五年的产品销售量和资金需要量的数据如表 7 - 3 所示。

表 7 - 3　飞驰公司近五年产品销售量和资金需要量

年份	产品销售量/万件 x	资金需要量/万元 y
2018	20	500
2019	21	520
2020	23	550
2021	25	590
2022	26	620

预计公司 2023 年的产品销售量为 30 万件，请使用趋势预测法估计飞驰公司 2023 年的资金需要量。

①假设资金需要量 y 与产品销售量 x 存在线性关系，建立如下线性方程：

$$y = a + bx \tag{7-2}$$

式中，a 代表固定资金需要量，b 代表单位产品销售量所需的变动资金数量。

②根据表 7 - 3 的数据可以整理得到表 7 - 4。

表 7 - 4　由表 7 - 3 整理得到的数据

年份	产品销售量/万件 x	资金需要量/万元 y	xy	x^2
2018	20	500	10 000	400
2019	21	520	10 920	441

续表

年份	产品销售量/万件 x	资金需要量/万元 y	xy	x^2
2020	23	550	12 650	529
2021	25	590	14 750	625
2022	26	620	16 120	676
合计	$\sum x = 115$	$\sum y = 2\,780$	$\sum xy = 64\,440$	$\sum x^2 = 2\,671$

由第①步的线性方程可以得到方程组：

$$\begin{cases} \sum y = na + b\sum x \\ \sum xy = a\sum x + b\sum x^2 \end{cases} \qquad (7-3)$$

将表 7 - 4 中的数据代入方程组，可得：

$$\begin{cases} 2\,780 = 5a + 115b \\ 64\,440 = 115a + 2\,671b \end{cases}$$

解得：$a = 113.71$，$b = 19.23$，即该公司的资金需要量的线性模型为 $y = 113.71 + 19.23x$。

③将公司 2023 年预计的产品销售量 30 万件代入第二步得到的模型，可以求得 2023 年的资金需要量为：$113.71 + 19.23 \times 30 = 690.61$（万元）。

7.3　权益性资本

权益性筹资

7.3.1　直接投入资本

（1）直接投入资本的含义

直接投入资本是指企业以协议等形式吸收政府资本、法人资本、个人资本等作为企业长期股权资本的一种筹资方式。直接投入资本不以股票为媒介，采用该方式筹资的主体是非股份制企业，主要包括个人独资企业、国有独资公司和合伙企业。

（2）直接投入资本的出资形式

直接投入资本的出资形式包括现金资产和非现金资产。现金是最常见也是最受筹资方欢迎的出资形式。非现金资产又包括有形资产和无形资产。有形资产投资是指出资方以房屋、建筑物、设备等固定资产和原材料、产成品等流动资产作价投资；无形资产投资是指出资方以专利权、商标权、商誉、非专利技术、土地使用权等无形资产作价投资。

（3）直接投入资本的程序

出资方和筹资方需要确定直接投入资本的数量，选择投入资本筹资的具体形式，签署合同或协议，按照合同或协议取得资本来源。

（4）直接投入资本筹资的优缺点

直接投入资本属于股权资本，与债务资本相比，它能够提高企业的信誉和偿债能力，降低企业的财务风险；该方式不仅可以筹集现金，还可以直接获得先进的技术、设备与宝贵的人力资本，尽快形成生产能力，降低了企业经营风险。

直接投入资本对筹资方来说往往代价较高，即资本成本较高，容易分散企业控制权；直接投入资本不以股票为媒介，产权关系不够清晰，因此也不便于产权交易。

7.3.2 普通股

股票（Stock）是股份公司为筹集权益性资本而发行的有价证券，是投资者入股并借以取得股利的凭证，它代表了投资人对股份公司的所有权。根据股票权利的不同，股票通常分为普通股（Common Stock）和优先股（Preferred Stock）。下面介绍的是普通股。优先股具有权益性资本和债务性资本的双重特点，因此将在混合性资本部分介绍。以下所称股票，如果没有特别说明，都是指普通股。

普通股是股份有限公司发行的无特别权利的股份，也是最基本的、标准的股份。普通股的持有人是公司的股东，他们是公司的最终所有者，对公司的经营收益或公司清算时的资产分配拥有最后的请求权，是公司风险的主要承担者。

（1）普通股股东的权利

作为普通股股票持有人的股东，一般具有以下权利。

第一，选举权和被选举权。按照《公司法》的规定，股东出席股东大会会议，所持股份具有对应的表决权。对大公司来说，普通股股东成千上万，不可能每位股东都直接参与公司的管理。普通股股东可以通过行使表决权选出董事会，由董事会代表所有股东对企业进行控制和管理。如果股东本人符合相关法律规定也可以作为候选人参与选举。

第二，股份转让的权利。股东有权出售或转让股票而无须其他股东的同意，但必须符合《公司法》等法规和公司章程的有关规定。

第三，优先认股权。当公司增发普通股股票时，现有股东有权按持有公司股票的比例，优先认购新股票。这主要是为了使现有股东保持其在公司股份中原来所占的比例，以保证他们的控制权。

第四，剩余财产的要求权。当公司解散、清算时，普通股股东对剩余财产有要求权。但是破产清算财产的变价收入，首先要用来清偿债务，然后支付优先股股东，最后才能分配给普通股股东。所以在破产清算时，如果资不抵债，普通股股东实际上分不到剩余财产。

第五，股利分配的请求权。公司的盈余支付了所得税和优先股股利后，可以按照股东大会的决议分配给普通股股东。

第六，公司章程规定的其他权利。

（2）普通股发行的一般要求

根据国际惯例和国家有关法规，股份有限公司公开发行股票等证券必须具备一定的条件，如上市公司的组织机构健全、运行良好、具有持续经营能力等。

根据我国《公司法》《证券法》等法规的规定，股份有限公司发行股票必须符合以下基本要求。

第一，股份有限公司的资本划分为股份，每一股股份的金额相等。

第二，公司的股份采取股票的形式。股票是公司签发的证明股东所持股份的凭证。

第三，股份的发行，实行公平、公正的原则，同种类的每一股份应当具有同等权利。

第四，同次发行的同种类股票，每股的发行条件和价格应当相同；任何单位或者个人所认购的股份，每股应当支付相同价格。

第五，股票发行价格可以按票面金额（即平价），也可以超过票面金额（即溢价），但不得低于票面金额（即折价）。

（3）普通股发行条件

股份有限公司在设立时要发行股票即首次公开发行；设立之后，为了扩大公司规模、改善资本结构等目的，也会增发新股，包括配售和增发，增发又包括非定向增发和定向增发。无论是首发还是再发，公司都应该符合发行条件。《公司法》《证券法》《首次公开发行股票注册管理办法》《上市公司证券发行注册管理办法》等对此都作了相应的规定。下面重点介绍公司发行股票应符合的财务与会计条件。

根据 2023 年 2 月 17 日修订的《首次公开发行股票注册管理办法》，发行人应遵守会计基础工作规范，财务报表的编制和披露符合企业会计准则和相关信息披露规则的规定，在所有重大方面公允地反映发行人的财务状况、经营成果和现金流量，最近三年财务会计报告由注册会计师出具无保留意见的审计报告。发行人内部控制制度健全且被有效执行，能够合理保证公司运行效率、合法合规和财务报告的可靠性，并由注册会计师出具无保留结论的内部控制鉴证报告。发行人业务完整，具有直接面向市场独立持续经营的能力。

在以上条件的基础上，根据同期修订的《上市公司证券发行注册管理办法》，交易所主板上市公司配股、增发的，应当最近三个会计年度盈利；增发还应当满足最近三个会计年度加权平均净资产收益率平均不低于百分之六；净利润以扣除非经常性损益前后孰低者为计算依据。

上市公司配股的，拟配售股份数量不超过本次配售前股本总额的百分之五十，并应当采用代销方式发行。控股股东应当在股东大会召开前公开承诺认配股份的数量。控股股东不履行认配股份的承诺，或者代销期限届满，原股东认购股票的数量未达到拟配售数量百分之七十的，上市公司应当按照发行价并加算银行同期存款利息返还已经认购的股东。

上市公司增发的，发行价格应当不低于公告招股意向书前二十个交易日或者前一个交易日公司股票均价。

定向增发又称为非公开发行，即向特定投资者发行股票。根据《上市公司证券发行注册管理办法》和 2020 年 2 月修订的《上市公司非公开发行股票实施细则》，除了规定发行对象不得超过 35 名（包括法人和自然人）、发行价格不低于定价基准日前 20 个交易日公司股票均价的 80%、发行股份 6 个月内（控股股东、实际控制人或其控制的关联人，通过认购本次发行的股份取得上市公司实际控制权的投资者，董事会拟引入的境内外战略投资者，这几种情形认购的股份为 18 个月）不得转让等之外，没有盈利能力等财务指标的要求。

（4）普通股发售方式

普通股发售方式包括自行销售和委托承销。

自行销售是指发行人自己直接将股票销售给认购者。这种方式的优点是发行人可以直接控制发行过程，发行费用较低；但筹资时间较长，发行人要承担全部发行风险。我国《上市公司证券发行注册管理办法》规定，上市公司董事会决议提前确定全部发行对象的，可以由上市公司自行销售。

委托承销是指发行人将股票销售业务委托给证券经营机构代理，是发行股票普遍采用的方式。《证券法》规定，发行人向不特定对象公开发行股票应当由证券公司承销。股票承销业务有代销或者包销方式。股票代销是指证券经营机构代发行人发售股票，在承销期结束时，将未售出的股票全部退还给发行人的承销方式。股票包销是指证券经营机构将发行人的股票按照协议全部购入或者在承销期结束时将售后剩余股票全部自行购入的承销方式。与代销相比，包销方式可以使发行人及时足额筹集资本，发行失败的风险较小，但发行成本较高。

（5）股票发行价格

股票发行价格是指股份制企业在募集企业股份资本或增资发行新股时，公开将股票出售给投资者所采用的价格。发行价格过高，可能导致发行失败；发行价格过低会使发行公司遭受损失。很多国家的股票市场普通股首次发行价都低于上市后的交易价格，这被称为"折价（Underpricing）"。

①股票发行价格的种类。

目前市场上常见的几种发行价格有面值发行、时价发行和中间价发行。

第一，面值发行。面值发行是指以股票的票面金额为发行价格，又称为等价发行。由于市价往往高于面值，因此以面值为发行价格能够使认购者得到因价格差异而带来的收益，使股东乐于认购，又保证了公司能够顺利实现筹措资金的目的。但与时价发行和中间价发行相比，发行公司筹措的资金相对较少。

第二，时价发行。时价发行是以二级市场上的股票价格（即时价）为基础确定发行价格。时价发行能使发行者以相对少的股份筹集到相对多的资本，同时还可以稳定流通市场的股票价格。

第三，中间价发行。中间价发行是指股票的发行价格取票面值和市场价格的中间值。中间价格一般适用于面向原股东发行的股票，在时价和面值之间采取一个折中的价格，因此，在进行股东分摊时要按比例配股，不改变原来的股东构成。

由此可见，时价发行和中间价发行都属于溢价发行，也就是说股票不能折价发行。我国《公司法》规定，股票发行价格可以按票面金额（等价），也可以超过票面金额（溢价），但不得低于票面金额（折价）。

②确定股票发行价格应考虑的因素。

确定股票发行价格时需要综合考虑多层次多角度的因素，下面介绍一些比较常见的因素。

第一，盈利水平。公司盈利水平直接反映了一个公司的经营能力，进而影响着股票发行价格。在总股本和市盈率一定的前提下，利润越高，发行价格也越高。

第二，发展潜力。公司盈利能力的增长是影响到股票发行价格的又一重要因素。公司的发展潜力越大，未来盈利趋势越确定，市场所接受的发行市盈率也就越高，发行价格也就越高。

第三，发行数量。在筹集资金数额一定的情况下，如果发行数量较大，则发行价格应适当定得低一些；如果发行量小，考虑到供求关系，价格可定得高一些。

第四，行业特点。发行公司所处行业的发展前景会影响到投资人对公司发展前景的预期，同行业已经上市企业的股票价格水平也会影响到公司股票的发行价格。如果公司各方面均优于已经上市的同行业公司，则发行价格可定高一些；反之，则应低一些。

第五，股市状态。二级市场的股票价格水平直接关系到一级市场的发行价格。在制定发行价格时，要考虑到二级市场股票价格水平在发行期内的变动情况。若股市处于"熊市"，定价应该低一些；若股市处于"牛市"，定价应该高一些。

③股票发行的定价机制。

股票发行的定价机制主要有固定价格、拍卖、累计投标询价三种类型。固定价格的定价机制是承销商不考虑投资者对股票的供需等因素，按照事先与发行公司商定的发行价格发行股票。拍卖机制是指市场上的投资者通过对新股进行价格和数量的申报，发行公司和承销商根据其预计发行新股的数量及市场上投资者的需求量的汇总结果最终确定新股发行价格。累计投标询价的定价机制主要包括以下几个步骤：由发行公司和承销商确定询价区间；通过市场促销征集在每个价位上的需求量；分析需求分布，由主承销商与发行公司确定最终发行价格。累计投标询价的定价机制是目前市场上最常用的定价机制。

（6）普通股筹资的优缺点

①普通股筹资的优点。

第一，公司没有固定的利息负担。普通股的股利不同于债务性筹资需要支付的利息，普通股的股利没有强制性。如果公司有盈余但没有好的投资机会时，就可以作为股利将其支付给股东；如果公司有盈余又有好的投资机会或公司盈余较少时，就可少支付或不支付股利。

第二，普通股没有固定的到期日，不用偿还。利用普通股筹集的是永久性的资金，除非公司清算才需偿还，这就保证了企业最低的资金需求。

第三，普通股筹资风险小。由于普通股没有固定的到期日，不用支付固定的利息，因此财务风险小。

第四，能增加公司的信誉。普通股筹集的资本与留存收益统称为权益资本。权益资本是公司所借入一切债务的基础。较多的权益资本就可以为债权人提供较大的保障，因而，普通股筹资可以提高公司的信誉，为公司能够使用更多的债务资本提供支持。

第五，普通股筹资的限制较少。利用优先股或债券筹资，通常有很多限制，这些限制往往会影响公司经营的灵活性。

②普通股筹资的缺点。

第一，普通股的资本成本较高。一般来说，普通股的筹资成本大于债务的筹资成本。这不仅是因为股票投资风险大，股东要求的报酬率高，而且也因为股利要从税后净利润中支付，而债务资金的利息可在税前扣除；另外，普通股的发行费用也比较高。

第二，利用普通股筹资，出售了新的股票，引进了新的股东，容易分散公司的控制权。

第三，利用普通股筹资，发行了新的股票，增加了公司股本，会引起每股收益的稀释，损害现有股东的价值。

7.4 债务性资本

债务性筹资——
长期债券筹资

7.4.1 长期债券

债券是发行人依照法定程序发行的、约定在一定期限向债券持有人还本付息的有价证券。债券是一种债务凭证，反映了发行者与购买者之间的债权债务关系。债券尽管种类多种多样，但是在内容上都要包含一些基本的要素。这些要素是指发行的债券上必须载明的基本内容，这是明确债权人和债务人权利和义务的主要约定，具体包括：债券面值、票面利率、付息期、偿还期等。

（1）债券的种类

①按是否有财产担保，债券可以分为抵押债券和信用债券。

抵押债券是以企业财产作为担保的债券，按抵押品的不同又可以分为一般抵押债券、不动产抵押债券、动产抵押债券和证券信用抵押债券。抵押债券可以分为封闭式和开放式两种。封闭式公司债券发行额会受到限制，即不能超过其抵押资产的价值；开放式公司债券发行额不受限制。抵押债券的价值取决于担保资产的价值。抵押品的价值一般超过它所提供担保的债券价值的25%～35%。

信用债券是不以任何公司财产作为担保，完全凭信用发行的债券。其持有人只对公司的非抵押资产具有追索权，企业的盈利能力是这些债券投资人的主要担保。因为信用债券没有财产担保，所以在债券契约中一般要加入保护性条款，如不能将资产抵押给其他债权人，不能兼并其他企业，未经债权人同意不能出售资产，不能发行其他长期债券等。

②按是否能转换为公司股票，债券可以分为可转换债券和不可转换债券。

可转换债券是指在特定时期内可以按某一固定的比率转换成普通股的债券，它具有债务与权益双重属性，属于一种混合性筹资方式。由于可转换债券赋予债券持有人将来成为公司股东的权利，因此其利率通常低于不可转换债券。若将来转换成功，在转换前发行企业达到了低成本筹资的目的；转换后又可节省股票的发行成本。

不可转换债券是指不能转换为普通股的债券，又称为普通债券。由于它没有赋予债券持有人将来成为公司股东的权利，所以其利率一般高于可转换债券。本部分所讨论的债券的有关问题主要针对普通债券，关于可转换债券详见本章第五节。

③按利率是否固定，债券可以分为固定利率债券和浮动利率债券。

固定利率债券是将利率印在票面上并按其向债券持有人支付利息的债券，该利率不随市场利率的变化而调整。浮动利率债券是指息票率随市场利率变动而调整的债券。

④按是否能够提前偿还，债券可以分为可赎回债券和不可赎回债券。

可赎回债券是指在债券到期前，发行人可以以事先约定的赎回价格收回的债券。公司发行可赎回债券主要是考虑到公司未来的投资机会和回避利率风险等问题，以增加公司资本结构调整的灵活性。发行可赎回债券最关键的问题是赎回期限和赎回价格的制定。不可赎回债券是指不能在债券到期前收回的债券。

⑤按偿还方式不同，债券可以分为一次到期债券和分期到期债券。

一次到期债券是发行公司于债券到期日一次偿还全部债券本金的债券。分期到期债券是指在债券发行时就规定有不同到期日的债券，即分批偿还本金的债券。分期到期债券可以减轻发行公司集中还本的财务负担。

（2）债券的发行条件

公司债券可以公开发行，也可以非公开发行。《证券法》规定公开发行公司债券应当符合下列条件：①具备健全且运行良好的组织机构；②最近三年平均可分配利润足以支付公司债券一年的利息；③国务院规定的其他条件。有下列情形之一的，不得再次公开发行公司债券：①对已公开发行的公司债券或者其他债务有违约或者延迟支付本息的事实，仍处于继续状态；②违反本法规定，改变公开发行公司债券所募资金的用途。

2021 年 2 月颁布的《公司债券发行与交易管理办法》规定，资信状况符合以下标准的公开发行公司债券，专业投资者和普通投资者可以参与认购：①发行人最近三年无债务违约或者迟延支付本息的事实；②发行人最近三年平均可分配利润不少于债券一年利息的 1.5倍；③发行人最近一期末净资产规模不少于 250 亿元；④发行人最近 36 个月内累计公开发行债券不少于 3 期，发行规模不少于 100 亿元；⑤中国证监会根据投资者保护的需要规定的其他条件。未达到以上标准的公开发行公司债券，仅限于专业投资者参与认购。

（3）债券的发行价格

债券的发行价格，是指债券原始投资者购入债券时应支付的市场价格，它与债券的面值可能一致，也可能不一致。理论上，债券发行价格是债券的面值和要支付的年利息按发行当时的市场利率折现所得到的现值。对于最常见的分期付息到期还本债券，其发行价格计算的基本公式为：

$$P = \sum_{t=1}^{n} \frac{i \times F}{(1+R)^t} + \frac{F}{(1+R)^n} = \sum_{t=1}^{n} \frac{I}{(1+R)^t} + \frac{F}{(1+R)^n} \qquad (7-4)$$

式中　P——债券发行价格；

　　　i——票面利率；

　　　F——债券面值；

　　　I——每期支付的固定利息；

　　　R——市场利率；

　　　n——债券期限。

式（7-4）说明影响债券发行价格的因素包括债券面值、票面利率、市场利率和债券期限。

【例 7-3】飞驰公司计划发行 10 年期的债券，每张面值 100 元，票面利率为 8%，分期付息到期还本。若发行时市场利率为 8%，则该债券发行价格为多少？若发行时市场利率为10% 或 6%，该债券的发行价格应为多少？

若发行时市场利率为 8%，则债券发行价格为：

$$P = \sum_{t=1}^{10} \frac{100 \times 8\%}{(1+8\%)^t} + \frac{100}{(1+8\%)^{10}}$$
$$= \text{PVIFA}_{8\%,10} \times 8 + \text{PVIF}_{8\%,10} \times 100$$
$$= 6.710\,1 \times 8 + 0.463\,2 \times 100$$
$$= 53.68 + 46.32$$
$$= 100 \text{（元）}$$

计算结果说明，票面利率刚好等于市场利率（投资人所要求的报酬率）时，债券应该按照面值 100 元发行。面值发行情况下，债券票面利率为 8%，给投资人提供的收益率也是8%，刚好等于市场上投资人所要求的收益率。

若发行时市场利率为 10%，则债券发行价格为：

$$P = \sum_{t=1}^{10} \frac{100 \times 8\%}{(1+10\%)^t} + \frac{100}{(1+10\%)^{10}}$$
$$= \text{PVIFA}_{10\%,10} \times 8 + \text{PVIF}_{10\%,10} \times 100$$
$$= 6.144\,6 \times 8 + 0.385\,5 \times 100$$

$$= 49.16 + 38.55$$
$$= 87.71 \text{（元）}$$

计算结果说明，票面利率低于市场利率（投资人所要求的报酬率）时，仍以面值发行就不能吸引投资者，债券应该低于面值发行。就飞驰公司发行的债券来说，87.71元的发行价格比面值少了12.29元。这12.29元就是投资人在持有该债券期间，与10%的市场利率相比，每年少获得利息（2元）的现值，相当于发行方给投资方的补偿。飞驰公司以87.71元发行债券，给投资人提供的收益率是10%，刚好等于市场上投资人所要求的收益率。此时债券称为折价发行。

若发行时市场利率为6%，则债券发行价格为：

$$P = \sum_{t=1}^{10} \frac{100 \times 8\%}{(1 + 6\%)^t} + \frac{100}{(1 + 6\%)^{10}}$$
$$= \text{PVIFA}_{6\%,10} \times 8 + \text{PVIF}_{6\%,10} \times 100$$
$$= 7.360\ 1 \times 8 + 0.558\ 4 \times 100$$
$$= 58.88 + 55.84$$
$$= 114.72 \text{（元）}$$

计算结果说明，票面利率高于市场利率（投资人所要求的报酬率）时，仍以面值发行就会增加发行成本，债券应该高于面值发行。就飞驰公司发行的债券来说，114.72元的发行价格比面值多了14.72元。这14.72元就是投资人在持有该债券期间，与6%的市场利率相比，每年多获得利息（2元）的现值，是投资方给发行方的补偿。飞驰公司以114.72元发行债券，给投资人提供的收益率是6%，刚好等于市场上投资人所要求的收益率。此时债券称为溢价发行。

由此可见，票面利率和市场利率的关系影响到债券的发行价格。当债券票面利率等于市场利率时，平价发行；当债券票面利率低于市场利率时，折价发行；当债券票面利率高于市场利率时，溢价发行。平价发行在债券发行中较常见，可以理解为多数债券的票面利率与风险相当的债券的市场利率相同。

在实务中，根据上述公式计算的发行价格一般是确定实际发行价格的基础，还要结合发行公司自身的信誉情况、对资金的急需程度和对市场利率变化趋势的预测等各种因素来确定最合适的债券发行价格。

（4）债券筹资的优缺点

①债券筹资的优点。

第一，资本成本低。债券的利息可以税前列支，具有抵税作用；与发行股票相比，债券发行成本也较低；另外债券投资人比股票投资人的投资风险低，因此其要求的报酬率也较低。故债券的资本成本要低于普通股。

第二，具有财务杠杆作用。债券的利息属于固定费用，具有财务杠杆作用，息税前利润增加的情况下会使股东的收益有更大幅度的增加。

第三，可以保障股东的控制权。债券持有人一般无权参与公司的经营管理，不会影响股东对公司的控制。

第四，所筹集资金属于长期资金。发行债券所筹集的资金一般属于长期资金，可供企业在一年以上的时间内使用，这为企业安排投资项目提供了有力的资金支持。

②债券筹资的缺点。

第一，财务风险大。债券有固定的到期日和固定的利息支出，当企业资金周转出现困难时，仍然需要承担付息和还本义务，易使企业陷入财务困境，甚至破产清算。因此企业在发行债券筹资时，必须考虑所投资项目的未来收益的稳定性和增长性。

第二，限制性条款多，资金使用缺乏灵活性。因为债权人没有参与企业管理的权利，为了保障债权人债权的安全，通常会在债券合同中包括各种限制性条款。这些限制性条款会影响企业资金使用的灵活性。

第三，投资者群体受到一定限制。根据 2021 年 2 月颁布的《公司债券发行与交易管理办法》规定，满足一定条件的公开发行公司债券，专业投资者和普通投资者可以参与认购，如发行人最近三年无债务违约或者迟延支付本息的事实，发行人最近三年平均可分配利润不少于债券一年利息的 1.5 倍等；如果不能满足这些条件，仅限于专业投资者参与认购。而非公开发行的公司债券则只能由专业投资者认购，且每次发行对象不得超过二百人。

7.4.2 长期借款

长期借款是指向银行或其他非银行金融机构借入的、期限在 1 年以上的各种借款。长期借款主要用于购建固定资产和满足企业营运资金的需要。

债务性筹资——
长期借款筹资

（1）长期借款的种类

①按照提供贷款的机构，长期借款分为政策性银行贷款、商业银行贷款和其他金融机构贷款。政策性银行包括国家开发银行、中国进出口银行、中国农业发展银行。政策性银行贷款利率较低、期限较长，有特定的服务对象，其放贷支持的主要是商业性银行在初始阶段不愿意进入或涉及不到的领域。其他金融机构贷款主要指信托投资公司和财务公司等提供的贷款。

②按照有无担保，长期贷款分为信用贷款、抵押贷款和质押贷款。信用贷款是指不需要债务人或者担保人提供抵押品，仅凭信用或担保人信誉而提供的贷款；抵押贷款是指要求债务人或者担保人以抵押品作为担保的贷款，抵押品常常是房屋、设备等；质押贷款是指债务人或者担保人以其动产或权利做质押，将动产或权利作为债权担保的贷款，质押的动产应移交债权人。可以作为质押权利的有汇票、本票、债券、股票、商标权、专利权等。

（2）借款合同的内容

借款合同是规定借贷当事人双方权利和义务的契约。借款合同具有法律约束力，借贷当事人双方必须遵守合同条款，履行合同约定的义务。借款合同中包括基础条款和限制性条款。

①借款合同的基础条款。

根据我国有关法规规定，借款合同应具备下列基本条款：借款种类、借款用途、借款金额、借款利率、借款期限、还款资金来源及还款方式、保证条款、违约责任等。

②借款合同的限制性条款。

借款合同中包含的保护资金出借方利益的条款称为限制性条款。限制性条款归纳起来主要有以下三类：

第一，一般性限制条款。主要包括：企业需持有一定额度的现金和其他流动资产，保持其资产的合理流动性及支付能力；限制企业支付现金股利；限制企业固定资产投资的规模；限制企业借入其他长期资金，特别是抵押举债等。

第二，例行性限制条款。主要包括：企业定期向银行报送财务报表；不能出售其资产的重大部分；债务到期要及时偿付；禁止应收账款的贴现和出售；限制其他或有负债等。

第三，特殊性限制条款。主要包括：公司要为高级管理人员购买人身保险；在贷款期内公司不得解聘关键管理人员；限制高级管理人员的薪水和奖金；不得改变借款用途等。

（3）长期借款的偿还方式

长期借款的偿还方式由借贷双方共同商定。一般主要有以下几种方式：

①定期支付利息，到期偿还本金。这是最普通、最具代表性的偿还方式。采用这种方式，对于借款企业来说，分期支付利息的压力较小，但借款到期后偿还本金的压力较大。

②定期等额偿还方式，即在债务期限内均匀偿还本利和。这种偿还方式减轻了一次性偿还本金的压力，但是可供借款企业使用的借款额会逐期减少，因此会提高企业使用借款的实际利率。

③在债务期限内，每年偿还相等的本金再加上当年的利息。这是与第二种方式类似的一种偿还方式。

④到期一次还本付息。这种方式的优点是企业平时没有支付利息和本金的压力，有利于企业合理安排资金的使用，但到期还本付息的压力较大。

不同偿还方式使企业在借款期内偿还的本息总额不同，在整个偿还过程中现金流量分布也不同，企业应该根据自身的实际情况，合理选择偿还方式。

（4）长期借款的信用条款

按照国际惯例，银行借款往往附加一些信用条款，主要有授信额度、周转授信协议、补偿性余额等。

①授信额度。授信额度是借款企业与银行间正式或非正式协议规定的企业借款的最高限额。在授信额度内，企业可随时按需要向银行申请借款。但在非正式协议下，银行并不承担按最高借款限额贷款的法律义务。

②周转授信协议。周转授信协议一般是银行对大公司使用的正式授信额度。与一般授信额度不同，银行对周转授信协议负有法律义务，并因此向企业收取一定的承诺费用，一般按企业未使用的授信额度的一定比率（通常为 0.2% 左右）计算。

③补偿性余额。补偿性余额是银行要求企业将借款的 10% ~ 20% 的平均余额以无息回存的方式留存银行，目的是降低银行贷款风险。补偿性余额使借款企业的实际借款利率有所提高。

（5）长期借款筹资的优缺点

①长期借款筹资的优点。

第一，筹资速度快。通过发行各种证券来筹集长期资金需要证券发行前的准备时间和发行时间，而银行借款与发行证券相比，一般所需时间较短，可以迅速地获取资金。

第二，资本成本较低。借款利息可在税前支付，有抵税作用；借款的手续费低于证券的发行费用。因而相对于其他长期筹资方式，长期借款的资本成本一般是较低的。

第三，弹性较大。借款企业面对的是银行而不是广大的债券持有人，而且可以与银行直接接触，确定贷款的时间、数量和利息；另外在借款期间如果情况发生了变化，企业也可与银行再进行协商，修改借款数量及条件等，与其他筹资方式相比有较大的弹性。

第四，具有财务杠杆作用。因为银行借款利息属于固定费用，在息税前利润增加时，会使税后利润以更大的幅度增加。

②长期借款筹资的缺点。

第一，财务风险较大。因为财务杠杆的作用，在息税前利润减少时，银行借款利息的存在会使税后利润以更大的幅度减少；另外借款会增加企业还本付息的压力。

第二，限制条款较多。银行长期借款都有很多的限制条款，这些条款可能会限制企业的经营活动，包括筹资活动和投资活动。

第三，筹资数量有限。银行一般不愿进行巨额的长期贷款；另外，当企业财务状况不好时，借款利率会很高，甚至根本不可能得到贷款。

7.4.3　融资租赁

（1）租赁的概念和种类

租赁是一种经济行为，出租人在一定时期内，根据一定条件将资产交由承租人使用，承租人在规定时间内分期支付租金并享有对租赁资产

债务性筹资——
租赁筹资

的使用权。按租赁双方对租赁物所承担的风险和报酬为标准，租赁可以分为经营租赁和融资租赁。虽然 2018 年财政部修订的《企业会计准则第 21 号——租赁》中，取消了承租人对经营租赁和融资租赁的分类，在会计处理上要求对所有租赁（短期租赁和低价值资产租赁除外）确认使用权资产和租赁负债，但因为融资租赁是一种长期融资方式，其经济本质并无变化，因此本部分主要讨论融资租赁。

①经营租赁。经营租赁是指在较短的时期内，出租人向承租人出租资产，承租人获得资产的使用权并向出租人支付租金，出租人提供保养、维修、保险等与租赁有关的服务。对于承租人来说，经营租赁的目的不是融通资本，而是购买资产的短期使用权，属于企业的经营活动。

②融资租赁。融资租赁是由出租方按照承租方的要求购买设备，并在合同规定的较长时期内提供给承租人使用的一种以融通资金为目的的租赁方式。承租人可在资产的大部分使用寿命周期内获得资产的使用权，租赁期内的租金足以使出租人收回设备的成本并有一定投资报酬。对于承租人来说，融资租赁的目的是融通资本，是一种集融资与融物于一身的特殊长期筹资方式。

（2）融资租赁的特点

融资租赁实际上相当于企业借入长期资金，并以分期付款的方式购买固定资产，是现代租赁的主要形式。其特点主要包括：

①一般由承租企业向租赁公司提出正式申请，由租赁公司融资购进设备，然后租给承租企业使用。

②租赁期限较长。融资租赁的租期一般为租赁资产使用寿命的 75% 以上。

③租赁合同比较稳定。在规定的租赁期限内，非经双方同意，任何一方中途不得终止合同，这样有利于维护双方的权益。

④在租赁期内，出租方一般不提供租赁设备的维修和保养等服务。

⑤租约期满后，可以按事先约定的办法处置设备。处置的办法主要有将设备作价转让给承租人、由出租人收回、延长租期等三种。

（3）融资租赁的形式

①直接租赁。直接租赁是指承租人直接向出租人租用其所需要的资产，是一种较早的典型的融资租赁形式。直接租赁只涉及出租人和承租人两方。

②售后租回。售后租回是指承租方按照协议先将其资产卖给租赁公司，然后再将其租回使用，并向租赁公司支付租金。在这种租赁形式下，出售资产的企业可以得到一笔相当于资产价值的资金，同时又保留了对资产的使用权。在这种租赁方式下，卖方同时是承租人，买方同时是出租人，也只涉及出租人和承租人两方。

③杠杆租赁。杠杆租赁涉及承租方、出租方和资金出借者三方当事人。对承租方来说，这种方式与其他融资租赁方式没有区别，仍然是支付租金取得资产使用权。对出租方来说，在杠杆租赁中，出租方只需垫支购买租赁资产所需资金的一部分（一般为20%～40%），其余部分则以该资产作为担保向资金出借者借入。因此，在这种租赁形式下，出租方既是出租人又是借款人，既要收取租金又要偿付债务，同时它又拥有租赁资产的所有权。但出租方若未能及时偿还借款，则资产的所有权要归资金出借者所有。这种租赁形式下，由于租赁收益一般大于借款成本，出租人可以获得财务杠杆利益，因此被称为杠杆租赁。

无论采用何种融资租赁的形式，其决策的依据主要是租金是否小于银行同期贷款本息。若租金大于银行同期贷款本息，在其他条件相同的情况下，企业还是采取其他长期负债方式更为合算。但是融资租赁筹资有许多优点是其他长期负债筹资方式所无法相比的。

（4）融资租赁筹资的优缺点

①融资租赁筹资的优点。

第一，能迅速获得所需资产。因为租赁是筹资与设备购置同时进行，一般要比先筹措资金然后再购买设备能更快地形成生产能力。

第二，筹资限制较少。企业运用长期债券和长期借款等债务筹资方式都有相当多的限制性条款，相比之下，融资租赁的限制性条件较少。

第三，减少了设备陈旧过时的风险。科学技术的迅速发展使得固定资产过时的风险很大，利用融资租赁筹资可减少这一风险。因为融资租赁的期限一般为资产使用寿命的75%，不像自己购买设备那样要承担设备整个寿命周期内的风险；而且多数租赁协议都规定由出租人承担设备陈旧过时的风险。

第四，全部租金通常在整个租期内分期支付，与到期一次还本付息相比，可以减轻企业不能偿付的风险。

第五，融资租赁的租金费用允许税前列支，承租企业可以获得节税收益。

②融资租赁筹资的缺点。

第一，资本成本较高。由于出租方需要获利，因此承租方支付的租金往往要高于设备的公允价值。

第二，在企业处于财务困境时，固定的租金会给企业构成一项较沉重的负担。

7.5　混合性资本

混合性筹资——
优先股筹资

7.5.1　优先股

优先股是相对于普通股来说具有一定优先权的股票，但是其股利率是固定的，因此优先股是具有权益和债务双重性质的筹资方式。

《公司法》《证券法》、国务院 2013 年 11 月发布的《关于开展优先股试点的指导意见》、证监会 2014 年 3 月制定的《优先股试点管理办法》（2023 年修订）等都是关于优先股筹资的主要规范。

（1）优先股的种类

鉴于优先股具有权益和债务双重性质，公司为了保障投资者的权利，通常规定某些附属的性质。根据附属性质不同，优先股通常有以下几种类型。

①累积优先股和非累积优先股。

累积优先股是指当年未支付的股利可积累到以后年度一起支付。即当公司经营状况不好或其他原因无力支付股利时，可把股利累积下来，当公司经营状况好转，再补发这些股利。一般而言，一个公司把所欠的优先股股利全部支付以后，才能支付普通股股利。不具有以上特征的优先股就属于非累积优先股。

②可转换优先股和不可转换优先股。

可转换优先股允许股东在一定时期内，以一定的比例，将优先股转换成该公司的普通股股票，转换的比例是事先确定的，该比例取决于当时优先股与普通股的现行价格。不具有以上特征的优先股就称为不可转换优先股。

③参与优先股和非参与优先股。

参与优先股可参加公司利润的分配，即当一个公司在分配了优先股和普通股股利后，仍有剩余利润时，优先股股东有权与普通股股东共同分享剩余部分。不具有以上特征的优先股就称为非参与优先股。

（2）优先股股东的权利

优先股相对于普通股而言有某些优先权，其优先权主要表现在以下几个方面：

①优先分配股利的权利。优先股先于普通股分配股利，股利率一般是固定的，这是优先股的最主要特征。

②对资产的优先要求权。在公司破产清算时，优先股先于普通股分配剩余财产，但其金额只限于优先股的票面价值加上累积未支付的股利。

③参与公司管理权。一般情况下，优先股没有参与公司经营管理的权利，但是当研究与优先股有关的问题或长期不支付优先股股利时，优先股有权参与管理。

（3）优先股筹资的相关规定

我国《优先股试点管理办法》对上市公司发行优先股应具备的条件和资格进行了规定，主要内容如下。

①一般规定。

第一，上市公司应当与控股股东或实际控制人的人员、资产、财务分开，机构、业务独立。

第二，上市公司内部控制制度健全，能够有效保证公司运行效率、合法合规和财务报告的可靠性，内部控制的有效性应当不存在重大缺陷。

第三，最近三个会计年度实现的年均可分配利润应当不少于优先股一年的股息。

第四，最近三年现金分红情况应当符合公司章程及中国证监会的有关监管规定。

第五，报告期不存在重大会计违规事项。公开发行优先股，最近三年财务报表被注册会计师出具的审计报告应当为标准审计报告或带强调事项段的无保留意见的审计报告。

第六，募集资金应有明确用途，与公司业务范围、经营规模相匹配。

第七，已发行的优先股不得超过公司普通股股份总数的 50%，且筹资金额不得超过发行前净资产的 50%（已回购、转换的优先股不纳入计算）。

②公开发行的特别规定。

第一，其普通股为上证 50 指数成分股。

第二，以公开发行优先股作为支付手段收购或吸收合并其他上市公司。

第三，以减少注册资本为目的回购普通股的，可以公开发行优先股作为支付手段，或者在回购方案实施完毕后，可公开发行不超过回购减资总额的优先股。

第四，最近三个会计年度应当连续盈利。扣除非经常性损益后的净利润与扣除前的净利润相比，以孰低者作为计算依据。

③公开发行的公司章程规定。

第一，采取固定股息率。

第二，在有可分配税后利润的情况下必须向优先股股东分配股息。

第三，未向优先股股东足额派发股息的差额部分应当累积到下一会计年度。

第四，优先股股东按照约定的股息率分配股息后，不再同普通股股东一起参加剩余利润分配。

④其他规定。

第一，优先股每股票面金额为 100 元。优先股发行价格和票面股息率应当公允、合理，不得损害股东或其他利益相关方的合法利益，发行价格不得低于优先股票面金额。公开发行优先股的价格或票面股息率以市场询价或证监会认可的其他公开方式确定。非公开发行优先股的票面股息率不得高于最近两个会计年度的年均加权平均净资产收益率。

第二，上市公司不得发行可转换为普通股的优先股。但商业银行可根据商业银行资本监管规定，非公开发行触发事件发生时强制转换为普通股的优先股，并遵守有关规定。

第三，上市公司非公开发行优先股仅向本办法规定的合格投资者发行，每次发行对象不得超过 200 人，且相同条款优先股的发行对象累计不得超过 200 人。

（4）优先股筹资的优缺点

①优先股筹资的优点。

第一，优先股没有固定的到期日，不用偿还本金。但大多数优先股又附有赎回条款，这使得使用这种资本更有弹性。当财务状况较差时发行，而财务状况较好时赎回，将公司对资本的需求和最优资本结构结合起来。

第二，股利的支付既固定又有一定的弹性。一般而言，优先股都采用固定股利，但固定股利的支付并不构成公司的法定义务，如果企业缺少现金，可暂时不支付优先股股利，优先股股东不可能像债权人一样起诉公司破产。另外公司可以通过将优先股设计成累积优先股来增加该筹资方式的弹性。

第三，保持普通股股东的控制权。当公司既想从外部筹集权益资本，又不想分散现有股东的控制权时，可以利用优先股筹资。另外优先股属于权益资本，这种筹资方式扩大了权益基础，增加了公司的信誉和举债能力。

②优先股筹资的缺点。

第一，资本成本高。优先股的股利要从税后利润中支付，没有抵税作用，因此资本成本较高。

第二，筹资的限制较多。发行优先股，通常有很多的限制条款，例如，对普通股股利支付的限制、对公司举债的限制等。

第三，优先股股利可能会成为公司的财务负担。由于优先股的股利固定，而且不能在税前扣除，因此当盈利下降时，优先股的股利就会成为公司一项较重的财务负担，有时不得不延期支付，从而影响到公司的信誉。

7.5.2　可转换债券

混合性筹资——
可转换债券筹资

（1）可转换债券的概念和性质

可转换债券是指可以在特定时期内以固定的转换比率转换成普通股的债券，是具有债务与权益双重属性的筹资方式。可转换债券的性质主要有：期权性、债券性、股权性。

①期权性。

可转换债券的期权性体现在可转换的选择权上，即在规定的期限内，投资者可选择按转换价格将债券转换为一定数量的股票，但没有义务一定要行使转换权。

②债券性。

可转换债券的债券性体现在债券持有人在没有将债券转换为股票之前，有定期收取利息和到期收回本金的权利；对发行公司而言，在可转换债券转换之前需要定期向持有人支付利息并到期还本。

③股权性。

如果在规定的转换期限内，持有人将可转换债券转换为股票，就成为公司的股东，发行公司也同时将债券负债转化为股东权益，从而具有股权筹资的属性。

（2）可转换债券发行的条件

《上市公司证券发行注册管理办法》规定，上市公司发行可转换债券，应当符合下列规定：具备健全且运行良好的组织机构；最近三年平均可分配利润足以支付公司债券一年的利息；具有合理的资产负债结构和正常的现金流量。交易所主板上市公司向不特定对象发行可转换债券的，应当最近三个会计年度盈利，且最近三个会计年度加权平均净资产收益率平均不低于百分之六；净利润以扣除非经常性损益前后孰低者为计算依据。

（3）可转换债券合约的基本内容

可转换债券合约的基本内容包括转换期限、转换价格、转换比率、赎回条款、回售条款等。

①转换期限。可转换债券的转换期限是指按发行公司的约定，持有人可行使转换权利的

期限。一般而言，可转换债券转换期限的长短与可转换债券的期限有关。我国《上市公司证券发行注册管理办法》规定，可转换债券自发行结束之日起 6 个月后方可转换为公司股票，转股期限由公司根据可转换公司债券的存续期限及公司财务状况确定。

②转换价格。可转换债券的转换价格是指可转换债券转换为相关股票的每股价格，计算公式为：

$$转换价格 = \frac{债券面值}{可转换为普通股的股数} = \frac{债券面值}{转换比率} \qquad (7-5)$$

我国《上市公司证券发行注册管理办法》规定，转换价格应不低于募集说明书公告日前 20 个交易日该公司股票交易均价和前一个交易日的均价。

③转换比率。可转换债券的转换比率是指每份可转换债券在规定的转换价格下所能转换的相关股票的数量，计算公式为：

$$转换比率 = \frac{债券面值}{转换价格} \qquad (7-6)$$

【例 7-4】飞驰公司拟发行可转换债券，面值 100 元，票面利率为 3.5%，发行前 20 个交易日该公司股票平均价格为 4 元。预计未来该股票有上涨趋势，因此确定转换价格较前 20 个交易日股票均价上浮 25%。则该公司可转换债券的转换价格和转换比率为：

$$转换价格 = 4 \times (1 + 25\%) = 5（元）$$

$$转换比率 = \frac{100}{5} = 20$$

可转换债券持有人申请转股时，其所持有的债券面额出现不足以转换为 1 股股票的余额时，发行公司应当以现金偿付。如例 7-4 中，可转换债券面值 100 元，发行时转换价格为 5 元，之后由于流通股数增加，转股价格调整为每股 4.5 元。某人持有 100 份可转换债券，总面额 10 000 元，则其转换股票数量为 2 222 股（10 000÷4.5），同时尚有不足以转换为 1 股股票的余额 1 元。在这种情况下，发行公司应该支付给该持有人 2 222 股股票和 1 元现金。

④赎回条款。赎回条款是指债券发行人在债券到期前以事先约定的价格回收债券的条款。可转换债券附有赎回条款，目的是迫使债券持有人行使转换权，尽早实现转换，因此又称为"加速条款"；另外发行公司也可以避免筹资上的损失。赎回条款通常包括不可赎回期、赎回期和赎回价格。不可赎回期是可转换债券从发行时开始到不能被赎回的那段时期，其设立目的是保护债券持有人的利益，防止发行方通过滥用赎回权强制债券持有人转换债券。赎回期是可转换债券的发行公司可以赎回债券的期间。赎回价格是事先约定的发行公司赎回债券的价格，一般高于可转换债券的面值，两者之差为赎回溢价，作为给债券持有人的补偿。

⑤回售条款。回售条款是指股票价格在一定期限内连续低于转换价格达到一定幅度时，债券持有人可以按事先约定的价格将债券卖给发行公司的条款。可转换债券附有回售条款，目的是降低投资者的风险。回售条款包括回售时间、回售价格等内容。

（4）可转换债券筹资的优缺点

①可转换债券筹资的优点。

第一，资本成本低。由于可转换债券赋予投资人一种买入期权，因此其利率低于普通债券，从而降低了债券的资本成本；转换为股票后，又可节省股票的发行成本，从而降低股票的资本成本。

第二，有利于调整资本结构。可转换债券是一种具有债权和股权双重性质的筹资方式。可转换债券在转换前属于债务资本，若发行公司希望其转换成自有资本，可以通过行使赎回条款等措施促使其转换，进而借以调整资本结构。

第三，有利于解决代理问题。股东和债权人之间也是一种委托代理关系，因此会产生代理成本。由于可转换债券持有人将来有可能成为公司的股东，因此有利于缓解其与股东之间的矛盾，从而降低代理成本，具体表现为可转换债券契约中限制性条款比普通债券要少。

②可转换债券筹资的缺点。

第一，低成本筹资的时限性。当可转换债券转换成股票后，就失去了利率较低的好处。

第二，偿债的压力。若转股价格定得过高或股价持续低迷，债券持有人不行使转换权，发行公司将承受偿债的压力。

第三，稀释股权。一旦转换成功，致使流通在外的股数增加，普通股每股收益将下降，股权被稀释。

7.5.3　永续债

（1）永续债的概念

永续债是指没有到期日的债券。投资人购入永续债之后，可以每年按票面利息永久取得利息，除了公司破产重组等原因外，不得要求公司偿还本金。但是绝大部分的永续债附加了赎回条款或续期选择权。永续债一般会设置票面利率重置和跳升机制，若在一定时间内，发行人选择不赎回债券或者选择债券续期，其利率就会相应上调以补偿投资者的潜在风险和损失。

（2）永续债发行现状

永续债是发达资本市场中成熟的金融工具，发行量最大的国家是英国、美国和法国等。2013 年武汉地铁集团有限公司发行的"13 武汉地铁可续期债"是中国大陆第一只永续债券品种，期限为 5 + N，票面利率 8.5%，发行总额为 23 亿元。根据 Wind 数据库永续债概念板块的数据，截至 2022 年 6 月 6 日，中国大陆市场永续债存量规模约为 2 万亿元，其中商业银行是主要的发行主体。

（3）发行永续债的动机

对大部分发行人来说，发行永续债是为了利用永续债的特性，将其计入权益资本，从而降低负债率。2019 年，财政部根据《企业会计准则第 22 号——金融工具确认和计量》《企业会计准则第 37 号——金融工具列报》等相关企业会计准则规定，印发了《永续债相关会计处理的规定》，对于何种情况下可以将永续债作为权益工具做出了规定。永续债发行方在确定永续债的会计分类是权益工具还是金融负债时，应当根据第 37 号准则规定同时考虑清偿日、到期顺序、利率跳升和间接义务等因素。

本章小结

本章介绍了长期筹资的有关问题。

（1）长期筹资概述。长期筹资是指企业根据其生产经营、对外投资和调整资本结构等需要，通过金融市场等筹资渠道，运用一定的筹资方式，经济有效地筹措和集中资金的活动。长期筹资的动机包括扩张性筹资动机、调整性筹资动机和混合性筹资动机。常用的长期筹资方式主要有直接投入资本、普通股、优先股、长期债券、长期借款、融资租赁、可转换债券、永续债和留存收益等。其中直接投入资本、普通股、留存收益属于权益性资本；长期债券、长期借款、融资租赁属于债务性资本；优先股、可转换债券、永续债属于混合性资本。

（2）资金需求预测通常使用营业百分比法和回归分析法。

营业百分比法是根据营业收入与利润表和资产负债表项目之间的比率关系来预测资金需要量的方法。营业百分比法的基本步骤可分为三步：第一，预计利润表；第二，预测留存收益增加额；第三，预计资产负债表，并预测外部资金需要量。营业百分比法可以根据其基本原理加以简化，得到简易的营业百分比法，来预测外部资金需要量。公式如下：

$$外部资金需要量=资产增加额-负债自然增加额-留存收益增加额$$
$$=（敏感资产营业百分比×新增销售额）-（敏感负债营业$$
$$百分比×新增销售额）-\big[计划销售净利率×计划销售额×$$
$$（1-股利支付率）\big]$$

回归分析法是建立资金需要量和相关因素之间的数学模型，根据回归分析的原理预测未来的资金需要量的一种方法。回归分析法的基本步骤包括：第一，建立反映资金需要量与相关因素之间关系的模型；第二，利用历史数据进行回归分析，确定模型中的参数；第三，根据相关因素的预测值预测未来的资金需要量。

（3）直接投入资本。直接投入资本是指企业以协议等形式吸收政府资本、法人资本、个人资本等作为企业长期股权资本的一种筹资方式。直接投入资本筹资的出资形式包括现金资产和非现金资产。直接投入资本能够提高企业的信誉和偿债能力，降低财务风险和企业经营风险等。直接投入资本的缺点包括资本成本较高，容易分散企业控制权，产权关系不够清晰等。

（4）普通股。普通股的发行要符合一定的条件。发行价格的种类包括面值发行、时价发行和中间价发行，其中时价发行和中间价发行都属于溢价发行。普通股筹资的优点包括公司没有固定的利息负担，普通股不用偿还，筹资风险小，能增加公司的信誉，筹资的限制较少；普通股筹资的缺点包括资本成本较高，容易分散公司的控制权，有可能损害现有股东的利益。

（5）长期债券。债券发行要符合一定的条件，其发行价格与票面利率、市场利率、债券面值、债券期限等因素有关，同时还要考虑公司自身的信誉情况、对资金的急需程度等因素。债券筹资的优点包括资本成本低，具有财务杠杆作用，可以保障股东的控制权等；债券筹资的缺点包括财务风险大、限制性条款多等。

（6）长期借款。长期借款是指向银行或其他非银行金融机构借入的、期限在1年以上的各种借款。长期借款筹资的优点包括筹资速度快、资本成本较低、具有财务杠杆作用等；长期借款筹资的缺点包括财务风险较大、限制条款较多等。

（7）融资租赁。融资租赁是融资与融物集于一身的筹资方式，包括直接租赁、售后回租、杠杆租赁等形式。融资租赁筹资的优点包括能迅速获得所需资产，筹资限制较少，减少了设备陈旧过时的风险等；融资租赁筹资的缺点包括资本成本较高，其固定的租金也会给企业构成一项较沉重的负担等。

（8）优先股。优先股是具有权益和债务双重性质的筹资方式，相对于普通股有优先分配股利的权利，有对资产的优先要求权。优先股筹资的优点是不用偿还本金，股利的支付既固定又有一定的弹性，保持普通股股东的控制权等；优先股筹资的缺点包括资本成本高、筹资的限制较多等。

（9）可转换债券。可转换债券是指债券持有人可以在特定时期内以固定的转换比率将债券转换成普通股的债券，是具有债务与权益双重属性的筹资方式。可转换债券合约的基本内容主要包括转换期限、转换价格、转换比率、赎回条款、回售条款等。可转换债券筹资的优点主要有资本成本低，有利于调整资本结构等；可转换债券筹资的缺点包括低成本筹资的时限性、偿债的压力等。

（10）永续债。永续债是指没有到期日的债券。永续债是发达资本市场中成熟的金融工具。对大部分发行人来说，发行永续债是为了利用永续债的特性，将其计入权益资本，从而降低负债率。

思考与练习

一、思考题

1. 企业筹资的渠道和方式有哪些？渠道和方式有何不同？

2. 资金需求预测的常用方法有哪几种？各自的基本原理和步骤是什么？

3. 投入资本筹资适合于何种组织形式的企业？为什么？

4. 普通股股东有哪些权利？与债权人的权利有何不同？

5. 股票发行条件有哪些？

6. 股票发行价格有哪几种？在确定股票发行价格时应该考虑哪些因素？

7. 普通股筹资有哪些优缺点？

8. 债券的基本要素有哪些？这些要素与债券发行价格确定有什么关系？

9. 为什么会存在债券的折价或溢价发行？

10. 债券筹资有哪些优缺点？

11. 长期借款合同的主要内容是什么？借款合同中为什么要有限制性条款？

12. 长期借款筹资有什么优缺点？

13. 融资租赁的主要形式有哪些？

14. 融资租赁筹资有哪些优缺点？

15. 为什么说优先股是具有权益和债务双重性质的证券？

16. 优先股筹资的优缺点是什么？

17. 可转换债券合约的主要内容是什么？其中的转换价格和转换比率之间的关系是什么？

18. 可转换债券筹资的优缺点是什么？

19. 什么是永续债？为什么要发行永续债？

二、计算分析题

1. 红星公司 2022 年年末流动资产 1 500 万元，长期资产 1 800 万元，应付账款 300 万元，应付票据 60 万元，其他负债 640 万元，股东权益 2 300 万元。其中，敏感项目是流动资产、应付账款和应付票据。该公司 2022 年营业收入为 6 000 万元，净利润为 500 万元。2023 年预计营业收入将增长 50%，营业收入净利率保持不变。公司的股利支付率为 50%。

要求：试确定公司 2023 年的外部融资需求。

2. 红星公司为一个新的投资项目拟发行 5 年期债券进行筹资，债券面值为 100 元，票面利率为 6%。

要求：计算该债券在市场利率分别为 6%，4% 和 8% 情况下的发行价格，并解释其溢价和折价发行的含义。

3. 红星公司拟发行可转换债券，面值 100 元，票面利率为 3%，发行前 20 个交易日该公司股票平均价格为 20 元。预计未来该股票有上涨趋势，因此确定转换价格较前 20 个交易日股票均价上浮 25%。

要求：计算该公司可转换债券的转换价格和转换比率。

第8章
资本成本的估计

【引导案例】

2021年11月6日，山东高速（600350）发布了《山东高速股份有限公司拟并购毅康科技有限公司股权所涉及的毅康科技有限公司股东全部权益价值项目资产评估报告》。评估机构为中联资产评估集团有限公司。山东高速拟并购毅康科技有限公司（以下简称"毅康科技"）股权，为此需对所涉及的毅康科技股东全部权益价值进行评估，为山东高速相关经济行为提供价值参考。评估的基本思路是在企业整体价值基础上减掉付息债务价值得到股东权益价值，核心内容是企业整体价值的评估，而企业整体价值中最重要的部分是经营性资产价值。本次评估采用企业自由现金流折现模型（DCF）估计经营性资产价值。

企业自由现金流评估值 $= \sum_{t=1}^{n} \left[\mathrm{CFF}_t/(1+R_t)^t \right] + P_n(1+R_n)^{-n}$，其中的 R 为贴现率，即加权平均资本成本 R_{WACC}。$R_{\mathrm{WACC}} = R_E\left[E/(E+D) \right] + R_D(1-T)\left[D/(E+D) \right]$，其中的 R_E 为权益资本成本，R_D 为债务资本成本，T 为所得税税率，E 为权益资本，D 为债务资本，$D/(E+D)$ 为资本结构。

本章要讨论的就是类似于山东高速并购毅康科技案例中对于并购对象毅康科技或者对一个投资项目进行价值评估时所使用的权益资本成本、债务资本成本、加权平均资本成本的估计问题。

8.1　资本成本概述

财务管理中所涉及的资本是与资产相对应的概念，指企业资产所占用资金的全部来源，体现在资产负债表右方的各个项目上，包括长期负债、短期负债和所有者权益。由于资本成本主要用于企业长期投资决策和长期筹资决策，而短期投资决策一般与短期负债成本有关。本章所讨论的资本成本仅指长期资本（长期负债、优先股、普通股、留存收益等）的成本。

资本成本的概念、
一般估计公式与种类

8.1.1　资本成本的概念和属性

（1）资本成本的概念

资本成本（Cost of Capital）是在商品经济条件下，由于资本的所有者和资本的使用者相分离而形成的一种财务概念，是资本使用者向资本所有者和中介机构支付的费用，具体包括筹资费用和用资费用两部分。筹资费用是指企业在筹集资本活动中为获得资本而支付的费用，例如银行借款的手续费、发行股票和债券的发行费等；用资费用是指企业使用资本而承担的费用，例如，向债权人支付的利息、向股东分配的股利等。筹资费用与用资费用不同，它通常是在筹资时一次性支付的，在获得资本后的用资过程中不再发生，因而属于固定性资本成本，可视作对筹资额的一项扣除；用资费用是经常性的，并随着使用资本数量的多少和时期的长短而变动，因而属于变动性资本成本。

（2）资本成本的属性

①资本成本不同于生产成本。

资本成本作为企业的一种成本，具有一般商品成本的基本属性，又有不同于一般商品成本的某些特性。在企业正常的生产经营活动中，一般商品的生产成本是其生产所耗费的直接材料、直接人工和制造费用之和，对于这种商品的成本，企业需从其收入中予以补偿。资本成本也是企业的一种耗费，也需由企业的收益补偿，但它是为获得和使用资本而付出的代价，通常并不直接表现为生产成本。

②资本成本不同于资金时间价值。

资本成本与资金时间价值是两个不同的概念，不能混淆。资本成本不仅包含了资金时间价值，还包含了投资的风险价值、通货膨胀贴水和取得成本等。资本成本是资金时间价值和风险价值的统一。

8.1.2　资本成本的一般估计公式

资本成本既是筹资者为获得资本所必须支付的最低价格，也是投资者提供资本所要求的最低报酬率。

例如，甲、乙、丙三个公司，其投资与筹资的关系为甲向乙投资、乙向丙投资。在利用内部收益率标准进行投资决策时，甲向乙投资所要求的内部收益率应大于甲筹资的资本成本；同理，乙向丙投资所要求的内部收益率应大于乙向甲筹资的资本成本。由此可见，乙向甲筹资的资本成本就是乙向丙投资所要求的最低报酬率，是甲对乙投资所获得的收益率。

因此，根据内部收益率的计算原理，理论上资本成本是指企业接受资金来源净额现值（现金流入）与预计未来资金流出现值（现金流出）相等的贴现率。资金来源净额是指企业筹资收到的全部资金扣除筹资费用后的剩余部分；未来资金流出是指企业在资金使用期内向投资者逐期支付的利息、股息和本金等，其中利息和股息属于用资费用。因此资本成本的一般计算公式为：

$$P_0(1-f) = \frac{CF_1}{(1+R)} + \frac{CF_2}{(1+R)^2} + \cdots + \frac{CF_n}{(1+R)^n} \qquad (8-1)$$

式中　P_0——筹资收到的资金总额；

　　　f——筹资费用率；

　　　$P_0(1-f)$——筹集资金净额；

　　　CF_n——第 n 期的资金流出；

　　　R——资本成本。

在已知 P_0，f，CF_t，n 情况下，求出公式中的 R，就是所求的资本成本。

由资本成本的基本概念、属性和基本估计方法可知：

①资本成本是指未来的成本。

由于资本成本主要用于企业长期投资决策和长期筹资决策，因此资本成本是指其未来成本而不是历史成本。决策都是站在现在面向未来的，根据净现值最大化的决策基本原则，要选择的是未来现金流入至少能够弥补筹资资本成本的项目，即无论是项目的现金流量还是资本成本都应该是未来的。

②同一公司不同资金来源的资本成本可能不同。

公司的资本是投资人投资形成的，投资人包括股东和债权人，股东包括普通股股东和优先股股东，债权人包括债券持有人和借款人。筹资的资本成本就是投资人所要求的收益率，而投资人所要求的收益率取决于其所承担的风险。不同的投资人面临的风险不同，其所要求的收益率也就不同，筹资的资本成本也就不同。总的来讲，股东投资的风险要高于债权人，因此股权资本成本高于债务资本成本；普通股股东风险高于优先股股东，因此普通股资本成本高于优先股资本成本；债券持有人风险高于借款人，因此债券资本成本高于银行借款资本成本。

③不同公司同一资金来源的资本成本可能不同。

资本成本是资金时间价值和风险价值的统一，包括无风险利率、通货膨胀贴水及除了通货膨胀以外的其他风险补偿。其他风险补偿是由公司未来经营风险（经营的不确定性）和财务风险（财务杠杆）的高低所决定的应该给投资人提供的风险补偿。不同公司在同一时期，虽然面临的无风险利率和通货膨胀贴水相同或相近，但是不同公司未来经营风险和财务风险不同，因此其他风险补偿就各不相同。投资于经营风险大、财务风险较高的公司，投资人要求的风险补偿也就较高，公司的筹资成本也就较高。例如，不同公司来源于同一家银行的贷款利率可能不同，是因为不同公司的经营风险和财务风险有所不同。

8.1.3　资本成本的种类

资本成本包括个别资本成本和综合资本成本（加权平均资本成本）。个别资本成本是各种筹资方式的资本成本，包括长期债券成本、长期借款成本、优先股成本、普通股成本和留存收益成本等；综合资本成本是对各种个别资本成本进行加权平均所得到的平均资本成本。

8.1.4　资本成本的作用

资本成本对于企业筹资和投资决策，乃至整个企业财务管理决策和经营管理决策都有重要的作用。

①资本成本是选择筹资方式、进行资本结构决策和选择追加筹资方案的依据。

个别资本成本是企业选择筹资方式的依据。一个企业往往有多种长期筹资方式可供选择，如长期借款、长期债券、普通股和优先股等。不同的长期筹资方式由于其筹资费用和用资费用不同，其个别资本成本也就不同。在选择筹资方式时就可以以个别资本成本作为标准。

综合资本成本是企业进行资本结构决策的依据。企业的全部长期资本通常是由各种长期筹资方式筹集的资本所构成的。在企业长期资本的筹集有多个组合方案可供选择时，可以以综合资本成本为标准。

②资本成本是评价投资项目、进行投资决策的依据。

一般而言，一个投资项目，只有当其投资收益率高于其资本成本时，在经济上才是合算的；否则，该项目将无利可图，甚至会发生亏损。因此，资本成本可以作为一个投资项目必须赚得的必要报酬率，该必要报酬率就是计算项目净现值时的贴现率或在运用内含报酬率决策时的比较标准。

③资本成本可以作为评价企业整个经营业绩的基准。

企业的整个经营业绩可以用企业全部投资的利润率来衡量，并与企业全部资本成本进行比较。如果利润率高于资本成本，可以认为企业经营有利；反之，如果利润率低于资本成本，则可以认为企业经营不利。例如，经济增加值（EVA）就是从税后净营业利润中扣除包括股权和债权的全部投入资本成本即综合资本成本（WACC）后的所得，其核心是企业的盈利只有高于其资本成本时才会为股东创造价值。

8.2 债务资本成本

债务资本成本

8.2.1 长期债券资本成本

（1）不考虑筹资费用的税前债券资本成本的估计

根据资本成本的一般估计方法，债券资本成本是指发行债券时实际收到的现金净额的现值与预期未来现金流出的现值相等时的贴现率。该种方法与投资人估计到期收益率方法相同，因此也称为"到期收益率法"，这是债券资本成本的基本估计方法。因为不同的债券还本付息方式不同，其计算资本成本的公式也有所不同。一般情况下，债券是分期付息到期还本，在不考虑发行费用和利息抵税情况下，税前债券资本成本的基本估计公式为：

$$B_0 = \sum_{t=1}^{n} \frac{I_t}{(1 + R_B)^t} + \frac{B_n}{(1 + R_B)^n} \tag{8-2}$$

式中 B_0——债券发行价格；

B_n——到期偿还的本金；

I_t——第 t 年年末支付的利息；

n——债券的剩余存续期；

R_B——债券资本成本。

【例 8-1】某公司发行的债券，面额为 100 元，发行价格为 105 元，票面利率为 8%，期限 10 年，发行费用率 5%，每年年末支付一次利息，到期偿还本金，所得税税率为 25%。不考虑发行费用的税前债券资本成本为：

$$105 = \sum_{t=1}^{10} \frac{100 \times 8\%}{(1 + R_B)^t} + \frac{100}{(1 + R_B)^{10}} = \sum_{t=1}^{10} \frac{8}{(1 + R_B)^t} + \frac{100}{(1 + R_B)^{10}}$$

利用 Excel 求解出上式中 R_B 为 7.28%，即为该债券资本成本。

式（8-2）中，假设每年利息相同，即 $I_1 = I_2 = I_3 = \cdots = I_n$，债券期限无限长，即 $n \to \infty$，则面值贴现部分 $B_n/(1 + R_B)^n$ 趋于 0，可忽略不计，而利息贴现部分为永续年金现值。则债券资本成本计算公式可简化为：

$$R_B = \frac{I}{B_0} \tag{8-3}$$

由此可见，式（8-3）的计算结果是债券资本成本的近似值，因此式（8-3）又称为债券资本成本的简化计算公式。债券的期限越短，式（8-3）与式（8-2）计算结果相差越大，因此在期限较短时最好用式（8-2）计算债券资本成本，以减少计算误差。

【例 8-2】根据例 8-1 的资料，采用式（8-3）计算该债券的资本成本为：

$$R_B = \frac{100 \times 8\%}{105} = 7.62\%$$

（2）考虑筹资费用的税前债券资本成本的估计

在金融市场上发行债券，需要向中介机构支付一定费用即发行费用（Flotation cost）。考虑发行费用的税前债券资本成本的基本估计公式为：

$$B_0(1 - f_B) = \sum_{t=1}^{n} \frac{I_t}{(1 + R_B)^t} + \frac{B_n}{(1 + R_B)^n} \tag{8-4}$$

式中 f_B——发行费用率。

【例 8-3】根据例 8-1 的资料，采用式（8-4）计算该债券的资本成本为：

$$105 \times (1 - 5\%) = \sum_{t=1}^{10} \frac{8}{(1 + R_B)^t} + \frac{100}{(1 + R_B)^{10}}$$

利用 Excel 求解出上式中 R_B 为 8.04%，即为该债券资本成本。

考虑发行费用的税前债券资本成本的简化估计公式为：

$$R_B = \frac{I}{B_0(1 - f_B)} \tag{8-5}$$

【例 8-4】根据例 8-1 的资料，采用式（8-5）计算该债券的资本成本为：

$$R_B = \frac{I}{B_0(1 - f_B)} = \frac{8}{105 \times (1 - 5\%)} = \frac{8}{99.75} = 8.02\%$$

（3）考虑筹资费用的税后债券资本成本的估计

由于税法规定债券利息可以在税前列支，因此可以减少企业应纳税所得额，从而减少上缴所得税。这说明政府实际上负担一部分利息费用。以式（8-3）为例，考虑筹资费用的税后债券资本成本的简化估计式为：

$$R_B = \frac{I(1 - T)}{B_0(1 - f_B)} \tag{8-6}$$

式中 T 为企业所得税税率。

【例 8-5】根据例 8-1 的资料，采用式（8-6）计算的债券的资本成本为：

$$R_B = \frac{I(1 - T)}{B_0(1 - f_B)} = \frac{8 \times (1 - 25\%)}{105 \times (1 - 5\%)} = 6.02\%$$

考虑筹资费用的税后债券资本成本的简化计算式（8-6）说明了以下问题。

①个别资本成本是企业用资费用与筹资净额的比率。其中 $I(1 - T)$ 为实际用资费用额；$B_0(1 - f_B)$ 为筹资净额，是筹资总额与筹资费用之差。由此可见，个别资本成本的高低取决于用资费用、筹资总额与筹资费用三个因素。用资费用和筹资费用与资本成本同方向变化；而筹资总额与资本成本反方向变化。

②在计算资本成本时对用资费用与筹资费用的处理不同。筹资费用是一次性费用，是筹资时即支付的，属于固定性费用，可视作对筹资总额的一项扣除，即筹资净额为 $B_0(1 - f_B)$；用资费用是经常性费用，属于变动性费用，是资本使用过程中的占用成本。因此资本

成本实际上是企业占用成本与筹资净额的比值。

③债券资本成本与债券利息率在含义上和数量上是不同的。例如，债券利息率是利息额与债券面额的比率，它只含用资费用即利息费用，但没有考虑筹资费用即发行费用，也不考虑利息抵税问题。因此，债券资本成本可能大于债券利息率，也可能小于债券利息率。

（4）债券资本成本的其他估计方法

以上债券资本成本的估计方法需要债券价格信息，适用于发行后上市交易的债券。对于没有上市的债券，就需要找一个拥有上市债券的可比公司作为参照物，将计算出的可比公司的长期债券的到期收益率作为所要估计的公司的债券资本成本。可比公司最好与目标公司属于同一行业，具有类似的商业模式，规模相近，资本结构和财务状况类似。若找不到合适的可比公司，债券资本成本可以在政府债券到期收益率基础上加上所要估计公司的信用风险补偿率来进行估计。

8.2.2　长期借款资本成本

理论上长期借款资本成本的计算与长期债券资本成本相同，其利息也具有抵税作用，可以采用式（8-2）计算其资本成本，在此不再赘述。条件成立时也可以按下列简化公式计算长期借款资本成本的近似值：

$$R_{\rm L} = \frac{I(1-T)}{L_0(1-f_{\rm L})} \tag{8-7}$$

式中　$R_{\rm L}$——长期借款资本成本；

L_0——长期借款总额；

I——长期借款的年利息；

$f_{\rm L}$——长期借款的筹资费用率。

【例8-6】某企业向银行借款100万元，期限10年，年利率8%，每年年末支付利息，到期还本，借款手续费为借款总额的1%，所得税税率25%。则采用简化公式估计的该长期借款的资本成本为：

$$R_{\rm L} = \frac{100 \times 8\% \times (1-25\%)}{100 \times (1-1\%)} = 6.06\%$$

在实际工作中，企业向银行申请长期借款，银行往往要求借款人从贷款总额中扣留一部分以无息回存的方式作为担保，这部分叫做补偿性余额（Compensatory Balance）。在这种情况下，应从长期借款筹资额中扣除补偿性余额，从而借款的实际资本成本会有所提高。

【例8-7】在上例中，若银行要求企业保持10%补偿性余额，则企业实际借款的资本成本为：

$$R_{\rm L} = \frac{100 \times 8\% \times (1-25\%)}{100 \times (1-1\%-10\%)} = 6.74\%$$

在不考虑利息抵税情况下，银行的实际贷款利率为：

$$(100 \times 8\%)/[100 \times (1-1\%-10\%)] = 8.99\%$$

8.3 权益资本成本

公司权益资本主要有普通股和留存收益，因此权益资本成本包括普通股资本成本和留存收益资本成本。根据所得税法的规定，公司需以税后利润向股东分派股利，故股利没有抵税作用。

权益资本成本

8.3.1 普通股资本成本

理论上普通股的资本成本也是按资本成本的一般公式（8-1）计算。但是由于普通股的股利是不固定的，即未来现金流出是不确定的，因此很难准确估计出普通股的资本成本。常用的普通股资本成本估计方法有股利折现模型、资本资产定价模型和债券投资报酬率加股票投资风险报酬率模型。

（1）股利折现模型

股利折现模型（Dividend Discount Model，DDM）是按照资本成本的基本概念来估计普通股资本成本，即将企业发行股票所收到资金总额现值与预计未来资金流出现值相等的贴现率作为普通股资本成本的估计值。其中预计未来资金流出包括支付的现金股利和回收股票所支付的现金。因为一般情况下企业不得回购已发行的股票，所以运用股利折现模型计算普通股资本成本时只考虑股利支付。普通股按现金股利支付方式的不同可以分为零成长股票、固定成长股票和非固定成长股票等，相应的资本成本估计公式也有所不同。

①零成长股票。

零成长股票各年支付的现金股利相等，股利的增长率为0。根据其估值模型可以得到普通股资本成本计算公式为：

$$R_C = \frac{D}{P_0} \tag{8-8}$$

式中　R_C——普通股资本成本；

　　P_0——股票发行价格；

　　D——固定股利。

②固定成长股票。

固定成长股票每年的现金股利都按固定的比例 g 增长。根据其估值模型可以得到普通股资本成本计算公式为：

$$R_C = \frac{D_1}{P_0} + g \tag{8-9}$$

式中　D_1——未来第一期的股利。

使用该模型的关键是股利增长率 g 的估计。g 的估计可以利用本书第五章所介绍的增长率估计的模型，即"g = 留存收益比率 × 留存收益的回报率"来确定，也可以利用历史上现金股利增长率的平均值或者是专家对未来增长率的估计值来确定。

【例8-8】某公司发行普通股，发行价格为每股10元，第一年股利预计为每股0.8元，以后每年增长3%，企业所得税税率为25%。则该普通股的资本成本为：

$$R_C = \frac{0.8}{10} + 3\% = 11\%$$

若上例中未给出股利增长率，但知道该公司预计股利支付率为70%，预计权益报酬率为10%，则可以估计出股利增长率为（1－70%）×10%＝3%。

③非固定成长股票。

有些股票股利增长率是从高于正常水平的增长率转为一个被认为正常水平的增长率，如高科技企业的股票，这种股票称为非固定成长股票。这种股票资本成本的计算不像固定成长股票和零成长股票，有一个简单的公式，而是要通过解高次方程来计算。

（2）资本资产定价模型

在市场均衡的条件下，投资者要求的报酬率与筹资者的资本成本是等价的，因此可以按照确定普通股预期报酬率的方法来计算普通股的资本成本。资本资产定价模型（Capital Asset Pricing Model，CAPM）是计算普通股预期报酬率的基本方法，即

$$R_C = R_f + \beta_i(R_m - R_f) \tag{8－10}$$

式中，R_c——普通股资本成本；

R_f——无风险报酬率；

R_m——市场报酬率；

β_i——第 i 种股票的贝塔系数；

（$R_m - R_f$）——市场平均风险报酬率。

【例8－9】某公司普通股的 β 系数为1.5，国债到期收益率为4%，股票市场的平均报酬率为10%。则该公司普通股的资本成本为：

$$R_C = R_f + \beta_i(R_m - R_f) = 4\% + 1.5(10\% - 4\%) = 13\%$$

运用资本资产定价模型估计普通股资本成本需要估计无风险收益率、股票贝塔系数和市场风险溢价。

①无风险收益率的估计。

通常认为政府发行的债券没有违约风险，因此其利率可以作为无风险利率的估计值。但是实际操作中会遇到如何选择债券期限与利率的问题。

政府发行的债券有长期的也有短期的。由于普通股属于企业的长期资金来源，其资本成本经常作为长期投资项目的评价标准，因此选择长期政府债券的利率比较合适。

债券利率有票面利率和到期收益率。票面利率是根据发行当时的市场资金供求情况、发行公司的信誉等级等因素确定的；而资本成本是要估计未来的成本。因此应该选择以当前价格买入一直持有到期所产生的未来现金流量计算的到期收益率作为无风险利率的估计值。

②贝塔系数的估计。

该模型使用的关键是 β 系数。β 系数可以根据历史数据来估计，即某种股票收益率与市场组合收益率的历史关系被认为可以较好地反映未来。在美国，一些机构定期提供大量上市交易股票的 β 历史数据，我国也有专门的机构（国泰安 CSMAR 与万德 WIND）定期发布一些上市公司的 β 系数。

③市场风险溢价的估计。

市场风险溢价是市场平均收益率与无风险收益率的差额。上面讨论了无风险收益率应该采用长期国债到期收益率进行估计；至于市场平均收益率，则可以通过历史数据分析获得。由于股票收益率的影响因素很多，依据时间跨度较短的数据估计的收益率可能无法反映平均水平，因此应该选择时间跨度较长的数据来估计市场平均收益率。另外，平均水平的计算有

算术平均法和几何平均法。平均收益率是年收益率的平均，计算过程要考虑年与年之间的复利问题。因此市场平均收益率应该采用几何平均的方法来计算。

运用资本资产定价模型估计普通股资本成本的优点是：资本成本根据系统风险进行了明确的调整；适用于所有能计算出 β 系数的公司。缺点是：必须评估预期的市场风险溢价和 β 系数，两者是随时间改变而不断变化的；依靠过去来预测未来，并不总是可靠的。

利用资本资产定价模型估计的普通股资本成本（实际上就是投资人所要求的报酬率）只考虑了系统性风险；若所估计的资本成本明显受到非系统性风险的影响，应该在资本资产定价模型估计的资本成本基础上，进一步考虑非系统性风险对资本成本影响的部分。

（3）债券投资报酬率加股票投资风险报酬率模型

普通股必须提供给股东比同一公司的债券持有人更高的期望收益率，因为股东承担了更多的风险。因此可以在长期债券资本成本的基础上加上股票的风险溢价来估计普通股资本成本。用公式表示为：

$$普通股资本成本 = 长期债券税前资本成本 + 风险溢价 \tag{8-11}$$

由于在此要计算的是股票的资本成本，而股利是税后支付，没有抵税作用。因此公式中使用的是债券税前资本成本。风险溢价可以根据历史数据进行估计。在美国，股票相对于债券的风险溢价为 $4\% \sim 6\%$。由于长期债券税前资本成本能较准确地计算出来，所以在此基础上加上普通股风险溢价作为普通股资本成本的估计值还是有一定科学性的，而且计算比较简单。

以上关于普通股资本成本的讨论均没有考虑发行费用。若新股发行是有发行费用的，以利用股利折现模型对固定成长股票的资本成本估计为例，考虑发行费用的普通股资本成本为：

$$R_C = \frac{D_1}{P_0(1 - f_c)} + g \tag{8-12}$$

式中 f_C——普通股发行费用率。

【例 8-10】，如例 8-8 中普通股发行费用率为 10%，其他条件不变，则该普通股资本成本为：

$$R_C = \frac{0.8}{10 \times (1 - 10\%)} + 3\% = 11.89\%$$

由此可见，考虑发行费用后普通股资本成本由 11% 上升到 11.89%。

8.3.2 留存收益资本成本

留存收益是由公司税后净利润形成的。从表面上看，如果公司使用留存收益似乎没有什么成本，其实不然，留存收益资本成本是一种机会成本。留存收益属于股东对企业的追加投资，股东放弃当下的现金股利，意味着将来获得更多的股利，即要求与直接购买同一公司股票的股东同样的收益，也就是说公司留存收益的报酬率至少等于股东将股利对同一家公司进行再投资所能获得的收益率。因此企业使用这部分资金的最低成本与该企业的普通股资本成本相同，唯一的差别就是留存收益没有筹资费用。

8.4　混合性筹资成本

8.4.1　优先股资本成本

优先股每期要支付固定股息，没有到期日，股息税后支付，没有抵税作用。从某种意义上说，优先股相当于每年支付利息的无限期债券。根据资本成本计算的基本公式（8 - 1），则优先股资本成本为：

$$R_{\mathrm{p}} = \frac{D_{\mathrm{p}}}{P_0(1 - f_{\mathrm{p}})} \qquad (8 - 13)$$

式中　R_{p}——优先股资本成本；

　　　D_{p}——优先股年股利额；

　　　P_0——优先股筹资额；

　　　f_{p}——优先股筹资费用率。

【例 8 - 11】某公司发行总面额为 100 万元的优先股，总发行价为 125 万元，筹资费用 5 万元，规定年股利率为 12%，企业所得税税率为 25%。则该优先股的资本成本为：

$$R_{\mathrm{p}} = \frac{100 \times 12\%}{125 - 5} = 10\%$$

【例 8 - 12】若上例中优先股的发行价为 90 万元，其他条件不变，则该优先股的资本成本为：

$$R_{\mathrm{p}} = \frac{100 \times 12\%}{90 - 5} = 14.12\%$$

由此可见，优先股资本成本与股价成反方向变化。

债务利息支付是先于优先股股利支付的。当企业面临破产时，债权人的求偿权也是在优先股股东之前的。由此可见，优先股投资风险大于债券，因此同一公司优先股股东投资要求的必要报酬率要高于债权人。同时，优先股股东的风险低于普通股股东。因为，优先股股东先于普通股股东分配股利；在企业面临破产时，优先股股东的求偿权先于普通股股东。因此，同一公司的优先股股东的必要报酬率低于普通股股东。因此，一般来说，优先股资本成本高于债券而低于普通股。

8.4.2　可转换债券的资本成本

可转换债券是指债券持有人可以在特定时期内以固定的转换比例将债券转换成普通股的债券，转换之前是债券，转换之后是普通股。因此，可转换债券的资本成本，在转换为股票之前应该按照债券资本成本估计，转化为股票之后应该按照普通股资本成本进行估计。下面举例说明可转换债券持有人在持有 n 年之后将债券转换成股票为止的资本成本的估计。

【例 8 - 13】A 公司拟发行可转换债券，面值发行（面值 100 元），期限 10 年，票面利率 4%，每年支付利息，到期还本；转换价格 20 元，转换比率 5；当前股票市场价格 15 元，年增长率 10%；自发行开始 5 年后进入转换期。假设债券持有人在持有 5 年后转换，其现金流量为：发行时（0 期）买入债券支出 100 元，在第 1 年至第 5 年年末取得利息收入 10

元，第 5 期期末进行转换，取得转换价值收入为：

$$转换价值 = 股价 \times 转换比率 = 15 \times (1 + 10\%)^5 \times 5 = 120.79（元）$$

根据债券资本成本估计的基本公式，则：

$$100 = \sum_{t=1}^{5} \frac{100 \times 4\%}{(1 + R_B)^t} + \frac{120.79}{(1 + R_B)^5}$$

从而求得该债券资本成本为 $R_B = 7.57\%$。

综合资本成本

8.5　综合资本成本

8.5.1　综合资本成本的计算

由于受多种因素的制约，企业不可能只采用某种单一的筹资方式，往往需要通过多种方式筹集所需的资金，而各种筹资方式的资本成本又各不相同。理论上总的来讲，债务资本成本低于权益资本成本。具体来说，资本成本由低到高的基本顺序是：长期借款、长期债券、优先股、留存收益、普通股。企业为了了解资金来源总额的成本，就要计算综合资本成本。综合资本成本是以各种筹资方式所筹集资本占全部资本的比例为权数，对个别资本成本进行的加权平均，又称为加权平均资本成本（Weighted Average Cost of Capital，WACC），计算公式为：

$$R_{WACC} = \sum_{i=1}^{n} R_i W_i \tag{8-14}$$

式中　R_{WACC}——综合资本成本（即加权平均资本成本）；

　　　R_i——第 i 种筹资方式的资本成本；

　　　W_i——第 i 种筹资方式筹集的资金占全部资金的比重，即权数。

若债务资本成本是税前的，在计算综合资本成本时还要考虑债务利息抵税问题。

其中权数可以选择账面价值权数、市场价值权数和目标价值权数。一般认为较合理的是市场价值权数，因为市场价值更接近于证券出售所能得到的金额，而且公司理财的目标是公司价值最大化，其中的价值指的是市场价值。另外，长期债券、普通股、优先股等筹资方式的个别资本成本估计也是基于债券和股票的市场信息。因此在计算综合资本成本时，个别资本占总资本比例即权数也应该采用市场价值权数。但市场价值做权数也有它的不足之处，即证券市场价格是经常变动的。为解决这一问题，可以选用平均价格。

也有采用账面价值权数计算综合资本成本的。这主要是因为账面价值易于从资产负债表取得，且计算结果相对稳定；但是账面资本结构反映的是历史结构，在账面价值严重脱离市场价值时，就会错误地估计综合资本成本。至于目标价值权数，是以未来预计的证券的目标市场价值来确定权数。这种权数能反映期望的资本结构，而不像市场价值权数和账面价值权数只能反映现在和历史的资本结构。所以，按目标价值权数计算的综合资本成本更适合于企业筹集新的资金。但是由于企业很难客观地确定目标价值权数，因此目标价值权数在实务中运用得比较少。

【例 8-14】ABC 公司采用普通股、长期债券和优先股方式筹集资金。公司有 200 万股发行在外的普通股股票，当前每股市价为 20 元，每股账面价值为 10 元；公司最近一次发放的股利为每股 3 元，今后股利增长率预计为 2%；该股票的 β 系数为 1.6，股票市场平均收益率为 12%，当前国债到期收益率为 4%。ABC 公司发行在外的债券 10 万张，每张面值 100 元，当前市价 105 元，票面利息率为 6.89%，还有 5 年到期，分年付息到期还本。ABC 公司有发行在外的优先股 10 万股，每股面值 100 元，当前市价 102 元，股利率为 8%。公司所得税税率为 25%。

（1）个别资本成本

①普通股资本成本。

根据所给的资料可以分别用股利折现模型和资本资产定价模型计算普通股资本成本。

股利折现模型：$R_C = \dfrac{D_1}{P_0(1 - f_c)} + g = \dfrac{3(1 + 2\%)}{20} + 2\% = 17.3\%$

资本资产定价模型：$R_C = R_f + \beta(R_m - R_f) = 4\% + 1.6(12\% - 4\%) = 16.8\%$

由于两种方法计算结果比较接近，可以计算二者的平均数作为普通股资本成本的估计值，即 $R_C = \dfrac{17.3\% + 16.8\%}{2} = 17.05\%$。

②债券资本成本。

根据所给资料可知债券税前资本成本是下式中的 R_B，利用 Excel 可求得 $R_B = 5.71\%$。

$$105 = \sum_{t=1}^{5} \frac{100 \times 6.89\%}{(1 - R_B)^t} + \frac{100}{(1 + R_B)^5}$$

③优先股资本成本。

根据所给资料，优先股资本成本为：$R_p = 100 \times 8\% / 102 = 7.84\%$

（2）权数

普通股的市场价值 $= 200 \times 20 = 4\,000$（万元），债券的市场价值 $= 10 \times 105 = 1\,050$（万元），优先股市场价值 $= 10 \times 102 = 1\,020$（万元），公司总市场价值 $= 4\,000 + 1\,050 + 1\,020 = 6\,070$（万元）。普通股的市场价值权重为 $W_C = 4\,000/6\,070 = 65.9\%$，债券的市场价值权重为 $W_B = 1\,050/6\,070 = 17.3\%$；优先股的市场价值权重为 $W_P = 1\,020/6\,070 = 16.8\%$。

普通股的账面价值 $= 200 \times 10 = 2\,000$（万元），债券的账面价值 $= 10 \times 100 = 1\,000$（万元），优先股账面价值 $= 10 \times 100 = 1\,000$（万元），公司总市场价值 $= 2\,000 + 1\,000 + 1\,000 = 4\,000$（万元）。普通股的账面价值权重为 $W_C = 2\,000/4\,000 = 50\%$，债券的账面价值权重为 $W_B = 1\,000/4\,000 = 25\%$；优先股的账面价值权重为 $W_P = 1\,000/4\,000 = 25\%$。

（3）加权平均资本成本

按市场价值计算的加权平均资本成本为：

$R_{WACC} = 17.05\% \times 65.9\% + 5.71\%(1 - 25\%) \times 17.3\% + 7.84\% \times 16.8\% = 13.29\%$

按账面价值计算的加权平均资本成本为：

$R_{WACC} = 17.05\% \times 50\% + 5.71\%(1 - 25\%) \times 25\% + 7.84\% \times 25\% = 11.56\%$

8.5.2　综合资本成本的应用

（1）综合资本成本与企业整体风险

综合资本成本可以被认为是投资人基于市场对企业现有整体资产风险判断下对企业整体资产所要求的收益率，是对企业现有业务扩展时所要求的收益率或评判的标准。例如一个家具生产企业，为了适应市场的需求，要开一个新的家具分厂。由于新项目是对企业现有业务的扩展，与企业现有整体资产风险相同，因此可以用目前企业的综合资本成本作为是否投资该家具分厂所要求的收益率。若企业新项目投资不属于现有业务的扩展，即其风险与现有企业资产风险可能不同，则不能用企业综合资本成本作为该新项目评价的标准，而应考虑使用与该新项目风险水平相同的资产的必要收益率作为该项目评价的标准，例如可以使用资本资产定价模型来估计对于新项目所要求的报酬率。

如果使用综合资本成本作为与公司总体风险不同的项目的评价标准，可能导致很差的结论，即可能错误地接受一个亏损项目（风险更大的项目），或错误地拒绝一个盈利项目（相对安全的项目）。

【例8-15】某公司 $\beta = 1$，国债到期收益率为 4%，市场平均风险溢价为 9%。现在有两个新项目 A 和 B。A 项目的 β_A 为 0.6，B 项目的 β_B 为 1.5；A 项目的报酬率为 11%，B 项目的报酬率为 15%。公司的综合资本成本可以按照资本资产定价模型来计算，即 $R_{WACC} = R_f + \beta_i(R_m - R_f) = 4\% + 1 \times 9\% = 13\%$。

若要用该公司综合资本成本来评价所有新项目，则凡是报酬率高于 13% 的项目都应该被接受，凡是报酬率低于 13% 的项目都应该被拒绝。因为 A 项目的报酬率为 11%，低于综合资本成本 13%，所以应该被拒绝；而 B 项目的报酬率为 15%，高于综合资本成本 13%，所以应该被接受。但从图8-1容易看出，A 项目是被错误拒绝了，而 B 项目是被错误地接受了。

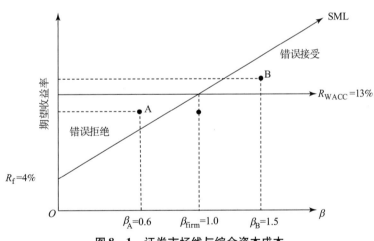

图8-1 证券市场线与综合资本成本

从 β 系数可知，两个新项目的风险与企业目前整体风险是不同的，不应该用综合资本成本作为它们的评价标准，应该使用与新项目风险相当的收益率作为评价标准，这个评价标准可以按照资本资产定价模型进行估计。利用资本资产定价模型估计出 A，B 项目的必要报酬率分别为：

$$R_A = R_f + \beta_A(R_m - R_f) = 4\% + 0.6 \times 9\% = 9.4\%$$
$$R_B = R_f + \beta_B(R_m - R_f) = 4\% + 1.5 \times 9\% = 17.5\%$$

由于 A 的必要报酬率为 9.4%，小于该项目所能提供的收益率 11%，因此应该被接受；B 项目的必要报酬率为 17.5%，大于该项目所能提供的收益率 15%，因此应该被拒绝。

（2）综合资本成本与企业绩效评估

综合资本成本可以用于企业绩效评估。衡量企业绩效的指标包括利润总额、净利润、息税前利润、经济增加值（Economic Value Added，EVA）等。经济增加值是指从净营业利润中扣除包括股权和债务的全部投入资本成本即综合资本成本后的所得。其核心思想是资本投入是有成本的，企业的盈利只有高于其资本成本（包括股权成本和债务成本）时才能够为股东创造价值。EVA 是一种评价企业经营者有效使用资本为股东创造价值的能力，体现企业最终经营目标的经营业绩考核工具。国资委在 2009 年颁布了修订版的《中央企业负责人经营业绩考核暂行办法》，于 2010 年在中央企业全面推行。该考核办法引入了 EVA 考核指标，并将其赋予 40 分的权重，考核的结果与管理层的薪酬和晋升关联。

8.5.3 发行成本与综合资本成本

上面讨论资本成本估计时，曾经将发行费用考虑在内，这相当于上调资本成本以反映发行费用对于资本成本的影响。但是这并非最好的方法。因为一个投资项目的必要收益率（资本成本）取决于投资的风险而不是筹集资本的来源。但毕竟发行费用是因项目筹资而发生的，属于项目相关现金流量，可将其纳入项目投资决策分析中。也就是说，计算项目净现值时使用不考虑发行费用的综合资本成本作为贴现率（前提是综合资本成本适合做该项目贴现率），而将发行费用作为一笔增加的初始现金流出予以考虑。

（1）无杠杆融资情况

例如，某公司资本结构为 100% 权益资本，现在继续采用发行普通股方式筹集 18 亿元用于一条新生产线的投资，此次发行成本约为筹资总额的 10%。则该企业为此项目筹集包括发行成本在内的筹资总额（投资额）应为 18/（1 - 10%）= 20（亿元）。不考虑发行费用，投资额为 18 亿元；考虑发行费用后投资额增加到 20 亿元，即项目投资增加了 2 亿元的初始现金流出。

（2）有杠杆融资情况

若公司的资本中既有权益也有债务，则需要先估计加权平均发行成本。例如，某公司资本结构为 60% 权益、40% 债务，在不改变现有资本结构下，拟筹集 18.4 亿元用于一条新生产线的投资，权益筹资的发行费用为 10%，债务发行费用为 5%。则平均发行成本 = 60% × 10% + 40% × 5% = 8%，考虑发行费用后项目的筹资总额（投资额）= 18.4/（1 - 8%）= 20（亿元）。考虑发行费用后投资额增加到 20 亿元，即项目投资增加了 1.6 亿元的初始现金流出。

加权平均发行成本的计算公式为：

$$f = \frac{E}{V}f_E + \frac{D}{V}f_D \tag{8-15}$$

式中　f——加权平均发行成本；

　　　E/V——权益资本占资本总额的比率；

　　　D/V——债务资本占资本总额的比率；

　　　f_E——权益发行成本；

　　　f_D——债务发行成本。

（3）考虑发行成本情况下的项目评价

在考虑发行成本的情况下，项目的评价包括综合资本成本计算、加权平均发行成本计算、筹集资金总额（初始投资额）的计算、净现值的计算等。

【例8-16】 A公司是一家汽车配件生产企业，资本结构60%权益、40%债务。它正在考虑建一家分厂，需要投资620万元，预计每年可以使公司营业现金流量增加120万元，项目预期寿命10年。普通股发行成本为10%，债券发行成本为6%；权益（普通股）资本成本为15%，税后债务（长期债券）资本成本为8%。在不改变现有资本结构的条件下评价该新项目是否可行。

分厂建设属于公司现有业务拓展，可以用公司目前的综合资本成本作为项目的评价标准，即贴现率。

A公司综合资本成本为：$R_{WACC} = 15\% \times 60\% + 8\% \times 40\% = 12.2\%$

A公司加权平均发行成本为：$f = 60\% \times 10\% + 40\% \times 6\% = 8.4\%$

在考虑发行成本的情况下，该项目的初始投资额 $= 620/(1 - 8.4\%) = 676.86$（万元）

在不考虑发行成本的条件下该项目的NPV为：

$$NPV = \sum_{t=1}^{10} \frac{120}{(1 + 12.2\%)^t} - 620 = 672.51 - 620 = 52.51（万元）$$

在考虑发行成本的条件下该项目的NPV为：

$$NPV = \sum_{t=1}^{10} \frac{120}{(1 + 12.2\%)^t} - 676.86 = 672.51 - 676.86 = -4.35（万元）$$

由此可见，不考虑发行成本时，该项目净现值为52.51万元；考虑发行成本后，由于初始投资额增加了56.86万元（676.86 - 620），导致该项目净现值为负。

本章小结

本章主要讨论了资本成本的估计问题。

资本成本既是筹资者为获得资本所必须支付的最低价格，也是投资者提供资本所要求的最低报酬率。资本成本的一般计算公式为：

$$P_0(1 - f) = \frac{CF_1}{(1 + R)} + \frac{CF_2}{(1 + R)^2} + \cdots + \frac{CF_n}{(1 + R)^n}$$

（1）长期债券资本成本和长期借款资本成本。

长期债券资本成本是指发行债券时实际收到的现金净额的现值与预期未来现金流出量的现值相等时的贴现率。具体可以分为不考虑筹资费用的税前债券资本成本和考虑筹资费用的税前债券资本成本，计算公式分别为：

$$B_0 = \sum_{t=1}^{n} \frac{I_t}{(1 + R_B)^t} + \frac{B_n}{(1 + R_B)^n}$$

$$B_0(1 - f_B) = \sum_{t=1}^{n} \frac{I_t}{(1 + R_B)^t} + \frac{B_n}{(1 + R_B)^n}$$

假设每年利息相同，即 $I_1 = I_2 = I_3 = \cdots = I_n$，债券期限无限长，则以上债券资本成本计算公式可简化为：

$$R_B = \frac{I}{B_0} \quad 与 \quad R_B = \frac{I}{B_0(1 - f_B)}$$

考虑筹资费用的税后债券资本成本（简化公式）的估计为：

$$R_B = \frac{I(1-T)}{B_0(1-f_B)}$$

理论上长期借款资本成本的计算与债券资本成本相同。

（2）普通股资本成本。

普通股资本成本估计的方法有股利折现模型、资本资产定价模型和债券投资报酬率加股票投资风险报酬率模型。利用股利折现模型，若是固定成长股票，其资本成本计算公式为：

$$R_C = \frac{D_1}{P_0(1-f_c)} + g$$

利用资本资产定价模型计算普通股资本成本的公式为：

$$R_C = R_f + \beta_i(R_m - R_f)$$

留存收益的资本成本与该企业的普通股资本成本相同，唯一的差别就是留存收益没有筹资费用。

（3）优先股资本成本。

优先股资本成本的估计公式为：

$$R_p = \frac{D_p}{P_0(1-f_p)}$$

（4）可转换债券资本成本。

可转换债券是指债券持有人可以在特定时期内以固定的转换比例将债券转换成普通股的债券，转换之前是债券，转换之后是普通股。因此可转换债券的资本成本是指可转换债券持有人在持有 n 年之后将债券转换成股票为止的债券资本成本。

综合资本成本是以各种筹资方式所筹集资本占全部资本的比例为权数，对个别资本成本进行的加权平均，又称为加权平均资本成本，计算公式为：

$$R_{WACC} = \sum_{i=1}^{n} R_i W_i$$

其中权数可以选择账面价值、市场价值和目标价值，一般认为较合理的是市场价值。

思考与练习

一、思考题

1. 为什么说资本成本计算的一般公式是教材中的公式（8－1）？

2. 分期付息、到期还本债券的资本成本计算的简化公式的假设条件是什么？

3. 债券的资本成本与债券的利息率相等吗？为什么？

4. 如何估计没有上市债券的资本成本？

5. 为什么同一公司不同资金来源的资本成本可能不同？

6. 为什么不同公司同一资金来源的资本成本可能不同？

7. 为什么资本成本是指未来的成本？

8. 资本成本有什么作用？

9. 在有"补偿性余额"情况下，如何计算长期借款的资本成本？

10. 利用股利折现模型计算普通股资本成本的条件是什么？

11. 利用资本资产定价模型计算普通股资本成本的条件是什么？

12. 为什么按照计算普通股资本成本的方法计算留存收益的成本？它与普通股资本成本有什么不同？

13. 如何估计可转换债券的资本成本？

14. 如何选择综合资本成本的权数？为什么？

15. 一个企业的综合资本成本是否可以作为该企业所有新项目的评价标准？为什么？

16. 计算资本成本时是否应该考虑发行费用？

二、计算分析题

1. A 公司刚刚发行了每张面值 100 元、6 年期的债券，票面利率为 6%，分年付息，到期还本。公司所得税税率 25%。

要求：

（1）假设同类风险债券的市场价格为 96 元，估计该债券的税前和税后资本成本；假设同类风险债券的市场价格为 103 元，估计该债券的税前和税后资本成本。请解释导致票面利率与资本成本差别的原因。

（2）请用简化方法估计以上两种市场价格下的债券税前和税后资本成本，并说明利用简化公式估计的债券资本成本与利用基本公式估计的债券资本成本差别产生的原因。

2. B 公司 6 年前发行了每张面值 100 元的债券，期限 10 年，票面利率为 8%，分年付息，到期还本。公司所得税税率 25%。

要求：

（1）假设目前该债券的市场价格为 98 元，计算该债券的税前和税后资本成本；假设目前该债券的市场价格为 104 元，计算该债券的税前和税后资本成本。

（2）请用简化方法计算以上两种市场价格下的债券税前和税后资本成本。

3. C 公司向银行借款 1 000 万元，期限 5 年，年利率 6.25%，每年支付利息，到期还本，公司所得税税率 25%。

要求：

（1）按照简化公式计算该笔借款的资本成本。

（2）若对该笔借款，银行要求 C 公司 10% 的补偿性余额。请问简化公式计算的该笔借款的资本成本是多少？

4. D 公司普通股的 β 系数为 1.3，股票市价为每股 30 元，市场上股票的平均收益率为 10.28%，政府债券的平均票面利率为 4.15%，到期收益率为 4.36%。D 公司刚刚发过的股利为每股 2.5 元，资深分析师认为该公司的股利以后每年可以维持 3% 的增长速度。公司所得税税率 25%。

要求：

（1）用资本资产定价模型估计该普通股的资本成本。

（2）用股利折现模型估计该普通股的资本成本。

5. E 公司发行普通股总面额 4 000 万元，发行总价格为 40 000 万元，筹资费用率为发行价格的 8%，第一年股利为 3 200 万元，以后每年增长 3%，企业所得税税率为 25%。

要求：计算考虑发行费用和不考虑发行费用的该普通股的资本成本。

6. F公司拟发行一批可转换债券。面值发行（面值100元），期限8年，票面利率4.25%，每年付息一次，到期还本；转换价格为8元，转换比率12.5；当前股票市场价格7.6元，预计年增长率10%；自发行开始3年后进入转换期。

要求：假设债券持有人在持有3年后转换，估计该批债券资本成本。

7. G公司的资金来源如下：90万股普通股票，目前每股市场价格为52元，账面价值每股22元；刚刚发放的现金股利为每股2.5元，今后有望保持4%的增长速度。两种发行在外的债券A和B，债券A的账面价值为1 000万元，票面利率为8%，目前市场价值为1 100万元，还有10年到期；债券B的账面价值为800万元，票面利率为7.5%，目前市场价值为850万元，还有6年到期；债券均为分年付息，到期还本。20万优先股，股利率7.69%，每股市场价格104元，每股账面价值100元。公司所得税税率为25%。

要求：

（1）计算普通股资本成本。

（2）利用简化公式计算债券A和B的税前资本成本以及债券的税前综合资本成本。

（3）计算优先股资本成本。

（4）计算该公司的综合资本成本。

第9章
资本结构与杠杆

【引导案例】

宁德时代（股票代码：300750）2018年6月11日在A股创业板上市，主营业务包括新能源汽车动力电池系统、储能系统的研发、生产和销售，以及锂电池回收利用业务。

宁德时代自IPO后，分别于2019年和2020年采用债券和股票方式筹集资金，进一步扩大了企业规模。2019年6月26日，公司发布了《关于公开发行公司债券方案的议案》的公告。公告称：为满足公司业务发展需求，优化财务结构，公司拟面向合格投资者公开发行总额不超过人民币100亿元（含100亿元）的公司债券。2020年2月27日，公司发布了《非公开发行股票预案》的公告。公告称：为了响应国家产业政策、稳固公司行业地位、助力公司战略实施、实现未来发展目标、补充业务发展资金、优化公司财务结构，公司决定采用非公开发行股票方式筹集总额不超过2 000 000万元（含本数），在扣除发行费用后拟全部用于宁德时代湖西锂离子电池扩建项目、江苏时代动力及储能锂离子电池研发与生产项目（三期）、四川时代动力电池项目一期、电化学储能前沿技术储备研发项目，补充流动资金。

当公司营运需要资金时，作为公司的管理者可能面临这样的决策，即采用负债方式融资还是股权方式融资？公司选择发行债券还是发行股票被称为资本结构决策。本章将讨论资本结构的基本理论，公司如何进行资本结构决策以及相关的经营杠杆、财务杠杆等问题。

9.1 资本结构理论

9.1.1 资本结构的概念与价值基础

在财务管理实务中，企业一般会采取不同的方式筹集所需要的资本，期限也有长有短，因此会形成不同的资本结构。理论上的资本结构有广义与狭义之分。广义的资本结构是指企业全部资本的构成，如权益资本与债务资本的构成、长期资本与短期资本的构成、权益资本的内部构成、债务资本的内部构成、长期资本的内部构成、短期资本的内部构

资本结构理论

成等。狭义的资本结构是指企业长期资本的构成，主要是指权益资本和长期债务资本的构成。下面所讨论的资本结构仅指狭义资本结构。关于资本结构决策问题，一直存在争论，到目前为止还没有一个非常有效的方法用来确定企业最优资本结构。

资本结构（Capital Structure）是指企业权益资本和长期债务资本的构成或比例关系。该

构成的计算需要明确所采用的价值基础，价值基础包括账面价值、市场价值和目标价值。

（1）资本的账面价值结构

资本的账面价值结构是指按照资产或负债账面价值为基础计算的资本结构。会计要素计量属性包括历史成本、重置成本、可变现净值、现值、公允价值等。其中历史成本反映的是资产或负债过去的价值；而重置成本、可变现净值、现值、公允价值是反映资产或负债的市场价格。目前国内外通行做法是，会计要素是按照历史成本计量的。因此资本的账面价值结构反映的是资本的历史结构。资本结构决策作为财务管理决策的一部分是要面向未来的，因此理论上资本的账面价值结构并不符合资本结构决策的要求。

（2）资本的市场价值结构

资本的市场价值结构是指按照资产或负债的市场价值为基础计算的资本结构。理论上，资产或负债的市场价格或者说是现值，是其未来现金流量的现值。通常，上市公司发行的股票和债券具有市场价格，因此上市公司可以采取市场价值基础计量其资本结构。与账面价值资本结构相比，资本的市场价值结构更符合资本结构决策的要求。

（3）资本的目标价值结构

资本的目标价值结构是指按照资产或负债的目标价值为基础计算的资本结构。当企业能够比较准确预计其资产或负债的未来目标价值时，则可以按照目标价值计量其资本结构。一般认为，与市场价值资本结构相比，资本的目标价值结构更符合资本结构决策的要求。但是资产或负债的目标价值很难被准确估计。

9.1.2　资本结构的理论观点

资本结构理论是关于公司资本结构、公司综合资本成本和公司价值三者之间关系的理论。资本结构理论要解决的问题是：能否通过改变企业的资本结构来提高公司价值，同时降低公司的资本成本。这个问题一直存在很多争论，故又称为"资本结构之谜"。按照时间顺序，通常把对资本结构理论的研究分为早期资本结构理论、现代资本结构理论和后现代资本结构理论三个阶段。

（1）早期资本结构理论

早期资本结构理论又分为三种不同的学说，即净收入理论、净营运收入理论和传统理论。

①净收入理论。

净收入理论的观点是，由于负债资本的风险低于股权资本的风险，因此负债资本的成本低于股权资本的成本。在这种情况下，企业的加权平均资本成本会随着负债比率的增加而下降，或者说，公司的价值将随着负债比率的提高而增加。假定公司经营效率不变，即公司未来现金流量是一定的，公司的价值是以加权平均资本成本作为贴现率计算的公司未来现金流量的现值，则负债越多，加权平均资本成本越低，公司价值就越大。当负债率达到100%时，公司价值达到最大。

②净营运收入理论。

净营运收入理论的观点是，随着负债的增加，股权资本的风险增大，股权资本的成本会提高。假设股权资本成本增加的部分正好抵消负债给公司带来的价值，则加权平均资本成本并不会因为负债比率的增加而下降，而是维持不变，从而公司价值也保持不变，即公司价值与资本结构无关。

③传统理论。

传统理论是介于净收入理论和净营运收入理论之间的一种折中理论。该理论认为：公司在一定负债限度内，股权资本和债务资本的风险都不会显著增加，公司价值随负债增加而上升，一旦超过这一限度，股权资本和债务资本的风险开始上升，公司价值随负债增加而下降，即企业存在一个最佳资本结构。

早期资本结构理论虽然对资本结构与公司价值和资本成本的关系进行了一定的描述，但是这种关系没有抽象为简单的模型。

（2）现代资本结构理论

现代资本结构理论是以 MM 理论为标志的。美国的弗兰克·莫迪利安尼（Franco Modigliani）和默顿·米勒（Merton H. Miller）两位教授在 1958 年共同发表的论文《资本成本、公司财务与投资理论》中，提出了资本结构无关论，构成了现代资本结构理论的基础，即 MM 理论。莫迪利安尼和米勒因此分别于 1985 年和 1990 年获得诺贝尔经济学奖。现代资本结构理论又分成无税收的 MM 理论、有税收的 MM 理论、权衡理论。

①无税收的 MM 理论。

无税收的 MM 理论又称为资本结构无关论。资本结构无关论的假设条件是：没有公司所得税和个人所得税，资本市场上没有交易成本，没有破产成本和代理成本，个人和公司的借贷利率相同等。无税收的 MM 理论认为增加公司债务并不能提高公司价值，因为负债带来的好处完全为其同时带来的风险所抵消。具体有两个主要命题，即总价值命题和风险补偿命题。

a. 总价值命题。

在没有公司所得税情况下，有负债公司即杠杆公司（Leveraged Firm）的价值与无负债公司即无杠杆公司（Unleveraged Firm）的价值相等，即公司价值不受资本结构的影响。用公式可以表示为：

$$V_L = V_U \qquad\qquad (9-1)$$

式中 V_L——杠杆公司的价值；

V_U——无杠杆公司的价值。

无税收的 MM 理论的总价值命题公式表明，无论公司有无负债即资本有无杠杆，其价值（股权资本和长期债务资本的市场价值）等于公司所有资产能够创造出来的预期收益按照适合该公司风险等级的必要收益率贴现的结果。公司资产的预期收益等于扣除利息、所得税之前的预期盈利，即息税前利润（Earnings before Interest and Tax，EBIT），假设公司维持原规模经营，该息税前利润应该 100% 用于支付股东的股利，即公司所有资产能够创造出来归股东所有的现金流量，而且该现金流量是永续年金；与该公司风险等级类似的必要收益率就是该公司的综合资本成本。无税收的 MM 理论的总价值命题含义是：资本结构的改变不影响公司所经营的资产的经济结果；由于负债带来的好处完全为其同时带来的风险所抵消，因此杠杆公司的综合资本成本等同于无杠杆公司的权益资本成本（即公司资产风险所决定的必要收益率）。

b. 风险补偿命题。

杠杆公司的权益资本成本等于同一风险等级的无杠杆公司的权益资本成本加上风险溢

价，风险溢价取决于负债比率的高低。用公式表示为：

$$R_S = R_0 + (R_0 - R_B) \frac{B}{S} \tag{9-2}$$

式中　R_S——杠杆企业的权益资本成本；

　　　R_0——无杠杆企业的权益资本成本；

　　　R_B——债务资本成本；

　　　B——债务的市场价值；

　　　S——权益的市场价值。

风险补偿命题的公式表明，负债公司的权益资本成本会随着负债比率的提高而增加。这是因为权益持有者的风险会随着财务杠杆的增加而增加，因此股东所要求的报酬率也会随着财务杠杆的增加而增加。

风险补偿命题成立的前提条件是：随着负债比率的上升，虽然债务资本成本比权益资本成本低，但是企业的总资本成本不会降低。原因是当债务比率增加时，权益的风险也增加，权益资本的成本也就会随之增加。权益资本成本的增加抵消了债务资本成本的降低。MM 理论证明了这两种作用恰好相互抵消，因此企业综合资本成本 R_{WACC} 与财务杠杆无关。

无税收的资本结构理论虽然是在严格的假设条件下得出了简单的结论，但是它被认为是现代资本结构理论的起点。在此之前，人们认为资本结构与公司价值之间的关系复杂难解，而莫迪利安尼和米勒两位教授在建立了一定假设之后，找到了资本结构与公司价值之间的关系，为以后的资本结构理论研究奠定了一定基础。

②有税收的 MM 理论。

莫迪利安尼和米勒两位学者在 1963 年又共同发表了一篇与资本结构有关的论文《公司所得税与资本成本：修正的模型》。在这个模型中去掉了没有公司所得税的假设。他们发现，在考虑公司所得税情况下，由于债务利息可以抵税，使得流入投资者手中的现金流量增加，因此公司价值会随着负债比率的提高而增加。企业可以无限制地负债，负债 100% 时企业价值达到最大。具体也有两个命题，即总价值命题和风险补偿命题。

a. 总价值命题。

在考虑公司所得税情况下，杠杆企业价值大于无杠杆企业价值，用公式表示为：

$$V_L = V_U + T \times B \tag{9-3}$$

式中　T——所得税税率；

　　　B——负债总额；

　　　$T \times B$——债务利息抵税现值。

税法规定债务利息可以在税前列支，减少了企业的应纳税税额，从而减少了上缴的所得税税额。因此，负债公司相比非负债公司，在其他条件相同的情况下，由于利息抵税，使流入投资者手中的现金流量增加，具体金额是 $T \times B \times R_B$。假设企业有永久性的债务，用债务的利息率作为贴现率对债务所带来的现金流量的增加额 $T \times B \times R_B$ 进行贴现，就可以得到债务利息抵税现值为 $T \times B$。该命题表明，杠杆公司的价值会超过无杠杆公司的价值，且负债比率越高，这个差额就会越大。当负债达到 100% 时，公司价值达到最大。有税收的 MM 理论的总价值命题如图 9-1 所示。

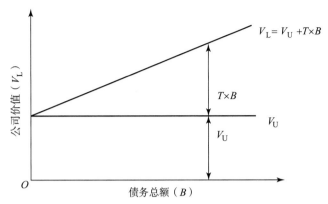

图 9 – 1　考虑税收不考虑财务危机成本下的公司价值

b. 风险补偿命题。

在考虑公司所得税情况下，杠杆公司的权益资本成本也等于同一风险等级的无杠杆公司的权益资本成本加上风险溢价，但风险溢价不仅取决于负债比率，还取决于所得税税率的高低。用公式表示为：

$$R_S = R_0 + (R_0 - R_B)(1 - T)\frac{B}{S} \tag{9-4}$$

风险补偿命题表明，考虑公司所得税后，虽然杠杆公司的权益资本成本会随着负债比率的提高而提高，但其上升的速度低于无税时上升的速度。

将总价值命题和风险补偿命题结合起来，可以得到杠杆企业的综合资本成本会随着负债率的上升而下降。综合资本成本的计算公式为：

$$R_{WACC} = R_B(1 - T)\frac{B}{V_L} + R_S\frac{S}{V_L} \tag{9-5}$$

式中　R_{WACC}——综合资本成本；

　　　V_L——公司价值（$V_L = B + S$）。

【例 9 – 1】例如，某公司负债额 $B = 1\,000$ 万元，息税前盈余 EBIT $= 300$ 万元，所得税税率为 $T = 25\%$，负债成本为 $R_B = 8\%$，无杠杆时的权益资本成本为 $R_0 = 10\%$。假设考虑税收的 MM 理论的假设条件成立，计算该公司的总价值、权益价值、权益资本成本、综合资本成本。

根据 MM 理论，考虑税收情况下，公司价值等于无杠杆公司价值加上债务利息抵税价值。

其中无杠杆公司价值为 $V_U = \dfrac{EBIT(1 - T)}{R_0} = \dfrac{300 \times (1 - 25\%)}{10\%} = 2\,250$（万元）

杠杆公司价值为：

$$V_L = V_U + TB = 2\,250 + 25\% \times 1\,000 = 2\,250 + 250 = 2\,500 \text{（万元）}$$

杠杆公司的权益价值为 $V_E = V_L - B = 2\,500 - 1\,000 = 1\,500$（万元）

以上计算结果说明，每增加 1 元债务，公司价值增加 0.25 元，或者说每 1 元负债的 NPV 是 0.25 元。

$$权益资本成本为 R_S = 10\% + (10\% - 8\%) \times (1 - 25\%) \times \frac{1\ 000}{1\ 500} = 11\%$$

$$综合资本成本为 R_{WACC} = \frac{1\ 500}{2\ 500} \times 11\% + \frac{1\ 000}{2\ 500} \times 8\% \times (1 - 25\%) = 9\%$$

假设公司资本结构调整到负债和权益各占 50%，即负债权益比为 1，其他条件不变，则相应的权益资本成本和综合资本成本分别为：

$$R_S = 10\% + (10\% - 8\%) \times (1 - 25\%) \times \frac{1}{1} = 11.5\%$$

$$R_{WACC} = 50\% \times 11\% + 50\% \times 8\% \times (1 - 25\%) = 8.5\%$$

由此可见，随着杠杆的提高，权益资本成本上升了，但综合资本成本下降了。

③权衡理论。

有税收的 MM 理论认为，通过负债经营可以提高公司的价值，但这是建立在没有破产成本和代理成本假设基础上的。在 MM 理论基础上，财务学家又考虑了财务危机成本和代理成本，进一步发展了资本结构理论。同时考虑债务利息抵税、破产成本和代理成本的资本结构理论被称为权衡理论（Trade - off Theory）。

财务危机是指企业在履行债务方面遇到了极大的困难。财务危机的发生可能导致企业破产，也可能不会导致企业破产，但都会给企业造成很大的损失。这些损失我们称其为财务危机成本，具体分为直接成本和间接成本两种。直接成本是指企业为了处理财务危机而发生的各种费用，以及财务危机给企业造成的资产贬值，包括有形资产和无形资产的贬值。间接成本是指企业因发生财务危机而在经营管理方面遇到的各种困难和损失，如债权人对企业的正常经营活动进行限制，原材料供应商要求企业必须现金购买材料，顾客放弃购买企业的产品等。

债权人通常对企业没有控制权，只有资金的收益权；而股东可以通过其代理人（董事会和经理会）对企业进行控制。因此股东与债权人的利益是不完全一致的。但在企业正常经营情况下，这种不一致表现得不是很明显。一旦企业陷入财务危机，股东与债权人的利益不完全一致的矛盾就会激化，股东就可能采取有利于自身利益而损害债权人利益的行为。为了减少债权人与股东之间的矛盾冲突给债权人带来的损失，债权人事先将会从各方面对股东的行为进行限制，如限制企业现金股利发放的数额，限制企业出售或购买资产，限制企业进一步负债，保持最低的营运资本水平等。所有这些限制和监督都会增加签订债务合同的复杂性，使成本上升；另外这些限制在保护了债权人利益的同时也可能降低企业经营的效率，从而使企业价值下降。这些成本就是代理成本。

以上分析说明，负债经营不但会因为其利息抵税而增加公司价值，而且也会因为其财务危机成本和代理成本而减少公司价值。在考虑公司所得税、财务危机成本和代理成本情况下，杠杆企业价值与资本结构的关系应为：

$$V_L = V_U + T \times B - （财务危机成本 + 代理成本） \tag{9-6}$$

上式为权衡理论的公司价值命题，其中的前两项代表 MM 的理论思想，即负债越多，由此带来的利息抵税也越大，企业价值就越大。但考虑了财务危机成本和代理成本之后，情况就不一样了，具体如图 9-2 所示。

图 9-2 说明，$V_L = V_U + T \times B$ 是杠杆企业价值的 MM 定理的理论值。当负债率很低时，财务危机成本和代理成本很低，公司价值主要由 MM 理论决定；随着负债率上升，财务危机

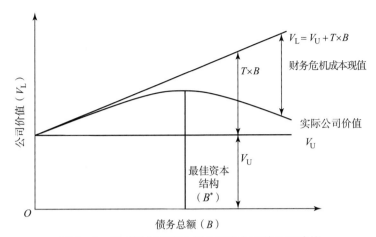

图 9 - 2　考虑所得税和财务危机成本下的公司价值

成本和代理成本逐渐增加，公司价值越来越低于 MM 理论值，但由于债务增加带来的利息抵税的增加值仍大于因此而产生的财务危机成本和代理成本的增加值，故公司价值呈上升趋势；当负债总额为 B^* 时，增加债务带来的税收屏蔽增加值与财务危机成本和代理成本的增加值正好相等，公司价值达到最大，此时的负债总额 B^* 即为最优债务额，此时的资本结构为最佳资本结构；当负债总额超过 B^*，债务的利息抵税增加值小于财务危机成本和代理成本的增加值，公司价值开始下降。

上述分析表明：在同时考虑公司所得税、财务危机成本和代理成本情况下，理论上企业应该存在一个最佳资本结构；但由于财务危机成本和代理成本很难进行准确估计，所以最佳资本结构并不能靠计算和纯理论分析的方法得到，而需管理人员在考虑了影响资本结构的若干因素基础上进行判断和选择。财务经理应结合公司理财目标，通过调整资本结构使企业价值达到最大。

在考虑税收不考虑财务危机成本和代理成本的情况下，企业的加权平均资本成本是随着负债比率的上升而下降的。但在考虑了财务危机成本和代理成本以后，情况就有所不同了。随着负债比率的上升，加权平均资本成本不会持续下降。这是因为随着负债比率的上升债权人的风险也逐渐加大，他们所要求的报酬率也相应提高，从而使债务资本成本上升，最终使得加权平均资本成本反降为升。理论上，加权平均资本成本最低时企业价值达到最大。

综上所述，权衡理论认为，最佳资本结构是使企业加权平均资本成本最低，同时企业价值最大的资本结构。实践中最佳资本结构的确定，还应该考虑除了企业价值和资本成本以外的各种影响资本结构的因素。

（3）后现代资本结构理论

20 世纪 80 年代，随着委托代理理论和信息不对称理论的提出，出现了代理成本下的资本结构理论、信息不对称下的资本结构理论，统称为后现代资本结构理论。

①委托代理成本下的资本结构理论。

由于信息不对称，企业存在委托代理问题。迈克尔·詹森（Michael C. Jensen）和威廉·麦克林（William H. Meckling）（1976）定义了在公司制企业中存在的两种委托代理矛盾，股东和经营者之间的委托代理以及股东和债权人之间的委托代理。第一种委托代理关系的存在是由于存在外部股东，股东是委托人，而经营者是代理人。经营者并非企业的完全所有者，其努力工作所获得的收益中本人只能分享一部分，因此经营者会增加一些本不必要的在职消费并产生"偷懒"行为。因此所有权和经营权分离的企业价值必然小于不存在两权分离的企业价值。第二种委托代理关系的存在是由于存在债权人，债权人是委托人，股东是代理人。债权人与股东之间的委托代理矛盾在企业陷入财务困境时就会被激化，这时股东有可能采取损害债权人利益而有利于股东自身利益的财务策略，从而使企业价值下降，如投资不足、投资过度、直接转移财富等。

无论是股东和经营者之间还是债权人与股东之间的委托代理矛盾，都会产生委托代理成本。代理成本理论认为，资本结构的安排可以作为解决代理问题的一种手段，最优资本结构就是使代理成本最低的资本结构。代理成本理论从企业各相关利益主体的委托代理关系和由此产生的代理成本这一崭新的视角来研究企业的资本结构，它与权衡理论的重要区别之一就是，它认为企业的资本结构决策是内生的，资本结构的选择取决于企业相关利益者利益均衡的结果。

②信息不对称下的资本结构理论。

a. 信号传递理论。

信号传递理论是建立在企业内部人和外部人关于企业的真实价值或投资机会的信息不对称基础上的。由于不同的资本结构会传递不同的信号，因此企业管理者将选择合理的资本结构，向外界传递积极的信号，避免负面效应的信号。史蒂芬·罗斯（Stephen Ross）1977年指出，因为低质量公司有较高的破产成本，低质量的公司不可能通过发行更多的债务来模仿高质量的公司。因此负债率作为企业质量好坏的信号是有效的，投资者把较高的债务水平看成是较好质量的信号，外部投资者会随着公司负债比率的改变来调整对公司的估值。海恩·李兰德（Hayne Leland）和大卫·派尔（David Pyle）认为，在信息不对称情况下，为了使投资项目能够顺利进行，借贷双方必须通过信号传递来进行信息交流。掌握内幕消息的企业家对需要融资的项目进行投资就向贷款方传递信号，这是一个好项目。因此，贷款人会根据企业家愿意投入的比例来判断投资项目的价值。在给定投资项目下，企业家愿意投入的比例越大就越有价值，债务的最优水平就越高。

b. 顺序融资理论。

企业内部管理层通常比外部投资者拥有更多更准确的关于企业的信息。在这种情况下，企业管理层的许多决策，如筹资方式选择、股利分配、投资并购等，不仅具有财务上的意义，而且向市场和外部投资者传递着信号。基于这种信息不对称，斯图尔特·迈尔斯（Stewart C. Myers）1984年提出了顺序融资理论（Pecking-Order Theory）。他认为，在企业内外部信息不对称情况下，企业一般采取的融资序列是先内源融资后外源融资，外源融资顺序是先发行债券后发行股票。他认为每个企业具体的最优资本结构是不同的，但融资的顺序应该相同。顺序融资理论突破了之前资本结构理论仅仅从静态的角度研究最优资本结构的存在与否，它把公司融资看成是一个动态的过程。此外，它集中在对管理者动机的分析上，而非企业市场价值最大化的原则上。

总而言之，信息不对称下的资本结构理论认为，通过资本结构向市场传递有关企业经营的信息，可以影响投资者的投资决策，从而影响企业的价值。相对于代理成本理论，它在关注对内部人激励的同时强调了内部人对外部人的激励。

9.2 最佳资本结构决策

虽然资本结构理论的研究成果表明企业存在最佳资本结构，但是企业不可能根据公式计算求解最佳资本结构，这主要是因为还没有被认可的用来估计财务危机成本和代理成本的模型。另外，最佳资本结构的理论研究是建立在若干假设基础上的，而实际情况是错综复杂的，很难保证所有假设都成立。因此，财务管理人员在确定企业最佳资本结构进行筹资方式选择时，必须首先对影响企业资本结构的一系列因素进行分析。

最佳资本结构决策

9.2.1 影响最佳资本结构的因素

（1）企业的举债能力

由于每一个企业的筹资渠道、筹资方式以及筹资数额都是有一定限度的，因此，企业现行的筹资决策及资本结构的确定必然会对以后的筹资方式产生影响。例如，企业现在以负债方式筹资使其负债权益比上升和偿债能力减弱，可能导致今后一段时间内企业无法利用债务筹资，或只能以较高的成本进行债务筹资。因此，为了保持较高的举债能力，企业不能使负债权益比过高，以保持一定的债务筹资能力。

（2）企业的经营风险

企业总风险包括经营风险和财务风险，而且这两种风险最终都会影响到企业的净收益。一般情况下，企业是在确定的经营风险基础上，通过调整财务风险来控制企业总风险的。将总风险限制在一定范围内时，息税前利润稳定、经营风险低的企业可有较高的负债权益比；而息税前利润不稳定、经营风险较高的企业应使用较低的负债权益比。例如，由于有形资产在清算变现时价值损失低于无形资产，因此有形资产比例较高的企业经营风险较小，可以承受较大的财务风险，从而可以有较高的负债权益比；反之，无形资产比例较高的企业往往保持较低的负债权益比。

（3）企业的控制权

若公司的股东不愿意公司的控制权旁落他人，则可能尽量采用债务融资的方式来增加资本，而不是发行新股增资；与此相反，如果股东不愿承担财务风险时，就尽可能少地利用债务筹资方式，而采用权益筹资的方式来增加资本。

（4）企业信用等级与债权人的态度

企业能否采用债务筹资的方式和能筹集到多少资本，不仅取决于企业对最佳资本结构的分析和判断，还取决于企业信用等级与债权人的态度。企业的信用等级越高，债权人就越愿意借债给企业；否则，债权人将不愿意借债给企业，使企业无法达到它所希望的负债权益比。

（5）企业的发展阶段

企业发展往往经历初创期、成长期、成熟期和衰退期等不同的发展阶段。不同发展阶段，企业的资本结构有所不同。在其他条件相同的情况下，发展速度越快时，外部资金依赖性越强；另外由于信息不对称，这时企业股票价值容易被低估。所以企业在高速发展时期负债率一般较高。因此，相比其他时期，企业处于成长期时债务资本比例可能较高。

（6）企业所属行业

由于经营风险等因素的影响，不同行业的负债权益有所不同。在资本结构决策中，应掌握本企业所处行业资本结构的一般水平，并分析本企业与同行业其他企业相比的特点和差别，以便确定适合于本企业的资本结构。

（7）政府税收

因为负债利息有抵税作用，而股票的股利没有抵税作用，因此所得税税率高的企业负债权益比可以高些，这样可以充分获得债务利息产生的税收屏蔽价值；相反，所得税税率低的企业负债权益比应该低些。特别是，企业所得税税率为0或企业处于亏损期时，企业丝毫得不到负债利息给企业带来的所得税上的好处。实际上，企业亏损时，就不应该采用债务筹资方式，因为这样做不符合投资决策的基本原则。

9.2.2 资本结构的决策方法

因为还没有人们认可的用来估计最佳资本结构的模型，所以只能在分析影响企业资本结构因素的基础上，使用一些建立在资本结构理论基础上的简单的量化方法来确定最佳资本结构，但在使用这些方法时要注意它们的局限性。目前资本结构决策方法主要有比较资本成本法、每股收益分析法和总价值分析法。

资本结构理论研究结果说明，企业最佳资本结构应该是使企业价值达到最大同时资本成本最低时的资本结构。基于该结论，确定最佳资本结构可以有三种不同的考虑：第一是只考虑资本成本，即以综合资本成本最低作为资本结构决策的依据，这就是比较资本成本法；第二是只考虑企业价值，即以企业价值最大作为资本结构决策的依据，这就是每股收益分析法；第三是同时考虑资本成本和企业价值，即以资本成本最低和企业价值最大作为资本成本决策的依据，这就是总价值分析法。

（1）比较资本成本法

用比较资本成本法进行筹资决策，具体要考虑两种情况，即初始筹资资本结构决策和追加筹资资本结构决策。

①初始筹资资本结构决策。

初始筹资资本结构决策是指初次利用债务资本筹资时的资本结构决策。进行初始筹资资本结构决策时，应先计算出各种筹资方案的综合资本成本，然后对不同筹资方案的综合资本成本进行比较，其中综合资本成本最低的筹资方案为最佳方案。

【例9-2】某公司财务经理正面临筹资方案决策问题。目前有三种方案可供选择，公司所得税税率为25%，有关资料如表9-1所示。

表9-1 不同筹资方式的筹资额与资本成本

筹资方式	方案A		方案B		方案C	
	筹资额/万元	个别资本成本/%	筹资额/万元	个别资本成本/%	筹资额/万元	个别资本成本/%
长期借款	800	8.0	500	6.5	1 000	10.0
长期债券	1 500	9.5	1 800	9.5	200	8.9

筹资方式	方案 A		方案 B		方案 C	
	筹资额/万元	个别资本成本/%	筹资额/万元	个别资本成本/%	筹资额/万元	个别资本成本/%
优先股			500	12.0	300	12.0
普通股	2 700	15.0	2 200	15.0	3 500	15.0
合计	5 000	—	5 000	—	5 000	—

注：长期借款与长期债券均为税前资本成本。

根据比较资本成本法，首先计算各个方案的综合资本成本，然后比较上述三个筹资方案的综合资本成本。方案 A，B，C 的综合资本成本分别为：

$$R_{\text{WACC}} = \frac{800}{5\,000} \times 8\% \times (1 - 25\%) + \frac{1\,500}{5\,000} \times 9.5\% \times (1 - 25\%) + \frac{2\,700}{5\,000} \times 15\% = 11.2\%$$

$$R_{\text{WACC}} = \frac{500}{5\,000} \times 6.5\% \times (1 - 25\%) + \frac{1\,800}{5\,000} \times 9.5\% \times (1 - 25\%) + \frac{500}{5\,000} \times 12\% + \frac{2\,200}{5\,000} \times 15\%$$
$$= 10.85\%$$

$$R_{\text{WACC}} = \frac{1\,000}{5\,000} \times 10\% \times (1 - 25\%) + \frac{200}{5\,000} \times 8.9\% \times (1 - 25\%) + \frac{300}{5\,000} \times 12\% + \frac{3\,500}{5\,000} \times 15\%$$
$$= 12.99\%$$

方案 B 的综合资本成本最低，为 10.85%。因此，在其他因素大体相同的条件下，方案 B 是最好的筹资方案，其资本结构为该企业的最佳资本结构。

②追加筹资资本结构决策。

追加筹资资本结构决策是指企业追加筹资时的资本结构决策。进行追加筹资资本结构决策时，可以直接比较各备选追加筹资方案的综合资本成本，从中选择成本最低的筹资方案；也可以通过比较考虑了各备选筹资方案以后企业总资本的综合资本成本，以确定最佳的筹资方案。

【例 9 - 3】某公司拥有长期资金 5 000 万元，其中长期借款 1 000 万元，长期债券 1 300 万元，优先股 700 万元，普通股 2 000 万元，个别资本成本分别为 5.8%，8%，14% 和 16%。公司为了扩大企业规模准备追加筹资 1 500 万元，目前有两个追加筹资的备选方案，有关资料如表 9 - 2 所示。

表 9 - 2　A，B 两方案的追加筹资额及个别资本成本

筹资方式	追加筹资方案 A		追加筹资方案 B	
	筹资额/万元	个别资本成本/%	筹资额/万元	个别资本成本/%
长期借款	450	8.0	350	7.5
长期债券	300	8.5	500	10.0
优先股	200	14.0	200	14.0
普通股	550	16.0	450	16.0
合计	1 500	—	1 500	—

注：长期借款与长期债券均为税前资本成本。

方法一：直接比较各备选追加筹资方案的综合资本成本。追加筹资方案 A，B 的综合资本成本分别为：

$$R_{\text{WACC}} = \frac{450}{1\,500} \times 8\%\,(1-25\%) + \frac{300}{1\,500} \times 8.5\%\,(1-25\%) + \frac{200}{1\,500} \times 14\% + \frac{550}{1\,500} \times 16\%$$

$$= 10.8\%$$

$$R_{\text{WACC}} = \frac{350}{1\,500} \times 7.5\%\,(1-25\%) + \frac{500}{1\,500} \times 10\%\,(1-25\%) + \frac{200}{1\,500} \times 14\% + \frac{450}{1\,500} \times 16\%$$

$$= 10.48\%$$

追加筹资方案 B 的综合资本成本（10.48%）比追加筹资方案 A 的综合资本成本（10.8%）低，故应选择方案 B。

方法二：比较追加筹资后的企业总资本的综合资本成本。

按方案 A 追加筹资后，长期借款和长期债券的个别资本成本分别为：

$$R_{\text{L}} = \frac{1\,000 \times 5.8\% + 450 \times 8\%}{1\,000 + 450}\,(1-25\%) = 4.86\%$$

$$R_{\text{B}} = \frac{1\,300 \times 8\% + 300 \times 8.5\%}{1\,300 + 300}\,(1-25\%) = 6.07\%$$

按方案 A 追加筹资后，企业总资本的综合资本成本为：

$$R_{\text{WACC}} = \frac{1\,450}{6\,500} \times 4.86\% + \frac{1\,600}{6\,500} \times 6.07\% + \frac{900}{6\,500} \times 14\% + \frac{2\,550}{6\,500} \times 16\% = 10.8\%$$

按方案 B 追加筹资后，长期借款和债券的个别资本成本分别为：

$$R_{\text{l}} = \frac{1\,000 \times 5.8\% + 350 \times 7.5\%}{1\,000 + 350} = 6.24\%$$

$$R_{\text{B}} = \frac{1\,300 \times 8\% + 500 \times 10\%}{1\,300 + 500} = 8.56\%$$

按方案 B 追加筹资后，企业总资本的综合资本成本为：

$$R_{\text{WACC}} = \frac{1\,350}{6\,500} \times 6.24\% + \frac{1\,800}{6\,500} \times 8.56\% + \frac{900}{6\,500} \times 14\% + \frac{2\,450}{6\,500} \times 16\% = 11.64\%$$

同方法一的结论相同，应选择方案 B。

（2）每股收益分析法

资本结构是否合理，可以通过每股收益的变化来进行分析。由于公司理财目标是公司价值最大化或股东财富最大化，因此每股收益最大的资本结构应该是符合公司理财目标的。当企业面临是采用债务筹资还是权益筹资时，可以先计算两种不同筹资方式下的每股收益，然后采用每股收益大的筹资方式。这种利用每股收益进行最佳资本结构决策的方法称为每股收益分析法。

每股收益分析法往往先计算不同筹资方案下每股收益（EPS）相等时的息税前利润（EBIT），即每股收益无差别点；然后再根据筹资后的预期息税前利润与每股收益无差别点的息税前利润比较的结果来选择筹资方式。

每股收益的计算公式为：

$$\text{EPS} = \frac{(S - \text{VC} - F - I)(1 - T) - D}{N} \tag{9-7}$$

$$\text{或} \qquad \text{EPS} = \frac{(\text{EBIT} - I)(1 - T) - D}{N} \qquad\qquad (9-8)$$

式中　EPS——每股收益；

S——销售额；

VC——变动成本总额；

F——固定成本总额；

I——债务利息；

T——所得税税率；

D——优先股股利；

N——流通在外的普通股股数；

EBIT——息税前利润。

在每股收益无差别点上，无论采用何种方式筹资，每股收益都是相等的。现在用 EPS_1 和 EPS_2 分别代表两种不同筹资方式的每股收益，则每股收益无差别点为 $\text{EPS}_1 = \text{EPS}_2$，即

$$\frac{(S_1 - \text{VC}_1 - F_1 - I_1)(1 - T) - D_1}{N_1} = \frac{(S_2 - \text{VC}_2 - F_2 - I_2)(1 - T) - D_2}{N_2} \qquad (9-9)$$

$$\text{或} \qquad \frac{(\text{EBIT}_1 - I_1)(1 - T) - D_1}{N_1} = \frac{(\text{EBIT}_2 - I_2)(1 - T) - D_2}{N_2} \qquad (9-10)$$

式（9-9）中 $S_1 = S_2$ 时的销售额为每股收益无差别点的销售额，记为 $\overline{S}$；式（9-10）中 $\text{EBIT}_1 = \text{EBIT}_2$ 时的息税前利润为每股收益无差别点的息税前利润，记为 $\overline{\text{EBIT}}$。

下面举例说明每股收益分析法的应用。

【例 9-4】 A 公司目前拥有资本 800 万元，其中债务资本 200 万元，普通股 600 万元，公司所得税税率为 25%。公司准备投资一个项目，需追加筹资 200 万元，有三种方案可供选择，即增发普通股、增加债务和发行优先股，相关资料如表 9-3 所示。

表 9-3　A 公司现有资本结构和增资后的资本结构

资本种类	现行资本结构		增资后的资本结构					
	金额/万元	比重/%	增发普通股		增发债务		发行优先股	
			金额/万元	比重/%	金额/万元	比重/%	金额/万元	比重/%
债务	200	25	200	20	400	40	200	20
优先股	0	—	0	—	0	—	200	20
普通股	600	75	800	80	600	60	600	60
资本总额	800	100	1 000	100	1 000	100	1 000	100
其他资料：								
年利息/万元	10		10		30		10	
优先股股利/万元	0		0		0		18	
普通股股数/万股	10		16		10		10	

假设该公司增资后的息税前利润能达到 200 万元，则三种增资方式下的每股收益如表 9-4 所示。

表 9 - 4　A 公司增资后息税前利润为 200 万元时的每股收益

项目	增发普通股	增发债务	发行优先股
息税前利润（EBIT）/万元	200	200	200
减：利息费用（I）/万元	10	30	10
税前利润（EBI）/万元	190	170	190
减：所得税（25%）/万元	47.5	42.5	47.5
税后利润（EAT）/万元	142.5	127.5	142.5
减：优先股股利（D）/万元	0	0	18
归普通股所有的利润/万元	142.5	127.5	124.5
流通在外的普通股股数/万股	16	10	10
普通股每股收益（EPS）/元	8.91	12.75	12.45

表 9 - 4 的计算结果表明，若增资后息税前利润达到 200 万元，该公司应该采用增发债务增资方式，因为它比增发普通股和发行优先股两种增资方式的每股收益都要高。下面我们利用每股收益无差别点来进行最佳资本结构的选择。

假设用 EPS_1，EPS_2，EPS_3 分别表示采用增发普通股、增发债务、发行优先股三种不同筹资方式下的每股收益。根据所给资料可以得到以下三个直线方程：

增发普通股：$EPS_1 = (EBIT_1 - I_1)(1 - T)/N_1 = (EBIT_1 - 10)(1 - 25\%)/16$

增发债务：$EPS_2 = (EBIT_2 - I_2)(1 - T)/N_2 = (EBIT_2 - 30)(1 - 25\%)/10$

发行优先股：$EPS_3 = [(EBIT_3 - I_3)(1 - T) - D_3]/N_3 = [(EBIT_3 - 10)(1 - 25\%) - 18]/10$

经整理可以得到：

$$EPS_1 = 0.046\ 875 EBIT_1 - 0.468\ 75 \tag{1}$$

$$EPS_2 = 0.075 EBIT_2 - 2.25 \tag{2}$$

$$EPS_3 = 0.075 EBIT_3 - 2.55 \tag{3}$$

（1）=（2）时的 $\overline{EBIT}$ = 63.33 万元，其为增发普通股和增发债务后的每股收益无差别点的息税前利润；（1）=（3）时的 $\overline{EBIT}$ = 74 万元，其为增发普通股和发行优先股后的每股利润无差别点的息税前利润；（2）=（3）时 $\overline{EBIT}$ 无解。进一步可以计算出增发普通股和增加债务无差别点的每股收益是 2.50 元，增发普通股和发行优先股无差别点的每股收益为 3 元。

由以上三个方程可知，增发普通股方程的斜率为 0.046 875，比增发债务和发行优先股方程的斜率 0.075 小，即随着 $\overline{EBIT}$ 的增加，增发普通股的 EPS 的增长速度比增发债务和发行优先股的 EPS 的增长速度慢。由于方程的斜率不同，因此增发普通股的方程与增发债务和发行优先股的方程就会有交点，其交点就是每股收益相等的 $\overline{EBIT}$ 水平，即 63.33 万元和 74 万元；而增加债务和发行优先股方程的斜率相等，均为 0.075，即这两条直线是平行的，没有交点，因此这两种筹资方式没有使得 EPS 相等的 $\overline{EBIT}$ 水平。可以计算出在任何 EBIT 水平下，增发债务方式比发行优先股方式的每股收益 EPS 都要多出 0.3 元，这说明在任何 EBIT 水平下采用债务筹资均优于优先股筹资。

上述每股收益无差别点分析如图 9 - 3 所示。

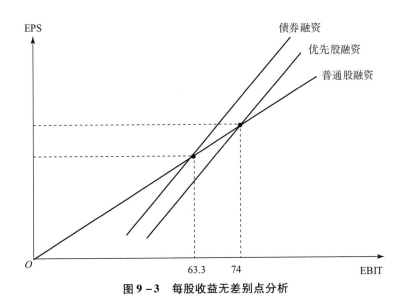

图9-3 每股收益无差别点分析

图9-3直观地说明了利用每股收益分析法进行筹资方式选择（即资本结构决策）的过程。增发普通股和增发债务的每股收益无差别点63.33万元的含义是：预期EBIT低于63.33万元时应采用普通股筹资方式，高于63.33万元时应采用债务筹资方式。增发普通股和发行优先股的每股收益无差别点74万元的含义是：预期EBIT低于74万元时应采用普通股筹资方式，高于74万元时应采用优先股筹资方式。综上所述，当预期EBIT低于63.33万元时，首选的筹资方式是普通股，其次是债务，最后才是优先股；当预期EBIT在63.33万元和74万元之间时，首选的筹资方式应是债务，其次是普通股，最后是优先股；当预期EBIT超过74万元时，首选的筹资方式为债务，其次是优先股，最后是普通股。

在应用每股收益分析法时，应该注意财务风险的控制。预期盈利水平与每股收益无差别点的盈利水平之间的差距不同，预期盈利水平的分散程度不同，则选择债务融资的风险也是有所不同的。在上例中，增发普通股和增发债务的每股收益无差别点的息税前利润为63.33万元，当预计息税前利润超过63.33万元，理论上就可以采取债务融资方式，但是超过的越多，分散程度越小，债务筹资的风险越小，相对于普通股筹资的优势越明显；反之，超过的越少，分散程度越大，债务筹资的风险越大，相对于普通股筹资的优势越不明显。

（3）总价值分析法

上面我们已经强调，在利用每股收益分析法进行资本结构决策时，应该考虑风险问题。下面介绍另外一种考虑风险的资本结构决策方法，即总价值分析法。这种方法既考虑了不同风险水平下的资本成本，又考虑了企业价值，是一种将综合资本成本、企业总价值和风险综合考虑进行资本结构决策的方法。企业总价值等于债务资本总价值和权益（普通股）资本总价值之和。用公式表示为：

$$V = B + S \qquad (9-11)$$

式中　V——公司总价值；

　　　　B——债务资本价值；

　　　　S——权益资本价值。

为简化起见，假设债务资本总价值 B 等于其面值，权益资本（普通股）总价值 S 按公司股票未来净收益现值计算，计算公式为：

$$S = \frac{(\text{EBIT} - I)(1 - T) - D_p}{R_C} \tag{9 - 12}$$

式中 EBIT——息税前利润；

I——债务利息；

R_C——普通股资本成本；

T——所得税税率；

D_p——优先股股利。

$(\text{EBIT} - I)(1 - T) - D_p$ 是归普通股股东所有的未来净收益，假设每年都相等，在企业持续经营情况下，则 $(\text{EBIT} - I)(1 - T) - D_p$ 相当于永续年金，股票总价值就等于永续年金现值。考虑到风险的影响，可采用资本资产定价模型来估计权益资本价值 S 计算中的普通股资本成本 R_c，计算公式为：

$$R_C = R_f + \beta_i (R_m - R_f) \tag{9 - 13}$$

在有负债情况下，企业的综合资本成本应用加权平均资本成本 R_{WACC} 来表示。计算公式为：

$$R_{\text{WACC}} = R_B(1 - T)\frac{B}{V_L} + R_c\frac{S}{V_L} \tag{9 - 14}$$

式中 R_{WACC}——公司综合资本成本；

R_B——公司长期债务税前资本成本；

R_c——公司普通股资本成本。

下面通过例题来说明利用总价值分析法进行资本结构决策的过程。

【例 9 - 5】S 公司现在全部资本均由普通股组成，股票账面价值 2 500 万元，所得税税率 40%。该公司认为目前的资本结构不尽合理，准备发行债券回购部分股票予以调整。假设公司预计年息税前利润为 600 万元，无风险利率为 10%，股票市场上的平均收益率为 16%，债券利率随着负债率的上升而上升。市场调研结果表明，在不同负债水平下，债务年利率和股票资本成本如表 9 - 5 所示。

表 9 - 5 S 公司在不同负债水平下的债务利率和股票资本成本

债券的市场价值/万元	税前债券资本成本/%	股票的 β 系数	股票资本成本/%
0	—	1. 20	17. 2
300	9	1. 30	17. 8
600	9	1. 35	18. 1
900	12	1. 45	18. 7
1 200	14	1. 60	19. 6
1 500	16	2. 20	23. 2
1 800	19	2. 50	25. 0

表 9 - 5 中的股票资本成本是根据资本资产定价模型计算的。例如发行债券 300 万元时，根据式（9 - 13）可计算股票资本成本为：

$$R_{\text{C}} = R_{\text{f}} + \beta_i(R_{\text{m}} - R_{\text{f}}) = 10\% + 1.3 \times (16\% - 10\%) = 17.8\%$$

其余依此类推。

根据表 9 - 5 的资料，运用式（9 - 11）、式（9 - 12）、式（9 - 14）可计算出不同负债水平下的公司价值和综合资本成本，如表 9 - 6 所示。

表 9 - 6　S 公司在不同负债水平下的公司价值和综合资本成本

债券市场价值 B/万元	股票市场价值 S/万元	公司价值 V/万元	税前债券资本成本 R_{B}/%	股票资本成本 R_{C}/%	综合资本成本 R_{WACC}/%
0	2 093.02	2 093.02	—	17.2	17.20
300	1 931.46	2 231.46	9	17.8	16.13
600	1 809.94	2 409.94	9	18.1	14.94
900	1 578.61	2 478.61	12	18.7	14.52
1 200	1 322.45	2 522.45	14	19.6	14.27
1 500	931.03	2 431.03	16	23.2	14.81
1 800	619.20	2 419.20	19	25.0	14.88

表 9 - 6 中的股票市场价值是根据式（9 - 12）计算的。例如发行债券 300 万元时，股票市场价值 S 为：

$$S = \frac{(\text{EBIT} - I)(1 - T) - D_{\text{p}}}{R_{\text{C}}} = \frac{(600 - 300 \times 9\%) \times (1 - 40\%)}{17.8\%} = 1\,931.46（万元）$$

根据式（9 - 11）可计算公司价值为：

$$V = B + S = 300 + 1\,931.46 = 2\,231.46（万元）$$

根据式（9 - 14）可计算综合资本成本为：

$$R_{\text{WACC}} = R_{\text{B}}(1 - T)\frac{B}{V_{\text{L}}} + R_{\text{C}}\frac{S}{V_{\text{L}}} = 9\% \times (1 - 40\%) \times \frac{300}{2\,231.46} +$$

$$17.8\% \times \frac{1\,931.46}{2\,231.46} = 16.13\%$$

其余依此类推。

表 9 - 6 表明，在没有债务情况下，公司价值就是其股票的市场价值。当用债务资本部分地替换权益资本时，公司价值开始上升，综合资本成本开始下降；在债务资本达到 1 200 万元时，公司价值达到最大，为 2 522.45 万元，综合资本成本最低，为 14.27%；债务资本超过 1 200 万元后，由于债务资本和股权资本都大幅度增加，综合资本成本开始上升，公司价值开始下降。因此，债务资本 1 200 万元时的资本结构是该公司的最佳资本结构。

资本结构决策是企业财务决策中一项比较复杂的工作，虽然在理论上存在最佳资本结构，但在实践中很难找到它。企业在进行资本结构决策时，除了考虑资本成本和企业价值以外，还要考虑企业的经营风险、经营的控制权、企业信用等级与债权人的态度、资产结构、政府税收、企业的发展阶段、企业的盈利能力和行业等影响资本结构的各种因素。

9.3 杠杆利益与风险

物理学中把在力的作用下可以围绕固定点转动的坚硬物体叫做杠杆。杠杆绕着转动的固定点叫做支点。自然界中的杠杆效应，是指人们通过利用杠杆，可以用较小的力移动较重物体的现象。财务管理中也存在着类似的杠杆效应。因为企业的生产经营中存在固定费用（如固定生产成本和固定融资成本），这类似于杠杆效应中的固定支点，使得某一财务变量以较小的幅度变动时，另一相关财务变量会以较大幅度变动，这就产生了财务管理中的杠杆效应。

固定生产成本的存在产生了经营杠杆，固定融资成本的存在产生了财务杠杆，以及经营杠杆与财务杠杆的复合作用产生了联合杠杆。在资本结构调整和筹资方式选择上，企业需要考虑如何利用经营杠杆、财务杠杆和联合杠杆的原理，合理规避风险，提高资金营运效率。

9.3.1 经营杠杆

（1）经营杠杆原理

生产成本可以分成固定生产成本和变动生产成本。固定生产成本是指总成本在一定时期和一定业务量（生产量或销售量）范围内不随业务量变化而变化的那部分成本，如固定资产的折旧费、无形资产的摊销、保险费、管理人员工资等。变动生产成本是指总成本随着业务量（生产量或销售量）的变化成正比例变动的那部分成本，如直接材料、直接人工等。

经营杠杆

由于固定生产成本在一定销售量范围内不随销售量的增加而增加，因此随着销售量增加，单位销售量所负担的固定生产成本会相对减少，从而给企业带来额外的收益（EBIT）；反过来，随着销售量下降，单位销售量所负担的固定生产成本会相对增加，从而给企业带来额外的损失（EBIT）。这种由于存在固定生产成本而使得销售量的变动对息税前利润的变动产生的杠杆效应，称为经营杠杆效应（Operating Leverage）。

【例 9 - 6】例如，某企业销售收入为 80 万 ~ 120 万元时，固定生产成本为 38 万元。目前销售收入 100 万，变动成本是销售收入的 38%，债务利息 4 万元，所得税税率 25%。假设销售价格不变，则销售收入的变化完全是销售量的变化所引起的。在销售量（即销售收入）增减 10% 情况下，息税前利润的变动如表 9 - 7 和表 9 - 8 所示。

表 9 - 7　经营杠杆利益分析

销售收入		变动成本 /万元	固定成本 /万元	息税前利润（EBIT）	
金额/万元	增长率/%			金额/万元	增长率/%
100.00	—	38.00	38.00	24.00	—
110.00	10.00	41.80	38.00	30.20	25.83

表9-8 经营杠杆损失分析

销售收入		变动成本/万元	固定成本/万元	息税前利润（EBIT）	
金额/万元	增长率/%			金额/万元	增长率/%
100.00	—	38.00	38.00	24.00	—
90.00	−10.00	34.20	38.00	17.80	−25.83

表9-7和表9-8说明：由于存在固定生产成本，在销售收入增长10%的情况下，息税前利润增长了25.83%，在销售收入下降10%情况下，息税前利润下降了25.83%，即10%的销售量的变化带来了25.83%的息税前利润的变动。由此可见，经营杠杆效应是一把"双刃剑"，企业可以通过扩大销售量获得经营杠杆利益，同时应该避免销售量下降而遭受经营杠杆损失。

（2）经营杠杆系数

经营杠杆效应的大小一般用经营杠杆系数（Degree of Operating Leverage，DOL）表示。按照经营杠杆原理，它是企业息税前利润变动率与销售量（或在单价不变情况下的销售收入）变动率的比值。用公式表示如下：

$$DOL = \frac{\Delta EBIT/EBIT}{\Delta Q/Q} \qquad (9-15)$$

式中 DOL——经营杠杆系数；

　　　$\Delta EBIT$——息税前利润变动额；

　　　EBIT——变动前息税前利润；

　　　ΔQ——生产量或销售量的变动量；

　　　Q——变动前生产量或销售量。

以上称为经营杠杆系数的定义公式。将息税前利润 $EBIT = Q(P-V) - F$ 或者 $S - VC - F$ 代入上式，得到经营杠杆系数的计算公式如下：

$$DOL = \frac{Q(P-V)}{Q(P-V) - F} = \frac{S - VC}{S - VC - F} \qquad (9-16)$$

式中 P——单位销售价格；

　　　V——单位变动成本；

　　　S——销售收入；

　　　VC——变动成本总额；

　　　F——固定生产成本总额。

【例9-7】例如，ABC公司产品销售单价5元，单位变动成本3元，固定生产成本总额20 000万元，假设销售单价和成本水平保持不变，当销售量分别为20 000万件、18 000万件、15 000万件时的经营杠杆系数分别为：

$$DOL_{20\,000万件} = \frac{20\,000 \times (5-3)}{20\,000 \times (5-3) - 20\,000} = \frac{40\,000}{20\,000} = 2$$

$$DOL_{18\,000万件} = \frac{18\,000 \times (5-3)}{18\,000 \times (5-3) - 20\,000} = \frac{36\,000}{16\,000} = 2.25$$

$$DOL_{15\,000万件} = \frac{15\,000 \times (5-3)}{15\,000 \times (5-3) - 20\,000} = \frac{30\,000}{10\,000} = 3$$

例如，经营杠杆系数为 2 的含义是，在销售量 20 000 万件的水平上，当销售量增长 10% 时，息税前利润增长 20%；反之，当销售量下降 10% 时，息税前利润也下降 20%。其余以此类推。

结合上述经营杠杆系数的计算公式与举例，可以得到以下结论。

①经营杠杆系数是对应着某一销售水平的，该销售水平为经营杠杆系数的初始销售水平。如上例中，2，2.25，3 分别是销售量为 20 000 万件、18 000 万件、15 000 万件时的经营杠杆系数。

②经营杠杆系数反映了某一销售水平上经营风险的大小。如上例中，随着销售量由 20 000 万件下降到 18 000 万件和 15 000 万件，经营杠杆系数由 2 增加到 2.25 和 3，即在越低销售量水平上，销售量的变动所导致的息税前利润的波动幅度越大，即经营风险越大；反之，在越高销售量水平上，销售量的变动所导致的息税前利润的波动幅度越小，即经营风险越小。

③在销售量（销售收入）处于盈亏临界点前后，经营杠杆系数的表现不同。当销售量（销售收入）达到盈亏临界点，即息税前利润等于零时，经营杠杆系数为无穷大；在销售量（销售收入）超过盈亏临界点后，经营杠杆系数随销售量（销售收入）的增加而递减，即一旦销售量（销售收入）超过盈亏临界点，随着销售量（销售收入）的增加，经营风险逐渐下降。

④如果不存在固定生产成本，无论销售量（销售收入）是多少，经营杠杆系数都等于 1，即息税前利润随销售量（销售收入）同比例变动，不存在经营杠杆效应。

【例 9 - 8】甲公司有关资料如表 9 - 9 所示，试计算该公司 2016 年的经营杠杆系数。

表 9 - 9　甲公司的有关资料

项目	2015 年	2016 年	变动额	变动率/%
销售收入/万元	1 000	1 200	200	20
变动成本总额/万元	600	720	120	20
边际贡献总额/万元	400	480	80	20
固定生产成本总额/万元	200	200	0	—
息税前利润/万元	200	280	80	40

2016 年的经营杠杆系数分别用定义公式和计算公式计算如下：

$$\mathrm{DOL}_{2016} = \frac{\Delta \mathrm{EBIT}/\mathrm{EBIT}}{\Delta Q/Q} = \frac{80/200}{200/1\,000} = 2$$

$$\mathrm{DOL}_{2016} = \frac{1\,000 - 600}{1\,000 - 600 - 200} = \frac{400}{200} = 2$$

上面的计算过程与结果说明，根据 2015 - 2016 年相关指标的变动额，利用定义公式计算的经营杠杆系数，与根据 2015 年的相关指标利用计算公式计算的经营杠杆系数相同。也就是说，2016 年的经营杠杆系数是以 2015 年的销售收入为初始销售水平的。以 2016 年销售收入为初始销售水平，利用计算公式计算的是 2017 年的经营杠杆系数，即

$$\mathrm{DOL}_{2017} = \frac{1\,200 - 720}{1\,200 - 720 - 200} = \frac{480}{280} = 1.71$$

由于在固定生产成本总额不变情况下，2016 年与 2015 年相比销售水平提高了，因此经营杠杆系数由 2 下降到 1.71，即经营风险下降了。

（3）经营杠杆系数与经营风险

①经营风险及其影响因素。

经营风险是指在不考虑债务融资情况下，企业因经营上的原因而导致利润变动的风险，即未来的息税前利润的不确定性。经营风险会因不同行业、不同企业、企业处于不同发展阶段而有所不同。影响经营风险的因素主要包括产品需求、单位产品售价、单位产品成本、调整价格的能力、固定生产成本的比重等。

a. 产品需求。市场对企业产品的需求稳定，经营风险小；反之，经营风险大。

b. 单位产品售价。产品售价稳定，则经营风险小；反之，经营风险大。

c. 单位产品成本。产品成本是收入的抵减项目，单位产品成本不稳定，会导致利润不稳定，因此单位产品成本稳定，则经营风险小；反之，经营风险大。

d. 调整价格的能力。当产品成本变动时，若企业具有较强的调整价格的能力，则经营风险小；反之，经营风险大。

e. 固定生产成本的比重。在企业全部成本中，固定生产成本所占比重较大时，单位产品分摊的固定生产成本较多。若销售量发生变动，单位产品分摊的固定成本会随之变动，最终导致利润更大幅度的变动，经营风险就大；反之，经营风险就小。

②经营杠杆与经营风险影响因素。

一般意义下，经营杠杆系数是在产品单价、单位变动成本、固定生产成本总额不变情况下，反映销售量（收入）变动所引起的息税前利润变动的幅度。销售量（收入）越大，经营杠杆系数越小，经营风险也就越小；反之，销售量（收入）越小，经营杠杆系数越大，经营风险也就越大。

由于经营风险的影响因素除了固定生产成本外还包括产品需求、单位产品售价、单位产品成本等。因此，经营杠杆系数的计算公式说明，也可以通过调整或控制其他经营风险因素来控制企业的经营风险。

a. 产品售价的变动。在包括固定生产成本在内的其他因素（单位产品成本和销售量）不变情况下，产品售价变动对经营杠杆系数的影响是：随着产品售价的提高，经营杠杆系数会下降，经营风险会降低；反之，随着产品售价的降低，经营杠杆系数会上升，经营风险会上升。如在例 9 - 7 中，假定 ABC 公司产品销售单价由 5 元提高到 6 元，其他因素不变，则 20 000 万件销售水平上的经营杠杆系数为：

$$\text{DOL}_{20\,000万件} = \frac{20\,000 \times (6-3)}{20\,000 \times (6-3) - 20\,000} = \frac{60\,000}{40\,000} = 1.5$$

b. 单位产品成本变动。在包括固定生产成本在内的其他因素（产品售价和销售量）不变情况下，单位产品成本变动对经营杠杆系数的影响是：随着单位产品成本的下降，经营杠杆系数会下降，即经营风险会降低；反之，经营风险会上升。如在例 9 - 7 中，假定 ABC 公司产品单位产品成本由 3 元下降到 2.5 元，其他因素不变，则 20 000 万件销售水平上的经营杠杆系数为：

$$\text{DOL}_{20\,000万件} = \frac{20\,000 \times (5-2.5)}{20\,000 \times (5-2.5) - 20\,000} = \frac{50\,000}{30\,000} = 1.67$$

c. 固定生产成本总额变动。在销售量、产品售价和单位产品成本不变情况下，固定生产成本总额变动对经营杠杆系数的影响是：随着固定生产成本总额的下降，经营杠杆系数会下降，即经营风险会降低；反之，经营风险会上升。如在例9-7中，假定ABC公司固定生产成本总额由20 000万元下降到15 000万元，其他因素不变，则20 000万件销售水平上的经营杠杆系数为：

$$DOL_{20\,000\text{万件}} = \frac{20\,000 \times (5-3)}{20\,000 \times (5-3) - 15\,000} = \frac{40\,000}{25\,000} = 1.6$$

以上的分析是假设其他影响经营风险的因素不变，只有其中一个因素的变化所导致经营风险的变化。而现实当中经常是几个因素同时发生变化，因此就需要考察多因素变化所带来的经营风险的变化。如在例9-7中，假定ABC公司由于生产量的提高超出了现有生产能力，需要增加固定资产投资，因此使得固定生产成本由原来的20 000万元提高到30 000万元；生产规模扩大使销售量由原来的20 000万件提高到40 000万件；由于销售量提高了，市场价格有所下降，由原来的5元下降到4.8元；单位产品成本保持不变。则在40 000万件销售水平上的经营杠杆系数为：

$$DOL_{40\,000\text{万件}} = \frac{40\,000 \times (4.8-3)}{40\,000 \times (4.8-3) - 30\,000} = \frac{72\,000}{42\,000} = 1.71$$

综上所述，在存在一定固定生产成本下，企业一般可以通过增加销售量来降低经营风险；也可以通过提高销售价格、降低产品单位变动成本、降低固定成本比重等措施来降低经营风险。

9.3.2　财务杠杆

（1）财务杠杆原理

企业融资成本可以分成固定融资成本和变动融资成本。固定融资成本是指不随利润变化而变化的融资成本，如债务融资的利息、优先股的股利，其支付是按照事先约定的利息率和股利率进行的，与筹资所创造的利润多少没有关系，属于固定融资成本；变动融资成本是随着利润变化而变化的融资成本，如普通股的股利，其支付与筹资所创造的利润多少可能有关，一般情况下，利润多就多支付，利润少就少支付，属于变动融资成本。

财务杠杆

通常企业在经营中都会有一定比例的借入资本。在资本总额及其资本结构一定的情况下，企业需要从息税前利润中支付的债务利息通常是固定的。因此，当EBIT增加时，每一元EBIT所负担的固定融资成本就会降低，扣除所得税后属于普通股的利润就会增加，从而给股东带来额外的收益（净利润或EPS）；当EBIT减少时，每一元EBIT所负担的固定融资成本就会上升，扣除所得税后属于普通股的利润就会减少，从而给股东带来额外的损失（净利润或EPS）。这种由于固定融资成本的存在而导致净利润（或EPS）变动率大于息税前利润变动率的杠杆效应，称为财务杠杆效应（Financial Leverage）。

【例9-9】在例9-6经营杠杆利益和损失计算的基础上，息税前利润增减25.83%，净利润的变动如表9-10和表9-11所示。

表 9 - 10　财务杠杆利益分析

息税前利润（EBIT）		债务利息 /万元	所得税（25%） /万元	净利润	
金额/万元	增长率/%			金额/万元	增长率/%
24.00	—	4.00	5.00	15.00	—
30.20	25.83	4.00	6.55	19.65	31.00

表 9 - 11　财务杠杆损失分析

息税前利润（EBIT）		债务利息 /万元	所得税（25%） /万元	净利润	
金额/万元	增长率/%			金额/万元	增长率/%
24.00	—	4.00	5.00	15.00	—
17.80	-25.83	4.00	3.45	10.35	-31.00

表 9 - 10 和表 9 - 11 说明：由于存在固定融资成本，在息税前利润增长 25.83% 情况下，净利润增长了 31%，而在息税前利润下降 25.83% 情况下，净利润下降了 31%，即 25.83% 的息税前利润的变化带来了 31% 的净利润的变动。由此可见，财务杠杆效应也是一把"双刃剑"，企业可以通过扩大息税前利润获得财务杠杆利益，同时应该避免息税前利润下降而遭受财务杠杆损失。

（2）财务杠杆系数

财务杠杆效应的大小一般用财务杠杆系数（Degree of Financial Leverage，DFL）表示。按照财务杠杆原理，它是企业净利润或每股收益变动率与息税前利润变动率的比值，用公式表示如下：

$$DFL = \frac{\Delta EPS/EPS}{\Delta EBIT/EBIT} \qquad (9-17)$$

式中　DFL——财务杠杆系数；

　　　ΔEPS——每股收益变动额；

　　　EPS——变动前的每股收益；

　　　$\Delta EBIT$——息税前利润变动额；

　　　EBIT——变动前的息税前利润。

以上称为财务杠杆系数的定义公式。将每股盈余 $EPS = [(S - VC - F) - D](1 - T)/N$ 和息税前利润 $EBIT = Q(P - V) - F$ 或者 $EBIT = S - VC - F$ 代入上式，得到财务杠杆系数的计算公式如下：

$$DFL = \frac{EBIT}{EBIT - I - D/(1 - T)} = \frac{S - VC - F}{S - VC - F - I - D/(1 - T)} \qquad (9-18)$$

式中　I——债务利息；

　　　D——优先股股利；

　　　T——所得税税率；

　　　其余符号含义同上。

若企业没有优先股，则财务杠杆系数的计算公式为：

$$DFL = \frac{EBIT}{EBIT - I} \qquad (9-19)$$

【例9-10】续例9-7，ABC公司产品销售单价5元，单位变动成本3元，固定生产成本总额20 000万元。该公司资本总额为200 000万元，负债率为50%，负债年利率为5%；所得税税率为25%。计算销售量分别为20 000万件、18 000万件、15 000万件时的财务杠杆系数。

根据所给资料，ABC公司每年债务利息费用 $I = 200\ 000 \times 50\% \times 5\% = 5\ 000$（万元）；销售量为20 000万件、18 000万件、15 000万件时的息税前利润EBIT分别为20 000万元、16 000万元、10 000万元，相应的财务杠杆系数分别为：

$$DFL_{20\ 000万件} = \frac{EBIT}{EBIT - I} = \frac{20\ 000}{20\ 000 - 5\ 000} = 1.33$$

$$DFL_{18\ 000万件} = \frac{EBIT}{EBIT - I} = \frac{16\ 000}{16\ 000 - 5\ 000} = 1.45$$

$$DFL_{15\ 000万件} = \frac{EBIT}{EBIT - I} = \frac{10\ 000}{10\ 000 - 5\ 000} = 2$$

例如，财务杠杆系数为1.33的含义是，在销售量20 000万件即息税前利润为20 000万元的水平上，当息税前利润增长10%时，每股收益增长13.3%；反之，当息税前利润下降10%时，每股收益也下降13.3%。其余以此类推。

结合上述财务杠杆系数的计算公式与举例，可以得到以下结论。

①在息税前利润水平一定情况下，财务杠杆系数主要取决于资本结构。资本结构决定了固定融资成本的高低。因此，当公司在资本结构中增加负债或优先股筹资比例时，固定融资成本就会增加，财务杠杆系数就会加大，财务风险就会增加；反之，财务风险会降低。

②在固定融资成本一定情况下，财务杠杆系数主要取决于息税前利润的水平。随着息税前利润的增加，财务杠杆系数会下降，财务风险会降低；反之，财务风险会提高。

③财务杠杆系数对应着某一息税前利润水平，该息税前利润水平为财务杠杆系数的初始利润水平。如上例中，1.33，1.45，2是息税前利润分别为20 000万元、16 000万元、10 000万元时的财务杠杆系数。

④财务杠杆系数反映了某一息税前利润水平上财务风险的大小。如上例中，随着息税前利润由20 000万元下降到16 000万元和10 000万元，财务杠杆系数由1.33增加到1.45和2，即在越低的税前利润水平上，息税前利润的变动所导致的净利润的波动幅度越大，即财务风险越大；反之，在越高的息税前利润水平上，息税前利润的变动所导致的净利润的波动幅度越小，即财务风险越小。

⑤在息税前利润刚好弥补了固定融资成本的情况下，财务杠杆系数为无穷大。在息税前利润小于固定融资成本情况下，财务杠杆系数为负；在息税前利润大于固定融资成本情况下，财务杠杆系数随息税前利润的增加而递减，即财务风险在下降。

⑥如果不存在固定融资成本，无论息税前利润是多少，财务杠杆系数都等于1，即净利润与息税前利润同比例变动，不存在财务杠杆效应。

（3）财务杠杆和财务风险影响因素

财务风险是企业在经营活动过程中与筹资有关的风险，是指由于公司举债经营引起的股东收益的不确定性。在债务总额及利息率不变的情况下，由于债务利息是固定的，息税前利润的变动将使得股东收益发生更大的变动。

一般意义下，财务杠杆系数是在固定融资成本不变情况下，反映息税前利润变动所引起的净利润变动的幅度。息税前利润越大，财务杠杆系数越小，财务风险也就越小；反之，息税前利润越小，财务杠杆系数越大，财务风险也就越大。

由财务杠杆系数计算公式可知，也可以从影响固定融资成本（如利息）的因素入手分析财务杠杆效应。影响债务利息的因素主要有资本规模变化、债务利率水平变化、资本结构变化等，它们也是影响财务风险的因素。因此在息税前利润一定情况下，可以通过调整或控制影响债务利息的因素来控制企业的财务风险。

①资本规模变动。

在息税前利润、债务利率水平、资本结构不变情况下，资本规模变动对于财务杠杆系数的影响是：随着资本规模增加，财务杠杆系数会上升，即财务风险会增加；反之，随着资本规模减少，财务杠杆系数会下降，财务风险会下降。如在例 9 - 10 中，假定 ABC 公司资本规模由 200 000 万元增加到 210 000 万元，其他条件不变，则 20 000 万件销售水平上的财务杠杆系数为：

$$\text{DFL}_{20\,000万件} = \frac{\text{EBIT}}{\text{EBIT} - I} = \frac{20\,000}{20\,000 - 210\,000 \times 50\% \times 5\%} = \frac{20\,000}{14\,750} = 1.36$$

②债务利率水平变动。

在息税前利润、资本规模、资本结构不变情况下，债务利率水平对于财务杠杆系数的影响是：随着债务利率水平的提高，财务杠杆系数会上升，即财务风险会增加；反之，随着债务利率水平的降低，财务杠杆系数会下降，财务风险会降低。如在例 9 - 10 中，假定 ABC 公司债务利率由 5% 上升到 6%，其他条件不变，则 20 000 万件销售水平上的财务杠杆系数为：

$$\text{DFL}_{20\,000万件} = \frac{\text{EBIT}}{\text{EBIT} - I} = \frac{20\,000}{20\,000 - 200\,000 \times 50\% \times 6\%} = \frac{20\,000}{14\,000} = 1.43$$

③资本结构变动。

在息税前利润、资本规模、债务利率不变情况下，资本结构变动对于财务杠杆系数的影响是：随着负债比例的上升，财务杠杆系数会增加，即财务风险会上升；反之，随着负债比例的下降，财务杠杆系数会减少，财务风险会降低。如在例 9 - 10 中，假定 ABC 公司负债比例由 50% 上升到 70%，其他条件不变，则 20 000 万件销售水平上的财务杠杆系数为：

$$\text{DFL}_{20\,000万件} = \frac{\text{EBIT}}{\text{EBIT} - I} = \frac{20\,000}{20\,000 - 200\,000 \times 70\% \times 5\%} = \frac{20\,000}{13\,000} = 1.54$$

综上所述，在存在一定固定融资成本下，企业一般可以通过增加息税前利润来降低财务风险；也可以通过减少资本规模、降低负债比例、降低债务利率水平等措施来降低财务风险。

【例 9 - 11】某公司为拟建项目筹措资本 1 000 万元，现有三个筹资方案可供选择。A 方案：全部发行普通股。B 方案：发行普通股 500 万元，发行债券 500 万元。C 方案：发行普通股 200 万元，发行债券 800 万元。假设该公司当前普通股每股市价 50 元，息税前利润为 200 万元，债务利率为 8%，所得税税率 25%，则三个方案的财务杠杆系数和普通股每股收益如表 9 - 12 所示。

表 9 – 12　某公司不同筹资方案的财务杠杆系数

项目	A 方案	B 方案	C 方案
资本总额/万元	1 000	1 000	1 000
其中：发行普通股本/万元	1 000	500	200
发行股数/万股	20	10	4
发行债券/万元	0	500	800
息税前利润/万元	200	200	200
债务利息（利率8%）/万元	0	40	64
税前利润/万元	200	160	136
所得税（税率25%）/万元	50	40	34
税后利润/万元	150	120	102
普通股每股收益/元	7.5	12	25.5
财务杠杆系数	1	1.25	1.47

从上述计算可以看出，三个方案的资本总额相等，息税前利润相等，不同的只是资本结构。A 方案全部资本为普通股，财务杠杆系数为 1，普通股利润增长率等于息税前利润增长率，不存在财务杠杆效应，在一定的假设条件下（如不存在无息负债）也可以理解为不存在财务风险。B 方案的负债比例为 50%，财务杠杆系数为 1.25，普通股利润增长率在财务杠杆的作用下大于息税前利润增长率，说明在息税前利润增长情况下，公司应举债使股东获得更多的收益。C 方案的负债比例为 80%，财务杠杆系数 1.47，说明扩大债务筹资比例后息税前利润若增长，则可以给股东带来更多的收益，但财务风险也随之加大。当然，如果息税前利润下降，则财务杠杆的作用将使 B 方案和 C 方案的普通股利润以更大的幅度下降。

9.3.3　联合杠杆

（1）联合杠杆原理

上述关于杠杆效应的介绍归纳起来可以概括为：由于企业经营中存在固定生产成本和固定融资成本，因此，销售量（收入）的变动会带来息税前利润更大的变动，即存在经营杠杆效应，而息税前利润变动能带来更大的净利润（每股收益）的变动，即存在财务杠杆效应。经营杠杆

联合杠杆

和财务杠杆最终都将影响企业的净利润或每股收益，因此可以综合起来考察销售量（收入）的变化对于净利润或每股收益的影响，即两个杠杆的叠加作用会使得销售量（收入）稍有变动就会带来普通股每股收益更大的变动。这种由于固定生产成本和固定融资成本的共同存在而导致净利润或每股收益变动率大于销售量（收入）变动率的杠杆效应称为联合杠杆效应（Combined Leverage）。

【例 9 – 12】在例 9 – 6 和例 9 – 9 的基础上，若销售量（销售收入）增减 10%，则净利润的变动如表 9 – 13 和表 9 – 14 所示。

表 9 – 13 联合杠杆利益分析

销售额（EBIT）		变动成本/万元	固定成本/万元	债务利息/万元	所得税(25%)/万元	净利润	
金额/万元	增长率/%					金额/万元	增长率/%
100.00	—	38.00	38.00	4.00	5.00	15.00	—
110.00	10.00	41.80	38.00	4.00	6.55	19.65	31.00

表 9 – 14 联合杠杆损失分析

息税前利润（EBIT）		变动成本/万元	固定成本/万元	债务利息/万元	所得税(25%)/万元	净利润	
金额/万元	增长率/%					金额/万元	增长率/%
100.00	—	38.00	38.00	4.00	5.00	15.00	—
90.00	−10.00	34.20	38.00	4.00	3.45	10.35	−31.00

表 9 – 13 和表 9 – 14 说明：由于存在固定生产成本和固定融资成本，在销售量增长 10% 情况下，净利润增长了 31%，在销售量下降 10% 情况下，净利润下降了 31%，即 10% 的销售量的变化带来了 31% 的净利润的变动。由此可见，联合杠杆效应也是一把"双刃剑"，企业可以通过扩大销售量获得杠杆利益，同时应该避免销售量下降而遭受杠杆损失。

（2）联合杠杆系数

联合杠杆效应的大小一般用联合杠杆系数（Degree of Combined Leverage，DCL）表示。按照联合杠杆原理，它是企业净利润或每股收益变动率与销售量（收入）变动率之间的比值，用公式表示为：

$$DCL = \frac{\Delta EPS/EPS}{\Delta Q/Q} \tag{9-20}$$

上式为联合杠杆系数的定义公式。将每股盈余 $EPS = [(S-VC-F)-D](1-T)/N$ 代入上式，得到联合杠杆系数的计算公式：

$$DCL = \frac{Q(P-V)}{Q(P-V)-F-I-D/(1-T)} = \frac{S-VC}{S-VC-F-I-D/(1-T)} \tag{9-21}$$

由经营杠杆系数和财务杠杆系数的定义公式也可以计算联合杠杆系数，公式为：

$$DCL = DOL \times DFL \tag{9-22}$$

【例 9 – 13】根据例 9 – 7 和例 9 – 10 所给的资料，ABC 公司每年债务利息费用 $I = 200\ 000 \times 50\% \times 5\% = 5\ 000$ 万元；销售量为 20 000 万件、18 000 万件、15 000 万件时的息税前利润 EBIT 分别为 20 000 万元、16 000 万元、10 000 万元，相应的联合杠杆系数分别为：

$$DCL_{20\ 000万件} = \frac{20\ 000 \times (5-3)}{20\ 000 \times (5-3) - 20\ 000 - 5\ 000} = 2.67$$

$$DCL_{18\ 000万件} = \frac{18\ 000 \times (5-3)}{18\ 000 \times (5-3) - 20\ 000 - 5\ 000} = 3.27$$

$$DCL_{15\ 000万件} = \frac{15\ 000 \times (5-3)}{15\ 000 \times (5-3) - 20\ 000 - 5\ 000} = 6$$

利用式（9 - 22），联合杠杆系数计算结果如下：

$$DCL_{20\,000万件} = DOL \times DFL = 2 \times 1.33 = 2.66$$
$$DCL_{18\,000万件} = DOL \times DFL = 2.25 \times 1.45 = 3.26$$
$$DCL_{15\,000万件} = DOL \times DFL = 3 \times 2 = 6$$

例如，联合杠杆系数 2.66 的含义是，在销售量 20 000 万件的水平上，在经营杠杆和财务杠杆的共同作用下，当销售量增长 10% 时，每股收益增长 26.6%；反之，当销售量下降 10% 时，每股收益也下降 26.6%。其余销售水平上联合杠杆的作用分析以此类推。上例的计算结果说明，存在固定生产成本和固定融资成本情况下，随着销售量的下降，销量的变动导致了更大幅度的净利润的变动，即随着销售量的下降，企业的总风险在增加。

（3）联合杠杆与企业风险的控制

①风险传导过程的分析。

由于固定生产成本存在，销售量（收入）的变化会影响息税前利润（EBIT）；由于固定融资成本存在，息税前利润变化又进一步会影响净利润（EPS）。由此可见，风险的传导是有一个过程的。

【例 9 - 14】基于例 9 - 6、例 9 - 9、例 9 - 12 的计算结果，该公司销售量（销售收入）增减 10% 对净利润增减的影响以及风险传导过程分析如表 9 - 15 所示。

表 9 - 15 公司风险传导过程的分析

项目	现有销售水平/万元	销售收入下降 10%		销售收入上升 10%	
		绝对数/万元	相对数/%	绝对数/万元	相对数/%
销售收入	100.00	90.00	- 10.00	110.00	+ 10.00
变动成本总额	38.00	34.20	- 10.00	41.80	+ 10.00
固定成本总额	38.00	38.00	0.00	38.00	0.00
成本总额	76.00	72.20	- 5.00	79.80	+ 5.00
息税前利润	24.00	17.80	- 25.83	30.20	+ 25.83
利息	40.00	40.00	0.00	40.00	0.00
税前利润	20.00	13.80	- 31.00	26.20	+ 31.00
所得税（25%）	5.00	3.45	- 31.00	6.55	+ 31.00
净利润	15.00	10.35	- 31.00	19.65	+ 31.00

根据所给的资料，经计算可以得到该公司经营杠杆系数、财务杠杆系数和联合杠杆系数分别为 DOL = 2.58，DFL = 1.2，DCL = 3.1。表 9 - 15 说明，首先由于固定生产成本的存在就意味着有经营风险（DOL = 2.58），具体表现为销售收入增减 10% 使息税前利润增减了 25.83%；进而由于存在固定融资成本即利息，意味着存在财务风险（DFL = 1.2），财务风险将经营风险放大了 1.2 倍，又带来了 31%（DCL = 2.58 × 1.2 = 3.1）的净利润的变动。

②联合杠杆系数与企业风险的控制。

企业经营风险和财务风险总和构成了公司总风险。联合杠杆系数直接反映企业的总风险。经营风险主要取决于公司所处的行业和发展阶段，同时受企业外部宏观经济环境和内部经营环境的影响。在某一行业投入了一定规模的资产，技术上和工艺上会迫使企业产生固定的生产成本如折旧等，而这些成本是相对客观的，不容易被控制。财务风险主要取决于债务融资，包括债务融资的比例和债务利率，虽然也会受到外部资本市场的影响，但是债务融资的比例（资本结构）是个管理变量，决定于企业内部的财务决策。因此，一般来说，公司对财务风险的可控程度大于对经营风险的可控程度。公司可以通过财务决策（如资本结构决策、股利分配决策）来控制财务风险；相对而言，经营风险的控制难度较大。

公司要控制总体风险并保持平稳发展，就需要将联合杠杆维持在一定的水平。经营杠杆系数较高的公司可以使用较低的财务杠杆，而经营杠杆系数较低的公司可以使用较高的财务杠杆。假设某公司正在考虑一项风险较高的投资，为了抵消较高的经营风险，公司可在其资本结构中减少债务融资或优先股融资的比重，加大权益融资的比重，即通过降低财务杠杆的做法来控制公司的总风险。

本章小结

本章主要讨论了资本结构和杠杆效应问题。

（1）资本结构理论与资本结构决策。

资本结构理论研究结果说明，企业最佳资本结构应该是使企业价值达到最大同时资本成本最低时的资本结构。在确定最佳资本结构时可以有三种不同的考虑：第一种只考虑资本成本，即以综合资本成本最低作为资本结构决策的依据，这就是比较资本成本法；第二种只考虑企业价值，即以企业价值最大作为资本结构决策的依据，这就是每股收益分析法；第三种同时考虑资本成本和企业价值，即以资本成本最低和企业价值最大作为资本成本决策的依据，这就是总价值分析法。

（2）经营杠杆效应与经营杠杆系数。

经营杠杆效应是指由于固定生产成本的存在而导致息税前利润变动率大于销售量变动率的杠杆效应。经营杠杆效应大小用经营杠杆系数表示。经营杠杆系数说明了销售量增加（或减少）所引起的息税前利润增加（或减少）的幅度。在其他因素不变的情况下，固定生产成本越多，企业经营杠杆系数越大，经营风险越大；反之，经营杠杆系数越小，企业经营风险也越小。

（3）财务杠杆效应与财务杠杆系数。

财务杠杆效应是指由于固定融资成本的存在而导致普通股每股收益变动率大于息税前利润变动率的杠杆效应。财务杠杆效应大小用财务杠杆系数表示。财务杠杆系数说明了息税前利润增加（或减少）所引起的每股收益增加（或减少）的幅度。在其他因素不变的情况下，固定融资成本越多，财务杠杆系数越大，企业财务风险越大；反之，财务杠杆系数越小，企业财务风险也越小。

（4）联合杠杆效应与联合杠杆系数。

联合杠杆效应是指由于固定生产成本和固定融资成本的共同存在而导致普通股每股收益变动率大于销售量变动率的杠杆效应。联合杠杆效应大小用联合杠杆系数表示。联合杠杆系数说明了销售量增加（或减少）所引起的每股收益增加（或减少）的幅度。在其他因素不变的情况下，固定生产成本和固定融资成本越多，联合杠杆系数越大，企业总风险越大；反之，联合杠杆系数越小，企业总风险也越小。

企业经营风险和财务风险总和构成公司总风险。一般来说，公司对财务风险的可控程度大于对经营风险的可控程度。公司可以通过财务决策来控制财务风险；相对而言，经营风险的控制难度较大。经营杠杆系数较高的公司可以使用较低的财务杠杆；而经营杠杆系数较低的公司可以使用较高的财务杠杆。

思考与练习

一、思考题

1. 无税收的 MM 理论的风险补偿命题是什么？
2. 有税收的 MM 理论下杠杆公司价值与无杠杆公司价值的关系是什么？
3. 权衡模型的基本思想是什么？
4. 顺序融资理论的基本内容是什么？
5. 影响最佳资本结构的因素有哪些？它们都是如何影响资本结构的？
6. 三种确定最佳资本结构的方法有什么不同？如何使用每股收益法确定最佳资本结构？
7. 为什么会存在经营杠杆？经营杠杆系数的含义是什么？
8. 从影响经营风险因素角度分析如何控制经营杠杆。
9. 为什么会存在财务杠杆？财务杠杆系数的含义是什么？
10. 从影响财务风险因素角度分析如何控制财务杠杆。
11. 为什么会存在联合杠杆？联合杠杆系数的含义是什么？
12. 如何通过控制经营杠杆和财务杠杆来控制企业的总风险？

二、计算分析题

1. 某公司资本总额 5 000 万元，全部来自权益，息税前盈余 EBIT = 700 万元，所得税税率 $T = 25\%$，无杠杆时的权益资本成本 $R_0 = 10\%$。假设考虑税收的 MM 理论的假设条件成立。

要求：

（1）计算该公司的总价值和权益价值。

（2）若总资本中 40% 来自债务，债务资本成本为 8%。计算该公司总价值、权益价值、权益资本成本和综合资本成本。

（3）若总资本中 50% 来自债务，其他条件不变。计算该公司总价值、权益价值、权益资本成本和综合资本成本。

2. ABC 公司现有每股市价为 60 元的普通股 10 万股发行在外，同时还有利率为 6% 的债券 200 万元。公司现在打算进行业务扩展，需追加筹资 300 万元。追加筹资的方案有以下两种：一种是发行每股 60 元的普通股；一种是发行利率 8% 的债券。该公司所得税税率 25%。

要求：

（1）若 ABC 公司业务扩展后预期收益 EBIT 为 100 万元，计算两种筹资方式下的 EPS。

（2）计算普通股和债券筹资的每股盈余无差别点及无差别点上的 EPS，并说明如何利用每股盈余无差异点进行筹资方式的决策。

（3）若 ABC 公司业务扩展后预期收益 EBIT 为 60 万元，应该采取何种方式追加筹资？

3. 某公司拥有资产 2 000 万元，其中长期债券 1 000 万元，票面利率 8%；优先股 200 万元，每股股利率 10%；普通股 800 万元，目前每股股价 20 元，预计明年每股股利 2.6 元，股利每年以 2% 的速度递增。由于生产需要，公司需增加筹资 1 000 万元，现有 A，B 两个方案。A 方案：发行 1 000 万元债券，债券票面利率 10%，由于负债增加，每股股价跌至 18 元，预计每股股利 3.1 元，并每年按 5% 的速度递增。B 方案：发行债券 500 万元，债券票面利率 10%，发行股票 500 万元，发行股票后，每股股价升至 24 元，预期明年每股股利 3.6 元，并每年按 4% 速度递增。公司适用所得税税率 25%。

要求：计算 A，B 方案的加权平均资本成本并进行筹资结构决策。

4. W 公司的长期融资方式包括普通股和长期债券。公司目前有 4 000 万股发行在外的普通股股票，每股账面价值为 5 元，当前市价为 10 元。公司贝塔系数为 1.44，预期无风险收益率为 5%，预期股票市场平均收益率为 10%。W 公司发行流通在外的债券有 300 万张，票面价值为 100 元/张，市场价格为 105 元/张，票面利率为 8%，还有 10 年到期，分年付息，到期还本。公司所得税税率为 25%。

要求：

（1）计算普通股资本成本、债券税前资本成本（简化方法）、综合资本成本。

（2）W 公司面临两个新项目 A 和 B，贝塔系数分别为 0.8 和 1.8，A 项目的投资收益率为 9.12%，B 项目的投资收益率为 12.2%。若以该公司加权平均资本成本来评价所有新项目，应该选择哪个项目？若以资本资产定价模型估计出来的 A，B 项目的必要报酬率作为评价新项目的标准，应该选择哪个项目？你认为公司应该如何决策？为什么？

（3）W 公司拟为一个新的投资项目融资 2 400 万元，现有两个方案可供选择，方案 1：按 6% 的利率发行债券 2 400 万元，面值发行，期限 3 年。方案 2：按 10 元/股的价格发行新股 240 万股（每股面值 1 元）。若投资新项目后估计 W 公司的息税前利润（EBIT）为 5 400 万元，请问应该采取哪个融资方案？

5. A 公司目前发行在外的普通股有 2 000 万股（每股面值 1 元）。目前公司的销售额为 8 000 万元，变动成本总额 4 000 万元，固定生产成本为 1 160 万元。目前有发行流通在外的债券 1 680 万元（面值），票面利率为 5%，还有 3 年到期，分年付息，到期还本。该公司拟为一个新的投资项目融资 2 500 万元。现有两个方案可供选择：方案 1：按 6% 的利率发行债券 2 500 万元，面值发行，期限 3 年；方案 2：按 25 元/股的价格发行新股 100 万股（每股面值 1 元）。A 公司适用的企业所得税税率为 25%。

要求：

（1）计算该公司目前的每股盈余（EPS）。

（2）计算两个融资方案的每股盈余无差别时的息税前利润（EBIT）。

（3）若投资新项目后估计 A 公司的销售额增加到 12 000 万元，变动成本总额将达到 7 000 万元，固定生产成本总额将达到 1 500 万元。判断哪个融资方案更优。

6. 某公司 2020 年销售产品 10 万件，单价 100 元，单位变动成本为 40 元，固定成本总额为 500 万元，负债总额为 100 万元，年利息率 12%，并需每年支付优先股股利 13.5 万元，所得税税率为 25%。

要求：

（1）计算 2020 年边际贡献。

（2）计算 2020 年息税前利润总额。

（3）计算该公司联合杠杆系数。

7. 某企业生产甲产品，2021 年的有关资料为：销售量 10 万件，单位产品售价 10 元，变动成本率 60%，固定生产成本总额 15 万元，利息费用 5 万元，所得税税率 25%。2022 年预计甲产品的单位售价、单位变动成本和固定成本总额不变，预计销售量将减少 10%。

要求：

（1）计算该企业 2022 年息税前利润、净利润以及 DOL、DFL、DCL。

（2）计算 2022 年销售量下降情况下的息税前利润变动率。

8. 某公司 2016 年销售商品 12 000 件，单价为 240 元，单位变动成本为 180 元，全年发生固定成本总额 32 万元。该企业拥有总资产 500 万元，资产负债率为 40%，债务利率为 8%，权益资本中有 50% 普通股，普通股每股面值为 20 元。企业的所得税税率为 25%。

要求：

（1）计算单位边际贡献、边际贡献总额、息税前利润、利润总额、净利润、普通股每股收益。

（2）计算经营杠杆系数、财务杠杆系数、联合杠杆系数。

9. ABC 公司有三种长期资金来源，其中长期债券面值总额 650 万元，目前市价总额 600 万元，还有 5 年到期，分年付息，到期还本，票面利率 6%，目前长期债券筹资费率 3%；长期借款 500 万元，还有 6 年到期，年利率 5%，分年付息，到期还本，目前长期借款筹资费率 1%；流通在外的普通股 60 万股（面值 1 元/股），市场价格为 15 元/股，目前普通股筹资费率 6%，预计明年股利为 1.2 元/股，以后每年增长 2% 直到永远。该公司企业所得税税率为 25%。

要求：

（1）计算 ABC 公司税后长期债券资本成本（简化公式）、税后长期借款资本成本、普通股资本成本和综合资本成本（市场价值为权数）。

（2）ABC 公司拟投资一个新项目，该项目需资金 900 万元，预期项目投产后每年可增加息税前利润 60 万元。该项目备选的融资方案有两个：按 8% 的利率发行债券；按当前 15 元/股的价格增发普通股 60 万股。该公司目前的年息税前利润为 170 万元。在不考虑财务风险情况下，该公司应选择哪一种追加筹资方式？若考虑财务风险，该公司应该如何选择追加筹资方式？

第10章

股利与股利政策

【引导案例】

　　美瑞新材料股份有限公司 2021 年公布的 2020 年股利分配方案为：以公司总股本 66 670 000 股为基数，向全体股东每 10 股派发现金股利人民币 2 元，共派发现金股利人民币 13 334 000 元；同时以资本公积金向全体股东每 10 股转增 10 股，合计转增 66 670 000 股。受此影响，美瑞新材股价连续 2 日涨停，涨幅达 44%，激发了市场的赚钱效应。作为股东权益的内部调整，送转股对公司经营业绩没有实质影响，但作为每年必炒的"例牌菜"，推出高送转的公司股价往往更受追捧。在 2018 年 11 月沪深交易所发布《高送转信息披露指引》之前，上市公司曾一度热衷于推出高送转方案，炒作公司的股价。由此可见，股利分配政策对公司股价的波动有很大影响。本章将介绍股利理论、股利政策以及股票回购和股票分割等概念，以加深对公司进行股利决策的理解。

10.1　股利及其分配

　　股利是股份制公司依据法定条件及程序，根据股东的持股份额从其可供分配利润中向股东支付的报酬，是利润分配的一种形式。由于优先股股利是固定的，已经在公司章程中作了明确的规定，因此本章只探讨普通股股利及其股利分配政策。

股利及其分配

10.1.1　股利的种类

　　股利按其支付方式不同可分为现金股利、股票股利、财产股利和负债股利等。

　　（1）现金股利

　　现金股利（Cash Dividend），是公司以现金向股东支付的股利。它是一种运用最为普遍的股利支付方式，也是投资者最容易接受的方式。这种方式能满足大多数投资者希望得到一定数量现金作为投资收益的需求，但无疑会大量增加公司的现金流出量，给公司增加现金支付的压力。如果公司现金充裕，会发放较多的现金股利；而当公司现金紧张时，为了应对意外情况的发生，公司往往不愿意发放过多的现金股利。因此公司必须根据实际情况进行权衡，制定合理的现金股利政策。

　　采用现金股利支付方式必须具备两个基本条件：一是公司要有足够的累计盈余；二是公司要有足够的现金。因此，公司在支付现金股利前需要筹备充足的现金。

　　现金股利操作简便，易于为股东接受，也不会改变公司原有的股权结构。但现金股利也存在如下缺点：一旦宣布现金股利发放，即形成公司偿付义务，从而增加公司财务风险；发放现金股利，股东需要缴纳个人所得税，则使股东减少了净收益。

现金股利按发放的稳定性和规律性，可分为正常股利、额外股利、清算股利三种形式。

①正常股利，是指公司根据自身经营状况和盈利能力在未来一定时期按时、按量支付的股利。这部分股利因其稳定性与债券的利息相似，也被称为股息。

②额外股利，由于某种原因，公司不愿意对某些股利定期支付做出保证，或者没有能力做出保证，因而称为额外股利，又称分红。额外股利发放与否以及发放多少与公司当期的收益状况和投资决策密切相关。

③清算股利，是指公司清算资产时，将偿付债权人之后的剩余部分在股东之间进行分配后，由投资者所享有的数额。清算股利不是来源于公司的留存收益，而是来源于公司资产的减少，其实质就是资本返还。根据资本保全原则，清算股利一般受到法律禁止。

（2）股票股利

股票股利（Stock Dividend），是公司以增发股票的方式支付给股东的股利，即指公司按现有股东所持有股份的比例增发同类股票。股票股利的发放并不会增加股东财富，也不会增加公司价值，这是因为对公司来说，股票股利的宣布与发放既不构成公司的负债，也没有现金流出公司，不会导致公司的财产减少，而只是将股东权益中留存收益的一部分转化为股本及资本公积，它只改变股东权益内部结构，不会改变公司股东权益总额。

【例 10 -1】某上市公司今年发行在外的普通股股数为 10 000 000 股，每股面值为 1 元，每股市价为 6 元。发放股票股利前，其资产负债表上股东权益账户情况如表 10 -1 所示。

表 10 -1　某公司发放股票前的股东权益账户

项目	金额/万元
股本（每股面值 1 元，10 000 000 股）	1 000
资本公积	5 000
盈余公积	6 000
未分配利润	8 000
股东权益合计	20 000

假设公司决定发放 20% 的股票股利，现有股东每持有 5 股普通股股票，就能收到 1 股增发的股票，即增加 2 000 000 股的普通股。如果当时市价为 6 元，那么，随着股票股利的发放，未分配利润中有 2 000 000 股 ×6 元 =1 200 万元转出，其中按每股面值 1 元转入股本项目 200 万元，剩余的 1 000 万元转入资本公积项目，但该公司的股东权益总额未变，仍为 20 000 万元，如表 10 -2 所示。

表 10 -2　某公司发放股票后的股东权益账户

项目	金额/万元
股本（每股面值 1 元，12 000 000 股）	1 200
资本公积	6 000

续表

项目	金额/万元
盈余公积	6 000
未分配利润	6 800
股东权益合计	20 000

股票股利由于是按照股东持股比例分配的，不会改变股东在公司中所占权益的比重，只是股票数量增加，如果盈利总额与市盈率不变，会使股票价格和每股收益有相应幅度的下降。但由于股东所持股份的比例不变，每位股东所持有的股票的市场价值总额仍保持不变，股东财富并没有增加。

股票股利主要优点：

①节约公司现金。在公司现金短缺又难以从外部筹措现金时，股票股利既可以使股东分享利润，又可以不增加公司的现金流出量，这对于处于高速成长期、现金流量较为短缺的公司尤为有利。

②促进股票的交易和流通。发放股票股利会降低股价，有助于公司把股价控制在希望的范围内，避免因股价过高而使一些投资人失去购买股票的能力，促使其股票在市场上的交易更为活跃。

③吸引更多的投资者。股票股利的发放降低每股市价，会吸引更多的投资者成为公司的股东，从而使公司股权更为分散，这样能防止其他公司恶意收购。

④传递公司未来发展前景良好的信息。股票股利既可以将大量股利作为留存收益用于企业发展及扩大再生产，又可以保留现金，对投资者的心理产生良好的影响，增强投资者的信心。

（3）财产股利

财产股利（Property Dividend），又称实物股利，是公司以现金以外的其他资产支付的股利，主要是以公司所拥有的其他公司的有价证券（如债券、股票等）作为股利发放给股东，或以公司的物资、产品或不动产等充当股利。由于这种形式不会增加公司的现金流出，所以当公司资产变现能力较弱时，可以选取财产股利支付方式。但这种方式一般不为广大股东所乐意接受，因为股东持有股票的目的是获取现金收入，而不是分得实物；另外以实物支付股利会严重影响公司形象，股东会认为公司财务状况不佳、变现能力下降、资金流转不畅，对公司发展失去信心，由此导致股价大跌。因此，不到万不得已的情况一般不采用这种股利方式。

（4）负债股利

负债股利（Liability Dividend），是公司以负债方式支付的股利，通常以公司的应付票据支付给股东，在不得已的情况下也有发行公司债券抵付股利的情况。这种股利发放方式只是公司的一种权宜之计，股东也不欢迎这种支付方式。

在我国上市公司的股利分配实践中，股利支付方式主要是现金股利、股票股利或者是现金股利加股票股利的组合分配方式。部分上市公司在实施现金股利和股票股利的分配方案时，有时也会同时实施从资本公积转增股本的方案。财产股利和负债股利实际上都是现金股利的替代方式，目前这两种股利方式在我国公司实践中很少使用，但并非法律所禁止。

10.1.2 股利分配的程序

股利分配是利润分配的重要组成部分，在涉及股利分配的具体内容之前，首先介绍公司利润分配的程序。

（1）利润分配程序

利润分配是对公司所实现的经营成果进行分割与派发的活动。公司利润分配的基础是净利润，即公司缴纳所得税后的利润。利润分配既是对股东投资回报的一种形式，也是公司内部筹资的一种方式，会对公司的财务状况产生重要影响。根据我国《公司法》的规定，在利润分配前，首先要将企业的本年税后利润与企业年初未分配利润合并，即得出本年可供分配的利润总额。如果该数额为负数，则不能进行分配；如果该数额为正数，则按照以下利润分配的顺序进行。

①弥补以前年度亏损。按照《公司法》规定，在提取法定盈余公积金之前，应当先用当年税后利润弥补亏损。

②提取法定公积金。根据《公司法》规定，公司分配当年税后利润时，应当提取利润的10%列入公司法定公积金。公司法定公积金累计额为公司注册资本的50%以上的，可以不再提取。法定公积金可用于弥补公司亏损、扩大公司生产经营或者转增资本。但转增资本后，法定公积金的余额不得少于转增前公司注册资本的25%。

③提取任意公积金。公司从税后净利润中提取法定公积金后，经股东会或股东大会决议，还可以从税后利润中提取任意公积金。任意公积金的提取比例及计提方法由股东会根据需要决定。

④向股东分配股利或向投资者分配利润。根据《公司法》的规定，公司弥补亏损和提取公积金后所余税后利润，可以向股东或投资者分配股利或利润。其中有限责任公司股东按照实缴的出资比例分配利润，股份有限公司按照股东持有的股份比例分配，但股份有限公司章程规定不按持股比例分配的除外。股东会、股东大会或者董事会违反相关规定，在公司弥补亏损和提取法定公积金之前向股东分配利润的，股东必须将违反规定分配的利润退还给公司，另外，公司持有的本公司股份不得分配利润。

（2）股利支付的程序

①决策程序。

上市公司在完成会计年度决算后，就要考虑可供分配的利润是否进行股利分配、分配多少的决策了。我国上市公司股利分配决策权属于股东大会。具体的决策程序包括：首先由公司董事会根据公司的盈利水平和股利政策，制定股利分配方案；然后提交股东大会审议，通过后方能生效。最后，由董事会依股利分配方案向股东宣布，并在规定的股利发放日以内定的支付方式派发。在经过上述决策程序后，公司方可对外发布股利分配公告、具体实施分配方案。我国上市公司的股利分配一般按年度进行，也可以中期进行。

②分配信息披露。

根据法律规定，股份公司利润分配方案、公积金转增股本方案须经股东大会批准，董事会应当在股东大会召开后2个月内完成股利的派发或股份转增等事项。在此期间，董事会必须对外发布股利分配公告，以确定分配的具体程序和时间安排。

股利分配公告，一般在股权登记日前3个工作日发布。如果公司股东较少，股票交易又不活跃，公告日可以与股利支付日放在同一天进行。公告内容包括：

a. 利润分配方案。

b. 股利分配对象。股利分配对象为股权登记日当日登记在册的全体股东。

c. 股利发放方法。我国上市公司的股利分配程序应按所登记的证券交易所的具体规定进行。

此外，为提高上市公司现金分红的透明度，证监会第 57 号令《关于修改上市公司现金分红若干规定的决定》要求上市公司在年度报告、半年度报告中分别披露利润分配预案，在报告期实施的利润分配方案执行情况的基础上，还要求在年度报告、半年度报告及季度报告中分别披露现金分红政策在本报告期的执行情况。同时要求上市公司以列表的方式明确披露前三年现金分红的数额与净利润的比率。如果本报告期内盈利但公司年度报告中未提出现金利润分配预案，应详细说明未分红的原因、未用于分红的资金留存公司的用途。

③分配程序。

以深圳证券交易所的规定为例：对于流通股，其现金股利由上市公司于股权登记日前划入深交所账户，再由深交所于登记日后第 3 个工作日划入各托管证券经营机构账户，托管证券经营机构于登记日后第 5 个工作日划入股东资金账户。红股则于股权登记日后第 3 个工作日直接划入股东的证券账户，并自即日起开始上市交易。

（3）股利支付过程中的重要日期

在股利支付过程中，需要明确几个重要的日期，这主要是为了明确哪些人有权领取宣告发放的股利，以解决股票交易可能带来的混淆问题。

①股利宣告日（Declaration Date）。

即公司董事会将股东大会讨论通过的本年度利润分配方案以及股利支付情况予以公告的日期。在股利宣告日，股份公司在公告中宣布公司每股派发的股利、股权登记日、除息日、股利支付日以及派发对象等事项。

②股权登记日（Record Date）。

即有权领取本期股利的股东其资格登记截止日期。由于工作和实施方面的原因，自公司宣布发放股利至公司实际将股利发出有一定的时间间隔。而上市公司的股票在此时间间隔内处在不停的交易之中，公司股东会随股票交易而不断易人，为了明确股利的归属，公司需确定股权登记日。凡在股权登记日之前（含登记日当天）列于公司股东名单上的股东，才有资格领取此次发放的股利，而在这一天之后才列于公司股东名单上的股东，将得不到此次发放的股利，股利仍归原股东所有。即使在股利支付日前买入的股票，也无权领取本期分配的股利。

此外，一些上市公司在进行利润分配时除了分派现金股利以外，还伴随着送股或转增股，在股权登记日这一天仍持有或买进该公司股票的投资者是可以享有此次分红、送股或转增股的股东，这部分股东名册将由证券登记公司统计在册，届时将所应支付的现金红利、应送的红股或转增股划到这部分股东的账上。

③除息日（Ex–dividend Date）。

即获取股利的权利与股票本身脱离的日期，也叫除权日。在这一天将股票中含有的股利分配权利予以解除，即在除息日当日及以后买入的股票不再享有本次股利分配的权利。我国上市公司的除息日通常是在登记日的下一个交易日。除息日对股票的价格有明显的影响。在除息日之前的股票价格中含有将要发放的股利，在除息日之后进行的股票交易，股票价格中不再包含本次派发的股利，因此其价格应低于除息日之前的交易价格。通常需要除权调整上市公司每股股票对应的价值，以便投资者对股价进行对比分析。

④股利支付日（Payment Date）。

即公司将股利正式发放给股东的日期，也称付息日。在这一天，公司通过资金清算系统或其他方式向股东支付股利，并冲销公司对股东的负债记录。

【例 10 - 2】A 上市公司 2021 年 6 月 29 日关于 2020 年度股利分配安排的公告：

公司董事会及全体董事保证本公告内容不存在任何虚假记载、误导性陈述或重大遗漏，并对其内容的真实性、准确性和完整性承担个别及连带责任。公司第六届董事会第十二次会议通过决议，建议派发 2020 年度股利每股人民币 0.17 元（含税），共分配现金股利 1.7 亿元。现金红利发放日为 2021 年 7 月 26 日。

前述股利分配方案经 A 公司 2021 年 6 月 28 日召开的 2020 年年度股东大会审议通过。公司将向 2021 年 7 月 15 日登记在 A 公司股东名册的股东发放 2020 年度股利。有关 2020 年度股利分配的实施情况，公司将根据有关规定及时履行后续披露义务。

此例中，2021 年 6 月 29 日为该公司的股利宣告日；2021 年 7 月 15 日为股权登记日，2021 年 7 月 16 日为除息日，2021 年 7 月 26 日为其股利支付日。

与我国上市公司不同，美国的上市公司通常按季度发放股利，并把除息日确定在股权登记日之前的两个交易日。例如，在美国纳斯达克上市交易的 W 公司在 2021 年第一个季度发布股利公告。公告日：2021 年 1 月 6 日；除息：2 月 25 日和 26 日。登记日：2 月 27 日。股利支付日：3 月 23 日。在股权登记日的前两个交易日之前购买了公司的股票，才能成为本次股利的派发对象。

（4）股利分配方案

公司的股利分配方案一般包括以下几个方面。

①股利支付形式。决定是以现金股利、股票股利还是其他某种形式支付股利。

②股利支付率。股利支付率是股利与净利润的比率，作为一种财务政策，股利支付率应当是若干年度的平均值。

③股利政策的类型。决定采取固定股利政策还是剩余股利政策，或者稳定增长股利政策等。

④股利支付程序。确定股利宣告日、股权登记日、除息日和股利支付日等具体事项。

【例 10 - 3】DF 印刷股份有限公司董事会 2021 年 4 月 11 日公告该公司 2020 年度利润分配方案。

①利润分配方案内容。

DF 印刷股份有限公司（以下简称"公司"）第二届董事会第二十七次会议于 2021 年 4 月 9 日召开，本次会议以同意 7 票、反对 0 票、弃权 0 票审议通过了《公司 2020 年度利润分配方案》，内容如下。

公司 2020 年度利润分配方案为：根据 JC 会计师事务所（特殊普通合伙）出具的审〔2021〕492 号《审计报告》，公司 2020 年合并报表实现归属于母公司所有者的净利润 566 719 803.06 元，母公司报表实现净利润 591 621 460.34 元。依据《公司法》《公司章程》等的相关规定，分配当年税后利润时，公司应当提取净利润的 10% 列入法定公积金，故本年度按母公司净利润 591 621 460.34 元的 10% 提取计 59 162 146.03 元列入公司法定公积金，加上年初未分配利润 1 550 512 105.66 元，减去已分配 2019 年度现金股利 600 480 000.00 元，本年度剩余累计可供分配利润为 1 482 491 419.97 元。

为保障股东合理投资回报，根据相关法律法规及《公司章程》的规定，经综合考虑投资者合理回报，结合公司经营活动净现金流水平、现有债务规模以及经营发展需要等，公司实施以下利润分配方案：公司 2020 年度以截至 2020 年 12 月 31 日总股本 1 112 000 000 股为基准，向全体股东按每 10 股派发现金红利 0.60 元（含税），共计派发现金红利总额 66 720 000.00 元（含税），剩余未分配利润 1 415 771 419.97 元结转以后年度分配。本次分配不派发股票股利或进行资本公积转增股本。

②关于利润分配的说明。

DF 公司近三年的股利分配如表 10-3 所示。

表 10-3　DF 公司最近三年利润分配情况

分红年度	每 10 股送红股数/股	每 10 股派息数（含税）/元	每 10 股转增数/股	现金分红的数额（含税）/万元	分红年度合并报表中归属于上市公司普通股股东的净利润/元	占合并报表中归属于上市公司普通股股东的净利润的比率/%
2020 年	0	0.6	0	6 672	566 719 803.06	11.77
2019 年	0	5.4	0	60 048	741 197 151.69	81.01
2018 年	0	2.4	0	26 688	736 705 332.53	36.23

根据《上海证券交易所上市公司现金分红指引》等相关规定，公司对本利润分配方案说明如下：公司历来坚持并遵守相关分红政策法规与承诺，积极回报广大投资者。公司最近三年（2018—2020 年）以现金方式分配的利润与合并报表中年度归属于上市公司股东的净利润的比率分别为 51.44%（2017 年度）、36.23%（2018 年度）、81.01%（2019 年度）。

2020 年 5 月 13 日，经股东大会审议通过，公司对《公司章程》中有关利润分配的条款进行了修订：在符合法律法规和监管规定的前提下，最近三年以现金方式累计分配的利润不少于最近三年实现的年均可分配利润的 30%，且当公司该年度未出现大额投资计划、大额资本性支出及并购等相关大额业务时，公司该年度以现金方式分配的利润原则上应不低于当年实现的可分配利润的 10%。利润分配以年为间隔，公司也可以根据盈利状况进行中期现金分红。

2020 年度利润分配方案中，公司拟以现金方式分配的利润与合并报表中归属于上市公司股东的净利润的比率为 11.77%，符合《公司章程》的规定。公司现金分红的制定以及执行情况符合《公司章程》的规定和股东大会决议的要求，分红标准和比例明确、清晰，相关的决策程序和机制完备，独立董事尽职履责发挥应有的作用，中小股东有充分表达意见和诉求的机会，中小股东的合法权益得到充分维护。

2020 年，公司所在的烟标印刷行业受到下游烟草行业增速放缓、供给侧改革等因素的影响，面临较大的挑战，公司净利润指标有所下滑。公司预计 2021 年行业仍将面临较大的竞争与不确定性，为了更好地应对行业挑战，同时加快推进公司向"包装印刷与大消费品产业双轮驱动发展"的战略转型，公司经营发展存在较大的资金需求。

公司剩余累计未分配利润将主要用于平衡资产负债规模，补充营运资金，并储备资金用以满足公司未来战略转型需要。2020年，公司相继出资3.375亿元和4.485亿元并购行业内优秀的两家烟标印刷企业。同时，公司拟出资4亿元与TT投资及相关方发起设立总额度为8亿元人民币的消费产业基金，截至本公告披露日，公司出资额为1.5亿元。2020年公司合并报表金融机构债务规模为10.15亿元，较上期年0.72亿元增长1313.77%，同比上升较快。随着公司资产及规模的扩大，公司营运资金投入将有所增长。另外，公司也需要储备资金用于满足未来投资发展和战略转型需求。

鉴于上述原因，公司2020年度利润分配方案综合考虑了公司经营实际需要及股东合理投资回报，有利于提升公司核心竞争力，为未来发展培育新的利润增长点，促进公司可持续发展，有利于公司的稳定经营和股东的长远利益。

③利润分配方案的审议情况。

董事会审议情况：公司于2021年4月9日召开的第二届董事会第二十七次会议以同意7票、反对0票、弃权0票审议通过了《公司2020年度利润分配方案》。

公司独立董事发表独立意见情况：公司独立董事已对《公司2020年度利润分配方案》发表了如下独立意见：《公司2020年度利润分配方案》符合中国证监会《上市公司监管指引第3号——上市公司现金分红》、上海证券交易所《上市公司现金分红指引》以及《公司章程》关于利润分配的相关规定，结合公司所处行业情况及公司发展的需要，综合考虑了公司股东合理投资回报，有利于提升公司核心竞争力，为未来发展培育新的利润增长点，促进公司可持续发展，也符合公司及股东的长远利益，体现了公司全体股东共享经营成果的宗旨，有利于维护全体股东尤其是中小股东的利益。基于我们的独立判断，同意《公司2020年度利润分配方案》。

监事会审议情况：公司于2021年4月9日召开的第二届监事会第十二次会议以同意3票、反对0票、弃权0票审议通过了《公司2020年度利润分配方案》。监事会认为，《公司2020年度利润分配方案》符合相关法律法规及《公司章程》的规定，综合考虑了公司经营发展需要和股东合理投资回报等相关因素，体现了公司长期的现金分红政策，有利于促进公司的长远发展，同时保障了公司全体股东的权益，因此同意该利润分配方案。

股东大会审议情况：《公司2020年度利润分配方案》尚需提交公司于2021年5月5日召开的2020年度股东大会审议。

④其他说明。

公司将根据《上海证券交易所上市公司现金分红指引》等相关规定，召开关于业绩或现金分红的投资者说明会。

10.2　股利理论

股利理论

股利分配的核心问题是如何权衡公司当前股利支付与未来长期增长之间的关系，以实现公司价值最大化的财务管理目标。围绕公司股利政策是否影响公司价值这一问题，主要有两类不同的股利理论：股利无关论（Dividend Irrelevance Theory）和股利相关论（Dividend Relevance Theory）。

10.2.1　股利无关论

股利无关论是 1961 年由米勒（Miller）和莫迪利安尼（Modigliani）提出的。该理论认为，在一定的假设条件限定下，股利分配政策不会对公司的市场价值（或股票价格）产生任何影响。股票价格完全由公司投资决策的获利能力和风险组合决定，与公司的股利分配政策无关。这些假设条件包括：①公司的投资政策已经确定并且已经为投资者所理解。②不存在公司或个人所得税。③不存在任何筹资费用（包括发行费用和交易费用）。④不存在信息不对称。⑤外部投资者与经理之间不存在代理成本，可获得相同的关于未来投资机会的信息。这些假定条件描述的是一种完美无缺的资本市场，因而股利无关理论又被称为完全市场理论。

股利无关论认为：①投资者并不关心公司股利的分配。若公司留存较多的利润用于再投资，会导致公司股票价格上升，此时尽管股利较低，但需要现金的投资者可以出售股票换取现金。若公司发放较多的股利，投资者又可以用现金再购入一些股票以扩大投资。也就是说，投资者对股利和资本利得并无偏好。②股利的支付比率不影响公司的价值。既然投资者不关心股利的分配，公司的价值就完全由其投资政策及其获利能力所决定。公司的盈余在股利和保留盈余之间的分配并不影响公司的价值，既不会使公司价值增加，也不会使公司价值降低。

10.2.2　股利相关论

股利相关论认为，公司的股利分配政策会影响到股票价格。具体有以下几种理论。

（1）"一鸟在手"理论

以迈伦·戈登（M. Gordon）和约翰·林特（John Linter）为代表的学者认为，股东进行股票投资的期望收益由两部分组成：股利和资本利得。利润分配决策的核心问题是在当期股利收益与未来预期资本利得之间进行权衡。企业的当期股利支付率高，则企业的盈余用于未来发展的留存资金会减少，虽然股东在当期获得了较高的股利，但是未来的资本利得有可能降低；而当企业的股利支付率低时，用于发展企业的留存资金会增加，未来股东的资本利得将会增加。

由于公司在经营过程中存在许多不确定性因素，对股东而言，股利是确定的，而公司留存资金用于再投资所产生的资本利得则不确定，是有风险的。股东会认为现实的现金股利要比未来的资本利得更为可靠，会更偏好于确定的股利收益。因此资本利得好像林中之鸟，虽然看上去很多，但不一定抓得到。而现金股利则好像在手之鸟，是股东有把握按时、按量得到的现实收益。股东在对待股利分配政策上表现出的宁愿取得现在确定的股利收益，而不愿将同等的资金放在未来价值不确定性投资上的态度偏好，被形象地称为"双鸟在林，不如一鸟在手"。

"一鸟在手"理论认为公司的股利政策与公司的股票价格是密切相关的：当公司支付较高的股利时，股东由于需要承担的投资风险小，所要求的权益资本报酬率也较低，权益资本成本也相应降低，则根据永续年金计算所得的企业权益价值（企业权益价值＝分红总额/权益资本成本）将会上升，所以会使公司股票价格上升；而当公司降低股利支付时，股东相对承担较高的投资风险，所要求的投资报酬率也较高，权益资本成本会上升，企业权益价值将下降，就会导致公司股票价格下降。所以企业为了实现股东价值最大化目标，应保持较高水平的股利支付率政策。由于股东更偏好于现金股利而非资本利得，所以倾向于选择股利支付率高的股票。

（2）信号传递理论

MM的股利无关论假设不存在信息不对称，即外部投资者与内部经理人员拥有相同的企业投资机会与收益能力的信息。但在现实条件下，投资者一般只能通过公司的财务报告及其他财务信息来了解公司的经营情况和盈利能力，并据此判断股票的价格是否合理。但是财务报告在一定时期内是可以调整的，甚至还可能有虚假的成分，因此投资者对公司未来发展和收益的了解远不如公司管理人员清晰，即存在某种信息不对称。在这种情形下，公司可以通过股利政策向市场传递有关公司未来获利能力的信息，使股东或市场中的投资者依据股利信息对公司经营状况与发展前景做出判断。

一般来说，预期未来获利能力强的公司往往愿意通过相对较高的股利支付水平，把自己同预期获利能力差的公司区别开来，以吸引更多的投资者。如果公司连续保持较为稳定的股利支付水平，那么，投资者就可能对公司未来的获利能力与现金流量抱有较为乐观的预期。如果公司的股利支付水平在过去一个较长时期内相对稳定，而现在有所变动，投资者就会把这种现象看作公司经理人员将改变公司未来收益的信号，股票价格将会对股利的变动做出反应，因而股利政策可以作为从公司内部管理者传递给外部投资者的信号。

信号理论认为股利向市场传递公司信息可以表现为两个方面。一方面是股利增长的信号作用，即如果公司股利支付率提高，被认为是经理人员对公司发展前景做出良好预期的结果，表明公司未来业绩将大幅度增长，通过增发股利的方式向股东与投资者传递了这一信息。此时，随着股利支付率提高，股票价格应该是上升的。另一方面是股利减少的信号作用，即如果公司股利支付率下降，股东与投资者会认为这是经理人员对未来发展前景做出无法避免衰退预期的结果，那么随着股利支付率下降，股票价格应该是下降的。

对于增发股利是否一定向股东与投资者传递了好消息，却有不同的观点和认识。如果公司处于成熟期，其盈利能力相对稳定，此时公司宣布增发股利特别是发放高额股利，可能意味着该公司目前没有新的前景很好的投资项目，预示着公司的成长性趋缓甚至下降，此时随着股利支付率提高，股票价格应该是下降的。如果公司宣布减少股利，则意味着公司需要通过增加留存收益为新增投资项目提供融资，预示着未来前景较好，此时随着股利支付率下降，公司股票价格则会上升。股东与投资者对股利信号信息的理解不同，所做出的对公司价值的判断也不同。

（3）税差理论

MM理论中假设不存在公司所得税和个人所得税。但在现实条件下，现金股利税与资本利得税不仅是存在的，而且会表现出差异性。根据税收在股利分配中对股东财富的重要作用，莱森伯格（Litzenberger）和拉姆斯韦（Ramaswamy）在1979年提出了所得税差异理论。该理论认为，影响股利和资本利得是否完全替代的一个主要因素就是所得税差异。就股东而言，收取同样数额的股利和资本利得所承担的税负可能是不一样的。出于保护和鼓励资本市场投资的目的，采用股利收益税率高于资本利得税率的差异税率制度，股东会偏好资本利得而不是派发现金股利。即使不考虑税率差异因素的影响，股东在支付税金的时间上也存在差异。股利收益纳税是在收取股利的当时，而资本利得纳税是在股票出售时才发生，显然，持有股票来延迟资本利得的纳税时间，可以体现递延纳税的时间价值。相对于股利收益纳税而言，投资者对资本利得的纳税时间选择更具有弹性。由于投资者可以自由推后资本利得收入纳税的时间，所以也会存在延迟纳税带来的收益差异。这种税收延期支付的特点使股东更加倾向于资本利得收入。

因此，税差理论认为，由于普遍存在税率的差异及纳税时间的差异，资本利得收入比股利收入更有助于实现收益最大化目标，公司应当采取低现金股利支付比率政策。如果不考虑股票交易成本，分配股利的比率越高，股东股利收益的纳税负担越高于资本利得纳税负担，因此公司应采取低现金股利比率的分配政策，以提高留存收益再投资的比率，使股东在实现未来的资本利得中享有税收节省。如果存在股票的交易成本，甚至当资本利得税与交易成本之和大于股利收益税时，偏好取得定期现金股利收益的股东自然会倾向于公司采用高现金股利支付率政策。

（4）客户效应理论

该理论研究处于不同税收等级的投资者对待股利分配态度的差异，是对税差理论的进一步扩展。该理论认为，投资者不仅仅是对资本利得和股利收益有偏好，即使是投资者本身，因税收类别不同，对公司股利政策的偏好也是不同的，收入高的投资者因税率高则偏好低股利支付率的股票，希望少分现金股利或不分，将更多的留存收益进行再投资，从而提高所持股票的价格。而收入低的投资者以及享有税收优惠的养老基金投资者表现出偏好高股利支付率的股票，希望获得较高而且稳定的现金股利，弥补其收入的不足，并可以减少不必要的交易费用。

投资者的边际税率差异性导致其对待股利政策态度的差异性。边际税率高的投资者会选择实施低股利支付率的股票，边际税率低的投资者则会选择实施高股利支付率的股票。这种投资者依据自身边际税率而显示出的对实施相应股利政策股票的选择偏好现象被称为"客户效应"。所以，客户效应理论认为，公司在制定或调整股利政策时，不应该忽视股东对股利政策的需求。

（5）代理理论

代理理论认为，在所有权和经营权高度分离的现代企业中，股利支付可以减少经理人与股东之间的利益冲突引起的高额代理成本，可以作为实现公司价值最大化的策略。这是因为公司中的股东、债权人、经理人等诸多利益相关者的目标并非完全一致，在追求自身利益最大化的过程中可能发生利益冲突。这种利益冲突反映在公司股利分配决策过程中，表现为不同形式的代理成本：一是股东与债权人之间的代理冲突；二是内部经理人员与外部投资者股东之间的代理冲突；三是控股股东与中小股东之间的代理冲突。

①股东与债权人之间的代理冲突。股东在进行投资决策时，可能为增加自身财富而选择加大债权人风险的政策，例如，股东通过发行债务支付股利，债权人为保护自身利益希望公司采取低股利支付率政策，多留存现金以防公司发生债务支付困难。因此，债权人在与公司签订借款合同时，习惯于制定约束性条款对公司发放股利的水平进行制约。

②经理人员与股东之间的代理冲突。当公司拥有较多的自由现金流时，经理人员有可能把资金投资于低回报项目，或为了取得个人私利而追求额外津贴及在职消费等。实施高股利支付率的政策，有利于降低经理人员与股东的代理冲突；多分配少留存，既有利于抑制经理人员随意支配自由现金流的代理成本，也有利于满足股东取得股利收益的愿望。

③控股股东与中小股东之间的代理冲突。现代企业股权结构的一个显著特征是所有权与控制权集中于一个或少数大股东手中，企业管理层通常由大股东直接出任或直接指派，管理层与大股东的利益趋于一致。在股权集中情形下，控制性大股东为取得控制权私利，有可能也有能力通过各种手段侵害中小股东的利益。当法律制度比较完善、外部投资者保护受到重视时，可以有效地降低大股东的代理成本，促使公司实施较为合理的股利分配政策。反之，法律制度建设滞后、外部投资者受保护程度较低时，控股股东通过利益侵占取得控制权私利的机会较多，会忽视基于所有权的正常股利分配，甚至因过多的利益侵占而缺乏可供分配的现金。因此中小股东希望公司采用多分配少留存的股利政策，以防控股股东的利益侵害。

代理理论为研究和解释处于特定治理环境中的公司股利分配行为提供一个基本分析逻辑。如果公司在进行股利分配决策过程中，同时伴随着其他的财务决策，并处于不同的公司治理机制条件下（如所有权结构、经理人员持股、董事会结构特征等），基于代理理论的股利分配政策选择的分析，将是多种因素权衡的复杂过程。

10.3　股利政策

股利政策是指在法律允许的范围内，公司股东大会或董事会对一切与股利有关的事项，如公司是否发放股利、发放多少股利以及何时发放股利等采取的方针和策略。股利政策的关键是探讨公司留存盈余和普通股股利支付的比例关系问题。公司的净收益可以支付给股东，也可以留存在公司内部，股利政策不仅会影响股东的财富，而且会影响公司在资

股利政策

本市场上的形象及股票价格，更会影响公司的长期利益。因此，对公司管理者而言，如何均衡股利发放与公司的未来发展关系，并使公司股票价格稳中有升，是公司追求的目标。对股东而言，公司应当确定适当的股利政策，并使其保持连续性，以便股东据以判断公司未来发展的趋势。

在进行股利分配的实务中，公司通常有以下几种股利分配政策可供选择。

10.3.1　剩余股利政策

（1）剩余股利政策的确定

剩余股利政策是指公司有着良好的投资机会时，根据公司的最佳目标资本结构，测算出投资所需的权益资本，公司经营所获得的净利润首先应满足公司的投资资金需求；如果还有剩余，则将剩余的收益作为股利予以分配；如果没有剩余，则不派发股利。剩余股利政策的理论依据是 MM 股利无关理论。根据 MM 股利无关理论，在完全理想状态下的资本市场中，上市公司的股利政策与股票市场价格无关，公司派发股利的高低不会给股东的财富价值带来实质性的影响，投资者对于盈利的留存或发放毫无偏好，公司决策者不必考虑分红模式，股利政策只需随着公司的投资、融资方案的制定而确定。

采用剩余股利政策，公司应按如下步骤确定其股利分配额。

①设定目标资本结构，即确定权益资本与债务资本的比率，在此资本结构下，加权平均资本成本将达到最低水平。

②确定目标资本结构下投资所需增加的权益资本数额。

③最大限度地使用留存收益来满足资金需求中所需增加的股东权益数额。

④留存收益在满足公司权益资本增加需求后，如果有剩余，再将其作为股利发放给股东；如果没有剩余，则不向股东分派股利。

【例 10 – 4】某公司当年税后净利润 6 800 万元，目前的资本结构为：负债资本 40%，股东权益资本为 60%。该资本结构也是下一年度的目标资本结构，即最佳资本结构。该公司有一个很好的投资项目，需要投资 9 000 万元，该公司采用剩余股利政策，试计算应分配多少股利。

根据目标资本结构，投资预算 9 000 万元所需要的负债资本 9 000 × 40% = 3 600（万元），股东权益资本为 9 000 × 60% = 5 400（万元）。公司将净利润的 5 400 万元作为留用资金，则可分配的股利为 6 800 – 5 400 = 1 400（万元）。

【例 10 – 5】某公司上年税后利润为 2 400 万元，今年年初公司讨论决定股利分配的数额，预计今年的投资计划资金需要额度为 2 100 万元，公司的目标资本结构是权益资本和债务资本的比例 2:1，今年继续保持该资本结构。按法律规定提取法定盈余公积 10%，公司采用剩余股利分配政策。问公司应分配多少股利？

根据题意，目标资本结构为 2/3 权益和 1/3 负债，

可用于股利分配的净利润为：2 400 × (1 – 10%) = 2 160（万元）

目标资本结构下投资所需的权益资金为：2 160 × 2/3 = 1 440（万元）

权益资本满足投资所需后，剩余收益为：2 160 – 1 440 = 720（万元），则作为向投资者分配的股利数额。

实行剩余股利政策，意味着公司只将剩余的盈余用于发放股利，这样做的根本理由是为了保持理想的资本结构，使加权平均资本成本最低。例 10 – 5 中，如果公司不按剩余股利政策发放现金股利，而将 2 400 万元全部用于投资，或全部作为现金股利发放给股东，然后再去筹借资金，都会破坏目标资本结构，导致加权平均资本成本的提高。

（2）剩余股利政策的优缺点

剩余股利政策的优点：由于留存收益优先保证再投资的需要，可以最大限度地满足公司对再投资的权益资金需求，从而有助于降低再投资的资金成本，保持最佳的资本结构，实现公司价值的长期最大化。

剩余股利政策的缺点：忽略了股东资本利得与股利的不同偏好，损害了那些偏好现金股利的股东利益，不利于投资者安排收入与支出。如果完全执行剩余股利政策，股利发放额就会每年随投资机会和盈利水平的波动而波动。即使在盈利水平不变的情况下，股利也将与投资机会呈反方向变动：投资机会越多，股利发放越少；反之，投资机会越少，股利发放越多。在股东与管理层之间存在信息不对称的情况下，股东不一定了解公司投资的未来收益水平，会影响股东对公司的信心。

由于剩余股利政策不利于投资者安排收入与支出，也不利于公司树立良好的形象，一般适用于公司的初创阶段。

10.3.2　固定股利或稳定增长股利政策

（1）固定股利或稳定增长股利政策的确定

固定股利或稳定增长股利政策是指公司将每年派发的股利固定在某一相对稳定的水平

上，或者在此基础上维持某一固定增长率从而逐年稳定增长。

其中，固定股利政策是将每年发放的股利固定在某一相对稳定的水平上，不论公司的盈利状况和财务状况如何，都保持该股利额在较长时期内不变。只有当公司认为未来盈余会显著地、不可逆转地增长，未来的盈利足以支付更多的股利时，才会提高年度的股利发放额，如图 10 - 1 所示。

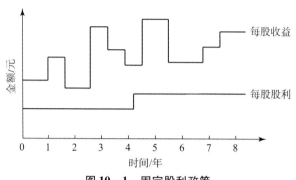

图 10 - 1　固定股利政策

图 10 - 1 表明，不论每股收益如何变化，公司每年分派的股利均保持在一个稳定的水平。当收益的增长已很明显并相对稳定后，股利才能增长，并在一段时间内维持在新的水平。

稳定增长股利政策是将每年发放的股利在上一年股利发放额的基础上按固定增长率稳定增长，如图 10 - 2 所示。

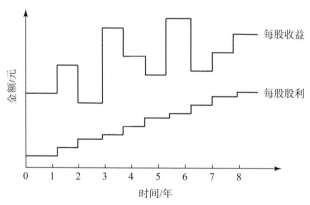

图 10 - 2　稳定增长股利政策

近年来，为了避免通货膨胀对股东收益的影响，最终达到吸引投资者的目的，很多公司开始实行稳定增长股利政策。图 10 - 2 表明，公司在支付某一固定股利的基础上，还制定了一个目标股利增长率，依据公司的盈利水平按目标股利增长率逐步提高股利支付水平。

（2）固定股利或稳定增长股利政策的优缺点

固定股利或稳定增长股利政策的优点：①向市场传递公司经营业绩正常或稳定增长的信息，释放管理者对未来充满信心的信号，有利于树立公司良好形象，增强投资者信心，进而使公司股价保持稳定或上升。②有利于吸引那些打算作长期投资的股东，特别是那些对股利有着很高依赖性的股东。这部分股东希望有稳定的收入来源，以便安排各种经常性的消费和其他支出。而股利忽高忽低的股票，则不会受这些股东的欢迎，股票价格会因此而下降。

固定股利或稳定增长股利政策的缺点：①股利的支付与盈余相脱节，不论公司盈利多少，均要按照固定股利或稳定增长股利支付。但是在公司的发展过程中，难免会出现经营状况不好或短暂的困难时期，如果这时仍执行固定或稳定增长的股利政策，派发的股利大于公司实现的盈利，必将减少公司的留存收益，影响公司的后续发展。②当公司盈余较低时仍要执行固定或稳定增长的股利政策，容易引起公司资金短缺，财务状况恶化，甚至侵蚀公司现有的资本，给公司财务运作带来很大压力，最终影响公司正常的生产经营活动。③不能像剩余股利政策那样保持较低的资本成本。

采用固定股利或稳定增长股利政策，要求公司对未来的盈利和支付能力做出较准确的判断。一般来说，公司确定的固定股利额或股利增长率不应太高，要留有余地，以免陷入公司无力支付的被动局面。固定股利政策一般适用于成熟期的、盈利充分且获利能力比较稳定的企业，稳定增长股利政策一般适用于成长期的、稳定增长的企业，但是该类政策很难被长期采用。

10.3.3　固定股利支付率政策

（1）固定股利支付率政策的确定

固定股利支付率政策是指公司将每年净利润以某一固定比率作为股利分派给股东，该比率通常称为股利支付率，即股利占盈余的比率。股利支付率一经确定，一般不得随意变更。各年股利额随公司经营的好坏而上下波动，获得较多盈余的年份股利偏高，盈余较少的年份股利就低，如图 10-3 所示。

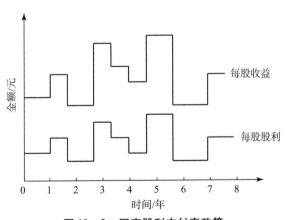

图 10-3　固定股利支付率政策

图 10-3 表明，公司股利支付率固定，在每股收益发生变化时，每股股利都将随之作相应的改变，但两者始终保持固定的比例关系。

（2）固定股利支付率政策的优缺点

固定股利支付率政策的优点：①该股利政策使股利与公司盈余紧密配合，体现了多盈多分、少盈少分、无盈不分的股利分配原则，这样才算真正做到公平对待每一位股东。②从公司支付能力的角度看，每年的股利随公司收益的变动而变动，股利与收益保持一定的比例关系，体现了投资风险与投资收益的对等原则，是一种稳定的股利政策。

固定股利支付率政策的缺点：①传递的信息容易造成公司不稳定印象。大多数公司每年的收益很难保持稳定不变，如果公司每年收益不同，固定股利支付率政策将导致公司每年股利的波动。向市场传递的信息就是很容易给投资者带来公司经营状况不稳定、投资风险大的不良印象。②容易使公司面临较大的财务压力。公司实现的盈利越多，固定支付比率下派发的股利就越多。但公司实现的盈利多，并不代表有足够的现金。如果没有足额的现金，仍要按固定比率派发股利，就很容易给公司造成财务压力。③确定适宜的固定股利支付率难度较大。固定股利支付率确定得较低，就不能满足投资者的需求；确定得较高，则没有足够的现金派发股利。

由于公司每年面临的投资机会、筹资渠道都不同，而这些都会影响到公司的股利分派，所以按固定股利支付率政策派发股利的公司在实践中并不多见，固定股利支付率政策只适用于那些处于稳定发展时期且财务状况也比较稳定的公司。

10.3.4 低正常股利加额外股利政策

（1）低正常股利加额外股利政策的确定

低正常股利加额外股利政策指公司事先设定一个较低的正常股利额，一般情况下每年只支付固定的、数额较低的股利，在公司盈利较好、资金较为充裕的年度再向股东发放额外股利。但额外股利并不固定化，不意味着公司永久提高了股利支付率，如图10-4所示。

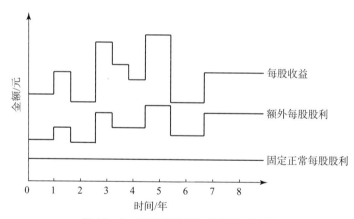

图10-4 低正常股利加额外股利政策

（2）低正常股利加额外股利政策的优缺点

低正常股利加额外股利政策的优点：①该股利政策赋予公司较大的灵活性。公司可以根据具体盈余情况，选择不同的股利发放水平，以完善公司的资本结构，进而实现公司的财务目标。②有助于稳定股价、增强投资者信心。由于公司每年固定派发的股利维持在一个较低的水平上，在公司盈利较少或需用较多的留存收益进行投资时，公司仍能按照既定承诺的股利水平派发股利，使投资者保持一个固有的收益保障，股东不会有股利跌落感；而当公司盈利状况较好且有剩余现金时就可以适度增发额外股利，有助于公司股票价格上扬，增强投资者的信心。

低正常股利加额外股利政策的缺点：①由于公司不同年份之间的盈利波动使得额外股利

不断变化，时有时无，容易给投资者以收益不稳定的感觉。②当公司在较长时期持续发放额外股利后，可能会被股东误认为是正常股利，一旦取消了这部分额外股利，传递出去的信号可能会被股东认为是公司财务状况恶化的表现，进而可能会引起公司股价下跌的不良后果。

低正常股利加额外股利政策既吸收了固定股利政策对股东投资收益有保障的优点，又避免了给公司造成财务压力方面的不足，所以在资本市场上颇受投资者和公司的欢迎。该政策适用于盈利与现金流量波动不够稳定的公司，因而也被大多数公司采用。

以上各种股利政策各有长处，公司在进行股利分配时，应充分考虑各种政策的优缺点和公司的实际情况，选择适宜的股利分配政策。现实中，固定股利政策和低正常股利加额外股利政策被公司普遍采用，并为广大投资者所认可。

10.3.5 股利政策的影响因素

现实生活中，公司采取何种股利政策虽然是由管理层决定，但实际上在决策过程中会受到许多主客观因素的影响。影响股利政策的因素主要包括法律因素、公司因素、股东因素、其他因素等。

（1）法律因素

为了保护债权人和股东的利益，有关法律法规就公司的股利分配做出规定，主要体现在如下几个方面的限制上。

①资本保全限制。资本保全要求公司股利的发放不能侵蚀资本，规定公司不能用资本（包括股本和资本公积）发放股利。股利的支付不能减少法定资本。如果一个公司的资本已经减少或因股利支付而引起资本减少，则不能支付股利。资本保全的目的在于防止公司任意减少资本结构中股东权益的比例，以保护债权人的利益。

②企业积累限制。为了制约公司支付股利的任意性，按照法律规定，公司的税后利润必须按照一定比例提取法定公积金，此外公司还可以提取任意公积金，只有当提取的法定公积金达到注册资本的50%时，才可以不再提取。提取法定公积金后，公司的利润净额与以前累积的留存收益形成公司的可供分配利润，才可以用于支付股利。

③净利润限制。当公司出现年度亏损时，一般不进行利润分配。只有年度累计净利润为正数时才可发放股利，以前年度亏损必须足额弥补。

④超额累积利润限制。由于股东接受股利缴纳的所得税高于其进行股票交易的资本利得税，公司通过保留利润来提高其股票价格，则可使股东避税。于是许多国家法律规定公司不得过度地积累盈余，形成超额累积利润，一旦公司的保留盈余超过法律认可的水平，将被加征额外税额。如美国《国内收入法》规定，如果国内税务局能够查实公司是故意压低股利支付率以帮助股东逃避交纳个人所得税，就可对公司的累积盈余处以惩罚性的税率。我国法律目前对公司累积利润尚未做出限制性规定。

⑤无力偿付限制。基于对债权人的利益保护，如果公司已无力偿付债务，或股利支付导致公司失去偿债能力，则不能支付股利。

（2）公司因素

公司的经营能力和长远发展战略，影响其股利政策。

①盈余的稳定性。公司能否获得长期稳定的盈余，是其股利政策的重要基础。一般来讲，一个公司的盈利越稳定，其股利支付能力越高。收益稳定的公司面临的经营风险和财务

风险较小，筹资能力较强，对其保持较高的股利支付能力更有信心。

②公司的流动性。较多地支付现金股利会减少公司的现金持有量，使公司的流动性降低，这里的流动性是指及时满足财务应付义务的能力。而保持一定的流动性是公司正常运转的基础和必备条件。如果一个公司的资产有较强的变现能力，现金的来源较充裕，则其股利支付能力也较强。

③举债能力。如果公司有较强的筹资能力，能够及时筹措到所需现金，那么公司有较强的股利支付能力，有可能采取高股利政策；而举债能力弱的公司则不得不多留存盈余，因而往往采取低股利政策。

④投资机会。如果一个公司有着良好的投资机会，需要有大量的资金支持，往往会少发现金股利，将大部分盈余用于投资；相反，缺乏良好投资机会的公司保留大量现金会造成资金的闲置，那么就有可能倾向于支付较高的股利。

⑤资本成本。留存收益是公司内部筹资的一种重要方式，它同发行新股或举债相比，不需要任何筹资费用，具有资本成本低的优点。因此很多公司在确定其股利分配政策时，往往将公司的净收益作为首选的筹资渠道。所以，从资本成本的角度考虑，如果公司有扩大资金的需要，也应当采取低股利政策。

⑥债务需要。具有较高债务偿还需要的公司，可以通过举借新债、发行新股筹集资金偿还债务，也可以直接用经营积累偿还债务。如果采用后者，则会采取低股利政策，减少现金股利的支付。

（3）股东因素

公司的股利政策最终由股东大会决定，因此，股东的要求不可忽视。股东从自身利益出发，在收入、控制权、税负、风险及投资机会等方面的考虑也会对股利分配产生影响。

①稳定的收入。一些股东的主要收入来源是股利，对未来的不确定性非常敏感，他们往往要求公司支付稳定的股利，反对公司留存过多的收益。他们认为通过留存较多盈余使公司股票价格上升而获得资本利得具有较大的风险，因此这些股东也会倾向于多分配股利。

②控制权的稀释。公司支付较高的股利，就会导致留存盈余减少，这又意味着将来发行新股的可能性加大，而发行新股必然稀释公司的控制权，这是公司拥有控制权的股东们所不愿意看到的局面，因此，股东们如果拿不出更多的资金购买新股，宁肯不分配股利。

③避税因素。一般而言，股利收入的税率要高于资本利得的税率，很多股东由于对税负的考虑反对公司发放较多的股利，而偏好低股利支付水平，这会使他们获得更多纳税上的好处。

（4）其他因素

除了上述因素外，还有其他一些因素也会影响公司的股利政策选择。

①债务合同约束。一般来说，股利支付水平越高，留存收益越少，公司破产的风险加大，就越有可能损害到债权人的利益。因此，为了保证自己的利益不受损害，债权人通常都会在公司借款合同、债务契约以及租赁合同中加入关于限制公司现金股利发放的条款。这使公司只得采取低股利政策。

②通货膨胀。通货膨胀会导致货币购买力水平下降，公司计提的折旧不能满足重置固定资产的需要。需要动用盈余，来弥补由于货币购买力水平下降造成的购置固定资产资金缺

口。因此，在通货膨胀时期，公司一般会采取偏紧的股利分配政策。

③行业因素。不同行业的股利支付率会存在系统性差异。例如，股利支付率在成熟行业、公用事业公司通常更高，而在高科技行业公司通常较低。由此说明，股利政策具有明显的行业特征。这可能是由于投资机会在行业内相似而在不同行业间存在差异导致的。

10.3.6　股利政策的评价指标

投资者通常会通过两个指标来评价其所投资公司的股利政策：股利支付率和股利报酬率。

（1）股利支付率

股利支付率是公司年度现金股利总额与净利润总额的比率，或者是公司年度每股股利与每股利润的比率。其计算公式如下：

$$P_d = \frac{D}{E} \times 100\%$$

或

$$P_d = \frac{DPS}{EPS} \times 100\%$$

式中　P_d——股利支付率；

D——年度现金股利总额；

E——年度净利润总额；

DPS——年度每股股利；

EPS——年度每股利润。

股利支付率反映了公司实现的净利润中有多少用于给股东分派红利，从而评价公司所采取的是高股利政策还是低股利政策。不过，由前述可知，股利支付率的高低并不是区分股利政策优劣的标准。当公司处于不同的发展阶段时，会选择不同的股利政策。一般来说，处于快速成长期的公司资本性支出较大，需要大量的现金，通常不支付现金股利或者采取较低的股利支付率；而处于成熟期的公司有充足的现金流量，通常会采取较高的股利支付率。

与股利支付率相关的另一个指标是留存比率，即公司留用利润与净利润的比率，其计算公式等于 1 减去股利支付率。留存比率用来评价公司净利润用于再投资的比例。

（2）股利报酬率

股利报酬率，也称股息收益率，是指公司年度每股股利与每股价格的比率。其计算公式如下：

$$K_d = \frac{DPS}{P_0} \times 100\%$$

式中　K_d——股利报酬率；

DPS——年度每股股利；

P_0——每股价格。

股利报酬率反映了投资者进行股票投资所取得的红利收益，因此也是投资者评价公司股利政策的重要指标，以及判断投资风险、衡量投资收益的重要标准之一。

10.4 股票回购

10.4.1 股票回购的含义

股票回购（Stock Repurchase），是指上市公司出资将其发行的流通在外的股票以一定的价格购买回来，予以注销或作为库藏股的一种资本运作方式。

股票回购这种方式在西方国家普遍被采用。公司出资将流通在外的股票重新购回，使流通在外的股份数减少，引起每股股利增加，从而导致股价上升，股东也能由股价上涨而得到资本利得，这相当于公司给股东支付现金股利。严格意义上讲，股票回购不属于股利，但参与股票回购及不参与股票回购的股东都可以从回购中获得财富的增值。所以，可以将股票回购看作一种现金股利的替代方式。

我国《公司法》规定，公司进行股票回购有以下用途：第一，减少公司注册资本；第二，与持有本公司股份的其他公司合并；第三，将股份奖励给本公司职工；第四，股东因对股东大会做出的合并、分立决议持异议，要求公司收购其股份。

2018 年 11 月，证监会、财政部、国资委联合发布的《关于支持上市公司回购股份的意见》规定，上市公司在符合以下条件时才能回购本公司的股份：①公司股票上市已满 1 年。但是当公司股价低于其每股净资产，或者 20 个交易日内股价跌幅累计达到 30% 的，可以为维护公司价值及股东权益进行股份回购。②公司最近 1 年无重大违法行为。③公司回购股份后，具备债务履行能力和持续经营能力。④公司回购股份后，股权分布原则上应当符合上市条件；公司拟通过回购股份终止其股票上市交易的，应当符合相关规定并取得证券交易所的批准。

10.4.2 股票回购的方式

股票回购的方式按照不同的分类标准主要有以下几种。

（1）按照股票回购地点不同分类

按照股票回购的地点不同，可分为场内公开收购和场外协议收购两种。场内公开收购是指公司把自己等同于任何潜在的投资者，委托证券公司代自己按照公司股票当前市场价格回购。其缺点是在公开市场上回购很容易推高股价，增加回购成本。场外协议收购是指公司与某一类或某几类投资者直接见面，通过协商来回购股票的一种方式。协商的内容包括价格和数量的确定，以及执行时间等。很显然，该种方式的缺点在于透明度较低。

（2）按照股票回购对象不同分类

按股票回购面向的对象不同，可分为在资本市场上进行随机回购、向全体股东招标回购、向个别股东协商回购。在资本市场上进行随机回购的方式最为普遍，但往往会受到监管机构的严格监控。在向全体股东招标回购的方式下，回购价格通常高于当时的股票市价，具体的回购工作一般要委托金融中介机构进行，成本费用较高。向个别股东协商回购，由于不是面向全体股东，所以必须保持回购价格的公正合理性，以免损害其他股东的利益。

（3）按照股票回购资金的筹资方式不同分类

按照筹资方式不同，可分为举债回购、现金回购、混合回购和转换回购。举债回购是指公司通过向银行等金融机构借款的方式来回购本公司股票，其目的是防御其他公司的恶意兼并与收购。现金回购是指公司利用剩余资金来回购本公司股票。如果公司既动用剩余资金，又向银行等金融机构举债来回购本公司股票，则称为混合回购。转换回购是指公司用债券或者优先股代替现金来回购本公司普通股股票，此时公司不必支付大量现金，并且可以调整资本结构。

（4）按照股票回购价格确定方式不同分类

按照回购价格的确定方式不同，可分为固定价格要约回购和荷兰式拍卖回购。

固定价格要约回购是指公司在特定时间发出的以某一高出股票当前市场价格的价格水平回购既定数量股票的回购报价。为了在短时间内回购数量较多的股票，公司向股东发出固定价格回购要约以购买部分流通股份。在回购要约中，公司通常要阐明其回购的股份数额、回购价格和回购期限。其优点是赋予所有股东向公司出售其所持有股票的均等机会，而且通常情况下公司享有在回购数量不足时取消回购计划或延长要约有效期的权利。

荷兰式拍卖回购，首次出现于 1981 年荷兰 Todd 造船公司的股票回购，这种方式的股票回购在回购价格确定方面赋予公司更大的灵活性。在荷兰式拍卖的股票回购中，公司要事先指定计划回购的股票数量和愿意支付的回购价格范围，通常愿意支付的最低价格稍高于现行市场价格；然后股东进行投标，确定愿意出售的股票数量以及在公司给定的回购价格范围内能够接受的最低出售价格；最后，公司汇总所有股东提交的价格和数量，确定此次股票回购的"价格—数量曲线"，并根据实际回购数量确定最终的回购价格。

10.4.3　股票回购的动机

在证券市场上，股票回购的动机主要有以下几点。

（1）现金股利的替代

公司派发现金股利会产生未来的现金压力，而股票回购则不会对公司产生未来的派现压力。股东需要现金可以选择出售股票，不需要现金可以选择继续持有股票。因此，当公司有富余资金，但又不希望通过派现的方式进行分配的时候，股票回购可以作为现金股利的一种替代。

（2）提高每股收益

由于财务上每股收益指标是以流通在外的普通股股份数作为计算基础，有些公司为了自身形象、上市需求和投资人渴望高回报等原因，以股票回购的方式来减少实际支付股利的股份数，从而提高每股收益指标。

（3）改变公司的资本结构

公司无论是采用现金回购还是举债回购，都会提高负债率，改变公司的资本结构。在现金回购方式下，假定公司的负债规模不变，那么股票回购之后的权益资本在公司资本结构中的比重下降，公司财务杠杆水平提高；而在举债回购方式下，公司负债规模会增加，同时会导致权益资本比重下降，公司财务杠杆水平更会明显提高。因此，当权益资本在资本结构中所占比例较大时，公司会为了调整资本结构而进行股票回购。

（4）传递公司信息以稳定或提高公司的股价

如果公司认为目前的股价被低估，通过股票回购，向市场和投资者传递积极信息，表明公司真实的投资价值。股票回购的市场反应通常是提升了股价，因而有利于稳定公司的股价。如果回购以后股票仍被低估，剩余股东也可以从低价回购中获利。一般情况下，投资者会认为股票回购是公司对其股票价值被低估而采取的应对措施。

（5）调节所有权结构

公司拥有回购的股票（库藏股），可用来交换被收购或被兼并公司的股票，也可用来满足认股权证持有人认购公司股票或可转换证券持有人转换普通股的需要，还可以在执行管理层与员工股票期权时使用，避免发行新股稀释每股权益。

（6）防止敌意收购

股票回购有助于公司管理者避开竞争对手企图收购的威胁。因为它可以使流通在外的股份数变少，股价上升，从而使收购各方获得控制公司的法定股份比例变得更为困难；而且，股票回购可能会使公司的流动资金大大减少，财务状况恶化，这样的结果也会减少收购公司的兴趣。

（7）为股东避税

对股东来说，其所获得的资本利得或现金股利往往存在税率差异，且现金股利税率通常高于资本利得税率。公司用股票回购的方式代替发放现金股利，可减少股东缴纳的个人所得税，为股东带来税收利益。

10.4.4　股票回购与现金股利

人们常常将股票回购与现金股利相提并论。在不考虑税收与交易成本的情况下，股票回购与现金股利对股东财富的影响没有差异。股票回购减少了公司流通在外的普通股股数，从而使每股收益和每股股价增加。因此从理论上来说，股票回购为股东所带来的资本利得应等于分派的现金股利金额。股票回购可以看作是现金股利的替代方式。

【例10-6】假设A公司现有1 000 000元剩余现金，已发行在外股票为500 000股，公司当年税后利润为500 000元，市盈率为10，现行股价为10元/股，公司现有两种股利支付策略：策略一，公司将其剩余现金全部用于发放现金股利；策略二，公司将其剩余现金用于回购股票，回购价格为12元，共回购83 333股A公司股票。试比较分析这两种策略对股东产生的影响。比较结果如表10-4所示。

表10-4　A公司现金股利发放与股票回购策略比较

现金股利策略		股票回购策略	
剩余现金/元	1 000 000	剩余现金/元	1 000 000
税后利润/元	500 000	税后利润/元	500 000
发行股数/股	500 000	回购前发行股数/股	500 000
每股收益/元	1	回购后发行股数/股	416 670
每股股利/元	2	回购后每股收益/元	1.2
发股利后每股市价/元	10	回购后每股市价/元	12
每股股东财富/元	12	每股股东财富/元	12

策略一，公司将剩余现金全部用于发放现金股利，则每股股利为2元（1 000 000÷

500 000）。在这种情况下，股东每持有一股股票，可获得的股东财富为 12 元（10 元股价 + 2 元股利）。

策略二，公司将剩余现金全部用于回购股票，回购价为 12 元。此时共回购 83 333 股（1 000 000 ÷ 12）。股票回购后，该公司发行在外的股票减为 416 667 股（500 000 – 83 333），每股收益由 1 元升为 1.2 元（500 000 ÷ 416 667），在市盈率不变的情况下，该公司股价将升至 12 元（1.2 × 10）。此时股东每持有一股股票，同样可获得 12 元的财富。

可见，在没有税收和交易成本的市场中，股东对股票回购与现金股利都是等效的。

然而，股票回购与发放现金股利却有着不同的意义，表现为以下几个方面：

①对公司而言，股票回购有利于增加公司的价值。如果公司的管理层认为公司目前的股价被低估，通过股票回购，向市场传递了积极的信号，股价则会提升，这样有利于公司形象的稳定。另一方面，当公司的可支配的现金流明显超过投资项目所需要的现金流时，可以用现金进行股票回购，有利于提高每股收益。而发放现金股利则会增加公司的现金压力。

但是，股票回购容易造成资金紧张，使资产流动性降低，影响公司后续发展。进行股票回购，相当于股东退股和公司资本减少，在一定程度上削弱了对债权人利益的保障。股票回购可能使公司的发起人更注重创业利润的兑现，而忽视公司的长远发展，损害公司的根本利益。股票回购容易导致公司操纵股价。公司回购股票，容易导致其利用内幕消息进行操纵，损害投资者的利益。

②对股东而言，股票回购后股东得到的资本利得需缴纳资本利得税，发放现金股利股东则需缴纳股利收益税，如果资本利得税税率低于股利收益税税率，则股票回购下的股东财富要多于发放现金股利下的股东财富，在这种情况下股东会偏好股票回购。另一方面，市盈率等因素因股票回购可能发生变化，其结果是否对股东有利难以预料，也就是说，股票回购对股东利益具有不确定影响。

另外现金股利可以连续发放，但股票回购则不能经常为之，所以不能将股票回购看作现金股利的等价物。

10.5　股票分割

10.5.1　股票分割的含义

股票分割（Stock Split），又称股票拆分，是指将面值较高的股票交换成面值较低的股票的行为，如将股票一股交换成两股。股票分割不属于某种股利方式，但其所产生的效果与发放股票股利近似，故而在此一并介绍。

股票分割后，流通在外的普通股数量增加，每股股票面值降低，每股收益和每股净资产减少。股票分割对公司的资本结构不会产生任何影响，只是发行在外的股份总数增加，股东权益的总额保持不变，股东权益内部各项目之间的比例以及公司价值都保持不变。股票分割和发放股票股利既有相同之处，又有不同之处。

实务中，如果上市公司认为自己公司的股票市场价格太高，不利于其良好的流动性，有必要将其降低，就可能进行股票分割。股票分割一般被认为是成长中公司的行为，向市场传递的有利信号会使股价上升，股东会得到超额收益，具有间接向股东返还现金的特征。

10.5.2　股票分割的意义

股票分割具有以下几个方面的意义。

①股票分割会使公司股票每股市价降低，易于增加该股票在投资者之间的换手，并且可以使更多的资金实力有限的潜在股东变成持股股东，因此可以促进股票的流通和交易，从而吸引更多的中小投资者。

②股票分割可以向投资者传递公司发展前景良好的信号，有助于提高投资者对公司的信心。公司宣布股票分割，等于告诉投资人公司的盈余还会继续大幅度增长，公司正处于发展之中，这种利好信息将会使投资人争相购买股票，引起股价上涨。

③股票分割可以为公司发行新股做准备。公司股票价格太高，会使许多潜在的投资者不敢轻易投资公司的股票。在新股发行前，利用股票分割降低股票价格，可以促进新股的发行。

④股票分割带来的股票流通性的提高和股东数量的增加，会在一定程度上加大对公司股票恶意收购的难度。

⑤股票分割有利于公司并购政策的实施，增加对被并购方的吸引力。

股票分割与
股票股利

10.5.3　股票分割与股票股利

股票分割与股票股利相似，两者都能达到增加股票数量的目的，而且两者都不会增加公司价值和股东财富。发放股票股利和实施股票分割，对公司而言，既没有流出现金，也没有增加负债，公司股东权益总额并没有发生任何变化，仅仅是增加了公司流通在外的股份数。二者的不同在于，股票股利作为股利，必须从当期或前期保留盈余中进行支付，支付的结果使股东权益中留存收益减少，股本及资本公积增加，即股东权益内部各项目之间的构成比例发生变化；而股票分割，股东权益内部结构并未发生变化，依然保持不变，仅股份数量发生了变化。

【例10-7】某公司原有面额为2元的普通股2 000万股，年末净利润分配前的股东权益项目资料如表10-5所示。

表10-5　某公司年终利润分配前的股东权益资料

项目	金额/万元
股本——普通股（每股面值2元，2 000万股）	4 000
资本公积金	1 600
未分配利润	8 400
所有者权益合计	14 000

①若按1股换成2股的比例进行股票分割，分割后的股东权益各项目数额、普通股股数如表10-6所示。

表 10－6　某公司股票分割后的股东权益资料

项目	金额/万元
股本——普通股（每股面值 1 元，4 000 万股）	4 000
资本公积金	1 600
未分配利润	8 400
所有者权益合计	14 000

股票分割后股东权益计算如下：

普通股股数 = 2 000 × 2 = 4 000（万股）；每股面值 = 1 元

普通股股本 = 1 × 4 000 = 4 000（万元）

资本公积金 = 1 600 万元

未分配利润 = 8 400 万元

所有者权益合计 = 4 000 + 1 600 + 8 400 = 14 000（万元）

可见，股票分割不改变股东权益总额，也不改变股东权益内部结构。

②如果按每 10 股送 1 股的分配方案发放股票股利，股票股利的金额按现行市价计算，每股现行市价 15 元。完成这一分配方案后的股东权益各项目数额如表 10－7 所示。

表 10－7　某公司年终利润分配股票股利后的股东权益资料

项目	金额/万元
股本——普通股（每股面值 2 元，2 200 万股）	4 400
资本公积金	4 200
未分配利润	5 400
所有者权益合计	14 000

发放股票股利后股东权益计算如下：

普通股股数 = 2 000 × （1 + 10%） = 2 200（万股），新增 200 万股；每股面值 = 2 元

普通股股本 = 2 × 2 200 = 4 400（万元）

资本公积金 = 1 600 + （15 - 2） × 200 = 4 200（万元）

利润分配后的未分配利润 = 8 400 - 15 × 200 = 5 400（万元）

所有者权益合计 = 4 400 + 4 200 + 5 400 = 14 000（万元）

可见，发放股票股利不改变股东权益总额，但改变股东权益内部各项目之间的结构比例。

假定公司本年净利润为 8 800 万元，那么股票分割前的每股收益为 4.4 元（8 800 ÷ 2 000），假定股票分割后公司净利润不变，分割后的每股收益为 2.2 元（8 800 ÷ 4 000），如果市盈率不变，每股市价也会因此下降。

从实践效果上看，由于股票分割与股票股利非常近似，因此一般要根据证券管理部门的具体规定对两者加以区分。例如，有的国家证券交易机构规定，发放 25% 以上的股票股利即属于股票分割。

尽管股票分割与发放股票股利都能达到降低公司股价的目的，但一般来说，只有在公司

股价暴涨且预期难以下降时，公司才会选择股票分割来控制股价继续上扬。而在公司股价上涨幅度不大时，往往通过发放股票股利将股价维持在理想的范围内。

事实上，许多投资者也喜欢股票股利，研究表明，公司发放少量的股票股利（2%～3%），股票价格并不成比例地下降，从而会使股东得到股票价值相对上升的好处。而且，与收到现金股利相比，收到股票股利具有明显的抵减税收的好处。

相反，如果公司认为自己的股票价格过低，不利于其在市场上的声誉和未来再筹资时，为提高其股价，会采取反分割（也称股票合并）措施，即公司将流通在外的股票进行合并，数股低面额股票合并为一股高面额股票。例如，上例中原面值2元、发行2 000万股、市价15元的股票，按2股换成1股的比例进行反分割，则股票的面值将成为4元，股数为1 000万股，市价也将上升。反分割显然会降低股票的流通性，加大投资者入市的门槛，它向市场传递的信息通常都是不利的。往往股票反分割宣布日前后股价会有大幅度的下跌。

本章小结

本章主要介绍了公司股利及其分配、股利理论、股利政策、股票回购和股票分割等内容。主要包括：

（1）股利的含义及种类。股利是公司依据法定条件及程序，根据股东的持股份额从其可供分配利润中向股东支付的报酬。股利可分为现金股利、股票股利、财产股利和负债股利等。

（2）股利理论。股利理论主要包括股利无关论、股利相关论。股利无关论认为，股利政策不会影响公司的股票价值；股利相关论认为，公司的股利政策对公司股票价值有相当大的影响。股利相关理论主要有：税差理论、代理理论、"一鸟在手"理论、客户效应理论和信号传递理论。

（3）股利政策。公司可供选择的股利政策有：剩余股利政策、固定股利或稳定增长股利政策、固定股利支付率政策、低正常股利加额外股利政策。在选择制定股利政策时，要兼顾公司股东和公司未来发展两方面的需要，考虑法律因素、公司因素、股东因素、其他因素等相关因素的影响。评价公司股利政策的指标主要有股利支付率和股利报酬率。

（4）股利分配程序与方式。根据《公司法》的规定，公司弥补亏损和提取公积金后所余税后利润，可以向股东分配股利。确定股利分配方案需要考虑选择股利政策，确定股利支付水平，确定股利支付形式，然后进行股利的发放。公司发放股利的形式一般有现金股利、股票股利。在股利支付过程中，需要明确股利宣告日、股权登记日、除息日和股利支付日等重要日期。

（5）股票回购和股票分割。股票回购指公司出资购回本公司发行在外的股票的行为，在没有税收与交易成本的情况下，股票回购与现金股利对股东财富的影响没有差异。股票回购可改变公司的资本结构，提高财务杠杆。股票分割是指公司管理当局将某一特定数额的股票按一定比例拆分成多股股票的行为。股票分割对公司的资本结构不会产生影响，只会增加公司发行在外的普通股股数，但不会增加公司价值和股东财富，股东权益总额保持不变。股票股利的发放并不会增加公司股东财富，也不会增加公司价值。它不会改变公司股东权益总额，但会引起股东权益内部结构的变化。

思考与练习

一、思考题

1. 股利的种类有哪些？

2. 我国股利分配的程序是怎样的？

3. 简述股利分配政策的种类。

4. 剩余股利政策的优缺点是什么？

5. 固定股利或稳定增长股利政策的优缺点是什么？

6. 固定股利支付率政策的优缺点是什么？

7. 低正常股利加额外股利政策的优缺点是什么？

8. 影响股利分配政策的因素有哪些？

9. 什么是股票回购？为什么有的公司要进行股票回购？

10. 股票回购与现金股利有哪些异同？

11. 什么是股票分割？为什么有的公司要进行股票分割？

12. 股票股利与股票分割有哪些异同？

二、计算分析题

1. 某公司 2020 年的税后净利润为 1 000 万元，2021 年的投资计划需资金 1 200 万元。其目标资金结构为权益资本与负债资本之比为 3∶2。该公司流通在外的普通股总数为 2 000 万股，无优先股。若该公司采用剩余股利政策，则该公司 2020 年年末可发放的股利额是多少？每股股利又是多少？

2. 某公司发行在外的普通股为 300 000 股，2020 年的税后利润为 3 000 000 元，2021 年的税后利润为 6 000 000 元。该公司准备在 2022 年再投资 2 500 000 元，该公司目前的资本结构为最佳资本结构，资本总额为 100 000 000 元，其中，权益资本为 60 000 000 元，负债为 40 000 000 元。另外，已知该公司 2020 年的每股股利为 4.8 元。

（1）如果该公司采用剩余股利政策，则其在 2021 年的每股股利为多少？

（2）如果该公司采用固定股利政策，则其在 2021 年的每股股利为多少？

（3）如果该公司采用固定股利支付率政策，则其在 2021 年的每股股利为多少？

（4）如果该公司拟改用低正常股利加额外股利政策，正常股利为每股 2 元，当税后利润超过 5 000 000 元时发放额外股利，额外股利的发放数额为税后利润超过 5 000 000 元以上部分的 50%，则其在 2021 年的每股股利为多少？

3. JA 公司 2020 年提取了法定公积金后的税后净利润为 600 万元，2021 年计划投资 800 万元。公司的目标资本结构为权益资金占 60%，借入资金占 40%。

（1）若公司实行剩余股利政策，则 2020 年可向投资者发放多少股利？

（2）若公司实行固定股利政策，JA 公司 2020 年支付固定股利 220 万元，如果 2021 年净利润比上年增长 5%，则公司应向投资者支付多少股利？

（3）若公司实行固定股利支付率政策，公司每年按 30% 的比例分配股利，如果 2021 年净利润比 2020 年净增 5%，则公司应向投资者支付多少股利？

（4）若公司实行低正常股利加额外股利政策，低正常股利为 100 万元，规定当实现利润增长 5% 时，按净利润的 1% 部分作为额外股利，如果 2020 年净利润比 2019 年净增 5%，则公司应向投资者支付多少股利？

4. 某公司年终利润分配前的有关资料如表 10-8 所示。

表 10-8 利润分配前数据

项目	金额	项目	金额
上年未分配利润	1 000 万元	盈余公积	400 万元
本年税后利润	2 000 万元	所有者权益合计	4 000 万元
股本（500 万股，每股 1 元）	500 万元	每股市价	40 元
资本公积	100 万元		

该公司决定：本年按 10% 提取法定盈余公积金，按 5% 提取任意盈余公积金，发放股票股利，股东每 10 股可得 1 股，并且按发放股票股利后的股数派发现金股利每股 0.1 元。假设股票每股市价与每股账面价值之比保持不变。要求：计算利润分配后的未分配利润、盈余公积、资本公积和预计每股市价。

5. 某公司以 50% 的资产负债率作为目标资本结构，公司当年税后利润为 500 万元，预计公司未来的总资产要达到 1 200 万元，现有的权益资本为 250 万元。

（1）若采用剩余股利政策，当年股利支付率为多少？

（2）若股利支付率为 100%，计算在市盈率为 10，每股盈余为 2 元的条件下应增发的普通股股份数。

6. ABC 公司制定了未来 5 年的投资计划，相关信息如下：公司的理想资本结构为负债与权益比率为 2:3，公司流通在外的普通股有 125 000 股。年度内的总投资规模与年度内的总净利润如表 10-9 所示。

表 10-9 ABC 公司未来 5 年的投资计划   单位：元

时间	年度内的总投资规模	年度内的总净利润
1	350 000	250 000
2	475 000	450 000
3	200 000	600 000
4	980 000	650 000
5	600 000	390 000

（1）若每年采用剩余股利政策，每年发放的每股股利为多少？

（2）若在规划的 5 年内总体采用剩余股利政策，平均每年的每股固定股利为多少？

（3）若公司采用每年每股 0.5 元现金股利加上年终额外股利，额外股利为净收益超过 250 000 元部分的 50%，则每年应发放的股利为多少？

7. ABC 公司 2020 年全年实现净利润为 1 000 万元，年末在分配股利前的股东权益账户余额如下：

股本（面值 1 元）　　　　1 000 万元

盈余公积　　　　　　　　500 万元

资本公积　　　　　　　　4 000 万元

未分配利润　　　　　　　1 500 万元

股东权益合计　　　　　　7 000 万元

若公司决定发放 10% 的股票股利，并按发放股票股利后的股数支付现金股利每股 0.1 元，该公司股票目前市价为 10 元/股。

要求回答下列问题：

（1）发放股利后该公司权益结构有何变化，若市价不变，此时市净率为多少？

（2）若预计 2021 年净利润将增长 5%，若保持 10% 的股票股利比率与稳定的现金股利支付率，则 2021 年应发放多少每股现金股利？

（3）若预计 2021 年净利润将增长 5%，且年底将要有一个大型项目上马，该项目需资金 2 500 万元，若要维持负债率占 40% 的目标资金结构，当年能否发放股利？

第 11 章

营运资本管理

【引导案例】

我们所处的时代，是一个信用高度发达的时代。企业的经营者们必须懂得灵活地运用信用以取代货币交易，从而刺激企业生产、销售的大发展。从资金的短期循环来看，加速资金、存货以及应收账款等流动资产的周转，以尽可能减少对营运资本或流动资产的占用，维持日常采购、生产和销售，并尽可能实现更大的销售收入，这是企业日常经营中需要重点考虑的内容。具体地说，企业应当学会如何利用供应商给予自己的商业信用，管理自己客户的信用账期，确定合理的现金持有量及存货储备等，来节约营运资本。

本章将重点介绍企业营运资本，以及如何进行现金管理、应收账款管理和存货管理。

11.1 营运资本概述

营运资本可以理解成流动资产，也可以理解成流动资产与流动负债之间的差额。本章将流动资产称为营运资本，流动资产与流动负债的差额称为净营运资本。其中，流动资产主要的内容包括现金、短期金融工具、应收账款和存货等，而流动负债则主要包括短期借款、应付账款和合同负债等。

短期财务计划
管理概述

11.1.1 流动资产与流动负债

（1）流动资产

通常来讲，流动资产是企业各项资产中流动性最强、变现能力最强的资产，主要包括货币资金、短期金融工具、应收账款、预付账款和存货等。

货币资金指的是企业库存的现金、各种银行存款，以及其他货币资金。

短期金融工具指的是各种准备随时变现的有价证券以及不超过一年的其他投资（主要是指有价证券投资）。

应收账款指的是企业因销售产品或提供劳务等向购货单位或接受劳务的单位及其他单位收取的款项。

预付账款指的是企业按照购货合同规定预先支付给供应商的购货定金或部分货款等。

存货指的是企业的库存原材料、在产品和产成品，以及发出商品、委托加工物资等。

流动资产的存在主要是为了保障企业正常的生产经营活动。例如：持有现金主要是为了应付日常经营中的交易，预防意外的货币资金需求；保有存货主要是为了确保生产和销售的顺畅与及时；由商业竞争引发的赊销则是产生应收账款的原因。而且流动资产具有一个不断投入和收回的循环过程，这一过程没有终止的日期，这使得我们无法直接衡量其投资回报率。因此，评价流动资产管理效率的原则是，以最低的流动资产持有成本满足生产经营周转的需要。

（2）流动负债

流动负债是指需要在一年内或超过一年的一个营业周期内偿还的债务，主要包括短期借款、应付账款、合同负债等。

短期借款指的是企业根据借款合同向银行或其他金融机构借入的还款期限在一年以内的款项。

应付账款指的是企业购买商品或劳务时暂未支付的款项。

合同负债指的是企业已收或应收客户对价而应向客户转让商品的义务。

通常来讲，流动负债的资本成本较长期负债的资本成本小。比如，应付账款不需要支付利息。如果说流动资产是企业在生产经营活动中必须垫付的营运资本，那么流动负债在某种意义上成为企业垫付的这部分资金的重要来源。从供应商等流动负债的持有人的角度，为了确保企业能够顺利地偿还短期债务，他们希望企业流动资产总量超过流动负债总量；但是对于企业来说，反而希望持有的流动资产比较少，而无偿占用的流动负债比较多，这样一来，无偿占用的流动负债就能够满足流动资产的一部分需要。

11.1.2　营运资本与现金

我们首先来考察一下现金与其他会计要素之间的关系。根据会计恒等式，资产 = 负债 + 所有者权益，可以进行如下恒等变换：

$$流动资产 + 固定资产 = 流动负债 + 长期负债 + 所有者权益$$
$$现金 + 其他流动资产 + 固定资产 = 流动负债 + 长期负债 + 所有者权益$$
$$现金 = 长期负债 + 所有者权益 + （流动负债 - 其他流动资产） - 固定资产　（11-1）$$
$$现金 = 长期负债 + 所有者权益 - 净营运资本（不包括现金） - 固定资产　（11-2）$$

式（11-2）说明，长期负债和所有者权益的增加都能够引起企业现金的增加，但是不包括现金的净营运资本的增加却会减少企业的现金。

营运资本管理主要包括营运资本的持有政策与营运资本的筹集政策两个方面，它们分别研究如何确定营运资本的持有量与如何筹集营运资本这两个基本问题。在介绍这两个方面的问题之前，我们首先以一个典型的制造业企业为例来学习企业的营业周期和现金周转期。

11.1.3　营业周期与现金周转期

一个典型的制造业企业的短期经营活动可能包括的事件或决策如表 11-1 所示。

表 11-1　短期经营活动的事件和决策

事件	短期财务决策
购买原材料	赊购与实物交割
支付购货款	用现金支付或使用短期借款

续表

事件	短期财务决策
生产产品	外包还是自己生产，生产时间哪一个更短
销售产品	现销还是允许客户赊购
收款	用何种方式收款才能增加回款速度

上述的经营活动导致企业经营现金流入与流出可能既不同步又不确定。不同步可能是因为采购原材料的货款的支付与产品销售的回款并不在同一时间发生；不确定是因为未来的销售收入与销售成本无法确切预知。

一家典型的制造业企业的短期经营活动和现金周转期如图 11－1 所示。其中，从原材料的采购到应收账款的回款这段时间叫做营业周期。营业周期等于存货周转天数加上应收账款周转天数。如果企业上游的供应商不允许企业赊购原材料，那么企业在整个经营周期中都需要垫付资金，也就是说企业要确保生产和销售的顺利进行，必须将资金积压在整个营业周期中。这个时候，企业现金周期（也称为资金积压期）正好等于营业周期。但是，好在企业的供应商往往会给予企业商业信用，也就是说，允许企业赊购其商品，正像企业允许其客户赊购产品一样。这种商业信用普遍存在于企业的经营活动中。这样，上游的供应商实际上在某种程度上为企业在应付账款支付之前垫付了营业资本。这样，企业的现金周转期可以表示为：

$$现金周转期 = 营业周期 - 应付账款周转天数$$
$$= 存货周转天数 + 应收账款周转天数 - 应付账款周转天数 \qquad (11-3)$$

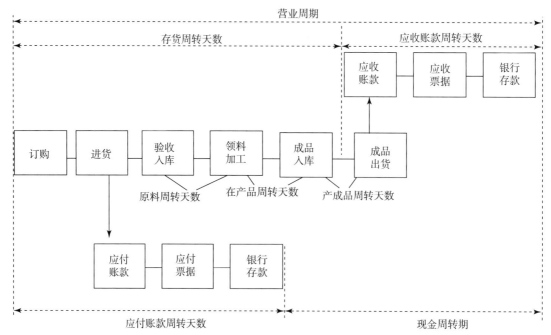

图 11－1　企业的短期经营活动和现金周转期

其中：

①存货周转天数，即从企业购入原材料开始，到企业产品售出为止所经历的时间。

②应收账款周转天数，即从企业产品售出到货款收回为止所经历的时间。

③应付账款周转天数，即从企业购入原材料开始，到企业为购入的原材料实际支付货款为止所经历的时间。

与营业周期相比，现金周转期对于企业更重要一些。因为现金周转期反映了企业在存货和应收账款上资金积压时间的长短。现金周转期越短，公司在存货和应收账款上投资越少，流动资产周转率就越高。企业要想加快现金周转期，就需要加快存货的周转和应收账款的周转，当然也可以在不损害企业信誉的前提下，通过适当延长应付账款周转天数来实现。

下面以例 11 – 1 说明企业营业周期和现金周转期的计算过程。

【例 11 – 1】月明公司 2021 年和 2022 年的部分财务数据如表 11 – 2 所示。

表 11 – 2　月明公司 2021 年和 2022 年的部分财务数据　　　单位：万元

项目	2021 年	2022 年
存货	500	600
应收账款	800	1 000
应付账款	650	500
销售收入	1 500	2 000
销售成本	1 200	1 600

2022 年存货周转率 = 销售成本 ÷ 平均存货 = 1 600 ÷ [(500 + 600) ÷ 2] = 2.91

2022 年存货周转天数 = 360 ÷ 存货周转率 = 124（天）

2022 年应收账款周转率 = 销售收入 ÷ 平均应收账款
　　　　　　　　 = 2 000 ÷ [(800 + 1 000) ÷ 2] = 2.22

2022 年应收账款周转天数 = 360 ÷ 应收账款周转率 = 162（天）

2022 年应付账款周转率 = 销售成本 ÷ 平均应付账款
　　　　　　　　 = 1 600 ÷ [(650 + 500) ÷ 2] = 2.78

2022 年应付账款周转天数 = 360 ÷ 应付账款周转率 = 129（天）

2022 年企业营业周期 = 存货周转天数 + 应收账款周转天数
　　　　　　　　 = 124 + 162 = 286（天）

2022 年企业现金周转期 = 营业周期 – 应付账款周转天数 = 286 – 129 = 157（天）

上述计算结果表明，该企业需要对存货和应收账款进行为期 157 天的融资。

11.2　短期财务决策

企业的短期财务决策就是如何管理营运资本，主要包括营运资本的持有政策和营运资本的筹资政策。

营运资本通常具有如下几个特点：第一，周转具有短期性；第二，形态具有易变性；第三，数量具有波动性；第四，来源具有灵活多样

短期财务决策

性。因此，营运资本管理的原则也应当与营运资本的特点相匹配。具体地说，其管理原则包括：第一，认真分析生产经营状况，合理确定营运资本的需要数量；第二，在保证生产经营需要的前提下，节约使用资金；第三，加速营运资本的周转，提高资金的利用效率；第四，合理安排流动资产与流动负债的比例关系，保障企业有足够的短期偿债能力。

11.2.1　营运资本的持有政策

营运资本持有政策通常是在考虑实现一定数量的销售额所要求的流动资产数量，不同的流动资产数量体现了不同的风险与收益关系。流动资产其实质是企业为了保证正常的生产和销售活动而不得已积压的资金，如存货和应收账款等。通常来讲，企业的生产量越大或销售量越大，其所需的流动资产就越多。但是，它们之间并非一定是正向的关系。例如，两个企业的赊销金额一样，但是其中一家企业应收账款的回款速度比较快，相比之下，该企业就不需要将大批资金积压在应收账款上；同样道理，如果某企业的生产速度比较快，产品也热销，那么该企业也就不需要保留太多的库存。上述企业通过比较高的流动资产周转效率，虽然在流动资产上积压的资金比较少，但是在其他情况相同时，却可能创造同样或更多的销售收入。

如果企业拥有适度的流动负债，就可以一定程度上减少流动资产上的资金积压。例如，企业从供应商处赊购原材料，企业虽然不断地偿还原来的应付账款，但是也在不断地产生新的应付账款，也就相当于上游的供应商不断为企业提供了无偿的资金占款，这样企业需要垫付的资金就可以更少一些。持有较少的营运资本，往往能够提高企业的收益率，因为流动性越好的资产，收益率一般越低。但是，企业的营运资本也不能过少，因为营运资本还影响着企业的经营风险。较高的营运资本持有量使企业更有把握按时支付到期债务，及时供应生产用原材料和准时向客户提供产品，从而保证经营活动平稳地进行。通过以上分析可以看到，营运资本持有量的确定，就是在企业经营的收益和风险之间进行权衡。

持有比较高的营运资本，被称为保守的营运资本政策；持有较低的营运资本，被称为激进的营运资本政策。在保守的营运资本政策下，企业的收益与风险都比较低；在激进的营运资本政策下，企业的收益与风险则相对都比较高。如果企业选择的营运资本政策介于保守的营运资本政策和激进的营运资本政策之间，那此政策就被称为适中的营运资本政策。当然，企业究竟如何选择，需要根据实际的经营情况和财务情况来相机决策。

11.2.2　营运资本的筹资政策

营运资本筹资政策即如何筹集营运资本。首先分别考虑流动资产和流动负债的性质，再分析流动资产和流动负债的匹配问题。

（1）流动资产和流动负债分析

流动资产如果按照用途分类，可以分为临时性流动资产和永久性流动资产。临时性流动资产，指那些受季节性、周期性影响的流动资产，如季节性存货、销售和经营旺季的应收账款等。永久性流动资产，指那些即使企业处于经营业务的低谷也仍然需要保留的、用于满足企业长期稳定需要的流动资产。

与流动资产按照用途划分的方法相类似，流动负债也可以分为临时性流动负债和自发性流动负债。临时性流动负债，指为了满足临时性流动资金需要所发生的负债，比如商业零售企业春节前超量购入货物而举借的债务，食品制造企业为生产季节性食品大量购入原材料而发生的借款。自发性流动负债，指直接产生于企业持续经营中的负债，如商业信用筹资和日常营运中产生的其他应付款，以及应付职工薪酬、应付利息、应付税费等。自发性流动负债与临时性流动负债最大的区别在于，它自然产生于企业的经营活动中，不需要企业额外使用某种途径去获得，通常没有资本成本或成本很低。

（2）流动资产和流动负债的匹配

按照企业如何安排临时性流动资产和永久性流动资产的资金来源，可以将营运资本筹资政策划分为三大类，分别是：适中的筹资政策、激进的筹资政策和保守的筹资政策。选择不同的政策，实际上就是选择资金来源有效期与资产有效期的一种匹配方式。这种匹配是一种战略性的匹配，而不要求完全匹配。实际上，企业也做不到完全匹配。

①适中的筹资政策。

这一政策的特点是：对于临时性流动资产，尽可能运用临时性流动负债等筹集；对于永久性流动资产和固定资产（以下统称为永久性资产）运用自发性流动负债、长期负债和权益资本筹集。适中的筹资政策如图 11 - 2 所示。

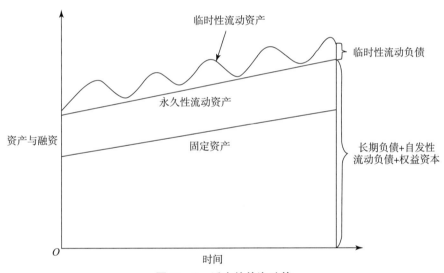

图 11 - 2　适中的筹资政策

选择适中的筹资政策，对企业往往有着比较高的要求。在企业经营业务处于低谷时，企业应当只有自发性流动负债没有其他流动负债；随着企业经营规模的增长，临时性流动资产增长时，企业才通过其他各种临时性债务筹措资金。但是，企业临时性流动资产的需求可能经常波动。比如，一旦企业生产经营高峰期内的销售收入不理想，未能取得销售现金收入，便会发生偿还临时性流动负债的困难。

②激进的筹资政策。

这一政策的特点是：临时性流动负债不但能够满足临时性流动资产的资金需要，还能够解决部分永久性流动资产的资金需要。该筹资政策如图 11 - 3 所示。选择这一政策的初衷，是因为临时性流动负债的资本成本一般比长期负债和权益资本都要低，在这种短期筹资政策下，企业希望将资本成本降低到极致。

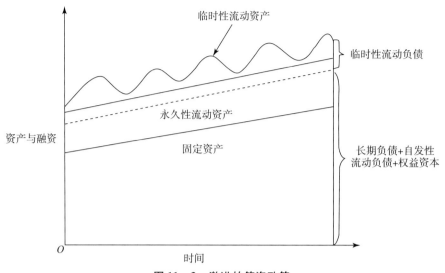

图 11-3　激进的筹资政策

但是，为了满足永久性流动资产的长期资金需要，企业必然要在临时性流动负债到期后及时重新举债或申请债务展期，这样企业便会经常地举债和还债，从而加大筹资困难和风险，同时还可能由于短期负债利率的变动而增加企业的资本成本。所以激进的筹资政策是一种收益和风险均较高的营运资本筹资政策。

③保守的筹资政策。

这一政策的特点是：临时性流动负债只满足部分临时性流动资产的资金需要，另一部分临时性流动资产和永久性资产，则由自发性流动负债、长期负债和权益资本作为资金来源。保守的筹资政策如图 11-4 所示。

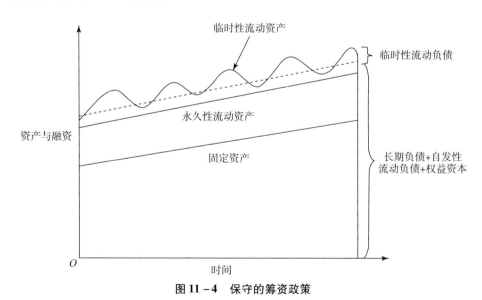

图 11-4　保守的筹资政策

从图 11-4 可以看到，与适中的筹资政策相比，保守的筹资政策下临时性流动负债占企业全部资金来源的比例较小。保守的筹资政策降低了企业无法偿还到期债务的风险，其不利之处是长期负债的资本成本过高。

一般来说，如果企业能够自如地驾驭资金的使用，采用收益和风险配合得较好的适中政策无疑是一个很好的选择。当然，企业在选用筹资政策时，应当根据实际经营情况和财务情况进行分析，而不能够生搬硬套。

【例 11 - 2】月明公司目前的资产组合和筹资组合如表 11 - 3 所示。

表 11 - 3　月明公司的资产组合和筹资组合　　　　　　　　　单位：元

资产组合		筹资组合	
流动资产　40 000		流动负债　20 000	
固定资产　60 000		长期资金　80 000	
合计　100 000		合计　100 000	

该企业的息税前利润为 20 000 元，流动负债的资本成本率为 4%，长期资金的资本成本率为 15%。

公司不同筹资政策下的财务状况如表 11 - 4 所示。虽然在保守的筹资政策和激进的筹资政策下，息税前利润相等，都为 20 000 元，但是，由于筹资政策不同，所以资本成本不同，进而税前利润不同。由于保守的筹资政策的资本成本高，所以其税前利润较低，投资报酬率也较低。但是保守的筹资政策下流动比率较高，企业面临的短期偿债风险较小。

表 11 - 4　月明公司筹资政策分析

筹资组合	现在情况 （保守的筹资政策）	计划变更的情况 （激进的筹资政策）
流动负债/元	20 000	50 000
长期资金/元	80 000	50 000
资金总额/元	100 000	100 000
息税前利润/元	20 000	20 000
减：资本成本		
短期资金资本成本/元	$4\% \times 20\,000 = 800$	$4\% \times 50\,000 = 2\,000$
长期资金资本成本/元	$15\% \times 80\,000 = 12\,000$	$15\% \times 50\,000 = 7\,500$
税前利润/元	7 200	10 500
几个主要的财务比率		
税前投资报酬率	$7\,200/100\,000 = 7.2\%$	$10\,500/100\,000 = 10.5\%$
流动比率	$40\,000/20\,000 = 2$	$40\,000/50\,000 = 0.8$

11.3　现金管理

现金是流动资产中最活跃的形态。现金的概念有广义和狭义之分。狭义的现金仅指库存现金，而广义上的现金则包括库存现金和各项银行存款，也称为货币资金。因为持有的现金并没有被投放到生产经营活动中，很难保值增值，所以这部分资产的收益率最低。因此，持有的现金量应该越低越好。但是，企业也不能缺乏必要的现金，否则可能无法应付日常开支，使企业蒙受不必要的损失。

现金管理

11.3.1　持有现金的动机

一般来说，持有现金的动机主要体现在如下方面。

①交易动机。虽然企业经常得到现金收入，但是现金收入和现金支出往往不能同步同量。企业为了应付日常经营活动中的交易，比如购买原材料、支付工资、缴纳税款、发放股利等，必须持有适当的现金，才能确保日常业务能够正常地进行下去。

②预防动机。由于企业面临的市场瞬息万变，企业有时会遇到始料不及的现金支出，现金收入也往往存在不确定性。如果企业不能迅速筹集所需的短期资金，就可能蒙受损失。为了预防突发性事件而持有一定量的现金就变得十分必要。

③投机动机。企业有时会遇到一些稍纵即逝的市场机会，如降价的原材料、时机有利的证券交易等。为了不失去这些机会，企业也需要持有一定现金。

企业现金管理的目标就是要尽可能满足上述的交易动机、预防动机与投机动机，权衡现金持有不足的损失与现金持有过量的成本，在现金资产的流动性与盈利性之间做出正确的抉择，以获取最大的长期经济利益。

11.3.2　最佳现金持有量的确定

现金管理除了应该做好日常的收支工作，还需要控制现金持有的数量，即确定适当的现金持有量。基于交易动机和预防动机，企业必须持有现金，否则将造成现金短缺或丧失投资机会；但如果持有过多的现金，则可能降低资金的收益，产生机会成本。因此，这就需要在理论上确定现金的最佳持有量。

（1）成本分析模式

成本分析模式是通过分析持有现金的成本以寻找现金持有成本最低的现金持有量的方法。企业持有现金通常将引发三种相应的成本。

①机会成本。由于持有的现金不能投入到生产经营活动中，因此就丧失了盈利能力，而丧失的收益就是其机会成本。显然，现金持有量越大，面临的机会成本也越大。

②管理成本。企业持有现金自然会发生管理现金的费用，比如现金管理人员的工资、安全措施费等。管理成本一般是固定成本，与现金持有量没有明显的比例关系。

③短缺成本。因缺乏必要的现金不能应付日常业务开支所需而给企业造成的损失就是短缺成本。一般来说，现金短缺成本随现金持有量的增加而下降，随现金持有量的减少而上升。

　　最佳现金持有量就是当上述三项成本之和最小时的现金持有量，如图 11 - 5 所示。计算最佳现金持有量时，可以先分别计算出各种方案的机会成本、管理成本和短缺成本之和，再从中找到最佳的方案。

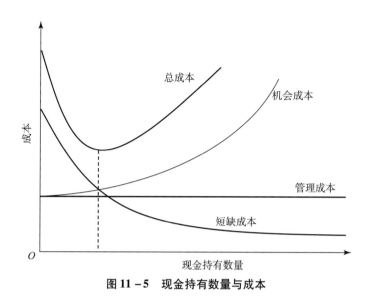

图 11 - 5　现金持有数量与成本

　　【例 11 - 3】 月明公司有五种现金持有方案，它们各自的机会成本、管理成本和短缺成本如表 11 - 5 所示。

表 11 - 5　月明公司现金持有方案的机会成本、管理成本和短缺成本　　单位：元

	A	B	C	D	E
现金持有量	15 000	25 000	35 000	45 000	55 000
机会成本	3 000	4 000	6 000	8 000	11 000
管理成本	2 500	2 500	2 500	2 500	2 500
短缺成本	11 000	9 000	7 500	6 000	4 300
总成本	16 500	15 500	16 000	16 500	17 800

　　将以上五个方案的总成本加以比较可知，B 方案表明当月明公司持有 25 000 元现金时的总成本最低，故 25 000 元是该公司的最佳现金持有量。

　　需要说明的是，现金最佳持有量的成本分析模式的应用必须建立在现金持有的所有成本——机会成本、管理成本和短缺成本能够准确地预测的基础之上。但是，在实际工作中，上述三种成本中，只有管理成本比较容易准确地预测而且也相对稳定，机会成本和短缺成本都很难准确地预测，而且两者也在不断变化。

　　（2）存货模式

　　现金的管理有时与存货的管理很相似。现金最佳持有量的存货模式认为，企业能够将现金和短期有价证券进行合理转换。如果持有的现金较多，为了降低现金的机会成本，企业会选择用多余的现金购买有价证券；如果库存的现金耗用殆尽，则可以通过及时出售有价证券

换回现金。因此，适当的现金与有价证券之间的转换是企业提高现金使用效率的有效途径。但是，有价证券与现金的转换必然会引发相关的交易成本（如支付给证券公司的经纪费用），这被称为转换成本。很显然，转换的次数越多，转换成本越大。因此，确定现金与有价证券每次的转换量和转换次数是存货模式需要着重考虑的。

【例 11 – 4】月明公司月初现金余额为 100 000 元，每天现金流出超过现金流入 10 000 元，10 天后现金余额为零。这时，公司决定出售有价证券 100 000 元以保持现金持有量。如果现金持有量仍然为 100 000 元，但每天现金流出超过现金流入 20 000 元，则公司每 5 天就需要出售有价证券以补充现金。虽然后者出售有价证券的次数更多，转换成本更大，但是由于现金持有的时间短，机会成本（现金投资于有价证券而产生的投资收益）就会降低。

现金持有成本与现金持有量的关系如图 11 – 6 所示。

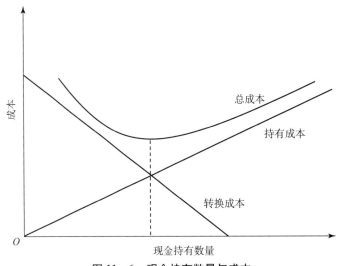

图 11 – 6　现金持有数量与成本

现金持有的总成本记为 T_C，其计算公式为：

$$T_C = R\left(\frac{C}{2}\right) + K\left(\frac{T}{C}\right) \tag{11-4}$$

式中　T_C——现金总需求量；

　　　C——现金最佳持有量；

　　　R——单位有价证券的投资回报；

　　　K——每次的转换成本；

　　　$R\left(\dfrac{C}{2}\right)$——持有成本；

　　　$K\left(\dfrac{T}{C}\right)$——转换成本。

则，最优现金持有量为　　　　　　　$C = \sqrt{\dfrac{2KT}{R}} \tag{11-5}$

【例 11 – 5】月明公司每月现金需要量为 500 000 元，每天现金支出量不变，每次转换成本为 50 元，有价证券月收益率为 3%，该公司现金最佳持有量为：

$$C = \sqrt{\frac{2 \times 50 \times 500\ 000}{3\%}} = 40\ 824.83 （元）$$

需要说明的是，只有在现金支出比较稳定的情况下，才能够应用现金最佳持有量的存货模式的计算公式。在实际工作中，如果对于现金支出的预测不够准确，则应用此公式测算的数据只能为企业决定持有现金量提供一个参考。

（3）随机模式

随机模式的出发点是企业现金需求难以准确预测，但是企业可以根据历史经验计算出一个现金持有量的控制范围，即计算出现金持有量的上限和下限。当现金持有量将要超过控制上限时，将现金转换成有价证券；当现金持有量达到控制下限时，则售出有价证券。如果现金持有量处于上下限之间时，则不需要买卖有价证券，从而实现对闲置资金的利用最大化。这种对现金的控制如图 11 – 7 所示。当现金存量到达现金控制的上限（H 线）时，企业应用现金购买有价证券，使现金持有量回落到现金返还线（R 线）的水平；当现金存量下降到下限（L 线）时，企业则应当转让有价证券换回现金，使其存量回升到现金返还线（R 线）的水平。

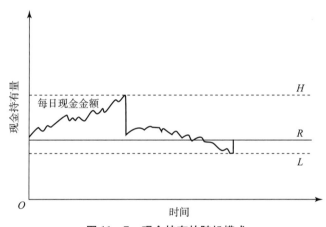

图 11 – 7　现金持有的随机模式

图 11 – 7 中返还线、上限计算的经验公式如下：

$$R = \sqrt[3]{\frac{3b\delta^2}{4i}} + L \qquad\qquad (11-6)$$

$$H = 3R - 2L$$

式中　b——每次有价证券的转换成本（通常是固定的）；

　　　i——有价证券的日利息率；

　　　δ——预期每日现金余额变化的标准差（可根据历史资料测算）；

　　　H——控制上限；

　　　R——返还线；

　　　L——控制下限。

【例 11 – 6】月明公司有价证券的年收益率为 9%，每次固定转换成本为 30 元，公司认为，任何时候其银行活期存款及现金余额均不能低于 800 元，又根据以往经验测算出现金余额波动的标准差为 500 元。最优现金返回线 R、现金控制上限 H 的计算如下：

有价证券日利率 $= 9\% \div 360 = 0.025\%$

$L = 800$ 元

$$R = \sqrt[3]{\frac{3b\delta^2}{4i}} + L = \sqrt[3]{\frac{3 \times 30 \times 500^2}{4 \times 0.025\%}} + 800 = 3\ 623.11 \text{（元）}$$

$$H = 3R - 2L = 9\ 269.33 \text{（元）}$$

随机模式建立在企业的现金未来需求总量和收支不可预测的假设下，因此计算出来的现金持有量相对比较保守。

11.4 短期金融工具管理

11.4.1 持有短期金融工具的动机

短期金融工具是指能够随时变现并且持有时间预计不超过一年（含一年）的金融资产，主要包括股票、债券、基金等。企业持有短期金融工具主要有两个动机：①以短期金融工具作为现金的替代品。短期金融工具虽然不能像现金一样直接用于企业生产经营，但是比存货、应收账款等流动资产具有较高的流动性和较强的变现能力，用短期金融工具代替一部分现金，可以丰富现金的持有形式。②以短期金融工具取得一定收益。单纯的现金项目几乎没有收益，将一部分现金投资于短期金融工具，可以在保持较高流动性的同时得到比现金高的收益。

11.4.2 短期金融工具的常见种类

最常见、最便捷的短期金融工具就是定期银行存款。但由于银行存款利率相对较低，而资本市场不断发展，银行存款在短期金融工具中所占的比例在降低，其他类型的短期金融工具逐渐丰富。

①短期国库券。短期国库券是指政府发行的、期限在 1 年以下的债券。短期国库券一般具有风险小、收益不高的特点。发行短期国库券是世界各国政府筹资的普遍趋势，也为企业提供了较多的短期金融工具选择。西方发达国家的短期国债占国债总量的 40% ~ 50%。1994 年我国财政部首次发行了半年期和 1 年期的短期国库券，但长期以来都是中期国债所占比重较高，而且我国国债市场绝大部分交易在金融机构之间完成，并没有成为企业投资工具的重要选择。

②大额可转让定期存单。我国在 1980 年以后开始发行大额可转让定期存单以扩大存款业务。一般这种存单都对提前支取规定了收费措施，通常是收取 3 个月的利息作为企业提前支取资金的代价。2015 年 6 月，中国人民银行公布《大额存单管理暂行办法》，规定个人投资人认购大额存单起点金额不低于 30 万元，机构投资人认购大额存单起点金额不低于 1 000 万元。大额存单的期限包括 1 个月、3 个月、6 个月、9 个月、1 年、2 年、3 年等品种。

③货币市场基金。货币市场基金是指投资货币市场上的短期有价证券的一种基金。该基金资产主要投资于短期货币工具，如国库券、商业票据、银行定期存单、政府短期债券等短期有价证券。我国 2004 年 8 月颁布了《货币市场基金管理暂行规定》，市场中开始出现这种

基金形式。2015 年 12 月证监会颁布了《货币市场基金监督管理办法》，规定货币市场基金可以投资于以下金融资产：现金；期限在 1 年以内（含 1 年）的银行存款、债券回购、中央银行票据、同业存单；剩余期限在 397 天以内（含 397 天）的债券、非金融企业债务融资工具、资产支持证券；中国证监会、中国人民银行认可的其他具有良好流动性的货币市场工具。同时该办法规定货币市场基金不能用于下述金融工具的投资：股票；可转换债券、可交换债券；以定期存款利率为基准利率的浮动利率债券（已进入最后一个利率调整期的除外）；信用等级在 AA + 级以下的债券与非金融企业债务融资工具；中国证监会、中国人民银行禁止投资的其他金融工具。

④商业票据。商业票据既是一种筹资工具，也是一种投资工具。大型工商企业或金融企业可以为筹措短期资金发行无担保短期本票，购买这些票据的企业则将其作为一种投资工具。

⑤证券化资产。证券化资产是指实施了资产证券化的资产。资产证券化是一种对（金融）资产所有权和收益权进行分离的金融创新。资产证券化的基本流程是：发起人把证券化资产出售给一家特设信托机构（Special Purpose Vehicle，SPV）或者由 SPV 主动购买可以证券化的资产，然后将这些资产汇集成资产池，并以该资产池所产生的现金流量为支撑在金融市场上发行有价证券。证券化资产在 20 世纪末取得了快速发展。发行人可以将众多风险较高的资产打包，并以此作为抵押发行证券化资产有效处置多笔不良资产。我国于 2005 年开始实施的《信贷资产证券化试点管理办法》《金融机构信贷资产证券化试点监督管理办法》等为我国资产证券化提供了法律依据。2012 年中国人民银行、银监会、财政部等联合下发《关于进一步扩大信贷资产证券化试点有关事项的通知》，鼓励资产证券化发展。2022 年，国务院、上交所等发布一批管理办法，支持企业盘活存量资产。

资产证券化产生的证券化资产成为一些企业的短期金融工具投资选择。证券化资产通常具有较高的安全性，但是这种创新金融工具所隐藏的风险也需要重视。

11.5　应收账款与信用管理

11.5.1　应收账款管理的目标

应收账款，指企业因销售产品或提供劳务等原因向购货单位或接受劳务的单位及其他单位收取的款项。在市场经济条件下，市场竞争加剧，企业为了开拓市场、扩大市场占有率，必然会采用和扩大商业信用。作为扩大销售的手段之一，赊销会产生应收账款；另外，商品交易的时间和货款收付的时间经常不一致，这也会产生应收账款。

应收账款与信用管理

既然企业发生应收账款的主要原因是扩大销售，那么其管理的目标就是权衡销售的扩大与赊销的成本之间此消彼长的关系。赊销的成本主要包括：积压在应收账款上的资金的机会成本、应收账款的收款费用、可能的坏账损失等。只有当赊销带来的销售收入超过应收账款增加引发的成本时，企业才能从中获益。

11.5.2 信用政策的确定

赊销的效果依赖于企业信用政策的制定。信用政策包括信用标准、信用条件以及收款政策。

（1）信用标准

信用标准就是客户获得企业的交易信用的最低标准。如果信用标准定得高，企业在赊销后遭受坏账损失的可能性就小。但是，高信用标准会减少获得赊销的客户数量。反之，如果信用标准过低，虽然可以扩大销售，但是由此带来坏账损失的可能性会增大。

5C 系统是较为常用的客户信用评价体系，从五个方面去评估客户的信用，即品质（Character）、能力（Capacity）、资本（Capital）、抵押（Collateral）以及条件（Conditions）。

品质指的是客户的信誉。企业通常依据客户过去归还应收账款的记录确定客户的品质。

能力指的是客户的偿债能力。这取决于客户偿还债务的意愿以及偿还债务的能力。通常可以通过考察客户的流动比率、速动比率等财务指标来评估客户偿还账款的能力。

资本指的是客户的财务状况，比如资产规模，它们通常可以显示客户偿还债务的实力。

抵押指的是客户在拒绝支付货款或无力支付货款时能够用作充抵货款的资产。通常，长期保持销售关系的客户不需要提供任何抵押品就能够获得赊销。但是，针对不知底细或信用水平不确定的客户，可以要求他们在获得赊销的同时提供相应的资产抵押。

条件指的是影响客户支付账款的客观经济环境。比如，当发生金融危机或其他不确定性情况时，可能导致一些原本经营良好的企业出现现金流萎缩，付款能力异常。

（2）信用条件

信用条件指的是企业要求客户支付赊销款项的条件，主要包括信用期限和现金折扣。

信用期限指的是企业为客户规定的最长付款时间。企业必须制定适当的信用期限。如果信用期限过短，客户享受赊销带来的利益较小，可能会放弃购买，从而影响企业销售收入的增加。但如果信用期限过长，企业则需要承担较高的赊销成本。

现金折扣指的是客户在信用期限到达之前提前偿还赊销账款的折扣率和相应的折扣期限。比如，2/10，1.5/15，$N/30$，表示客户的信用期限为 30 天。客户如果在 10 天内付款可享受 2% 的现金折扣；如果超过 10 天，但在 15 天之内付款可享受 1.5% 的现金折扣；如果在 15 天之后、30 天之内付款则没有任何折扣。

企业在决定信用期限和现金折扣时，应当考虑企业通过赊销扩大的销售收入是否能够弥补带来的成本。

【例 11-7】月明公司采用信用期为 30 天的信用政策，现在拟将信用期放宽到 60 天，不考虑折扣。假设风险投资的必要报酬率为 15%，其他相关数据如表 11-6 所示。

表 11-6 月明公司关于信用条件的资料

信用期限/天	30	60
销售量/件	100 000	120 000
销售额/元（单价：10 元/件）	1 000 000	1 200 000

续表

销售成本：		
变动成本/元（5 元/件）	500 000	600 000
固定成本/元	50 000	50 000
毛利/元	450 000	550 000
可能发生的收账费用/元	3 000	5 000
可能发生的坏账损失/元	3 000	5 000

公司是否应该放宽信用期限？分析如下：

①收益的增加情况。

收益的增加 = 销售量的增加 × 单位边际贡献

$$= (120\ 000 - 100\ 000) \times (10 - 5) = 100\ 000 （元）$$

②应收账款占用资金的应计利息增加情况。

应收账款应计利息 = 应收账款占用资金 × 资本成本率

应收账款占用资金 = 应收账款平均余额 × 变动成本率

应收账款平均余额 = 日销售额 × 平均收现期

30 天信用期应计利息 $= \dfrac{1\ 000\ 000}{360} \times 30 \times \dfrac{500\ 000}{1\ 000\ 000} \times 15\% = 6\ 250 （元）$

60 天信用期应计利息 $= \dfrac{1\ 200\ 000}{360} \times 60 \times \dfrac{600\ 000}{1\ 200\ 000} \times 15\% = 15\ 000 （元）$

应计利息增加 = 15 000 - 6 250 = 8 750 （元）

③收账费用增加和坏账费用增加情况。

收账费用增加 = 5 000 - 3 000 = 2 000 （元）

坏账费用增加 = 5 000 - 3 000 = 2 000 （元）

④放宽信用期限时损益变动情况。

放宽信用期限的损益变动 = 收益增加 - 成本费用增加

$$= 100\ 000 - (8\ 750 + 2\ 000 + 2\ 000) = 87\ 250 （元）$$

由此可知，放宽信用期限增加的销售收入超过了放宽信用期限带来的其他成本，月明公司应该选择 60 天为新的信用期限。

（3）收款政策

收款政策是指客户违反信用条件时企业采取的对策。对于拖欠赊销款项的客户，企业应当采取有效的收款政策，按照一定的程序实施收款策略，以确保将坏账损失降到最低。收款的一般程序如下：函电催收、派人催收、提出法律诉讼等。

企业在执行收款政策时，通常还需要付出一定的代价。一般来说，企业所支付的收款成本越高，赊销账款被拒付的可能性就越小，企业遭受的坏账损失也越小。但是，企业需要权衡收款成本与坏账损失的大小。如果收款成本超过坏账损失，就应当停止执行收款程序，如图 11 - 8 所示。

当然，企业在平时就应当对应收账款的回收情况进行动态监测。一般情况下，应收账款拖欠的时间越长，收回的可能性就越小，造成坏账损失的可能性就越大。企业可以通过编制

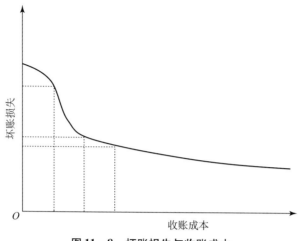

图 11-8　坏账损失与收账成本

账龄分析表对应收账款回收的情况进行监督，如表 11-7 所示。

表 11-7　账龄分析

应收账款账龄/天	账户数量/户	金额/万元	百分率/%
信用期内	300	180	20
超过信用期 1~30	200	140	15.7
超过信用期 31~50	150	120	13.3
超过信用期 51~80	130	120	13.3
超过信用期 81~110	120	120	13.3
超过信用期 111~140	115	110	12.2
超过信用期 141~170	105	110	12.2
合计	1 120	900	100

　　根据账龄分析表可以发现：①该企业有价值 180 万元的应收账款处在信用期内，占全部应收账款的 20%。这些款项未到偿付期，不必过多地打扰客户，但是这些账款今后是否能够如数收回还要密切关注。②有价值 720 万元的应收账款已经超过了信用期，占全部应收账款的 80%。不过这些超过了信用期的账款还应该分别对待。其中，拖欠时间较短的（30 天内）有 140 万元，约占全部应收账款的 16%，这部分欠款收回的可能性还是很大的。拖欠时间较长的（31~110 天）有 360 万元，约占全部应收账款的 40%，这部分欠款回收有一定难度。拖欠时间很长的（超过 110 天）的有 220 万元，约占全部应收账款的 24%。对于过期稍长的顾客，可以措辞委婉地写信或发函催收；对过期较长的客户，则需要频繁地写信或电话催收；对过期很长的客户，有必要派专人登门催收，必要时企业应当考虑向有关部门提请仲裁或诉讼。

11.6　存货管理

11.6.1　存货管理的目标

存货指企业的库存原材料、在产品和产成品等。在实际的生产经营活动中，企业原材料的采购、运输等与生产需求在时间和数量上往往不一致，产品的销售与生产在时间和数量上往往也不一致。维持一定的存货，就能够确

存货管理

保企业生产和销售的顺畅，尽量降低因为生产过程或销售过程受阻引起的风险。另外，出于采购价格的考虑，批量购买通常有优惠，所以会产生原材料存货。但是，过多的存货意味着企业将更多的资金积压在存货上，而且还会增加仓储费、保险费、维护费以及存货管理人员的工资等各项开支。因此存货管理的目标就是权衡存货成本与存货效益，找到两者的平衡点。

11.6.2　存货管理的相关成本

与存货管理相关的成本主要有存货的取得成本、存货的储存成本和存货的缺货成本。

（1）存货的取得成本

存货的取得成本是指取得存货发生的成本。存货的取得成本包括订货成本和购置成本。

①订货成本是指取得订单的成本，如办公费、差旅费、电话费等。订货成本中有些与订货次数有关，有些则与订货次数无关。订货成本的计算公式为：

$$订货成本 = F_1 + \frac{D}{Q}K \tag{11-7}$$

式中　K——每次订货的变动成本；

　　　F_1——订货的固定成本；

　　　D——存货的年需求总量；

　　　Q——每次的进货量。

②购置成本是指购买存货付出的成本，即存货的实际价值。

总的来看，存货的取得成本的计算公式如下：

$$取得成本 = 订货成本 + 购置成本$$
$$= 订货固定成本 + 订货变动成本 + 购置成本$$

即

$$TC_a = F_1 + \frac{D}{Q}K + DU \tag{11-8}$$

式中　TC_a——取得成本；

　　　DU——购置成本；

　　　U——存货的单价。

（2）存货的储存成本

储存成本是指为了储存存货而发生的相关成本，比如持有存货产生的机会成本、仓储费用、保险费用、存货丢失损失和变质损失等。储存成本也可以进一步划分为固定成本和变动成本。其中固定成本与存货的储存量无关，如存货仓库的折旧，用 F_2 表示；变动成本则与

存货的储存量相关，如存货的保险费用、变质损失等，用 K_c 来表示。因此，储存成本的公式为：

$$储存成本 = 储存固定成本 + 储存变动成本$$

$$TC_c = F_2 + K_c \frac{Q}{2} \tag{11-9}$$

式中　TC_c——储存成本。

（3）缺货成本

缺货成本是指存货供应不足造成停产或销售机会丧失而产生的损失。如果企业紧急采购以解决存货供应不足的问题，那么缺货成本则表现为紧急购入的存货的成本（往往大于正常采购的成本），用 TC_s 表示。

这样与管理存货有关的总成本 TC 的计算公式如下：

$$TC = TC_a + TC_c + TC_s = \left(F_1 + \frac{D}{Q}K + DU\right) + \left(F_2 + K_c \frac{Q}{2}\right) + TC_s \tag{11-10}$$

11.6.3　存货最优储量的决策

存货最优储量的决策，就是使得式（11-10）中的 TC 最小。实际上影响存货总成本的因素非常多，本小节将实际问题做一些简化，重点介绍存货最优储量决策的经济订货批量模型。

经济订货批量模型建立的基本假设条件是：企业能够及时补足存货；存货每批集中到货，而不是陆续到货；不允许缺货；存货的需求量稳定；存货的单价不变；企业的资金充足，不会因为资金短缺而影响进货。

根据经济订货批量模型的假设，TC_s 为 0，而且当 F_1，F_2，K，D，U 为常数时，TC 的大小主要取决于 $\frac{D}{Q}K$ 与 $K_c \frac{Q}{2}$ 之和。为了求解 TC 的最小值，使用相关的优化模型求导，可以得到存货最优储量的计算公式为：

$$Q^* = \sqrt{\frac{2KD}{K_c}} \tag{11-11}$$

式（11-11）被称为经济订货批量模型，Q^* 被称为每次的经济订货批量。每年最佳的订货次数的公式则可以记为：

$$N^* = \frac{D}{Q^*} = \frac{D}{\sqrt{\dfrac{2KD}{K_c}}} = \sqrt{\frac{DK_c}{2K}} \tag{11-12}$$

【例11-8】月明公司每年耗用的原材料为 7 200 吨，该原材料单位储存成本为 5 元/吨，每一次的订货成本为 100 元，则：

$$Q^* = \sqrt{\frac{2KD}{K_c}} = \sqrt{\frac{2 \times 7\ 200 \times 100}{5}} = 536.66 \text{（吨）}$$

$$N^* = \frac{D}{Q^*} = \frac{7\ 200}{536.66} = 13.42 \text{（次）}$$

可知该公司经济订货批量为 536.66 吨，每年订货 13.42 次。

本章小结

本章介绍了营运资本管理，主要包括以下几个问题。

（1）本章将流动资产称为营运资本，流动资产与流动负债的差额称为净营运资本。其中，流动资产主要的内容包括现金、短期金融工具、应收账款和存货等，而流动负债则主要包括短期借款、应付账款和合同负债等。

现金 = 长期负债 + 所有者权益 − 净营运资本（不包括现金）− 固定资产

现金周转期 = 营业周期 − 应付账款周转天数

= 存货周转天数 + 应收账款周转天数 − 应付账款周转天数

（2）短期财务决策包括营运资本的持有政策和筹资政策。其中营运资本的筹资政策包括适中的筹资政策、激进的筹资政策和保守的筹资政策。

（3）现金管理。持有现金的动机包括交易动机、预防动机与投机动机。最佳现金持有量的确定模式包括成本分析模式、存货模式和随机模式。

（4）短期金融工具管理。企业持有短期金融工具主要有两个动机：以短期金融工具作为现金的替代品；以短期金融工具取得一定收益。短期金融工具的常见种类包括定期银行存款、短期国库券、大额可转让定期存单、货币市场基金、商业票据、证券化资产等。

（5）应收账款与信用管理。应收账款的信用政策包括信用标准、信用条件和收款政策。

（6）存货管理。存货管理的重点在于如何权衡存货订货成本、储存成本和缺货成本以进行存货管理决策，比较常用的是经济订货批量模型。

思考与练习

一、思考题

1. 营运资本的含义是什么？

2. 什么是营业周期和现金周转期？它们之间的关系是什么？

3. 短期财务决策的内容包括哪些？

4. 营运资本的持有政策有哪些？不同的政策有什么特点？

5. 临时性流动资产和永久性流动资产有什么区别？

6. 营运资本的筹资政策有哪些？不同的政策有什么特点？

7. 持有现金的动机有哪些？

8. 确定最佳现金持有量的方法有哪些？

9. 短期金融工具有哪些常见的种类？

10. 应收账款的信用政策包括哪些要素？

11. 企业储备存货的目的是什么？如何确定经济订货批量？

二、计算分析题

1. 南方公司2021年和2022年的一部分财务数据如表11-8所示。

表 11－8　南方公司 2021 年和 2022 年部分财务数据　　　单位：万元

项目	2021 年	2022 年
存货	70	90
应收账款	360	480
应付账款	120	100
销售收入	500	840
销售成本	200	300

要求：

（1）计算南方公司 2022 年的存货周转天数、应收账款周转天数、应付账款周转天数。

（2）计算该公司 2022 年的营业周期和现金周转期。

2. 南方公司现金收支平稳，预计全年（按 360 天计算）现金需要量为 49 万元，现金与有价证券的转换成本为每次 500 元，有价证券年平均报酬率为 10%。

要求：运用存货模式计算最佳现金持有量和转换次数。

3. 南方公司某型号零件年需要量为 18 000 件，每次订货成本为 40 元，单位储存成本为 1 元/件。

要求：计算该零件的经济订货批量。

附　　录

附表 1　复利终值系数表

期数	1%	2%	3%	4%	5%	6%	7%	8%	9%	10%
1	1. 010 0	1. 020 0	1. 030 0	1. 040 0	1. 050 0	1. 060 0	1. 070 0	1. 080 0	1. 090 0	1. 100 0
2	1. 020 1	1. 040 4	1. 060 9	1. 081 6	1. 102 5	1. 123 6	1. 144 9	1. 166 4	1. 188 1	1. 210 0
3	1. 030 3	1. 061 2	1. 092 7	1. 124 9	1. 157 6	1. 191 0	1. 225 0	1. 259 7	1. 295 0	1. 331 0
4	1. 040 6	1. 082 4	1. 125 5	1. 169 9	1. 215 5	1. 262 5	1. 310 8	1. 360 5	1. 411 6	1. 464 1
5	1. 051 0	1. 104 1	1. 159 3	1. 216 7	1. 276 3	1. 338 2	1. 402 6	1. 469 3	1. 538 6	1. 610 5
6	1. 061 5	1. 126 2	1. 194 1	1. 265 3	1. 340 1	1. 418 5	1. 500 7	1. 586 9	1. 677 1	1. 771 6
7	1. 072 1	1. 148 7	1. 229 9	1. 315 9	1. 407 1	1. 503 6	1. 605 8	1. 713 8	1. 828 0	1. 948 7
8	1. 082 9	1. 171 7	1. 266 8	1. 368 6	1. 477 5	1. 593 8	1. 718 2	1. 850 9	1. 992 6	2. 143 6
9	1. 093 7	1. 195 1	1. 304 8	1. 423 3	1. 551 3	1. 689 5	1. 838 5	1. 999 0	2. 171 9	2. 357 9
10	1. 104 6	1. 219 0	1. 343 9	1. 480 2	1. 628 9	1. 790 8	1. 967 2	2. 158 9	2. 367 4	2. 593 7
11	1. 115 7	1. 243 4	1. 384 2	1. 539 5	1. 710 3	1. 898 3	2. 104 9	2. 331 6	2. 580 4	2. 853 1
12	1. 126 8	1. 268 2	1. 425 8	1. 601 0	1. 795 9	2. 012 2	2. 252 2	2. 518 2	2. 812 7	3. 138 4
13	1. 138 1	1. 293 6	1. 468 5	1. 665 1	1. 885 6	2. 132 9	2. 409 8	2. 719 6	3. 065 8	3. 452 3
14	1. 149 5	1. 319 5	1. 512 6	1. 731 7	1. 979 9	2. 260 9	2. 578 5	2. 937 2	3. 341 7	3. 797 5
15	1. 161 0	1. 345 9	1. 558 0	1. 800 9	2. 078 9	2. 396 6	2. 759 0	3. 172 2	3. 642 5	4. 177 2
16	1. 172 6	1. 372 8	1. 604 7	1. 873 0	2. 182 9	2. 540 4	2. 952 2	3. 425 9	3. 970 3	4. 595 0
17	1. 184 3	1. 400 2	1. 652 8	1. 947 9	2. 292 0	2. 692 8	3. 158 8	3. 700 0	4. 327 6	5. 054 5
18	1. 196 1	1. 428 2	1. 702 4	2. 025 8	2. 406 6	2. 854 3	3. 379 9	3. 996 0	4. 717 1	5. 559 9
19	1. 208 1	1. 456 8	1. 753 5	2. 106 8	2. 527 0	3. 025 6	3. 616 5	4. 315 7	5. 141 7	6. 115 9
20	1. 220 2	1. 485 9	1. 806 1	2. 191 1	2. 653 3	3. 207 1	3. 869 7	4. 661 0	5. 604 4	6. 727 5
21	1. 232 4	1. 515 7	1. 860 3	2. 278 8	2. 786 0	3. 399 6	4. 140 6	5. 033 8	6. 108 8	7. 400 2
22	1. 244 7	1. 546 0	1. 916 1	2. 369 9	2. 925 3	3. 603 5	4. 430 4	5. 436 5	6. 658 6	8. 140 3
23	1. 257 2	1. 576 9	1. 973 6	2. 464 7	3. 071 5	3. 819 7	4. 740 5	5. 871 5	7. 257 9	8. 954 3
24	1. 269 7	1. 608 4	2. 032 8	2. 563 3	3. 225 1	4. 048 9	5. 072 4	6. 341 2	7. 911 1	9. 849 7
25	1. 282 4	1. 640 6	2. 093 8	2. 665 8	3. 386 4	4. 291 9	5. 427 4	6. 848 5	8. 623 1	10. 834 7
26	1. 295 3	1. 673 4	2. 156 6	2. 772 5	3. 555 7	4. 549 4	5. 807 4	7. 396 4	9. 399 2	11. 918 2
27	1. 308 2	1. 706 9	2. 221 3	2. 883 4	3. 733 5	4. 822 3	6. 213 9	7. 988 1	10. 245 1	13. 110 0
28	1. 321 3	1. 741 0	2. 287 9	2. 998 7	3. 920 1	5. 111 7	6. 648 8	8. 627 1	11. 167 1	14. 421 0
29	1. 334 5	1. 775 8	2. 356 6	3. 118 7	4. 116 1	5. 418 4	7. 114 3	9. 317 3	12. 172 2	15. 863 1
30	1. 347 8	1. 811 4	2. 427 3	3. 243 4	4. 321 9	5. 743 5	7. 612 3	10. 062 7	13. 267 7	17. 449 4

期数	12%	14%	16%	18%	20%	22%	24%	26%	28%	30%
1	1.120 0	1.140 0	1.160 0	1.180 0	1.200 0	1.220 0	1.240 0	1.260 0	1.280 0	1.300 0
2	1.254 4	1.299 6	1.345 6	1.392 4	1.440 0	1.488 4	1.537 6	1.587 6	1.638 4	1.690 0
3	1.404 9	1.481 5	1.560 9	1.643 0	1.728 0	1.815 8	1.906 6	2.000 4	2.097 2	2.197 0
4	1.573 5	1.689 0	1.810 6	1.938 8	2.073 6	2.215 3	2.364 2	2.520 5	2.684 4	2.856 1
5	1.762 3	1.925 4	2.100 3	2.287 8	2.488 3	2.702 7	2.931 6	3.175 8	3.436 0	3.712 9
6	1.973 8	2.195 0	2.436 4	2.699 6	2.986 0	3.297 3	3.635 2	4.001 5	4.398 0	4.826 8
7	2.210 7	2.502 3	2.826 2	3.185 5	3.583 2	4.022 7	4.507 7	5.041 9	5.629 5	6.274 9
8	2.476 0	2.852 6	3.278 4	3.758 9	4.299 8	4.907 7	5.589 5	6.352 8	7.205 8	8.157 3
9	2.773 1	3.251 9	3.803 0	4.435 5	5.159 8	5.987 4	6.931 0	8.004 5	9.223 4	10.604 5
10	3.105 8	3.707 2	4.411 4	5.233 8	6.191 7	7.304 6	8.594 4	10.085 7	11.805 9	13.785 8
11	3.478 6	4.226 2	5.117 3	6.175 9	7.430 1	8.911 7	10.657 1	12.708 0	15.111 6	17.921 6
12	3.896 0	4.817 9	5.936 0	7.287 6	8.916 1	10.872 2	13.214 8	16.012 0	19.342 8	23.298 1
13	4.363 5	5.492 4	6.885 8	8.599 4	10.699 3	13.264 1	16.386 3	20.175 2	24.758 8	30.287 5
14	4.887 1	6.261 3	7.987 5	10.147 2	12.839 2	16.182 2	20.319 1	25.420 7	31.691 3	39.373 8
15	5.473 6	7.137 9	9.265 5	11.973 7	15.407 0	19.742 3	25.195 6	32.030 1	40.564 8	51.185 9
16	6.130 4	8.137 2	10.748 0	14.129 0	18.488 4	24.085 6	31.242 6	40.357 9	51.923 0	66.541 7
17	6.866 0	9.276 5	12.467 7	16.672 2	22.186 1	29.384 4	38.740 8	50.851 0	66.461 4	86.504 2
18	7.690 0	10.575 2	14.462 5	19.673 3	26.623 3	35.849 0	48.038 6	64.072 2	85.070 6	112.455 4
19	8.612 8	12.055 7	16.776 5	23.214 4	31.948 0	43.735 8	59.567 9	80.731 0	108.890 4	146.192 0
20	9.646 3	13.743 5	19.460 8	27.393 0	38.337 6	53.357 6	73.864 1	101.721 1	139.379 7	190.049 6
21	10.803 8	15.667 6	22.574 5	32.323 8	46.005 1	65.096 3	91.591 5	128.168 5	178.406 0	247.064 5
22	12.100 3	17.861 0	26.186 4	38.142 1	55.206 1	79.417 5	113.573 5	161.492 4	228.359 6	321.183 9
23	13.552 3	20.361 6	30.376 2	45.007 6	66.247 4	96.889 4	140.831 2	203.480 4	292.300 3	417.539 1
24	15.178 6	23.212 2	35.236 4	53.109 0	79.496 8	118.205 0	174.630 6	256.385 3	374.144 4	542.800 8
25	17.000 1	26.461 9	40.874 2	62.668 6	95.396 2	144.210 1	216.542 0	323.045 4	478.904 9	705.641 0
26	19.040 1	30.166 6	47.414 1	73.949 0	114.475 5	175.936 4	268.512 1	407.037 3	612.998 2	917.333 3
27	21.324 9	34.389 9	55.000 4	87.259 8	137.370 6	214.642 4	332.955 0	512.867 0	784.637 7	1 192.533 3
28	23.883 9	39.204 5	63.800 4	102.966 6	164.844 7	261.863 7	412.864 2	646.212 4	1 004.336 3	1 550.293 3
29	26.749 9	44.693 1	74.008 5	121.500 5	197.813 6	319.473 7	511.951 6	814.227 6	1 285.550 4	2 015.381 3
30	29.959 9	50.950 2	85.849 9	143.370 6	237.376 3	389.757 9	634.819 9	1 025.926 7	1 645.504 6	2 619.995 6

附表 2　复利现值系数表

期数	1%	2%	3%	4%	5%	6%	7%	8%	9%	10%
1	0.990 1	0.980 4	0.970 9	0.961 5	0.952 4	0.943 4	0.934 6	0.925 9	0.917 4	0.909 1
2	0.980 3	0.961 2	0.942 6	0.924 6	0.907 0	0.890 0	0.873 4	0.857 3	0.841 7	0.826 4
3	0.970 6	0.942 3	0.915 1	0.889 0	0.863 8	0.839 6	0.816 3	0.793 8	0.772 2	0.751 3
4	0.961 0	0.923 8	0.888 5	0.854 8	0.822 7	0.792 1	0.762 9	0.735 0	0.708 4	0.683 0
5	0.951 5	0.905 7	0.862 6	0.821 9	0.783 5	0.747 3	0.713 0	0.680 6	0.649 9	0.620 9
6	0.942 0	0.888 0	0.837 5	0.790 3	0.746 2	0.705 0	0.666 3	0.630 2	0.596 3	0.564 5
7	0.932 7	0.870 6	0.813 1	0.759 9	0.710 7	0.665 1	0.622 7	0.583 5	0.547 0	0.513 2
8	0.923 5	0.853 5	0.789 4	0.730 7	0.676 8	0.627 4	0.582 0	0.540 3	0.501 9	0.466 5
9	0.914 3	0.836 8	0.766 4	0.702 6	0.644 6	0.591 9	0.543 9	0.500 2	0.460 4	0.424 1
10	0.905 3	0.820 3	0.744 1	0.675 6	0.613 9	0.558 4	0.508 3	0.463 2	0.422 4	0.385 5
11	0.896 3	0.804 3	0.722 4	0.649 6	0.584 7	0.526 8	0.475 1	0.428 9	0.387 5	0.350 5
12	0.887 4	0.788 5	0.701 4	0.624 6	0.556 8	0.497 0	0.444 0	0.397 1	0.355 5	0.318 6
13	0.878 7	0.773 0	0.681 0	0.600 6	0.530 3	0.468 8	0.415 0	0.367 7	0.326 2	0.289 7
14	0.870 0	0.757 9	0.661 1	0.577 5	0.505 1	0.442 3	0.387 8	0.340 5	0.299 2	0.263 3
15	0.861 3	0.743 0	0.641 9	0.555 3	0.481 0	0.417 3	0.362 4	0.315 2	0.274 5	0.239 4
16	0.852 8	0.728 4	0.623 2	0.533 9	0.458 1	0.393 6	0.338 7	0.291 9	0.251 9	0.217 6
17	0.844 4	0.714 2	0.605 0	0.513 4	0.436 3	0.371 4	0.316 6	0.270 3	0.231 1	0.197 8
18	0.836 0	0.700 2	0.587 4	0.493 6	0.415 5	0.350 3	0.295 9	0.250 2	0.212 0	0.179 9
19	0.827 7	0.686 4	0.570 3	0.474 6	0.395 7	0.330 5	0.276 5	0.231 7	0.194 5	0.163 5
20	0.819 5	0.673 0	0.553 7	0.456 4	0.376 9	0.311 8	0.258 4	0.214 5	0.178 4	0.148 6
21	0.811 4	0.659 8	0.537 5	0.438 8	0.358 9	0.294 2	0.241 5	0.198 7	0.163 7	0.135 1
22	0.803 4	0.646 8	0.521 9	0.422 0	0.341 8	0.277 5	0.225 7	0.183 9	0.150 2	0.122 8
23	0.795 4	0.634 2	0.506 7	0.405 7	0.325 6	0.261 8	0.210 9	0.170 3	0.137 8	0.111 7
24	0.787 6	0.621 7	0.491 9	0.390 1	0.310 1	0.247 0	0.197 1	0.157 7	0.126 4	0.101 5
25	0.779 8	0.609 5	0.477 6	0.375 1	0.295 3	0.233 0	0.184 2	0.146 0	0.116 0	0.092 3
26	0.772 0	0.597 6	0.463 7	0.360 7	0.281 2	0.219 8	0.172 2	0.135 2	0.106 4	0.083 9
27	0.764 4	0.585 9	0.450 2	0.346 8	0.267 8	0.207 4	0.160 9	0.125 2	0.097 6	0.076 3
28	0.756 8	0.574 4	0.437 1	0.333 5	0.255 1	0.195 6	0.150 4	0.115 9	0.089 5	0.069 3
29	0.749 3	0.563 1	0.424 3	0.320 7	0.242 9	0.184 6	0.140 6	0.107 3	0.082 2	0.063 0
30	0.741 9	0.552 1	0.412 0	0.308 3	0.231 4	0.174 1	0.131 4	0.099 4	0.075 4	0.057 3

期数	12%	14%	16%	18%	20%	22%	24%	26%	28%	30%
1	0.892 9	0.877 2	0.862 1	0.847 5	0.833 3	0.819 7	0.806 5	0.793 7	0.781 3	0.769 2
2	0.797 2	0.769 5	0.743 2	0.718 2	0.694 4	0.671 9	0.650 4	0.629 9	0.610 4	0.591 7
3	0.711 8	0.675 0	0.640 7	0.608 6	0.578 7	0.550 7	0.524 5	0.499 9	0.476 8	0.455 2
4	0.635 5	0.592 1	0.552 3	0.515 8	0.482 3	0.451 4	0.423 0	0.396 8	0.372 5	0.350 1
5	0.567 4	0.519 4	0.476 1	0.437 1	0.401 9	0.370 0	0.341 1	0.314 9	0.291 0	0.269 3
6	0.506 6	0.455 6	0.410 4	0.370 4	0.334 9	0.303 3	0.275 1	0.249 9	0.227 4	0.207 2
7	0.452 3	0.399 6	0.353 8	0.313 9	0.279 1	0.248 6	0.221 8	0.198 3	0.177 6	0.159 4
8	0.403 9	0.350 6	0.305 0	0.266 0	0.232 6	0.203 8	0.178 9	0.157 4	0.138 8	0.122 6
9	0.360 6	0.307 5	0.263 0	0.225 5	0.193 8	0.167 0	0.144 3	0.124 9	0.108 4	0.094 3
10	0.322 0	0.269 7	0.226 7	0.191 1	0.161 5	0.136 9	0.116 4	0.099 2	0.084 7	0.072 5
11	0.287 5	0.236 6	0.195 4	0.161 9	0.134 6	0.112 2	0.093 8	0.078 7	0.066 2	0.055 8
12	0.256 7	0.207 6	0.168 5	0.137 2	0.112 2	0.092 0	0.075 7	0.062 5	0.051 7	0.042 9
13	0.229 2	0.182 1	0.145 2	0.116 3	0.093 5	0.075 4	0.061 0	0.049 6	0.040 4	0.033 0
14	0.204 6	0.159 7	0.125 2	0.098 5	0.077 9	0.061 8	0.049 2	0.039 3	0.031 6	0.025 4
15	0.182 7	0.140 1	0.107 9	0.083 5	0.064 9	0.050 7	0.039 7	0.031 2	0.024 7	0.019 5
16	0.163 1	0.122 9	0.093 0	0.070 8	0.054 1	0.041 5	0.032 0	0.024 8	0.019 3	0.015 0
17	0.145 6	0.107 8	0.080 2	0.060 0	0.045 1	0.034 0	0.025 8	0.019 7	0.015 0	0.011 6
18	0.130 0	0.094 6	0.069 1	0.050 8	0.037 6	0.027 9	0.020 8	0.015 6	0.011 8	0.008 9
19	0.116 1	0.082 9	0.059 6	0.043 1	0.031 3	0.022 9	0.016 8	0.012 4	0.009 2	0.006 8
20	0.103 7	0.072 8	0.051 4	0.036 5	0.026 1	0.018 7	0.013 5	0.009 8	0.007 2	0.005 3
21	0.092 6	0.063 8	0.044 3	0.030 9	0.021 7	0.015 4	0.010 9	0.007 8	0.005 6	0.004 0
22	0.082 6	0.056 0	0.038 2	0.026 2	0.018 1	0.012 6	0.008 8	0.006 2	0.004 4	0.003 1
23	0.073 8	0.049 1	0.032 9	0.022 2	0.015 1	0.010 3	0.007 1	0.004 9	0.003 4	0.002 4
24	0.065 9	0.043 1	0.028 4	0.018 8	0.012 6	0.008 5	0.005 7	0.003 9	0.002 7	0.001 8
25	0.058 8	0.037 8	0.024 5	0.016 0	0.010 5	0.006 9	0.004 6	0.003 1	0.002 1	0.001 4
26	0.052 5	0.033 1	0.021 1	0.013 5	0.008 7	0.005 7	0.003 7	0.002 5	0.001 6	0.001 1
27	0.046 9	0.029 1	0.018 2	0.011 5	0.007 3	0.004 7	0.003 0	0.001 9	0.001 3	0.000 8
28	0.041 9	0.025 5	0.015 7	0.009 7	0.006 1	0.003 8	0.002 4	0.001 5	0.001 0	0.000 6
29	0.037 4	0.022 4	0.013 5	0.008 2	0.005 1	0.003 1	0.002 0	0.001 2	0.000 8	0.000 5
30	0.033 4	0.019 6	0.011 6	0.007 0	0.004 2	0.002 6	0.001 6	0.001 0	0.000 6	0.000 4

附表3 年金终值系数表

期数	1%	2%	3%	4%	5%	6%	7%	8%	9%	10%
1	1.000 0	1.000 0	1.000 0	1.000 0	1.000 0	1.000 0	1.000 0	1.000 0	1.000 0	1.000 0
2	2.010 0	2.020 0	2.030 0	2.040 0	2.050 0	2.060 0	2.070 0	2.080 0	2.090 0	2.100 0
3	3.030 1	3.060 4	3.090 9	3.121 6	3.152 5	3.183 6	3.214 9	3.246 4	3.278 1	3.310 0
4	4.060 4	4.121 6	4.183 6	4.246 5	4.310 1	4.374 6	4.439 9	4.506 1	4.573 1	4.641 0
5	5.101 0	5.204 0	5.309 1	5.416 3	5.525 6	5.637 1	5.750 7	5.866 6	5.984 7	6.105 1
6	6.152 0	6.308 1	6.468 4	6.633 0	6.801 9	6.975 3	7.153 3	7.335 9	7.523 3	7.715 6
7	7.213 5	7.434 3	7.662 5	7.898 3	8.142 0	8.393 8	8.654 0	8.922 8	9.200 4	9.487 2
8	8.285 7	8.583 0	8.892 3	9.214 2	9.549 1	9.897 5	10.259 8	10.636 6	11.028 5	11.435 9
9	9.368 5	9.754 6	10.159 1	10.582 8	11.026 6	11.491 3	11.978 0	12.487 6	13.021 0	13.579 5
10	10.462 2	10.949 7	11.463 9	12.006 1	12.577 9	13.180 8	13.816 4	14.486 6	15.192 9	15.937 4
11	11.566 8	12.168 7	12.807 8	13.486 4	14.206 8	14.971 6	15.783 6	16.645 5	17.560 3	18.531 2
12	12.682 5	13.412 1	14.192 0	15.025 8	15.917 1	16.869 9	17.888 5	18.977 1	20.140 7	21.384 3
13	13.809 3	14.680 3	15.617 8	16.626 8	17.713 0	18.882 1	20.140 6	21.495 3	22.953 4	24.522 7
14	14.947 4	15.973 9	17.086 3	18.291 9	19.598 6	21.015 1	22.550 5	24.214 9	26.019 2	27.975 0
15	16.096 9	17.293 4	18.598 9	20.023 6	21.578 6	23.276 0	25.129 0	27.152 1	29.360 9	31.772 5
16	17.257 9	18.639 3	20.156 9	21.824 5	23.657 5	25.672 5	27.888 1	30.324 3	33.003 4	35.949 7
17	18.430 4	20.012 1	21.761 6	23.697 5	25.840 4	28.212 9	30.840 2	33.750 2	36.973 7	40.544 7
18	19.614 7	21.412 3	23.414 4	25.645 4	28.132 4	30.905 7	33.999 0	37.450 2	41.301 3	45.599 2
19	20.810 9	22.840 6	25.116 9	27.671 2	30.539 0	33.760 0	37.379 0	41.446 3	46.018 5	51.159 1
20	22.019 0	24.297 4	26.870 4	29.778 1	33.066 0	36.785 6	40.995 5	45.762 0	51.160 1	57.275 0
21	23.239 2	25.783 3	28.676 5	31.969 2	35.719 3	39.992 7	44.865 2	50.422 9	56.764 5	64.002 5
22	24.471 6	27.299 0	30.536 8	34.248 0	38.505 2	43.392 3	49.005 7	55.456 8	62.873 3	71.402 7
23	25.716 3	28.845 0	32.452 9	36.617 9	41.430 5	46.995 8	53.436 1	60.893 3	69.531 9	79.543 0
24	26.973 5	30.421 9	34.426 5	39.082 6	44.502 0	50.815 6	58.176 7	66.764 8	76.789 8	88.497 3
25	28.243 2	32.030 3	36.459 3	41.645 9	47.727 1	54.864 5	63.249 0	73.105 9	84.700 9	98.347 1
26	29.525 6	33.670 9	38.553 0	44.311 7	51.113 5	59.156 4	68.676 5	79.954 4	93.324 0	109.181 8
27	30.820 9	35.344 3	40.709 6	47.084 2	54.669 1	63.705 8	74.483 8	87.350 8	102.723 1	121.099 9
28	32.129 1	37.051 2	42.930 9	49.967 6	58.402 6	68.528 1	80.697 7	95.338 8	112.968 2	134.209 9
29	33.450 4	38.792 2	45.218 9	52.966 3	62.322 7	73.639 8	87.346 5	103.965 9	124.135 4	148.630 9
30	34.784 9	40.568 1	47.575 4	56.084 9	66.438 8	79.058 2	94.460 8	113.283 2	136.307 5	164.494 0

期数	12%	14%	16%	18%	20%	22%	24%	26%	28%	30%
1	1.000 0	1.000 0	1.000 0	1.000 0	1.000 0	1.000 0	1.000 0	1.000 0	1.000 0	1.000 0
2	2.120 0	2.140 0	2.160 0	2.180 0	2.200 0	2.220 0	2.240 0	2.260 0	2.280 0	2.300 0
3	3.374 4	3.439 6	3.505 6	3.572 4	3.640 0	3.708 4	3.777 6	3.847 6	3.918 4	3.990 0
4	4.779 3	4.921 1	5.066 5	5.215 4	5.368 0	5.524 2	5.684 2	5.848 0	6.015 6	6.187 0
5	6.352 8	6.610 1	6.877 1	7.154 2	7.441 6	7.739 6	8.048 4	8.368 4	8.699 9	9.043 1
6	8.115 2	8.535 5	8.977 5	9.442 0	9.929 9	10.442 3	10.980 1	11.544 2	12.135 9	12.756 0
7	10.089 0	10.730 5	11.413 9	12.141 5	12.915 9	13.739 6	14.615 3	15.545 8	16.533 9	17.582 8
8	12.299 7	13.232 8	14.240 1	15.327 0	16.499 1	17.762 3	19.122 9	20.587 6	22.163 4	23.857 7
9	14.775 7	16.085 3	17.518 5	19.085 9	20.798 9	22.670 0	24.712 5	26.940 4	29.369 2	32.015 0
10	17.548 7	19.337 3	21.321 5	23.521 3	25.958 7	28.657 4	31.643 4	34.944 9	38.592 6	42.619 5
11	20.654 6	23.044 5	25.732 9	28.755 1	32.150 4	35.962 0	40.237 9	45.030 6	50.398 5	56.405 3
12	24.133 1	27.270 7	30.850 2	34.931 1	39.580 5	44.873 7	50.895 0	57.738 6	65.510 0	74.327 0
13	28.029 1	32.088 7	36.786 2	42.218 7	48.496 6	55.745 9	64.109 7	73.750 6	84.852 9	97.625 0
14	32.392 6	37.581 1	43.672 0	50.818 0	59.195 9	69.010 0	80.496 1	93.925 8	109.611 7	127.912 5
15	37.279 7	43.842 4	51.659 5	60.965 3	72.035 1	85.192 2	100.815 1	119.346 5	141.302 9	167.286 3
16	42.753 3	50.980 4	60.925 0	72.939 0	87.442 1	104.934 5	126.010 8	151.376 6	181.867 7	218.472 2
17	48.883 7	59.117 6	71.673 0	87.068 0	105.930 6	129.020 1	157.253 4	191.734 5	233.790 7	285.013 9
18	55.749 7	68.394 1	84.140 7	103.740 3	128.116 7	158.404 5	195.994 2	242.585 5	300.252 1	371.518 0
19	63.439 7	78.969 2	98.603 2	123.413 5	154.740 0	194.253 5	244.032 8	306.657 7	385.322 7	483.973 4
20	72.052 4	91.024 9	115.379 7	146.628 0	186.688 0	237.989 3	303.600 6	387.388 7	494.213 1	630.165 5
21	81.698 7	104.768 4	134.840 5	174.021 0	225.025 6	291.346 9	377.464 8	489.109 8	633.592 7	820.215 1
22	92.502 6	120.436 0	157.415 0	206.344 8	271.030 7	356.443 2	469.056 3	617.278 3	811.998 7	1 067.279 6
23	104.602 9	138.297 0	183.601 4	244.486 8	326.236 9	435.860 7	582.629 8	778.770 7	1 040.358 3	1 388.463 5
24	118.155 2	158.658 6	213.977 6	289.494 5	392.484 2	532.750 1	723.461 0	982.251 1	1 332.658 6	1 806.002 6
25	133.333 9	181.870 8	249.214 0	342.603 5	471.981 1	650.955 1	898.091 6	1 238.636 3	1 706.803 1	2 348.803 3
26	150.333 9	208.332 7	290.088 3	405.272 1	567.377 3	795.165 3	1 114.633 6	1 561.681 8	2 185.707 9	3 054.444 3
27	169.374 0	238.499 3	337.502 4	479.221 1	681.852 8	971.101 6	1 383.145 7	1 968.719 1	2 798.706 1	3 971.777 6
28	190.698 9	272.889 2	392.502 8	566.480 9	819.223 3	1 185.744 0	1 716.100 7	2 481.586 0	3 583.343 8	5 164.310 9
29	214.582 8	312.093 7	456.303 2	669.447 5	984.068 0	1 447.607 7	2 128.964 8	3 127.798 4	4 587.680 1	6 714.604 2
30	241.332 7	356.786 8	530.311 7	790.948 0	1 181.881 6	1 767.081 3	2 640.916 4	3 942.026 0	5 873.230 6	8 729.985 5

附表 4　年金现值系数表

期数	1%	2%	3%	4%	5%	6%	7%	8%	9%	10%
1	0.990 1	0.980 4	0.970 9	0.961 5	0.952 4	0.943 4	0.934 6	0.925 9	0.917 4	0.909 1
2	1.970 4	1.941 6	1.913 5	1.886 1	1.859 4	1.833 4	1.808 0	1.783 3	1.759 1	1.735 5
3	2.941 0	2.883 9	2.828 6	2.775 1	2.723 2	2.673 0	2.624 3	2.577 1	2.531 3	2.486 9
4	3.902 0	3.807 7	3.717 1	3.629 9	3.546 0	3.465 1	3.387 2	3.312 1	3.239 7	3.169 9
5	4.853 4	4.713 5	4.579 7	4.451 8	4.329 5	4.212 4	4.100 2	3.992 7	3.889 7	3.790 8
6	5.795 5	5.601 4	5.417 2	5.242 1	5.075 7	4.917 3	4.766 5	4.622 9	4.485 9	4.355 3
7	6.728 2	6.472 0	6.230 3	6.002 1	5.786 4	5.582 4	5.389 3	5.206 4	5.033 0	4.868 4
8	7.651 7	7.325 5	7.019 7	6.732 7	6.463 2	6.209 8	5.971 3	5.746 6	5.534 8	5.334 9
9	8.566 0	8.162 2	7.786 1	7.435 3	7.107 8	6.801 7	6.515 2	6.246 9	5.995 2	5.759 0
10	9.471 3	8.982 6	8.530 2	8.110 9	7.721 7	7.360 1	7.023 6	6.710 1	6.417 7	6.144 6
11	10.367 6	9.786 8	9.252 6	8.760 5	8.306 4	7.886 9	7.498 7	7.139 0	6.805 2	6.495 1
12	11.255 1	10.575 3	9.954 0	9.385 1	8.863 3	8.383 8	7.942 7	7.536 1	7.160 7	6.813 7
13	12.133 7	11.348 4	10.635 0	9.985 6	9.393 6	8.852 7	8.357 7	7.903 8	7.486 9	7.103 4
14	13.003 7	12.106 2	11.296 1	10.563 1	9.898 6	9.295 0	8.745 5	8.244 2	7.786 2	7.366 7
15	13.865 1	12.849 3	11.937 9	11.118 4	10.379 7	9.712 2	9.107 9	8.559 5	8.060 7	7.606 1
16	14.717 9	13.577 7	12.561 1	11.652 3	10.837 8	10.105 9	9.446 6	8.851 4	8.312 6	7.823 7
17	15.562 3	14.291 9	13.166 1	12.165 7	11.274 1	10.477 3	9.763 2	9.121 6	8.543 6	8.021 6
18	16.398 3	14.992 0	13.753 5	12.659 3	11.689 6	10.827 6	10.059 1	9.371 9	8.755 6	8.201 4
19	17.226 0	15.678 5	14.323 8	13.133 9	12.085 3	11.158 1	10.335 6	9.603 6	8.950 1	8.364 9
20	18.045 6	16.351 4	14.877 5	13.590 3	12.462 2	11.469 9	10.594 0	9.818 1	9.128 5	8.513 6
21	18.857 0	17.011 2	15.415 0	14.029 2	12.821 2	11.764 1	10.835 5	10.016 8	9.292 2	8.648 7
22	19.660 4	17.658 0	15.936 9	14.451 1	13.163 0	12.041 6	11.061 2	10.200 7	9.442 4	8.771 5
23	20.455 8	18.292 2	16.443 6	14.856 8	13.488 6	12.303 4	11.272 2	10.371 1	9.580 2	8.883 2
24	21.243 4	18.913 9	16.935 5	15.247 0	13.798 6	12.550 4	11.469 3	10.528 8	9.706 6	8.984 7
25	22.023 2	19.523 5	17.413 1	15.622 1	14.093 9	12.783 4	11.653 6	10.674 8	9.822 6	9.077 0
26	22.795 2	20.121 0	17.876 8	15.982 8	14.375 2	13.003 2	11.825 8	10.810 0	9.929 0	9.160 9
27	23.559 6	20.706 9	18.327 0	16.329 6	14.643 0	13.210 5	11.986 7	10.935 2	10.026 6	9.237 2
28	24.316 4	21.281 3	18.764 1	16.663 1	14.898 1	13.406 2	12.137 1	11.051 1	10.116 1	9.306 6
29	25.065 8	21.844 4	19.188 5	16.983 7	15.141 1	13.590 7	12.277 7	11.158 4	10.198 3	9.369 6
30	25.807 7	22.396 5	19.600 4	17.292 0	15.372 5	13.764 8	12.409 0	11.257 8	10.273 7	9.426 9

续表

期数	12%	14%	16%	18%	20%	22%	24%	26%	28%	30%
1	0.892 9	0.877 2	0.862 1	0.847 5	0.833 3	0.819 7	0.806 5	0.793 7	0.781 3	0.769 2
2	1.690 1	1.646 7	1.605 2	1.565 6	1.527 8	1.491 5	1.456 8	1.423 5	1.391 6	1.360 9
3	2.401 8	2.321 6	2.245 9	2.174 3	2.106 5	2.042 2	1.981 3	1.923 4	1.868 4	1.816 1
4	3.037 3	2.913 7	2.798 2	2.690 1	2.588 7	2.493 6	2.404 3	2.320 2	2.241 0	2.166 2
5	3.604 8	3.433 1	3.274 3	3.127 2	2.990 6	2.863 6	2.745 4	2.635 1	2.532 0	2.435 6
6	4.111 4	3.888 7	3.684 7	3.497 6	3.325 5	3.166 9	3.020 5	2.885 0	2.759 4	2.642 7
7	4.563 8	4.288 3	4.038 6	3.811 5	3.604 6	3.415 5	3.242 3	3.083 3	2.937 0	2.802 1
8	4.967 6	4.638 9	4.343 6	4.077 6	3.837 2	3.619 3	3.421 2	3.240 7	3.075 8	2.924 7
9	5.328 2	4.946 4	4.606 5	4.303 0	4.031 0	3.786 3	3.565 5	3.365 7	3.184 2	3.019 0
10	5.650 2	5.216 1	4.833 2	4.494 1	4.192 5	3.923 2	3.681 9	3.464 8	3.268 9	3.091 5
11	5.937 7	5.452 7	5.028 6	4.656 0	4.327 1	4.035 4	3.775 7	3.543 5	3.335 1	3.147 3
12	6.194 4	5.660 3	5.197 1	4.793 2	4.439 2	4.127 4	3.851 4	3.605 9	3.386 8	3.190 3
13	6.423 5	5.842 4	5.342 3	4.909 5	4.532 7	4.202 8	3.912 4	3.655 5	3.427 2	3.223 3
14	6.628 2	6.002 1	5.467 5	5.008 1	4.610 6	4.264 6	3.961 6	3.694 9	3.458 7	3.248 7
15	6.810 9	6.142 2	5.575 5	5.091 6	4.675 5	4.315 2	4.001 3	3.726 1	3.483 4	3.268 2
16	6.974 0	6.265 1	5.668 5	5.162 4	4.729 6	4.356 7	4.033 3	3.750 9	3.502 6	3.283 2
17	7.119 6	6.372 9	5.748 7	5.222 3	4.774 6	4.390 8	4.059 1	3.770 5	3.517 7	3.294 8
18	7.249 7	6.467 4	5.817 8	5.273 2	4.812 2	4.418 7	4.079 9	3.786 1	3.529 4	3.303 7
19	7.365 8	6.550 4	5.877 5	5.316 2	4.843 5	4.441 5	4.096 7	3.798 5	3.538 6	3.310 5
20	7.469 4	6.623 1	5.928 8	5.352 7	4.869 6	4.460 3	4.110 3	3.808 3	3.545 8	3.315 8
21	7.562 0	6.687 0	5.973 1	5.383 7	4.891 3	4.475 6	4.121 2	3.816 1	3.551 4	3.319 8
22	7.644 6	6.742 9	6.011 3	5.409 9	4.909 4	4.488 2	4.130 0	3.822 3	3.555 8	3.323 0
23	7.718 4	6.792 1	6.044 2	5.432 1	4.924 5	4.498 5	4.137 1	3.827 3	3.559 2	3.325 4
24	7.784 3	6.835 1	6.072 6	5.450 9	4.937 1	4.507 0	4.142 8	3.831 2	3.561 9	3.327 2
25	7.843 1	6.872 9	6.097 1	5.466 9	4.947 6	4.513 9	4.147 4	3.834 2	3.564 0	3.328 6
26	7.895 7	6.906 1	6.118 2	5.480 4	4.956 3	4.519 6	4.151 1	3.836 7	3.565 6	3.329 7
27	7.942 6	6.935 2	6.136 4	5.491 9	4.963 6	4.524 3	4.154 2	3.838 7	3.566 9	3.330 5
28	7.984 4	6.960 7	6.152 0	5.501 6	4.969 7	4.528 1	4.156 6	3.840 2	3.567 9	3.331 2
29	8.021 8	6.983 0	6.165 6	5.509 8	4.974 7	4.531 2	4.158 5	3.841 4	3.568 7	3.331 7
30	8.055 2	7.002 7	6.177 2	5.516 8	4.978 9	4.533 8	4.160 1	3.842 4	3.569 3	3.332 1

参 考 答 案

第 2 章　财务报表分析

计算分析题答案

1. 每股收益 = 0.625 元

   每股股利 = 0.375 元

   市盈率 = 24

2. 权益报酬率 = 36%

3. 销售收入的增加额 = 1 180 万元

4. 现金流量利息保障倍数 = 5

5. 权益乘数 = 4

6. 股东权益报酬率 = 30%

7. 应收账款周转天数 = 27.45 天

8. 年末存货周转次数 = 4.8 次

9. 流动比率 = 1.25

10. 市盈率 = 25

11. 销货成本 = 25.32 万元

12. 上年全部资产周转率 = 1.5

    本年全部资产周转率 = 1.85

    上年流动资产周转率 = 3.27

    本年流动资产周转率 = 2.91

13. （1）①净资产收益率 = 12%

    ②总资产净利率 = 4.44%

    ③净利率 = 1.67%

    ④总资产周转率 = 2.67

    ⑤权益乘数 = 2.7

    （2）净资产收益率 = 净利率 × 总资产周转率 × 权益乘数 = 12%

或：净资产收益率 = 总资产净利率 × 权益乘数 = 12%

14. 资产总计 = 612 000 元

    期末存货 = 120 000 元

    应收账款净额 = 64 000 元

流动负债 = 116 000 元

长期负债 = 136 000 元

15.（1）流动比率 = 3.61

速动比率 = 2.75

资产负债率 = 30.17%

已获利息倍数 = 14.15

存货周转天数 = 36.5 天

流动资产周转率 = 3.03

固定资产周转率 = 2

总资产周转率 = 1.14

销售毛利率 = 40%

总资产净利率 = 35.37%

权益净利率 = 54.38%

（2）每股收益 = 1.944 元

每股净资产 = 4.292 元

第3章　资金时间价值

计算分析题答案

1.（1）$FV_5 = 1 \times (1 + 4\%)^5 = 1.216\ 7$（万元）

（2）$i = \left(1 + \dfrac{4\%}{4}\right)^4 - 1 = 4.06\%$　$FV_5 = 1 \times (1 + 4.06\%)^5 = 1.220\ 2$（万元）

（3）$A_1 = F\dfrac{i}{(1 + i)^n - 1} = 1.216\ 7 \times \dfrac{4\%}{(1 + 4\%)^5 - 1} = 0.224\ 6$（万元）

（4）$A_2 = \dfrac{A_1}{1 + i} = \dfrac{0.224\ 6}{1 + 4\%} = 0.216\ 0$（万元）

2. $FV = PV(1 + i)^n = 30 \times (1 + 12\%)^6 = 59.214\ 7$（万元）

3. $PV = \dfrac{FV_n}{(1 + i)^n} = \dfrac{100}{(1 + 10\%)^5} = 62.09$（万元）

4. $FV = A\dfrac{(1 + i)^n - 1}{i} = 0.6 \times \dfrac{(1 + 5\%)^{10} - 1}{5\%} = 7.546\ 7$（万元）

5.（1）$A_1 = F\dfrac{i}{(1 + i)^n - 1} = 5\ 000 \times \dfrac{4\%}{(1 + 4\%)^3 - 1} = 1\ 601.74$（元）

（2）$A_2 = \dfrac{A_1}{1 + i} = \dfrac{1\ 601.74}{1 + 4\%} = 1\ 540.14$（元）

6.（1）$PV_1 = A\dfrac{1 - (1 + i)^{-n}}{i} = 5 \times \dfrac{1 - (1 + 6\%)^{-10}}{6\%} = 36.80$（万元）

（2）$PV_2 = PV_1 \times (1 + i) = 36.80 \times (1 + 6\%) = 39.008$（万元）

7. $PV = \dfrac{A}{i} = \dfrac{6}{6\%} = 100$（万元）

8. （1） 60 岁时的 $PV_1 = A \dfrac{1 - (1 + i)^{-n}}{i} = 30\,000 \times \dfrac{1 - (1 + 5\%)^{-(30-10)}}{5\%}$

$= 373\,866.309$（元）

现在的现值 $PV_2 = \dfrac{PV_1}{(1 + i)^n} = \dfrac{373\,866.309}{(1 + 5\%)^{10}} = 229\,521.48$（元）

（2） 60 岁时的 $PV_1 = A \dfrac{1 - (1 + i)^{-n}}{i} = 30\,000 \times \dfrac{1 - (1 + 6\%)^{-(30-10)}}{6\%}$

$= 344\,097.636$（元）

现在的现值 $PV_2 = \dfrac{PV_1}{(1 + i)^n} = \dfrac{344\,097.636}{(1 + 6\%)^{10}} = 192\,142.32$（元）

（3） $A = F \dfrac{i}{(1 + i)^n - 1} = 344\,097.636 \times \dfrac{6\%}{(1 + 6\%)^{10} - 1} = 26\,105.99$（元）

9. （1） 女儿 18 岁时的现值为：

$PV_1 = A + \dfrac{A}{(1 + i)} + \dfrac{A}{(1 + i)^2} + \cdots + \dfrac{A}{(1 + i)^{n-1}}$

$= A \dfrac{1 + i - (1 + i)^{-n+1}}{i} = 20\,000 \times \dfrac{1 + 5\% - (1 + 5\%)^{-9}}{5\%}$

$= 162\,156.434$（元）

此时的现值为 $PV_2 = \dfrac{PV_1}{1 + i} = \dfrac{162\,156.434}{1 + 5\%} = 154\,434.70$（元）

（2） $PV_1 = A + \dfrac{A}{(1 + i)} + \dfrac{A}{(1 + i)^2} + \cdots \dfrac{A}{(1 + i)^{n-1}}$

$= A \dfrac{1 + i - (1 + i)^{-n+1}}{i} = 20\,000 \times \dfrac{1 + 8\% - (1 + 8\%)^{-9}}{8\%}$

$= 144\,937.758$（元）

此时的现值为 $PV_2 = \dfrac{PV_1}{1 + i} = \dfrac{144\,937.758}{1 + 8\%} = 134\,201.63$（元）

（3） $PV(1 + i) = A + \dfrac{A}{(1 + i)} + \dfrac{A}{(1 + i)^2} + \cdots + \dfrac{A}{(1 + i)^{n-1}}$

$PV(1 + i) = A \dfrac{1 + i - (1 + i)^{-n+1}}{i}$

$A = \dfrac{PV(1 + i)i}{1 + i - (1 + i)^{-n+1}} = \dfrac{200\,000 \times (1 + 6\%) \times 6\%}{1 + 6\% - (1 + 6\%)^{-9}} = 27\,173.59$（元）

所以每年平均可使用的费用是 27 173.59 元。

第4章　收益与风险

计算分析题答案

1. （1） $E(R) = \sum P_i \times R_i = 2\,000 \times 0.4 + 2\,500 \times 0.3 + 3\,000 \times 0.3 = 2\,450$（元）

$\sigma^2 = \sum_{i=1}^{n} [R_i - E(R)]^2 \times P_i = (2\,000 - 2\,450)^2 \times 0.4 + (2\,500 - 2\,450)^2 \times$

$0.3 + (3\,000 - 2\,450)^2 \times 0.3 = 172\,500$

$$V = \frac{\sigma}{E(R)} = \frac{\sqrt{172\ 500}}{2\ 450} = 16.95\%$$

所以第 5 年的风险程度为 16.95% 。

（2）第 5 年的风险报酬率为 $R_R = b \times V = 0.1 \times 16.95\% = 1.695\%$

（3）第 5 年的总的投资报酬率为 $R = R_f + R_R = 6\% + 1.695\% = 7.695\%$

2. $E(R_A) = \sum P_i \times R_i = 36\ 000 \times 0.3 + 48\ 000 \times 0.2 + 60\ 000 \times 0.5 = 50\ 400$ （元）

$$\sigma_A^2 = \sum_{i=1}^{n} [R_i - E(R)]^2 \times P_i$$

$$= (36\ 000 - 50\ 400)^2 \times 0.3 + (48\ 000 - 50\ 400)^2 \times 0.2 + (60\ 000 - 50\ 400)^2 \times 0.5$$

$$= 109\ 440\ 000$$ （元）

$$V_A = \frac{\sigma_A}{E(R_A)} = \frac{\sqrt{109\ 440\ 000}}{50\ 400} = 20.76\%$$

$$R_{R_A} = b_A \times V_A = 0.04 \times 20.76\% = 0.83\%$$

$E(R_B) = \sum P_i \times R_i = 60\ 000 \times 0.3 + 72\ 000 \times 0.1 + 24\ 000 \times 0.6 = 39\ 600$ （元）

$$\sigma_B^2 = \sum_{i=1}^{n} [R_i - E(R_B)]^2 \times P_i$$

$$= (60\ 000 - 39\ 600)^2 \times 0.3 + (72\ 000 - 39\ 600)^2 \times 0.1 + (24\ 000 - 39\ 600)^2 \times 0.6$$

$$= 375\ 840\ 000$$ （元）

$$V_B = \frac{\sigma_B}{E(R_B)} = \frac{\sqrt{375\ 840\ 000}}{39\ 600} = 48.96\%$$

$$R_{R_B} = b_B \times V_B = 0.09 \times 48.96\% = 4.41\%$$

综上所述：

A 方案第 5 年现金流入的风险程度为 20.76% ，风险报酬率为 0.83% 。

B 方案第 5 年现金流入的风险程度为 48.96% ，风险报酬率为 4.41% 。

3. $E(R_甲) = \sum P_i \times R_i = 30\% \times 0.4 + 18\% \times 0.2 = 15.6\%$

$$\sigma_甲^2 = \sum_{i=1}^{n} [R_i - E(R_甲)]^2 \times P_i$$

$$= (30\% - 15.6\%)^2 \times 0.4 + (18\% - 15.6\%)^2 \times 0.2 + (0 - 15.6\%)^2 \times 0.4$$

$$= 1.814\ 4\%$$

$$V_甲 = \frac{\sigma_甲}{E(R_甲)} = \frac{\sqrt{1.814\ 4\%}}{15.6\%} = 86.35\%$$

$$R_{R_甲} = b_甲 \times V_甲 = 0.08 \times 86.35\% = 6.908\%$$

$E(R_乙) = \sum P_i \times R_i = 48\% \times 0.4 + 18\% \times 0.2 - 24\% \times 0.4 = 13.2\%$

$$\sigma_乙^2 = \sum_{i=1}^{n} [R_i - E(R_乙)]^2 \times P_i$$

$$= (48\% - 13.2\%)^2 \times 0.4 + (18\% - 13.2\%)^2 \times 0.2 + (-24\% - 13.2\%)^2 \times 0.4$$

$$= 10.425\ 6\%$$

$$V_乙 = \frac{\sigma_乙}{E(R_乙)} = \frac{\sqrt{10.425\ 6\%}}{13.2\%} = 244.61\%$$

$$R_{R_乙} = b_乙 \times V_乙 = 0.3 \times 244.61\% = 73.383\%$$

综上所述：

甲方案的风险程度为 86.35%，风险报酬率为 6.908%。

乙方案的风险程度为 244.61%，风险报酬率为 73.383%。

4. $R = R_f + \beta(R_m - R_f) = 4\% + 1.5 \times (10\% - 4\%) = 13\%$

5. 四只股票所占的价值比例为：

A 股票：$4/(4 + 5 + 10 + 6) = 16\%$

B 股票：$5/(4 + 5 + 10 + 6) = 20\%$

C 股票：$10/(4 + 5 + 10 + 6) = 40\%$

D 股票：$6/(4 + 5 + 10 + 6) = 24\%$

证券组合的 β 系数为：

$0.3 \times 16\% + 1.2 \times 20\% + 0.5 \times 40\% + 2.4 \times 24\% = 1.064$

6. $\beta_A = \dfrac{\rho_{A,m}\sigma_A\sigma_m}{\sigma_m^2} = \dfrac{0.4 \times \sqrt{0.04}}{\sqrt{0.073}} = 0.296$

$R_A = R_f + \beta_A(R_m - R_f) = 4\% + 0.296 \times (12\% - 4\%) = 6.368\%$

第5章　证券估值

计算分析题答案

1. $P = 1\ 000 \times 10\% \times PVIFA_{8\%,5} + 1\ 000 \times PVIF_{8\%,5}$

$\quad = 1\ 000 \times 10\% \times 3.992\ 7 + 1\ 000 \times 0.680\ 6$

$\quad = 1\ 079.87\ （元）$

2. $P = (1\ 000 + 1\ 000 \times 10\% \times 5) \times PVIF_{9\%,5} = 1\ 500 \times 0.649\ 9 = 974.85\ （元）$

发行价格低于 974.85 元时可以购买。

3. $P = 1\ 000 \times PVIF_{8\%,5} = 1\ 000 \times 0.680\ 6 = 680.6\ （元）$

4. $P = 1\ 000 \times 6\% \times PVIFA_{4\%,5} + 1\ 000 \times PVIF_{4\%,5}$

$\quad = 1\ 000 \times 6\% \times 4.451\ 8 + 1\ 000 \times 0.821\ 9$

$\quad = 1\ 089.008\ （元）$

$P = 1\ 000 \times 6\% \times \dfrac{1}{2} \times PVIFA_{2\%,10} + 1\ 000 \times PVIF_{2\%,10}$

$\quad = 1\ 000 \times 3\% \times 8.982\ 6 + 1\ 000 \times 0.820\ 3$

$\quad = 1\ 089.778\ （元）$

5. $97 = 100 \times 8\% \times PVIFA_{R,5} + 100 \times PVIF_{R,5}$

$R = 8.78\%$

6. $V = \dfrac{D_0(1 + g)}{R - g} = \dfrac{D_1}{R - g}$

$V = \dfrac{0.8 \times (1 + 5\%)}{9\% - 5\%} = 21\ （元）$

低于 21 元时可以购买。

7. $2 \times (1 + 15\%) \times \text{PVIF}_{10\%,1} + 2 \times (1 + 15\%)^2 \times \text{PVIF}_{10\%,2} + 2 \times (1 + 15\%)^3 \times \text{PVIF}_{10\%,3}$

$= 2.09 + 2.19 + 2.29$

$= 6.57$（元）

$\dfrac{2 \times (1 + 15\%)^3 \times (1 + 5\%)}{10\% - 5\%} \times \text{PVIF}_{10\%,3} = 63.88 \times 0.751\,3 = 47.99$（元）

股票的现值 $= 47.99 + 6.57 = 54.56$（元）

第6章　长期投资决策

计算分析题答案

1. 净现值 $= 161.33$ 万元；内含报酬率 $= 13.11\%$；获利指数 $= 1.05$。

2. 投资回收期 $= 2.83$（年），小于既定标准，可以投资该项目。

3. （1）$7\,500$ 元；（2）$160\,000$ 元（初始现金流量）、$32\,500$ 元、$32\,500$ 元、$32\,500$ 元、$32\,500$ 元、$32\,500$ 元、$42\,500$ 元（终结现金流量）；（3）净现值 $= -12\,808.29$ 元，不能购买；（4）内含报酬率 $= 7.31\%$，不能购买。

4. （1）$28\,500$ 元；（2）$78\,750$ 元；（3）$22\,500$ 元；（4）新方案净现值 $= -19\,544$ 元，旧方案净现值 $= 6\,543$ 元，不应更新；（5）差量净现值为 $-26\,087$ 元，不应更新。

5. 应选投资组合 BCF。

6. （1）48 万元、34.5 万元、56 万元；（2）净现值为 14.19 万元，应投资。

7. 正常投资期净现值 123.39 万元，缩短投资期净现值 -40.24 万元，应该选择正常投资期。

第7章　长期筹资方式

计算分析题答案

1. $6\,000 \times 50\% \times \dfrac{1\,500}{1\,500 + 1\,800} - 6\,000 \times 50\% \times \dfrac{360}{1\,500 + 1\,800} - 6\,000 \times (1 + 50\%) \times$

$\dfrac{500}{6\,000} \times (1 - 50\%) = 195$（万元）

2. 市场利率为 6% 时，发行价格 $= \displaystyle\sum_{t=1}^{5} \dfrac{100 \times 6\%}{(1 + 6\%)^t} + \dfrac{100}{(1 + 6\%)^5} = \text{PVIFA}_{6\%,5} \times 6 +$

$\text{PVIF}_{6\%,5} \times 100 = 4.212\,4 \times 6 + 0.747\,3 \times 100 = 100$（元）

市场利率为 4% 时，发行价格 $= \displaystyle\sum_{t=1}^{5} \dfrac{100 \times 6\%}{(1 + 4\%)^t} + \dfrac{100}{(1 + 4\%)^5} = \text{PVIFA}_{4\%,5} \times 6 +$

$\text{PVIF}_{4\%,5} \times 100 = 4.451\,8 \times 6 + 0.821\,9 \times 100 = 108.90$（元）

市场利率为 8% 时，发行价格 $= \displaystyle\sum_{t=1}^{5} \dfrac{100 \times 6\%}{(1 + 8\%)^t} + \dfrac{100}{(1 + 8\%)^5} = \text{PVIFA}_{8\%,5} \times 6 +$

$\text{PVIF}_{8\%,5} \times 100 = 3.992\,7 \times 6 + 0.680\,6 \times 100 = 92.02$（元）

3. 转换价格 $= 20 \times (1 + 25\%) = 25$（元）

转换比率 $= 100/25 = 4$

第8章 资本成本的估计

计算分析题答案

1.（1）市价为 96 元时，债券税前资本成本 =6.83%，债券税后资本成本 =5.12%

市价为 103 元时，债券税前资本成本 =5.4%，债券税后资本成 =4.05%

（2）市价为 96 元时，债券税前资本成本 =6.25%，债券税后资本成本 =4.69%

市价为 103 元时，债券税前资本成本 =5.83%，债券税后资本成本 =4.39%

2.（1）市价为 98 元时，债券税前资本成本 =8.612%，债券税后资本成本 =6.459%

市价为 104 元时，债券税前资本成本 =6.824%，债券税后资本成本 =5.118%

（2）市价为 98 元时，债券税前资本成本 =8.16%，债券税后资本成本 =6.12%

市价为 104 元时，债券税前资本成本 =7.69%，债券税后资本成本 =5.77%

3.（1）税前借款资本成本 =6.25%

税后借款资本成本 =4.69%

（2）税前借款资本成本 =6.94%

税后借款资本成本 =5.21%

4.（1）普通股的资本成本 =12.06%

（2）普通股的资本成本 =11.58%

5. 不考虑发行费用的普通股资本成本 =11%

考虑发行费用的普通股资本成本 =11.7%

6. 可转换债券资本成本 =12.08%

7.（1）普通股资本成本 =9%

（2）债券 A 税前资本成本 =7.27%

债券 B 税前资本成本 =7.06%

债券的税前综合资本成本 =7.18%

（3）优先股成本 =7.39%

（4）综合资本成本 =7.81%

第9章 资本结构与杠杆

计算分析题答案

1.（1）总价值 = 权益价值 =5 250 元

（2）公司价值 =5 750 元

公司的权益价值 =3 750 元

权益资本成本 =10.8%

综合资本成本 =9.13%

（3）公司价值 =5 875 元

公司的权益价值 =3 375 元

权益资本成本 =11.11%

综合资本成本 =8.94%

2.（1）$EPS_{股}$ =4.4 元，$EPS_{债}$ =4.8 元

（2）无差别点 EBIT = 84 万元，EPS = 3.6 元，应该采取增发债券的形式追加筹资。

（3）应该采取发行股票方式追加筹资。

3. A 方案的 R_{WACC} = 11.1%，B 方案的 R_{WACC} = 12.15%，因此应该采取 A 方案追加筹资。

4. （1）普通股资本成本 $R_普$ = 12.2%

　　债券税前资本成本 $R_债$ = 7.62%

　　综合资本成本 R_{WACC} = 9.34%

（2）利用综合资本成本评价，拒绝 A 项目，接受 B 项目；

　　利用 CAPM 估计的必要报酬率评价项目，接受 A 项目，拒绝 B 项目。

（3）每股利润无差异点的 EBIT = 4 944 元，应该发行债券。

5. （1）目前每股盈余 = 1.03 元

（2）每股利润无差别点的 EBIT = 3 234 万元

（3）增资后的 EBIT = 3 500 万元，大于每股盈余无差别点的 3 234 万元，应该采用债券融资。

6. （1）边际贡献 = 6 000 000 元

（2）息税前利润 = 1 000 000 元

（3）联合杠杆系数 DCL = 8.57

7. （1）2022 年 EBIT = 21 万元；净利润 = 12 万元

　　2022 年经营杠杆 = 1.6

　　2022 年财务杠杆 = 1.25

　　2022 年总杠杆 = 2

（2）预计销售量将减少 10%，则 EBIT 下降 16%

8. （1）单位边际贡献 = 60（元）

　　边际贡献总额 = 720 000（元）

　　息税前利润 EBIT = 400 000（元）

　　利润总额 = 240 000（元）

　　净利润 = 180 000（元）

　　EPS = 2.4（元/股）

（2）DOL = 1.8，DFL = 1.67，DCL = 3

9. （1）长期债券资本成本 = 5.04%

　　长期借款资本成本 = 3.79%

　　普通股资本成本 = 10.51%

　　综合资本成本 = 7.19%

（2）每股利润无差别点的 EBIT = 208 万元。筹资前财务杠杆系数 = 1.6。增发债券筹资后的财务杠杆系数 = 2.24，发行普通股筹资后的财务杠杆系数 = 1.38。在不考虑财务风险情况下，应该采取每股收益较高的债券融资；若考虑财务风险，应该结合以上杠杆进行进一步的分析。

第 10 章 股利与股利政策

计算分析题答案

1. 该公司当年可支付的股利额 = 1 000 – 1 200 × 3/5 = 280（万元）

   每股股利 = 280/2 000 = 0.14（元/股）

2. （1）采用剩余股利支付政策，

   可供分配的股利 6 000 000 – 2 500 000 × 60% = 4 500 000（元）

   每股股利 = 4 500 000 ÷ 300 000 = 15（元）

   （2）采用固定股利政策，每股股利 = 4.8 元

   （3）采用固定股利支付率政策，股利支付率 = 4.8 ÷（3 000 000/300 000）= 48%

   2021 年每股股利 = 6 000 000 × 48% ÷ 300 000 = 9.6（元）

   （4）采用低正常股利加额外股利政策，

   每股股利 = 2 +（6 000 000 – 5 000 000）× 50% ÷ 300 000 = 3.667（元）

3. （1）计算投资方案所需的自有资金数额 800 × 60% = 480（万元）

   按照剩余股利政策，该公司应向投资者发放的股利为 600 – 480 = 120（万元）

   （2）按固定股利政策，该公司应向投资者发放的股利为 220 万元。

   （3）按固定股利支付率政策，该公司应向投资者发放的股利为 600 ×（1 + 5%）× 30% = 189（万元）。

   （4）按低正常股利加额外股利政策，该公司应向投资者发放的股利为：100 + 600 × 1% = 106（万元）

4. （1）提取盈余公积 = 2 000 × 15% = 300（万元）

   盈余公积余额 = 400 + 300 = 700（万元）

   （2）流通股数 = 500 ×（1 + 10%）= 550（万股）

   （3）股票股利 = 40 × 500 × 10% = 2 000（万元）

   股本余额 = 1 × 550 = 550（万元）

   资本公积余额 = 100 + 50 × 39 = 2 050（万元）

   （4）现金股利 = 500 ×（1 + 10%）× 0.1 = 55（万元）

   未分配利润余额 = 1 000 +（2 000 – 300 – 2 000 – 55）= 645（万元）

   （5）分配前每股市价与账面价值之比 = 40/（4 000 ÷ 500）= 5

   分配后每股账面价值 =（645 + 2 050 + 700 + 550）/550 = 7.17（元）

   预计分配后每股市价 = 7.17 × 5 = 35.85（元）

5. （1）来年所需权益资本 = 1 200 ×（1 – 50%）= 600（万元）

   需补充的权益资本 = 600 – 250 = 350（万元）

   股利支付率 =（500 – 350）/500 × 100% = 30%

   （2）股票市价 = 10 × 2 = 20（元）

   增发股票数 = 350/20 = 17.5（万股）

6. （1）若每年采用剩余股利政策，每年发放的股利为：

年份	1	2	3	4	5
净利润/元	250 000	450 000	600 000	650 000	390 000
投资所需权益资金/元	210 000	285 000	120 000	588 000	360 000
留存收益/元	210 000	285 000	120 000	588 000	360 000
股利/元	40 000	165 000	480 000	62 000	30 000
每股股利/元	0.32	1.32	3.84	0.496	0.24

（2）若在规划的 5 年内总体采用剩余股利政策，每年的固定股利为：

未来五年的总投资 = 350 000 + 475 000 + 200 000 + 980 000 + 600 000 = 2 605 000 （元）

投资所需要的权益资金 = 2 605 000 × 0.6 = 1 563 000 （元）

未来 5 年的总净利润 = 2 340 000 （元）

留存收益 = 1 563 000 （元）

发放的总股利 = 2 340 000 - 1 563 000 = 777 000 （元）

每年的股利额 = 777 000/5 = 155 400 （元）

每股股利 = 155 400/125 000 = 1.24 （元/股）

（3）若公司采用每年每股 0.5 元加上年终额外股利，额外股利为净收益超过 250 000 元部分的 50%，则每年应发放的股利为：

年份	1	2	3	4	5
净利润/元	250 000	450 000	600 000	650 000	390 000
利润总额/元	0.5 × 125 000 = 62 500	62 500 + (450 000 - 250 000) × 50% = 162 500	62 500 + 350 000 × 50% = 237 500	62 500 + 400 000 × 50% = 262 500	62 500 + 140 000 × 50% = 132 500
每股股利/元	0.5	1.3	1.9	2.1	1.06

7.（1）股本 = 1 000 + 1 000 × 10% × 1 = 1 100 （万元）

股份数 = 1 100 万股

现金股利 = 1 100 × 0.1 = 110 （万元）

盈余公积 = 500 万元

未分配利润 = 1 500 - 1 000 × 10% × 10 - 1 100 × 0.1 = 390 （万元）

资本公积 = （1 000 × 10% × 10 - 1 000 × 10% × 1）+ 4 000 = 4 900 （万元）

合计 6 890 万元

市净率 = 每股市价/每股净资产 = 10/（6 890/1 100）= 1.6

（2）净利润 = 1 000 × （1 + 5%）= 1 050 （万元）

发放股票股利数 = 1 100 × 10% = 110 （万股）

股利支付率 = 1 100 × 0.1/1 000 = 11%

则应发放的现金股利 = 1 050 × 11% = 115.5 （万元）

每股股利 $=115.5/（1\ 100+110）=0.095$（元/股）

（3）净利润 $=1\ 000\times（1+5\%）=1\ 050$（万元）

项目投资权益资金需要量 $=2\ 500\times60\%=1\ 500$（万元）

所以不能发放现金股利。

第11章　营运资本管理

计算分析题答案

1. 存货周转天数 $=360\div\left(300\div\dfrac{70+90}{2}\right)=96$（天）

应收账款周转天数 $=360\div\left(840\div\dfrac{360+480}{2}\right)=180$（天）

应付账款周转天数 $=360\div\left(300\div\dfrac{120+100}{2}\right)=132$（天）

营业周期 $=96+180=276$（天）

现金周转期 $=276-132=144$（天）

2. 最佳现金持有量 $=\sqrt{\dfrac{2\times500\times490\ 000}{10\%}}=70\ 000$（元）

转换次数 $=490\ 000/70\ 000=7$（次）

3. 经济订货批量 $=\sqrt{\dfrac{2\times18\ 000\times40}{1}}=1\ 200$（件）

参 考 文 献

［1］刘淑莲．财务管理［M］.6 版．大连：东北财经大学出版社，2022.

［2］企业会计准则编审委员会．企业会计准则详解与实务［M］.北京：人民邮电出版社，2022.

［3］斯蒂芬·罗斯，伦道夫·韦斯特菲尔德，布拉德福德·乔丹．公司理财［M］.12 版．北京：机械工业出版社，2020.

［4］王化成，刘俊彦，荆新．财务管理学［M］.9 版．北京：中国人民大学出版社，2021.

［5］王化成，刘亭立．高级财务管理学［M］.5 版．北京：中国人民大学出版社，2022.

［6］王化成，佟岩．财务管理［M］.6 版．北京：中国人民大学出版社，2020.

［7］尤金 F 布里格姆．财务管理［M］.14 版．北京：机械工业出版社，2018.

［8］张新民．中小企业财务报表分析［M］.6 版．北京：中国人民大学出版社，2020.

［9］张新民，钱爱民．财务报表分析［M］.6 版．北京：中国人民大学出版社，2023.

［10］中国注册会计师协会．财务成本管理［M］.北京：中国财政经济出版社，2022.

［11］黄世忠．ESG 理念与公司报告重构［J］.财会月刊，2021，（17）.

［12］Modigliani, Franco, Miller, Merton H. the Cost of Capital, Corporation Finance and the Theory of Investment［J］. American Economic Review, 1958, 48（6）：261 – 397.

［13］Modigliani, Franco, Miller, Merton H. Corporate Income Taxes and the Cost of Capital A Correction［J］. American Economic Review, 1963, 53（3）：433 – 443.

［14］Michael C, Jensen, William H Meckling. Theory of the Firm Managerial Behavior, Agency Costs and Ownership Structure［J］. Journal of Financial Economics, 1976, 3：305 – 360.

［15］Stephen A Ross. the Determination of Financial Structure：The Incentive – Signalling Approach［J］. The Bell Journal of Economic, 1977, 8（1）：23 – 40.

［16］Leland, Hayne E, Pyle, David H. Informational Asymmetries, Financial Structure, and Financial Intermediation［J］. Journal of Finance, 1977（2）：371 – 387.

［17］Myers, Stewart C. the Capital Structure Puzzle［J］. Journal of Finance, 1984（3）：575 – 592.